西汉儒家学者丛考

谢志平 著

中山大学出版社
·广州·

版权所有　翻印必究

图书在版编目（CIP）数据

西汉儒家学者丛考/谢志平著.　—广州：中山大学出版社，2019.11
ISBN 978-7-306-06724-1

Ⅰ.①西…　Ⅱ.①谢…　Ⅲ.①儒家—哲学家—人物研究—中国—西汉时代　Ⅳ.①B222.5

中国版本图书馆 CIP 数据核字（2019）第 215828 号

XIHAN RUJIA XUEZHE CONGKAO

出 版 人：	王天琪
策划编辑：	嵇春霞
责任编辑：	陈　芳
封面设计：	刘　犇
责任校对：	苏深梅
责任技编：	何雅涛
出版发行：	中山大学出版社
电　　话：	编辑部 020 - 84110771，84113349，84111997，84110779
	发行部 020 - 84111998，84111981，84111160
地　　址：	广州市新港西路 135 号
邮　　编：	510275　　传　真：020 - 84036565
网　　址：	http：//www.zsup.com.cn　E-mail：zdcbs@ mail.sysu.edu.cn
印 刷 者：	佛山市浩文彩色印刷有限公司
规　　格：	787mm×1092mm　1/16　26.25 印张　470 千字
版次印次：	2019 年 11 月第 1 版　2019 年 11 月第 1 次印刷
定　　价：	68.00 元

如发现本书因印装质量影响阅读，请与出版社发行部联系调换

本书由广东外语外贸大学南国商学院"汉语言文学特色专业建设"及"中国古代文学与文化创新科研团队"提供部分出版资助。

绪　言

大抵一代有一代之学，简言之，先秦诸子、两汉经学、魏晋玄学、唐人佛学、宋明理学及清人朴学，为我国传统学术流变之大纲。一国有一国之学，我国之学，当为经学与儒学。一学术也当有一学术传承之专业人士，经学传承之核心人物当为经师与儒生。综合三者，汉代经生即为我国传统学术传承之核心人物。就史籍传记来看，《史记》《汉书》为西汉儒生群体专门立传，谓之"儒林传"，意为"儒者群体之合传"。"儒林"之"儒"的含义，《史记·儒林列传》张守节《正义》引姚承云："儒谓博士，为儒雅之林，综理古文，宣明旧艺，咸劝儒者，以成王化者也。"① 《史记·太史公自序》云："夫儒者以六艺为法。"两下比较，姚承之说范围较小，与两篇所载儒者身份不符，而司马迁的说法较为准确。因为在《史记·儒林列传》及《汉书·儒林传》两篇所记载的诸多学者之中，既有为朝廷所立的专经博士，如《易》施雠，《书》伏生（故为秦博士），《诗》申公，《春秋》公孙弘、董仲舒，《礼》戴圣等，又有虽未曾身为博士，却是传某经的名家，如传《穀梁春秋》②的瑕丘江公、传《礼》的高堂生、传《古文尚书》的王璜等。但是不管如何，《史记》《汉书》两儒林传所载的这些儒生都是精通儒家某一经或数经的学者，而不是习诸子或黄老的杂学之士。

《史记·儒林列传》和《汉书·儒林传》基本上囊括了西汉五经群儒及其学承情况，但是要将西汉五经的每一位学者的具体学行都像《史记》《汉书》其他诸多列传人物那样做全面的考察，两儒林传实际上是做不到的。究其原因有二，一是史书的编纂体例决定了对儒林人物学行的粗略描述，二是儒林传的史料来源决定了它载录群儒学行的遗缺。

其一，西汉诸儒林人物很多既是官僚，又是经师，这样史家为其作传

---

① 〔汉〕司马迁：《史记》（三家注本），中华书局2014年版，第1567页。为了行文的便利且因《史记》为基本典籍，本书引《史记》详列篇目而不具页码。

② 《春秋》三传为注释《春秋》之书，有左氏、公羊、穀梁三家。本书依行文需要有时表述如穀梁《春秋》，有时表述如《穀梁》《穀梁春秋》《穀梁传》《春秋穀梁传》等，其义实同。其余两者同。

时必然采用互见之法。表面上看，这可以将某一儒林人物的宦迹与学承区别开来，貌似扩大了该人物的事迹容量，实则无法突出其学行，反而背离了立儒林传的初衷。对此缺陷，洪迈《容斋四笔》"夏侯胜京房两传"条评论得很准确：

> 《汉书·儒林传》，欲详记经学师承，故序列唯谨，然夏侯胜、京房又自有传。《儒林》云："胜其先夏侯都尉，以《尚书》传族子始昌，始昌传胜，胜又事同郡简卿。传兄子建，建又事欧阳高。"而本传又云："从始昌受《尚书》，后事简卿，又从欧阳氏。从子建，师事胜及欧阳高。"《儒林》言："房受《易》梁人焦延寿。以明灾异得幸，为石显所谮，诛。"凡百余字。而本传又云："治《易》，事梁人焦延寿。其说长于灾变，房用之尤精。为石显告非谤政治，诛。"此两者，近于重复也。若其它张禹、彭宣、王骏、倪宽、龚胜、鲍宣、周堪、孔光、李寻、韦贤、玄成、薛广德、师丹、王吉、蔡谊、董仲舒、眭孟、贡禹、疏广、马宫、翟方进诸人，但志姓名及所师耳。①

洪迈的看法是对的。考《史记》《汉书》所载单个儒林人物所谓的传（如张禹、王吉等），如果该学者有本传，通常本传对他的生平及仕途的记载较详细，而学术情况较简略，更不载其专门学说。此缺陷照理在儒林传中应该予以补足，但是两书儒林传（尤其是《汉书·儒林传》）于某一学者的师承与传授仅述其受自何师、传至何人，除此之外的学说遗存一概不录，这就造成我们今天很难了解到他们的主要学术活动。同时，它也为我们对群儒的学行做专门考察提供了空间。

其二，《史记》《汉书》两儒林传的史料来源决定了儒林人物学行载录的遗缺。两儒林传载录的各经师及其师承来源，一是私学弟子的名录，二是官方的著录。私学弟子名录，最早的应该是孔门弟子籍。《史记·仲尼弟子列传》云："太史公曰：学者多称七十子之徒，誉者或过其实，毁者或损其真，钧之未睹厥容貌，则论言弟子籍，出孔氏古文近是。余以弟子名姓文字悉取《论语》弟子问并次为篇，疑者阙焉。"又云"受业身通者七十有七人"，且俱载其名姓等行状。据此，则司马迁作《仲尼弟子列传》的材料来源当是孔门弟子籍。《后汉书·儒林列传》云："（张兴）既而声称著闻，

---

① 〔宋〕洪迈撰，孔凡礼点校：《容斋随笔》，中华书局 2005 年版，第 790–791 页。

弟子自远至者，著录且万人，为梁丘家宗。"李贤注："著于籍录。"① 可见，先秦至两汉经师授学均有弟子名录，其用途盖在于辨别师承及辈分。从后世史志目录记载来看，《汉书·艺文志》（以下简称《汉志》）所载的《孔子徒人图法》二卷、《隋书·经籍志》（以下简称《隋志》）所载的《蜀文翁学堂像题记》二卷、《孔子弟子先儒传》十卷，大约都是这些籍录类书簿。至于官方的著录，《史记·儒林列传》载武帝元朔五年（前124）公孙弘请为博士多置弟子员时曰："一岁皆辄试，能通一艺以上，补文学掌故缺；其高弟可以为郎中者，太常籍奏。"所谓太常籍奏，就是太常按照著籍而奏，此为官方著录博士弟子学行及师承之证。这也是史家如司马迁、班固等著史的材料来源之一。

因此，司马迁、班固实际上看到的都是籍录所载的学者传承序列，但五经相授的实际学者远远不止这些。比如西汉传《易》的朱云、传《尚书》的王尊、传《穀梁春秋》的梅福等，在本传中他们的上述学承都有提及而不见载于儒林传，这都是史家的疏漏之处。

一、历代对西汉儒林群体研究的回顾

考历代对西汉儒林群体的研究，大体有以下两大方面。

（1）五经传授次第的梳理。其包括两个领域：群经和专经。群经方面，自汉代开始，儒生群体就作为传承六艺的主体而受到史学家的关注，如《史记》及两《汉书》均有儒林传。《史记》《汉书》两儒林传除间或记载相关经师的事迹外，基本体例都是以五经传授次第为主线，于每一经之下开列各家的师承序列。《后汉书·儒林列传》在叙述每经重要学者事迹之前，以"《前书》曰"的形式对该经在西汉的传承做一个简单的梳理。此外，后汉叙家法者及师承的又有郑玄《六艺论》，据唐人旧疏所引，郑玄似于每经都有论其传承序列的情况。汉以后，唐有陆德明《经典释文序录》（本书以下简称《序录》）、魏征《隋志》均论述两汉五经传授次第。此后，又有宋代章如愚《山堂考索》中的五经《考索图》及明代朱睦㮮的《授经图》，叙述五经次第及授受源流。此外，清代如万斯同的《儒林宗派》、赵继序的《汉儒传经记》、毕沅的《传经表》、焦袁熹的《儒林谱》、张金吾的《两汉五经博士考》、唐晏的《两汉三国学案》等都是此类梳理五经传承

---

① 〔南朝宋〕范晔撰，〔唐〕李贤等注：《后汉书》，中华书局1965年版，第2553页。本书此后引《后汉书》例同引《史记》。

的专门著作。

当然，五经传承序列必然包含对专经传承的梳理，自汉代以来，专论一经授受顺序的著述代不乏见。关于《春秋》三传，杨士勋《公羊疏》引戴宏《公羊传序》介绍先秦至西汉公羊《春秋》的传承，《左传》及《穀梁》的疏中有两书自先秦至西汉的传习序列。关于《诗经》，陆玑《毛诗草木鸟兽虫鱼疏》、唐成伯玙《毛诗指说》在他们的序中论述了两汉四家诗①的传承情况。陈乔枞《今文尚书经说考序》考察了西汉《尚书》传授源流问题。现代出版的关于专经的学术著作大都有对其传习序列的考察，比如高怀民《两汉易学史》有专表载两汉《易》学传承。与此类似，蒋善国《尚书综述》有两汉传《尚书》经师表，马勇《汉代春秋学研究》有两汉传《春秋》经师表，刘立志《汉代〈诗经〉学史论》有两汉传《诗经》经师表。此外，各种有关汉代学术编年性质的著作对西汉传经序列也都予以载录，如刘汝霖《汉晋学术编年》及钱穆《刘向歆父子年谱》在述及相关经师时也都附载传经图表。

以上这些著述使我们对西汉群儒传经的师承关系有了更为清晰的认识，也是我们进一步开展针对单一经师进行个案研究的基础。

（2）关于西汉五经领域单一经师的个案研究。通常有以下几种情况：第一，有著作传世的学者如毛公、司马迁、董仲舒、扬雄等的专门研究，学术界一般将其生平、学行与其著作联系在一起，通常的做法是在研究其著作的时候专门开辟一章对作者生平做简单的考察，一般不对作者及其生平学行专门立项。例如：林苏闽的博士论文《西汉儒学的自然主义转型——董仲舒哲学研究》在第一章"董仲舒的时代矛盾"中专门设立一节"董仲舒的生平与学术"考察该主题；王兴国《贾谊评传》、李元《从理想到毁灭——王莽评传》、张大可《史记研究》等都专门列出章节讨论所述学者的生平与学术问题。第二，学者发表的单篇文章有对相关专题的研究。这样的文章不胜枚举，如：俞艳庭《韦玄成何曾以〈诗〉授哀帝——〈汉书·儒林传〉纠谬一则》，对《汉书·儒林传》载韦玄成曾以鲁《诗》授哀帝一说进行了辨正；钟肇鹏的《董仲舒与胡毋生》认为董仲舒不是胡毋生的弟子，嬴公不是胡毋生的弟子而是董仲舒的弟子；王正一《西汉〈易〉学中的两个京房》辨析了《汉书·儒林传》所言杨何弟子京房和京氏《易》创立者京房是否为两人的问题；孙显军《两戴生平及关系考》考察了西汉

---

① 两汉传《诗》者有鲁、齐、韩、毛四家。本书依行文需要有时表述如韩《诗》，有时表述如《韩诗》、韩诗，其义实同。其余三者同。

传《礼》学的戴德和戴圣的生平与关系。第三，学术笔记。宋人和清人学术笔记中往往有专门探讨汉儒学术问题的篇章，如洪迈《容斋随笔》中就探讨了京房的生平问题，何焯《义门读书记》中就有关于张生是否传《尚书》的探讨。第四，汉书附注。如王先谦《汉书补注》、周寿昌《汉书注校补》、沈钦韩《汉书疏证》、杨树达《汉书窥管》，尤其是陈直先生的《汉书新证》于各儒林人物词条下间有考证，有功于学术。

以上这四个方面的学术成果为对西汉儒林群体做进一步精细化的研究奠定了可靠的基础，也是对西汉五经群儒进行精细化的个案研究可资利用的主要参考材料。

最后，要谈谈成功地将单一学者的个案研究和五经传承结合起来的唐晏的《两汉三国学案》的学术成就和不足。

清末唐晏的《两汉三国学案》既像传统那样梳理群经传承家法，又以每一经为纲目，将每经之下各派经师串联起来，集中载录他们的事迹，较好地弥补了《容斋随笔》所指出的那些毛病。可以说，这是一部独立意义上的两汉三国儒林传。它的主要学术成就有以下三点。

第一，以群经传承顺序为纲，合理地将两汉三国众多儒家学者进行编排。该书以《周易》《尚书》《诗》《礼》《乐》《春秋》《论语》《孝经》《孟子》《尔雅》十经为纲，以家法为目（如《周易》田氏、施氏、孟氏、梁丘氏、京氏、费氏、高氏、韩氏、不知宗派），这样做的好处就是可以揭示西汉传经重视家法的特点。

第二，该书收录的经师数量较两《汉书》有所增加，原因在于取材的广泛性。该书所载习经儒者，除见于两《汉书》儒林传外，还有儒林传所未载，但见于其他篇者，如《易》学经师魏相、《齐诗》学者萧望之门人义倩等。另外，该书既广泛采录其他传世文献如《华阳国志》《东观汉纪》和谢承等《后汉书》、唐人史注及经注等记载的较可靠的儒者，还参考出土文献如《隶释》的记载。

第三，单个经师相关材料整理和编排也较为合理。每位经师既包含他的传记资料，也罗列他的经说。在每一经师之后，还罗列《汉志》及《隋志》中有关的经学著作。这样就全景式地展示了该经师的生平、学术成就及其对经学史的具体影响。

当然，唐晏的《两汉三国学案》也有一些不足，主要有以下几点。

第一，钩稽材料基本是抄而不考，机械地弥补两《汉书》儒林传的不足。《两汉三国学案》对每一经师的生平事迹，仅仅从正史中抄出，附于该人名下而已，于一些重要的学术事件更是罔顾，无法突出儒林传作为儒者之传的特点。比如传《齐诗》的萧望之,唐晏叙其生平学行,只是将《汉书·萧望之传》的大段文字抄录出来而已,对萧望之评《公羊》《穀梁》异同等经学大事不做考证。《汉书》言萧望之乃是"五经名儒",唐晏也不考论萧望之具体的五经家法和经学成就,尽管唐氏本人在该书序言中说"汉人上疏皆可当经义读",但他自己似乎对这条原则并没有贯彻到底。

第二,在经师著录的广度上仍有不足,另外,唐晏对有些材料的来源也没有注明出处。前者如刘歆门人丁隆,见《汉书·王莽传》,唐晏失载。《汉书·王莽传》云:"辞连国师公歆子侍中东通灵将……及歆门人侍中骑都尉丁隆等,牵引公卿党亲列侯以下,死者数百人。"① 丁隆既为刘歆门人,当列名其中,但此人经属及家法不详,可列为经属不明儒者。后者有虞俊,传《左传》,唐晏仅仅列出其人姓名家法,但未载出处。虞俊习经事见《重修毗陵志》卷十六"人物·无锡":"虞俊字仲卿,明《春秋公羊》《左氏传》,哀帝时为御史,稍迁丞相司直。王莽秉政左迁新陂令,寻召为司徒,俊欲遁归遂见胁迫,仰天叹曰:'吾汉人也,愿为汉鬼不能事二姓。'饮药而死。光武即位高其节,行与二龚比。"② 如果唐晏能具体指出所据材料的来源,不但能使自己的立论有根基,而且可以为后人进一步研究提供便利。

综上所述,我们看到,学术界对西汉儒林群体的研究在传经师承序录及学者个人学术成就的评价两个方面都取得了一定的成绩。但到目前为止,尚无学者将这两方面有机结合起来对西汉儒家学者做全景式的研究。本书即以《史记》《汉书》两儒林传为基础,同时遍辑相关文献(包括出土文献),对两书儒林传所未收的儒家学者进行补充,对西汉(包括新莽时代)儒家学者群体(即正史所称之"儒林")做全景式的研究。简言之,本书将目前文献所述及的西汉每一位传习儒家经典为主的学者(即汉人所谓"儒")作为研究对象,考订每一位学者的生平、师承关系、事迹系年、传世著作和学术成就,在此基础上对其在西汉乃至整个中国经学史中的地位做出评价,从而形成广谱意义上的西汉儒林传。

二、本书收录西汉群儒的范围和标准

本书所收录的儒家学者仅限于西汉一代。马王堆帛书《周易》中的缪

---

① 〔汉〕班固撰,〔唐〕颜师古注:《汉书》,中华书局2002年版,第1675页。本书此后引《汉书》例同引《史记》。

② 〔宋〕史能之:《重修毗陵志》,无锡文库第一辑,凤凰出版社2011年版,第277页。

和、昭力、吕昌、吴孟、张射、李平等人，均为西汉之前《易》学者，不宜列入。

如前所言，儒林之儒即为通经之士。对于某人是否属于西汉群儒之一而予以载录，本书拟按"师承有绪"或"明文有征"两个标准，同时在对有关材料进行仔细考辨的基础上确定。

（1）师承有绪。"师承有绪"，一般是指史籍有明文言某人于五经有具体师承。具体又分如下两种情况。

其一，《史记》《汉书》等典籍明确记载而可信者。如《史记》《汉书》两儒林传载录五经诸家经师，他们都有可靠的传承序列，不应怀疑。这是正史所采用的材料，它们或源于官方谱牒，或袭自私学籍簿，当可信，这些学者是西汉儒林的主体。此外，某些经师即使不见载于此两书儒林传，但其他可靠篇籍明确记载有其学承及家法者也当收录。如张良、陈参，《史记》《汉书》本传俱言张良少时往淮阳学《礼》，《汉书·王莽传》言陈参授《礼》于王莽，则张良、陈参二人虽名不列儒林传，但据《史记》《汉书》可确信为西汉《礼》学群儒之一。又如《汉书》载治齐《诗》的桓宽、萧望之门人博士义倩、治《易》的朱云、治《穀梁》学的梅福、家法不可考的薛容等，此外，《东观汉纪》所载的《春秋》博士金子严、《鲁诗》博士右师细君等，都是两书儒林传未载的西汉经生。

其二，虽见载于他籍，但其可靠性要具体情况具体分析，尤其是私修家谱之类文献，更须考辨后择善而从。比如西汉《尚书》欧阳氏学，《汉书·儒林传》云："欧阳生字和伯，千乘人也。事伏生，授兒宽……宽授欧阳生子，世世相传，至曾孙高子阳，为博士。高孙地馀长宾以太子中庶子授太子，后为博士，论石渠……地馀少子政为王莽讲学大夫。"对西汉《尚书》欧阳氏学，《汉书》不言具体世系，也仅载欧阳生后人二人为博士。但《后汉书·儒林列传》则云："欧阳歙字正思，乐安千乘人也。自欧阳生传《伏生尚书》，至歙八世，皆为博士。"唐太宗敕定的《欧阳氏谱序》甚至还详细地列出了千乘欧阳氏的世系传承情况。据《欧阳氏谱序》，欧阳生名容，又云："（欧阳）容为博士，其夫人夏侯氏，生子曰巨，字孝仁。巨夫人戴德之女，生子曰远，字叔游。远夫人倪宽之女，生子曰高，字彦士。高夫人孔安国之女，生子而亡其名，有其字曰仲仁。仲仁夫人赵氏，生子曰地馀，字长宾。地馀夫人戴氏，生二子，曰崇、曰政。政字少翁，夫人孙氏，生子曰歙，字正思。"① 考此谱序所言，欧阳生与晁错同为文景世人，而戴德乃宣帝世人，欧阳生的夫人怎么可能是戴德之女？这都是欧阳氏后人的阿谀之词，不能尽采信。又如王丙爔《郑康成先生年谱稿》据《山东郑氏族谱》言郑玄八世祖"（郑）好古，字敏斋，儒士。九世荩臣，字念祖，举孝廉"。王利器先生云："按好古、荩臣及缵成之名字，殊不类两汉人之命名，转似明、清时人，大可疑也。"② 这些来自家传及私家谱牒的说法，虽师承确然有叙，也当辨别采用。

又如《汉书·晁错传》载汉初《尚书》的传习情况，仅言伏生老不能行，晁错受朝廷委派往伏生处学。《汉书·儒林传》师古注引卫宏《诏定古文尚书序》则云："伏生老，不能正言，言不可晓也，使其女传言教错。齐人语多与颍川异，错所不知者凡十二三，略以其意属读而已。"卫宏显然增加了事迹，其真伪姑且不论，从具体情况来看，伏生女教晁错的原因也只是方言不同而已，并无师承关系。但后儒对此往往误读，将伏生女作为西汉尚书经师之一③，这显然是不妥的。对于此类说法，本书也一律辨明是非，不必尽采。

（2）明文有征。"明文有征"，一般就是相关典籍若未明载某人是否习经，仅仅载有其人经说，仅此只能根据其论述来推断该学者的学术范畴，而不必将其收录入本书。具体而言，又分如下两种情况。

其一，某经师在已有明确的家法之外，又有言他经之经义为说，可将该说作为他的一个经学领域，于其具体条目"学略"下补充而已，而不别立家法。以西汉《礼》学为例，《汉书》载哀帝欲为其祖母傅太后加封号，下群臣议，师丹认为："《礼》：'父为士，子为天子，祭以天子，其尸服以士服。'子亡爵父之义，尊父母也。为人后者为之子，故为所后服斩衰三年，而降其父母期，明尊本祖而重正统也。"师丹虽习齐《诗》，此处议《礼》引《礼记·曲礼》为说，但师丹既已名列齐《诗》学者，所以仅将《礼》学作为他的一个经学领域，于其具体条目"学略"下补充而已。再如西汉《春秋》学，据刘师培《左氏学行于西汉考》，《毛诗序》中引有《左

---

① 〔宋〕欧阳修：《欧阳氏谱图序》，见《欧阳修全集》，中华书局2001年版，第1090页。
② 王利器：《郑康成年谱》，齐鲁书社1983年版，第13页。
③ 如陈乔枞、程元敏均将伏生女作为西汉尚书经师之一。此外，程元敏据《史记·儒林列传》言"诏伏生孙，弗能明定"一语，将伏生子列为其一，则有对文献阐释过度之嫌了。陈说见《今文尚书经说考》，上海古籍出版社2002年版，续修四库全书第49册，第224页。程说见《尚书学史》，华东师范大学出版社2013年版，第718页。

传》。又《汉书·眭弘传》载眭弘论曰:"汉家尧后,有传国之运。汉帝宜谁差天下,求索贤人,禅以帝位,而退自封百里,如殷、周二王后,以承顺天命。"《汉书补注》齐召南曰:"以汉为尧后,始见此文,然则弘虽习《公羊》,亦兼通《左氏》矣。"①《汉书补注》叶德辉曰:"退封百里如二王后,亦《公羊》家'新周故宋'之说。"② 依刘师培之说,毛公及眭弘都应列入传《左氏》学者,但毛公本治《诗》,眭弘乃《公羊》大师,二人引《左氏》为说,只是旁通而已。与此相类似的还有夏侯胜、萧望之、董仲舒、刘向歆父子等。

其二,某学者本身无具体师承,典籍也未载其人是否通经,即使有引述经义的言论,也不必断定其人经学家法。如果按刘师培所说(见上所引毛公、眭弘言《左氏》之言),凡是引有《左传》中语者,一律定为《左传》学者,则失之太宽,反而不利于对西汉经学流变的考察。如《汉书·韩信传》云:"信曰:'仆闻之,百里奚居虞而虞亡,之秦而秦伯,非愚于虞而智于秦也,用与不用,听与不听耳。……'"百里奚事见于《左传》《国语》《吕氏春秋》等书,韩信乃武将,当不治先秦古籍,此所谓引事明义。此种情况习见于汉儒言事。又如《汉书·高帝纪》载高祖太公家令言"天亡二日,士亡二王",义同《公羊》。此太子家令,只能说明其人引《公羊》义成说,若论此人乃《公羊》经师,大约不可。

再如贾谊曾孙贾捐之,《汉书》本传载其上疏罢珠厓郡云"《诗》云'蠢尔蛮荆,大邦为雠',言圣人起则后服,中国衰则先畔,动为国家难,自古而患之久矣,何况乃复其南方万里之蛮乎!"引诗见《诗·小雅·采芑》。《毛传》:"蠢,动也。蛮荆,荆州之蛮也。"③《尔雅·释训》:"蠢,不逊也。"④ 王逸《楚辞·九叹》注:"蠢蠢,无礼义貌。《诗》曰:'蠢尔蛮荆。'"⑤ 贾捐之以"蠢"为"动",取《毛诗》义,《尔雅》同王逸注,乃今文说,不与《毛诗》义相同,则捐之当习《毛诗》。

上疏又言:"以三圣之德,地方不过数千里,西被流沙,东渐于海,朔南暨声教,迄于四海,欲与声教则治之,不欲与者不强治也。"疏引《尚书·禹贡》为说。按:珠厓郡核之《禹贡》五服乃属荒服,捐之历数各代

---

① 〔清〕王先谦:《汉书补注》,中华书局1983年版,第788页。
② 〔清〕王先谦:《汉书补注》,中华书局1983年版,第788页。
③ 李学勤主编:《十三经注疏》本《毛诗正义》,北京大学出版社1999年版,第646页。
④ 李学勤主编:《十三经注疏》本《尔雅注疏》,北京大学出版社1999年版,第122页。
⑤ 黄灵庚:《楚辞章句疏证》,中华书局2007年版,第1890页。

于四荒政策，最后提出罢珠厓郡，正是取"荒服"之"荒"为"荒忽无常"之意，与《汉书·萧望之传》言待匈奴王以客礼同义。此处正是解释"欲与声教则治之，不欲与者不强治也"之经义，属《尚书》今文说。如此，贾捐之也当治《尚书》。《史记》《汉书》贾谊本传都说贾谊孙贾嘉治《尚书》，捐之恐得其家学。上疏又言："及其衰也，南征不还。"乃用《左传》"昭王南征而不复"，《汉书·儒林传》言贾谊传《左传》，于《左传》贾捐之恐又是家学。但《汉书》及他籍均没有贾嘉治经的明文，所以贾嘉也不能列于西汉儒林。

又如同为文人的司马相如、公孙诡和邹阳，三人同仕梁孝王，均善作文。《汉书》本传不载公孙诡通经，《西京杂记》载有诡《文鹿赋》曰："麀鹿濯濯，来我槐庭。食我槐叶，怀我德声。质如缃缛，文如素綦。呦呦相召，《小雅》之诗。叹丘山之比岁，逢梁王于一时。"① 用《毛诗·小雅·鹿鸣》之意。《毛诗序》云："《鹿鸣》，燕群臣嘉宾也。"《毛诗正义》引郑玄《驳异义》解此诗之意云："君有酒食，欲与群臣嘉宾燕乐之，如鹿得苹草，以为美食，呦呦然鸣，相呼以款诚之意尽于此耳。"《毛诗正义》又云："或以为两鹿相呼，喻两臣相招，谓群臣相呼，以成君礼。"《北史·裴安祖传》云："闻讲《鹿鸣》而兄弟同食。"兄弟相招而宴说乃《韩诗》说。《隋志》云："《齐诗》魏代已亡，《鲁诗》亡于西晋。《韩诗》虽存，无传之者。"孔颖达所见唯有《韩诗》，盖三家诗同。据此，则公孙诡当习《韩诗》，但不必将其列为西汉"韩《诗》群儒"之一。

又邹阳，西汉文士，先侍吴王刘濞，后从梁孝王游，《史记》《汉书》均有本传。《汉书·邹阳传》载其说王长君云："（邹）阳曰：'……鲁公子庆父使仆人杀子般，狱有所归，季友不探其情而诛焉；庆父亲杀闵公，季子缓追免贼，《春秋》以为亲亲之道也。'"杨树达《汉书窥管》："见闵公二年《公羊传》。免字今传文作逸，隐公元年《穀梁传》同。《盐铁论·周秦》篇云：'闻兄弟缓追以免贼。'作免与此同。疑此与桓宽所据皆是《严氏春秋》，故与何休本异也。"② 按邹阳所论，引《公羊》《穀梁》为说，据此，则邹阳当习《春秋》，但也不必将其视为《春秋》经师。

再说司马相如，《史记》《汉书》本传均将相如视为文人，不载司马相如的儒学及其师承。但《史记·司马相如列传》司马贞《索隐》引秦宓云

---

① 〔汉〕刘歆撰，〔东晋〕葛洪集，向新阳、刘克任校注：《西京杂记校注》，上海古籍出版社1991年版，第179页。

② 杨树达：《汉书窥管》，上海古籍出版社1984年版，第397页。

"文翁遣相如受七经",司马贞说见《三国志·蜀书·秦宓传》:"秦宓曰:'文翁遣司马相如东受七经,还教吏民。'"① 秦宓之说尽管与《汉书·循吏传》云文翁选张叔等而非相如赴京师受业博士不符,但是一则司马相如习经之说有文献依据,二则相如的文中引有经义为典故(详"司马相如"条),所以本书将司马相如列为西汉五经通儒之一。

(3) 西汉的儒学职官,如博士、讲学大夫等,要具体考察。武帝立五经博士之前,汉朝博士不专习儒家经典,所以武帝之前的博士均存疑而不列于儒林。《史记·孔子世家》言:"(孔)鲋弟子襄,年五十七,尝为孝惠皇帝博士,迁为长沙太守。"武帝之前的博士,或治经学(如申公),或治杂学(如公孙臣),不能确定。孔子襄为惠帝博士,所以不必列于西汉儒林。又《汉书·礼乐志》云:"(兒)宽与博士赐等议。"《汉书·成帝纪》河平四年:"遣光禄大夫博士嘉等十一人行举濒河之郡水所毁伤困乏不能自存者,财振贷。"这位与兒宽议武帝封禅礼的博士赐及成帝时巡行存问的博士嘉,为武帝之后所立,当为经学博士。按:《后汉书·方术列传》:"光武即位,求天下有道之人,乃征(郭)宪拜博士。"光武即位后虽官制袭于新莽,但无文献证明王莽时术士为博士官者。所以,王莽时的博士大抵也是经生。讲学大夫是平帝时王莽秉政所立,讲经祭酒为新莽所立,均由儒生担任,所以这两类学官的任者也应列于儒林。

(4) 对相关材料的真实性要予以考辨。如隋萧吉《五行大义·论五帝》曰:"戴胜《礼含文嘉》云,伏羲德洽上下,天应以鸟兽文章,地应以龟书,伏羲则象作八卦。"纬书兴于哀平之际,由此,则戴胜似为西汉末世治《礼》学者。但诸书凡引纬书均不言其作者,此言戴胜乃特例,当为后世学者所伪托,所以也不能将其列为西汉《礼》学经师。又如《历代妇女著作考》引《重修安徽通志》云西汉女子徐小季有《说经》六篇,今佚。徐氏所说何经不详。按:《汉志》有"《老子》徐氏经说六篇"。班固自注:"字少季,临淮人,传《老子》。"据此,则徐氏乃说《老子》之道家学者,不应将其列入西汉儒林。又如《汉书·陈馀传》言陈馀"好儒术",《孔丛子·独居》篇载有陈馀与子鱼语,又荐其于陈胜。但今本《孔丛子》一书真伪不明,且《汉书》本传也没有他有关儒学言论的记录,所以本书不收。

---

① 〔晋〕陈寿撰,〔南朝宋〕裴松之注:《三国志》,中华书局2006年版,第579页。

三、本书对群儒的编排体例

（1）以《易》《尚书》《诗》《礼》《春秋》《乐经》《论语》《孝经》八经为次第，所列各学者大体按"生平事迹""学略"两大部分考论其学行。相比《两汉三国学案》，本书删去《孟子》与《尔雅》，旨在反映汉代经学观念：《孟子》汉代为子学，《尔雅》为小学。需要说明的是，据《汉志》记载，在西汉无专治《孝经》者。《孝经》在西汉据《汉志》所载无专人治者。《汉志》云："汉兴，长孙氏、博士江翁、少府后仓、谏大夫翼奉、安昌侯张禹传之，各自名家。"所列五家长孙氏（长孙顺）习韩《诗》，博士江翁（小江公）习鲁《诗》，后苍习齐《诗》与《礼》，张禹习施氏《易》，实际此目空无一人。

（2）每经之下，又以《汉书·儒林传》所列家法为子目，将家法可寻的学者各按家法编排，对于家法未明的学者单列家法不明一节。张霸所伪造的百二篇《尚书》虽载于《汉书·儒林传》且流传至魏晋之际，但此赝品不应与他派同列，姑且以附录的形式载于本书之末。

（3）某学者不能确定习何经，则又列"经属不明群儒"一章。

（4）对于一人兼修数经的学者，如周霸（习《易》、鲁《诗》）、孔安国（习今古文《尚书》、鲁《诗》）等，只将该学者列于某一经考论，于此人所研习的他经仅开列其人姓名。这样做一则可避免重复，二则对传经序列的研究，历代学者所论已经非常丰富，如果没有新的材料支持，基本都是重复旧说。再者，本书研究侧重点在于具体学者的个案考察。

（5）唐晏《两汉三国学案》最后有"明经文学列传"一章，专门载录经属不明或其人文学作品中引有经说的儒士，如贾山、扬雄、谷永、司马相如、贾谊等。和刘师培一样，唐晏实际将经学泛化，今不从。本书据汉代经学家法流变实情单独列"五经通儒"一章。

四、研究方法与常用文献简称

本书的主要研究方法，可以简称为"以义证史"。简单地说，就是判断某位儒家学者的所属流派与所持家法不能单纯以《史记·儒林列传》《汉书·儒林传》或者其他篇籍的结论为依据，而应综合考量其人的言论，如奏疏、诗文等，也即全面、客观地来反映与评价，不应仅凭已有文献的所谓"定论"与"成说"。以刘向、刘歆父子为例，就专经而言，《汉书·儒林传》认为刘向治《穀梁》，刘歆治《左传》，后儒也都做如此观，此为成说。但考察刘向、刘歆父子二人奏疏及其著述（如刘向《说苑》《新序》、刘歆《遂初赋》等），二人其实三传兼修。就治学经属而言，若单据《汉书·儒林传》所述，只是可以确认刘向、刘歆二人习《春秋》而已，然进一步考察，二人又遍习群经，如刘向通《诗》韩、鲁二家，《易》孟氏、费氏，《书》夏侯氏，刘歆通《易》费氏、孟京氏，《书》古文、今文夏侯氏，《诗》毛氏及三家，《礼》庆氏（详见本书"刘向""刘歆"条）。实际上，这种方法的本质就是从使用经义的角度来反推其人之所学，若运用得当，也能得到若干经学史的真相，纠偏若干经学史的误说。因为汉人治经重在运用，汉代经生上疏作文大都引经据典立论成说，其中就必然暗含其人治学的线索。其实，这种方法清儒也曾用过。如孙星衍《尚书今古文注疏》、陈乔枞《今文尚书经说考》、皮锡瑞《今文尚书考证》区分汉儒今古文《尚书》说，陈乔枞《三家诗遗说考》、王先谦《诗三家义集疏》区分汉代四家诗说，但清儒之用大抵先入为主，也即先定家法，后证其义，类似于法律上的有罪推定。况且有时也不免互相抵牾，如孙星衍将司马迁《史记》中《尚书》说定为古文《尚书》家说（因司马迁从孔安国问故），而皮锡瑞又反将其定为今文家说（因武帝时立五经博士）。有时更加凿空臆测，如楚元王刘交有所谓《楚元王诗》，于是依照想当然的家学，将刘向、刘歆等元王后人诗学统统视为元王诗；因班伯习齐《诗》，故又将班婕妤、班彪、班固、班昭等诗学视为齐《诗》，都是囿于所谓不得突破家法藩篱的缘故，这实在不符合学术史流变与发展的事实。本书以材料立论，以学说观照家法，也不囿于家法，力图反映汉代经学史的真相。当然，最后在多大程度上反映了真相还是落入清儒的俗套，就交给学术界去评判了。

对于书中使用频繁的文献采用简称，按学界惯例标目如下：

《史记·儒林列传》《汉书·儒林传》两篇并称，则作《史记》《汉书》两儒林传。

《汉书·百官公卿表》简称《汉书·百官表》。

《汉书·艺文志》简称《汉志》，相应地，王应麟《汉书艺文志考证》简称《汉志考证》，顾实《汉书艺文志讲疏》简称《汉志讲疏》，姚振宗《汉书艺文志条理》简称《汉志条理》，张舜徽《汉书艺文通释》简称《汉志通释》，其余类似书名类推。

《隋书·经籍志》简称《隋志》，相应地，《隋书经籍志详考》简称

《隋志详考》,《隋书经籍志考证》简称《隋志考证》,以此类推。

《旧唐书·经籍志》简称《旧唐志》,《新唐书·艺文志》简称《新唐志》。若并称,简称作两《唐志》。

《经典释文序录》简称《序录》,相应地,吴承仕《经典释文序录疏证》简称《序录疏证》。

《宋史·艺文志》简称《宋志》。

《艺文类聚》简称《类聚》。

《北堂书钞》简称《书钞》。

《太平御览》简称《御览》。

最后需要说明的是,本书的写作,于孙启治、陈建华《中国古佚书辑本目录解题》及尹海江《〈汉书·艺文志〉辑论》二书得益较多,在此向诸先生表示感谢。此外,由于本书属于广谱意义上的西汉儒林传,故在广度上当有漏收、误收之人,在单个经师的个案研究上当有精度不够之缺陷。于此两端,相信读者必有发现,如能告知我本人,当不胜感激。我将及时修订完善,以免贻误后学。

谢志平[①]

2019 年 5 月 1 日

[①] 作者简介:谢志平,广东外语外贸大学南国商学院中文学院教师。

目　　录

第一章　西汉《易》群儒考 …………………………………… (1)

第一节　田氏《易》群儒考 ………………………………… (2)

田何 …………………………………………………………… (2)

王同 …………………………………………………………… (4)

周王孙 ………………………………………………………… (4)

蔡公 …………………………………………………………… (5)

服生 …………………………………………………………… (5)

杨何 …………………………………………………………… (6)

司马谈 ………………………………………………………… (7)

京房 …………………………………………………………… (8)

即墨成 ………………………………………………………… (8)

孟但 …………………………………………………………… (9)

周霸 …………………………………………………………… (9)

衡胡 …………………………………………………………… (10)

主父偃 ………………………………………………………… (10)

丁宽 …………………………………………………………… (12)

项生 …………………………………………………………… (13)

田王孙 ………………………………………………………… (14)

第二节　施氏《易》群儒考 ………………………………… (14)

施雠 …………………………………………………………… (15)

张禹（字子文）……………………………………………… (17)

鲁伯 …………………………………………………………… (19)

彭宣 …………………………………………………………… (20)

戴崇 …………………………………………………………… (21)

毛莫如 ………………………………………………………… (22)

邴丹 …………………………………………………………… (23)

　　　　　　戴宾 ··· (23)
　第三节　梁丘氏《易》群儒考 ··· (23)
　　　　　　梁丘贺 ··· (24)
　　　　　　梁丘临 ··· (25)
　　　　　　王骏 ··· (26)
　　　　　　五鹿充宗 ·· (28)
　　　　　　士孙张 ··· (29)
　　　　　　邓彭祖 ··· (29)
　　　　　　衡咸 ··· (29)
　　　　　　冯商 ··· (29)
　第四节　孟氏《易》群儒考 ··· (30)
　　　　　　孟喜 ··· (31)
　　　　　　赵宾 ··· (35)
　　　　　　白光 ··· (36)
　　　　　　翟牧 ··· (36)
　　　　　　袁良 ··· (36)
　第五节　京氏《易》群儒考 ··· (37)
　　　　　　京房（李君明）··· (37)
　　　　　　殷嘉 ··· (46)
　　　　　　姚平 ··· (47)
　　　　　　乘弘 ··· (47)
　　　　　　张博 ··· (47)
　　　　　　任良 ··· (47)
　　　　　　董春 ··· (47)
　　　　　　周敞 ··· (48)
　　　　　　北唐子真 ·· (48)
　第六节　民间《易》群儒考 ··· (49)
　　　一、韩氏《易》经师考 ·· (49)
　　　　　　韩生 ··· (50)
　　　　　　盖宽饶 ··· (50)
　　　二、费氏《易》经师考 ·· (51)
　　　　　　费直 ··· (51)
　　　三、高氏《易》经师考 ·· (56)
　　　　　　高相 ··· (56)

		高康	(57)
		毋将永	(57)
第七节		家法不详之《易》群儒考	(58)
		甘容	(58)
		刘去	(58)
		蓟达	(59)
		魏相	(59)
		焦赣	(62)
		冯逡	(66)
		白子友	(66)
		朱云	(67)
		严望	(68)
		严子元	(68)
		刘伋	(69)
		淳于长	(69)
		何武	(69)
		宋胜之	(69)
		徐宣	(70)
		王君公	(70)
		戴参	(70)
		国由	(71)
		苏竟	(71)
		严遵	(71)
		救氏	(73)

第二章　西汉《尚书》群儒考 (74)

第一节　伏氏《尚书》群儒考 (74)

		伏生	(75)
		晁错	(80)
		张生	(83)
		伏生孙	(83)
		欧阳生	(83)
		兒宽	(84)
		欧阳生子	(86)

　　　　　夏侯都尉 …………………………………………………（86）
　　　　　夏侯始昌 …………………………………………………（87）
　　　　　刘髆 ………………………………………………………（87）
　　　　　简卿 ………………………………………………………（87）
　　　　　贾嘉 ………………………………………………………（88）
　　　　　何比干 ……………………………………………………（88）
　　　　　孔延年 ……………………………………………………（89）
　　第二节　欧阳《尚书》群儒考 …………………………………（89）
　　　　　欧阳高 ……………………………………………………（90）
　　　　　欧阳地馀 …………………………………………………（93）
　　　　　欧阳政 ……………………………………………………（94）
　　　　　林尊 ………………………………………………………（94）
　　　　　平当 ………………………………………………………（95）
　　　　　陈翁生 ……………………………………………………（96）
　　　　　殷崇 ………………………………………………………（97）
　　　　　龚胜 ………………………………………………………（97）
　　　　　朱普 ………………………………………………………（98）
　　　　　鲍宣 ………………………………………………………（98）
　　　　　高晖 ………………………………………………………（99）
　　　　　杨宝 ………………………………………………………（99）
　　第三节　大夏侯《尚书》群儒考 ………………………………（100）
　　　　　夏侯胜 ……………………………………………………（100）
　　　　　黄霸 ………………………………………………………（103）
　　　　　刘弗陵（昭帝）……………………………………………（104）
　　　　　上官皇后 …………………………………………………（104）
　　　　　周堪 ………………………………………………………（105）
　　　　　张猛 ………………………………………………………（105）
　　　　　孔霸 ………………………………………………………（106）
　　　　　刘奭（元帝）………………………………………………（106）
　　　　　孔光 ………………………………………………………（107）
　　　　　牟卿 ………………………………………………………（109）
　　　　　许商 ………………………………………………………（110）
　　　　　唐林 ………………………………………………………（114）
　　　　　吴章 ………………………………………………………（115）

　　　　云敞 …………………………………………………………（115）
　　　　王宇 …………………………………………………………（115）
　　　　王吉（字少音）……………………………………………（115）
　　　　炔钦 …………………………………………………………（116）
　第四节　小夏侯《尚书》群儒考 ………………………………（116）
　　　　夏侯建 ………………………………………………………（116）
　　　　张山拊 ………………………………………………………（117）
　　　　李寻 …………………………………………………………（119）
　　　　郑宽中 ………………………………………………………（120）
　　　　刘骜（成帝）………………………………………………（120）
　　　　张无故 ………………………………………………………（121）
　　　　秦恭 …………………………………………………………（121）
　　　　假仓 …………………………………………………………（122）
　　　　赵玄 …………………………………………………………（122）
　　　　唐尊 …………………………………………………………（123）
　　　　冯宾 …………………………………………………………（123）
　第五节　古文《尚书》群儒考 …………………………………（124）
　　　　孔安国 ………………………………………………………（127）
　　　　司马迁 ………………………………………………………（130）
　　　　都尉朝 ………………………………………………………（133）
　　　　都尉俊 ………………………………………………………（133）
　　　　庸谭 …………………………………………………………（134）
　　　　徐敖 …………………………………………………………（134）
　　　　王横 …………………………………………………………（135）
　　　　涂恽 …………………………………………………………（135）
　　　　桑钦 …………………………………………………………（135）
　　　　王君仲 ………………………………………………………（137）
　第六节　家法不详之《尚书》群儒考 …………………………（137）
　　　　王尊 …………………………………………………………（138）
　　　　冯参 …………………………………………………………（138）
　　　　许子威 ………………………………………………………（138）
　　　　杨仲续 ………………………………………………………（138）
　　　　张充 …………………………………………………………（139）
　　　　秋胡 …………………………………………………………（139）

　　　　唐昌 ·· (139)

第三章　西汉《诗》群儒考 ·················· (140)

第一节　鲁《诗》群儒考 ·················· (140)

　　　　申公 ·· (141)
　　　　王臧 ·· (145)
　　　　赵绾 ·· (146)
　　　　夏宽 ·· (146)
　　　　鲁赐 ·· (146)
　　　　缪生 ·· (146)
　　　　徐偃 ·· (147)
　　　　阙门庆忌 ·· (148)
　　　　许生 ·· (148)
　　　　韦贤 ·· (148)
　　　　韦玄成 ·· (150)
　　　　韦赏 ·· (152)
　　　　刘欣（哀帝） ·· (153)
　　　　王式 ·· (154)
　　　　张长安 ·· (155)
　　　　唐长宾 ·· (155)
　　　　褚少孙 ·· (155)
　　　　张游卿 ·· (156)
　　　　王扶 ·· (157)
　　　　许晏 ·· (157)
　　　　薛广德 ·· (157)
　　　　龚舍 ·· (158)
　　　　高嘉 ·· (159)
　　　　高容 ·· (159)
　　　　右师细君 ·· (159)
　　　　许晃 ·· (159)
　　　　义倩 ·· (160)

第二节　齐《诗》群儒考 ·················· (160)

　　　　辕固 ·· (160)
　　　　翼奉 ·· (163)

萧望之 ………………………………………………… (166)

白奇 ……………………………………………………… (169)

匡衡 ……………………………………………………… (169)

师丹 ……………………………………………………… (172)

伏理 ……………………………………………………… (174)

满昌 ……………………………………………………… (174)

张邯 ……………………………………………………… (175)

皮容 ……………………………………………………… (175)

班伯 ……………………………………………………… (175)

孙氏 ……………………………………………………… (176)

第三节 韩《诗》群儒考 ……………………………………… (176)

韩婴 ……………………………………………………… (177)

贲生 ……………………………………………………… (180)

韩商 ……………………………………………………… (180)

赵子 ……………………………………………………… (181)

蔡谊 ……………………………………………………… (181)

食子公 …………………………………………………… (182)

王吉（字子阳）………………………………………… (183)

栗丰 ……………………………………………………… (185)

长孙顺 …………………………………………………… (185)

张就 ……………………………………………………… (186)

发福 ……………………………………………………… (186)

薛方丘 …………………………………………………… (186)

第四节 毛《诗》群儒考 ……………………………………… (187)

毛公 ……………………………………………………… (188)

贯长卿 …………………………………………………… (194)

解延年 …………………………………………………… (195)

陈侠 ……………………………………………………… (195)

第五节 家法不详之《诗》群儒考 …………………………… (195)

刘交 ……………………………………………………… (196)

穆生 ……………………………………………………… (197)

白生 ……………………………………………………… (197)

韦孟 ……………………………………………………… (198)

陆贾 ……………………………………………………… (198)

　　　　刘郢 …………………………………………………………（201）

　　　　刘辟强 ………………………………………………………（201）

　　　　刘揖 …………………………………………………………（202）

　　　　濅中翁 ………………………………………………………（202）

　　　　刘询（宣帝）………………………………………………（202）

　　　　丙吉 …………………………………………………………（203）

　　　　冯野王 ………………………………………………………（203）

　　　　班婕妤 ………………………………………………………（203）

　　　　吕叔玉 ………………………………………………………（204）

第四章　西汉《礼》群儒考 ……………………………………（205）

　第一节　西汉礼容派群儒考 …………………………………（208）

　　　　徐生 …………………………………………………………（208）

　　　　徐延 …………………………………………………………（208）

　　　　徐襄 …………………………………………………………（208）

　　　　公户满意 ……………………………………………………（208）

　　　　桓生 …………………………………………………………（209）

　　　　单次 …………………………………………………………（209）

　　　　叔孙通 ………………………………………………………（210）

　　　　张生 …………………………………………………………（212）

　第二节　西汉礼论派群儒考 …………………………………（212）

　　　　高堂生 ………………………………………………………（213）

　　　　萧奋 …………………………………………………………（214）

　　　　孟卿 …………………………………………………………（215）

　　　　后苍 …………………………………………………………（215）

　　　　闾丘卿 ………………………………………………………（219）

　　　　闻人通汉 ……………………………………………………（219）

　　　　戴德 …………………………………………………………（220）

　　　　戴圣 …………………………………………………………（222）

　　　　庆普 …………………………………………………………（225）

　　　　夏侯敬 ………………………………………………………（226）

　　　　庆咸 …………………………………………………………（226）

　　　　徐良 …………………………………………………………（227）

　　　　桥仁 …………………………………………………………（227）

杨荣 ·· (228)
　　张良 ·· (228)
　　淳于登 ·· (229)
　　孔牢 ·· (229)
　　金褒 ·· (229)
　　宗伯凤 ·· (229)
　　孔秉 ·· (230)
　　陈咸 ·· (230)
　　陈参 ·· (230)
　　刘茂 ·· (231)
　　王临 ·· (231)

第五章　西汉《春秋》群儒考 ······································ (232)

第一节　公羊《春秋》群儒考 ······································ (232)
　　胡毋生 ·· (235)
　　公孙弘 ·· (236)
　　董仲舒 ·· (238)
　　褚大 ·· (245)
　　嬴公 ·· (246)
　　段仲 ·· (246)
　　吕步舒 ·· (246)
　　眭弘 ·· (247)
　　严彭祖 ·· (248)
　　王中 ·· (251)
　　公孙文 ·· (251)
　　东门云 ·· (252)
　　颜安乐 ·· (252)
　　泠丰 ·· (253)
　　任公 ·· (253)
　　贡禹 ·· (253)
　　堂溪惠 ·· (254)
　　冥都 ·· (255)
　　疏广 ·· (255)
　　管路 ·· (256)

孙宝 …………………………………………………（256）
马宫 …………………………………………………（257）
左咸 …………………………………………………（258）
吾丘寿王 ……………………………………………（259）
桓宽 …………………………………………………（260）
申挽 …………………………………………………（261）
伊推 …………………………………………………（261）
宋显 …………………………………………………（261）
许广 …………………………………………………（261）
孔骥 …………………………………………………（261）
虞俊 …………………………………………………（262）
冯君 …………………………………………………（262）

第二节 穀梁《春秋》群儒考 ………………………（262）
瑕丘江公 ……………………………………………（266）
刘据 …………………………………………………（267）
小瑕丘江公 …………………………………………（268）
荣广 …………………………………………………（269）
皓星公 ………………………………………………（269）
蔡千秋 ………………………………………………（270）
周庆 …………………………………………………（270）
丁姓 …………………………………………………（271）
刘向 …………………………………………………（271）
王亥 …………………………………………………（285）
申章昌 ………………………………………………（285）
尹更始 ………………………………………………（285）
尹咸 …………………………………………………（286）
胡常 …………………………………………………（287）
翟方进 ………………………………………………（287）
房凤 …………………………………………………（288）
萧秉 …………………………………………………（289）
梅福 …………………………………………………（289）

第三节 左氏《春秋》群儒考 ………………………（289）
张苍 …………………………………………………（291）
贾谊 …………………………………………………（294）

　　　　　张敞 …………………………………………………… (299)
　　　　　刘公子 ………………………………………………… (301)
　　　　　贯公 …………………………………………………… (301)
　　　　　张禹（字长子）……………………………………… (302)
　　　　　刘歆 …………………………………………………… (302)
　　　　　贾护 …………………………………………………… (314)
　　　　　陈钦 …………………………………………………… (314)
　　　　　王莽 …………………………………………………… (315)
　　　　　刘伯玉 ………………………………………………… (317)
　　　　　金子严 ………………………………………………… (317)
　第四节　家法不详之《春秋》群儒考 …………………… (318)
　　　　　文翁 …………………………………………………… (318)
　　　　　张叔 …………………………………………………… (319)
　　　　　朱买臣 ………………………………………………… (320)
　　　　　隽不疑 ………………………………………………… (320)
　　　　　路温舒 ………………………………………………… (321)
　　　　　于定国 ………………………………………………… (321)
　　　　　冯奉世 ………………………………………………… (321)
　　　　　冯立 …………………………………………………… (321)
　　　　　胥君安 ………………………………………………… (322)
　　　　　息夫躬 ………………………………………………… (322)
　　　　　徐子盛 ………………………………………………… (322)

第六章　西汉《乐经》儒者考 ……………………………… (323)
　　　　　阳成子长 ……………………………………………… (323)

第七章　西汉《论语》群儒考 ……………………………… (325)
　　　　　扶卿 …………………………………………………… (325)
　　　　　龚奋 …………………………………………………… (325)
　　　　　宋畸 …………………………………………………… (326)
　　　　　王卿 …………………………………………………… (326)

第八章　西汉经属不明群儒考 ……………………………… (327)
　　　　　孔鲋 …………………………………………………… (327)

侍其生 …………………………………………………… (328)
周生 ……………………………………………………… (328)
孔臧 ……………………………………………………… (328)
博士平 …………………………………………………… (329)
博士赐 …………………………………………………… (329)
博士贤 …………………………………………………… (329)
博士将行 ………………………………………………… (330)
博士安 …………………………………………………… (330)
博士庆 …………………………………………………… (330)
鲍敞 ……………………………………………………… (330)
程雅 ……………………………………………………… (330)
牛亨 ……………………………………………………… (331)
孙兴公 …………………………………………………… (331)
狄山 ……………………………………………………… (331)
终军 ……………………………………………………… (332)
龚遂 ……………………………………………………… (333)
郑弘 ……………………………………………………… (333)
郑昌 ……………………………………………………… (334)
诸葛丰 …………………………………………………… (334)
张吉 ……………………………………………………… (335)
匡咸 ……………………………………………………… (335)
惠庄 ……………………………………………………… (335)
驷胜 ……………………………………………………… (335)
杜参 ……………………………………………………… (335)
金涉 ……………………………………………………… (336)
成公 ……………………………………………………… (336)
解光 ……………………………………………………… (336)
郑崇 ……………………………………………………… (336)
王嘉 ……………………………………………………… (337)
金钦 ……………………………………………………… (337)
杨宣 ……………………………………………………… (338)
孟嘉 ……………………………………………………… (338)
刘根 ……………………………………………………… (338)
召信臣 …………………………………………………… (338)

翟宣 ………………………………………………… (339)

丁隆 ………………………………………………… (339)

平晏 ………………………………………………… (339)

薛顺 ………………………………………………… (340)

公孙光 ……………………………………………… (340)

郭威 ………………………………………………… (340)

王咸 ………………………………………………… (340)

郭路 ………………………………………………… (341)

师氏 ………………………………………………… (341)

李充 ………………………………………………… (341)

袁圣 ………………………………………………… (341)

申咸 ………………………………………………… (341)

薛方 ………………………………………………… (342)

秦近 ………………………………………………… (342)

王史 ………………………………………………… (343)

蒋满 ………………………………………………… (343)

第八矫 ……………………………………………… (343)

公孙昌 ……………………………………………… (343)

桓生 ………………………………………………… (343)

景卢 ………………………………………………… (344)

李守 ………………………………………………… (344)

王光 ………………………………………………… (344)

夏侯常 ……………………………………………… (344)

朱岑 ………………………………………………… (344)

第九章　西汉五经通儒考 ……………………………… (345)

司马相如 …………………………………………… (345)

杜钦 ………………………………………………… (348)

谷永 ………………………………………………… (350)

杜邺 ………………………………………………… (354)

扬雄 ………………………………………………… (356)

张竦 ………………………………………………… (366)

李弘 ………………………………………………… (367)

附录：张氏《尚书》群儒考 …………………………………（369）

  张霸父 …………………………………………………（369）

  张霸 ……………………………………………………（369）

  樊并 ……………………………………………………（374）

参考文献 ……………………………………………………（376）

第一章　西汉《易》群儒考

《易》自先秦至汉初的传习，在《史记》和《汉书》中都有较为明确的记载。如《史记·仲尼弟子列传》言：

> 孔子传《易》于（商）瞿，瞿传楚人馯臂子弘，弘传江东人矫子庸疵，疵传燕人周子家竖，竖传淳于人光子乘羽，羽传齐人田子庄何，何传东武人王子中同，同传菑川人杨何。何元朔中以治《易》为汉中大夫。

《汉书·儒林传》的记载与此略同，唯有"馯臂子弘"作"馯臂子弓"①，"矫子庸疵"作"桥庇子庸"，且云商瞿"以授鲁桥庇子庸，子庸授江东馯臂子弓"，传授顺序与此相反。另外，"周子家竖"作"周丑子家"，"光子乘羽"作"孙虞子乘"，这是文字的细微差异以及年代久远偶尔误记所致，基本不影响先秦《易》学传承的大体面貌。还有《汉书》田何字"子装"，《史记》作"子庄"②，《汉书》言汉代《易》学祖师为田何而《史记》认为是杨何③。

入汉以后，田何二传《易》于杨何，杨氏于武帝时立为博士。田何又

---

① 杨树达《汉书窥管》引黄生云："弓《史记》作弘，弘当读为肱。弘字从厶，古肱字。以其名臂，故字为肱。肱与弓音相近，故或为子弓耳。"见《汉书窥管》，上海古籍出版社1984年版，第683页。

② 这是《汉书》避汉明帝刘庄名讳所致。《史记》成书于西汉，无须避讳，而《汉书》须避讳。《汉书·高帝纪》："范增起，出谓项庄曰：'君王为人不忍。'"陈直《汉书新证》："直案：全部《汉书》皆讳'庄'字，此独不讳，因老严及楚严王，卞严子，一般人皆可以意会为庄，若项庄改为项严，后人即不易知，此班固直书项庄之苦心，故《儒林传》田何字子庄，则改为子装亦此义。"见陈直《汉书新证》，天津人民出版社1979年版，第6页。

③ 《汉书·儒林传》云："汉兴，言《易》自淄川田生。"《史记·儒林列传》云："然要言易者本于杨何之家。"对此不同说法，后儒一般认为司马迁之父司马谈受《易》于杨何，故司马迁尊之。实际上，史迁之世，《易》今文三家未分，京氏《易》未立，《易》学影响大者实乃杨何。《汉书·儒林传·赞》明言："初，《书》唯有欧阳，《礼》后，《易》杨，《春秋》公羊而已。"

授丁宽，丁宽授田王孙，田王孙的三位弟子施雠、孟喜、梁丘贺之《易》学宣帝时皆立于学官。元帝时，朝廷又立京氏《易》。又有韩氏、费氏、高氏《易》学，仅于学者间私授，不曾立于学官。这是西汉《易》学传习的概况。对于上述《易》学传习的路径及相关经师，《史记·儒林列传》和《汉书·儒林传》有较明确的叙述。除《汉书·儒林传》外，其他古籍中也有各家《易》学经师的零星记载，合计七十余人。

第一节　田氏《易》群儒考

所谓西汉《易》学田氏派，是指《易》学三家分立之前的《易》学派，该派经师都是田何及其弟子或再传弟子，见于《史记·儒林列传》《汉书·儒林传》及他篇所载者有田何、王同、周王孙、蔡公、服生、杨何、司马谈、京房、即墨成、孟但、周霸、衡胡、主父偃、丁宽、项生、田王孙十六人，考述于下。

田何

田何，汉《易》学祖师。田生事迹及传《易》情况在《汉书·儒林传》和《史记·儒林列传》中都有记载，两者大体相同。相比之下《汉书》较详，曰：

> 汉兴，田何以齐田徙杜陵，号杜田生，授东武王同子中、洛阳周王孙、丁宽、齐服生，皆著《易传》数篇。同授淄川杨何，字叔元，元光中征为太中大夫。齐即墨成，至城阳相。广川孟但，为太子门大夫。鲁周霸、莒衡胡、临淄主父偃，皆以《易》至大官。要言《易》者本之田何。

田何事迹又见于皇甫谧《高士传》。《高士传》云："田何，字子庄，齐人也。自孔子授《易》，五传至何。及秦禁学，以《易》为卜筮之书，独不禁，故何传之不绝。汉兴，田何以齐诸田徙杜陵，号曰杜田生，以《易》授弟子，东武王同子仲、洛阳周王孙、丁宽、齐服生等，皆显当世。惠帝时，何年老家贫，守道不仕。帝亲幸其庐，以受业，终为《易》者宗。"大体也与《史记》《汉书》所载类似，唯有载惠帝亲临其讲学之所一事，可补充田生事迹。又陆德明《序录》自注引《高士传》云"田何，字庄汉"，不知何据。《高士传》虽为后世所录，但言惠帝亲幸其庐，当事有所本。

此外，田何既号"杜田生"也必有缘故。杨树达《汉书窥管》引吴承仕云："田何授丁宽，宽授田王孙，田王孙亦称田生，后人恐其相乱，故以地望别之，若《尚书》之有大、小夏侯，《礼》之有大、小戴矣。"吴说在理。然《汉书·宣帝纪》云："元康元年春，以杜东原上为初陵，更名杜县为杜陵。"又《汉书·地理志》："汉兴，立都长安，徙齐诸田，楚昭、屈、景及诸功臣家于长陵。"按照《汉书》记载，则田何居家当在长陵，理应号曰"长陵田生"才是，而由田生号曰"杜田生"则可推知其得号时间必在宣帝元康元年（前65）之后，当来自西汉《易》学三家。因宣元之世三家《易》及京氏《易》皆立，京房《易》托之孟喜，而孟（喜）、梁丘（贺）、施（雠）《易》均受之于田王孙，田王孙受之于丁宽，丁宽受之于田何，故田何号杜田生乃是后世弟子所号。于此，也可考见《汉书》言田何为汉《易》学宗师乃三家《易》师法之说，而司马迁言杨何为《易》学本师也是当时实情，两说并行不谬。

关于田何迁长陵的时间，当在高帝九年（前198）。刘汝霖《汉晋学术编年》将此事系年于高帝五年（前202），恐不确。刘先生言："（五年），田何徙关中。……《汉书·高帝纪》，以是年徙诸侯王子关中，则何之被徙，当在此时，故志之于此。"按：《史记·刘敬传》云："刘敬从匈奴来，因言：'……臣愿陛下徙齐诸田，楚昭、屈、景、燕、赵、韩、魏后，及豪杰名家居关中。无事，可以备胡；诸侯有变，亦足率以东伐。此强本弱末之术也。'上曰：'善。'乃使刘敬徙所言关中十余万口。"《史记》《汉书》刘敬本传均言刘敬使匈奴在汉七年，又《史记·高祖本纪》："九年，赵相贯高等事发觉，夷三族。废赵王敖为宣平侯。是岁，徙贵族楚昭、屈、景、怀、齐田氏关中。"《汉书·高帝纪》："九年冬……十一月，徙齐、楚大族昭氏、屈氏、怀氏、田氏五姓关中，与利田宅。"与《史记》同。参照《史记》《汉书》所述，田何迁关中当在高帝九年为宜。所谓徙关中乃迁长陵，其地在长安郊，故《汉书·儒林传》下文丁宽从田何学《易》而成归洛阳，田何曰："《易》以东矣。"

田何《易》说今不传，《汉志》也不见著录，恐田生其人于《易》未

著《易传》，仅说《易》而已①。至于田何于汉初《易》学之贡献，潘雨廷先生《周易集解纂疏·序》认为："今本之《十翼》，由田何传出。"

王同

王同，字子中②，田何弟子，《史记·儒林列传》："田何传东武人王同子仲。"《汉书·儒林传》："（田何）授东武王同子中。"

王同的事迹已不可考。《汉书·武帝纪》元鼎二年云："秋九月，诏曰：'仁不异远，义不辞难。……遣博士中等分循行，谕告所抵，无令重困。'"武帝所遣之博士中或为王子中，如欧阳地馀《汉书·百官表》称其为馀。《汉志》六艺易类有《王氏》两篇③，班固自注："名同。"今佚。

周王孙

周王孙，田何弟子，见《汉书·儒林传》。周王孙同门丁宽亦曾从其受学，《汉书·儒林传》言"（丁）宽至洛阳，复从周王孙受古义④，号《周氏传》"。

《汉志》六艺易类有《易传周氏》两篇，班固自注："字王孙也。"从其《易》学曰古义、号《周氏传》来看，周王孙可能保留田何《易》说最纯。姚振宗《汉志条理》曰："按《史》《汉》《儒林传》及荀悦《汉纪》

---

① 唐晏《两汉三国学案》："田何之学本无章句，至王同、周王孙、丁宽始有《易传》。然周生独号古义，岂周氏别有所得乎？商瞿之传至周王孙、丁将军，盖又一变矣。右为《易》田氏之学，为《易》大宗。"

② 王同，字子中。颜师古注曰："子中，王同字也，中读曰仲。"《史记·仲尼弟子列传》张守节《正义》："《汉》作'王同字子仲'。"汉人往往将此二字混用。如《儒林传》传高氏《易》及古文《尚书》的王横，《儒林传》作"王横平中"，桓谭《新论》、郦道元《水经注》作"王平仲"。《论语·颜渊》篇，唐石经作"仲弓问仁，子曰：'出门如见大宾使民如承大祭。'"，1992年朝鲜平壤市乐浪区域贞柏洞364号墓出土《论语》竹简作"中弓问仁子曰出门如见大宾使民如承大祭"，考同墓出土户口簿木牍，为西汉元帝初元四年（前45）。

③ 王应麟《汉志考证》："晁氏曰：'……汉之《易》家盖自田何始。何而上，未尝有书。'管辂谓《易》安可注者，其得先儒之心欤？《易》家著书，自王同始，学官自杨何始，所谓《易》杨者是也。"认为王同为汉代首著《易传》者，又认为尊田何为易学祖师从学派言，尊杨何则从立于学官论，或是。

④ 顾实《汉书艺文志讲疏》："古义者，盖古文之义也，则西汉最初今文家不讳古文也。"按：顾氏之说不确。一则西汉时文字为隶书今文，二则今古文学之概念为清儒所首倡，汉人并无。此处所谓古义，当指其易学留有先秦遗说。

所引刘向《别录》载田子庄传《易》，弟子皆以东武王同为首，周王孙次之。此以周氏列《易》传之首者，则以其书皆古义故也。"潘雨廷先生更认为"(《大象》)于汉初由洛阳的周王孙传出"①。但《周氏易传》今亡，具体面目已不可考。

蔡公

蔡公，周王孙弟子，田何再传弟子，但蔡公之名不见载于《汉书·儒林传》。《汉志》六艺易部有《蔡公》二篇，班固自注："卫人，事周王孙。"《蔡公》二篇已佚，李鼎祚《周易集解》引有蔡景君说，但蔡景君其人无考。清人马国翰《玉函山房辑佚书》辑有《蔡氏易说》一卷，题汉蔡景君撰，马氏在序言中推测为此蔡公所作。马国翰云："虞翻称彭城蔡景君说，翻生汉季及引述之，则蔡氏汉人在翻前。考《汉书·艺文志》有《蔡公易传》二篇，注'蔡公卫人，事周王孙'，意景君即蔡公。"周寿昌《汉书注校补》亦云："考《汉书·艺文志》有《蔡公易传》二篇，注蔡公卫人，事周王孙。意景君即蔡公，殆卫人而官彭城，虞氏称其官号，如南郡之称马融，长沙之称贾谊欤？"

姚振宗《汉志条理》则不同意二人之说，姚氏云："按虞氏称彭城蔡景君，不云蔡彭城景君，马氏以此当之，恐未然。《史》《汉》儒林传皆不载其人，别无可考，姑存其说。又按本书《地理志》《续汉书·郡国志》高帝置楚国，宣帝时改为彭城郡，后复为楚国。后汉章帝时改楚国为彭城国，彭城亦其国所治县也。蔡景君在西汉为楚国之彭城人，在东汉则彭城国之彭城县人，断非官于彭城者。又《经义考·承师》篇、洪亮吉《传经表》皆无蔡公，亦无蔡景君，穷搜极索而失之眉睫，信乎著书之难也。"比较而论，马、周二家有臆测的成分，姚氏说较为可信。

服生

服生，田何弟子，见《汉书·儒林传》。《汉书》未载服生名，《汉志》师古注引刘向《别录》云："服氏，齐人，号服光。"陆德明《序录》自注同样引《别录》云服先，两者不知谁是。杨树达《汉书窥管》曰："吴承仕云（指吴《序录疏证》），服光《释文序录》作服先，是也。先者，先生之

---

① 潘雨廷：《十翼的形成》，见《潘雨廷学术文集》，上海人民出版社2011年版，第102页。

省称,如《梅福传》称叔孙通为叔孙先之比。以系尊称,故云号服先。若光是其名,不得云号矣。《儒林传》称服生,盖史家以通语追改之。"按:吴说为是,"光""先"二字形近而误,顾实《汉志讲疏》亦云:"光、先形近易误。"其他例如《续汉书·律历志中》刘昭注引《蔡邕集》载蔡氏熹平四年《历数议》曰:"蔡邕前坐侍中西北,近公卿,与光、晃相难问是非焉。"严可均《全后汉文》辑蔡邕文云:"案:光、晃谓冯光、陈晃,《御览》作'冯先'。"

服氏《易》学,陈直《汉书新证》云:"王先谦《汉书补注》引《会稽先贤传》曰:'淳于长通说宓氏《易经》,宓与服通。'考宓子贱之宓,又与伏、服二姓相通,故伏生为子贱之后。刘向《别录》,以服氏齐人,知即宓氏也。《淮南子·齐俗训》,'客有见人于宓子者',《赵策》作服子是也。"①

服生著述,《汉志》载有"服氏两篇",今佚。

杨何

杨何,字叔元,王同弟子,田何再传弟子,约景帝、武帝时人。《汉书·儒林传》言杨何"元光中征为太中大夫",《史记·儒林列传》作"元光元年",《史记·仲尼弟子列传》又作"元朔中",三者各异,不知孰是。

《史记·仲尼弟子列传》言杨何"以治《易》为汉中大夫",又《汉书·儒林传·赞》言武帝立五经博士"《易》杨",则杨何曾于武帝时立为《易》学博士。从"《易》杨"一语推之,杨何当为武帝立五经时首位《易》学博士,时间当在武帝建元五年(前136)。《汉书·武帝纪》建元五年:"置《五经》博士。"但后儒对此也有异议,如《汉书·儒林传·赞》"《易》杨",王先谦《汉书补注》引沈钦韩曰:"其后立学但施、孟、梁丘,不言杨何所终。三家之《易》不出于杨。'《易》杨'为'《易》田'之讹。杨本不立博士,汉以来言《易》者皆本田何,三家皆由田《易》,犹大小戴仍后《礼》也。"对此,徐复观认为:"《汉书·儒林传》溯自汉初,故谓'要言《易》者本之田何';传赞言五经博士之始,故举杨何而不能举田何。两者并无矛盾,且与司马迁之说是相应的。"②张舜徽《汉志通释》亦云:"杨何之《易》在汉武帝时,实为显学,何固武帝时五经博士之一

---

① 陈直:《汉书新证》,天津人民出版社1979年版,第227页。
② 徐复观:《中国经学史的基础》,见《徐复观论经学史二种》,上海书店出版社2006年版,第73页。

也。而《太史公自序》称其父谈'受《易》于杨何'。师承所自，知之独深。故史迁叙述杨《易》授受源流与沾溉所及为最详云。"

杨何《易》说今不传，可能保留部分古《易》说（详见下"司马谈"条）。《汉志》六艺易部有《杨氏》二篇，班固自注："名何，字叔元，淄川人。"今佚。

司马谈

司马谈，司马迁之父，曾从杨何受《易》。《史记·太史公自序》云"太史公受《易》于杨何"。

司马谈之生年不可考，司马谈之卒年，《史记·太史公自序》云："是岁天子始建汉家之封，而太史公留滞周南，不得与从事，故发愤且卒。"所谓"始建汉家之封"，时在元封元年（前110）。

司马谈《易》学今不可见。《史记·太史公自序》及《汉书·司马迁传》载有司马谈《论六家要旨》，内称《易·系辞》为《易大传》云云，恐为杨门旧说。又如《太史公自序》司马迁引《易》答上大夫壶遂云："故《易》曰'失之毫厘，差以千里'。"裴骃《史记集解》曰："今《易》无此语，《易纬》有之。"《汉书·司马迁传》也引有此《易》说，师古注："今之《易经》及《彖》《象》《系辞》，并无此语。所称《易纬》者，则有之焉。斯盖《易》家之别说者也。"考《易》曰"失之毫厘，差以千里"又见于《汉书·东方朔传》，东方朔引之谏武帝："《易》曰：'正其本，万事理；失之毫厘，差以千里。'"师古注所说"《易纬》有之"，见《易纬·通卦验》："故正其本而万物理，失之毫厘，差以千里。"又见于《易纬·坤灵图》："正其本，万物理，差之毫厘，谬以千里，故君子必谨其始。"《文选·齐竟陵文宣王行状》李善注引《易纬·乾凿度》亦云："正其本而万物理，失之毫厘，差之千里。"《后汉书·仲长统传论》李贤注引《易纬》："差以毫厘，失之千里。"则此为《易纬》之文。按：武帝时纬书尚未出，此处所谓"《易》家之别说"恐为杨何《易》说。司马迁引此说当袭自其父司马谈，谈受之杨何，而彼时杨何为《易》学博士，东方朔引杨何《易》说乃《易》学正议，以谏武帝，得无不可？而杨何《易》说疑也有来自古《易》家之说，如《大戴礼记·礼察》篇："《易》曰：'君子慎始，差若毫厘，谬之千里。'"（《小戴礼记·经解》篇同）贾谊《新书·胎教》篇云："《易》曰：'正其本，万物理，失之毫厘，差之千里。'故君子慎始。"（《大戴礼记·保傅》篇同）盖武帝时《易》学家法不分，故保留《礼记》

所载古《易》说，此和丁宽向周王孙习古《易》同义①。

司马谈之学，除《易》外，尤通天文及黄老。《史记·太史公自序》云："太史公学天官于唐都……习道论于黄子。"唐都见于《史记·天官书》及《汉书·律历志》，黄子即《汉书·儒林传》所载与辕固生争论于景帝前之黄生。《史记集解》引徐广曰："《儒林传》曰黄生，好黄老之术。"

《隋志》子部五行家有《太史公万岁历》一卷，未注作者。两《唐志》作："《太史公万岁历》一卷，司马谈撰。"姚振宗《汉书艺文志拾补》（以下简称《汉志拾补》）据此著录有《太史公万岁历》一卷。姚氏云："太史公及王莽二历犹今万年历之类。"

京房

京房，杨何弟子，梁丘贺曾师事之，事迹见《汉书·儒林传》："梁丘贺字长翁……从太中大夫京房受《易》。房者，淄川杨何弟子也。房出为齐郡太守，贺更事田王孙。宣帝时，闻京房为《易》明，求其门人，得贺。"按：此京房姓京名房，与元帝时传京氏《易》之京房为两人［后一京房姓李，详见"京房（李君明）"条］。师古注曰："自别一京房，非焦延寿弟子为课吏法者。或书字误耳，不当为京房。"杭辛斋《读易杂识》"汉有两京房"条，及今人江竹虚先生说同颜师古。②

《汉书·儒林传》又言梁丘贺以卜筮预知任宣兵谋，且贺子梁丘临"学精熟，专行京房法"，可知京房《易》学除义理之外，尚有卜筮之法。《汉书·儒林传》既言"宣帝时得其门人梁丘贺"，说明彼时京房已卒。而霍光子霍禹等谋反被诛是在地节四年（前66）③，故可知京房卒年当在此年之前。

即墨成

即墨成，姓即墨，名成。④ 齐人，王同弟子，田何再传弟子，官至城阳

---

① 刘大钧《〈周易〉古义考》也认为："故杨何之《易》当有古义之影响。"刘文载《中国社会科学》2002年第5期。
② 杭说见卢央《京房评传》，南京大学出版社2011年版，第2页引；江说见其《五经源流变迁考》，上海古籍出版社2008年版，第39页。
③ 《汉书·宣帝纪》地节四年："秋七月，大司马霍禹谋反。诏曰：'……诸姊妹婿度辽将军范明友、长信少府邓广汉、中郎将任胜……咸服其辜。'"
④ 《汉书·儒林传》师古注："姓即墨，名城。"即墨非地名（山东有即墨区）。《风俗通·姓氏篇》："即墨氏，汉有即墨威为咸阳令。"（《姓解》二引）

相，事见《史记·儒林列传》及《汉书·儒林传》："（王同授）齐即墨成，至城阳相。"

即墨成为城阳相为何时？即墨成为王同弟子，其生年当在景武之时。按：城阳本齐地城阳郡，于惠帝二年（前193）冬十月，齐悼惠王刘肥献之于鲁元公主，以消除吕后猜忌，得全性命。后文帝二年（前178），朱虚侯刘章封为城阳王，次年刘章卒（见《汉书·文帝纪》），可见即墨成所相之城阳王不是刘章。汉初各诸侯国官制等同汉室，城阳相原名城阳丞相，《汉书·百官表》载景帝中元五年（前145）"更名诸侯丞相为相"。查《汉书·诸侯王表》有城阳顷王刘延："孝景后元元年，顷王延嗣，二十六年薨。"景帝后元元年为公元前143年，刘延在位二十六年卒，当在武帝元狩五年（前118），时间跨度恰好符合即墨成的大致生平时间，故即墨成所相之王为城阳顷王刘延。

孟但

孟但，广川人，王同弟子，田何再传弟子，为太子门大夫，事见《史记·儒林列传》及《汉书·儒林传》："（王同授）广川孟但，为太子门大夫。"

太子门大夫为太子太傅属官，则孟但所属之太子太傅为何人？考《汉书·儒林传》言王同弟子如杨何、即墨成、周霸、衡胡、主父偃等"至大官"均为武帝前中期，故孟但官至太子门大夫也在此时。按：制度须先立太子后选太子太傅，武帝世立为太子者两人，前为戾太子刘据，于武帝元狩元年（前122）立，后盗武帝兵诛江充事败自杀；后立昭帝为太子，当时已是武帝去世前一年，霍光为太傅辅政。比较而言，孟但所属之太子太傅当为戾太子之太傅万石君石奋之子石庆①，时间在元狩元年左右。

周霸

周霸，鲁人，王同弟子，田何再传弟子，事见《史记·儒林列传》及《汉书·儒林传》："（王同授）鲁周霸、莒衡胡、临淄主父偃，皆以《易》至大官。"

---

① 《汉书·石奋传》："元狩元年，上立太子，选群臣可傅者，庆自沛守为太子太傅，七岁迁御史大夫。"

周霸事迹又见于《汉书·郊祀志》："上为封祠器视群儒，群儒或曰'不与古同'，徐偃又曰'太常诸生行礼不如鲁善'，周霸属图封事，于是上黜偃、霸，而尽罢诸儒弗用。"《汉书·郊祀志》所载此事为武帝与众臣议泰山封禅礼仪，时间为元封元年（前110）。《汉书·武帝纪》元封元年云："夏四月癸卯，上还，登封泰山，降坐明堂。"此外，周霸又以议郎参与卫青军中事，以为苏建当斩，事见《汉书·卫青传》。

按：周霸掌图封事，其职属于太常。考《汉书·百官表》，元封前后唯有杜相为太常。《汉书·百官表》元鼎五年（前112）："平曲侯周建德为太常。阳平侯杜相为太常，五年坐擅繇大乐令论。"按：元鼎六年改元为元封元年。《汉书·百官表》未载周霸任太常事，则周霸或于元封时任太常臣。

周霸之学，从其掌太常图封事并参与封禅礼论来看，周霸亦通《礼》。此外，周霸又习《尚书》和鲁《诗》，载于《史记·儒林列传》及《汉书·儒林传》。《汉书·儒林传》云："是后鲁周霸、洛阳贾嘉颇能言《尚书》云。"周霸《尚书》师承，毕沅《传经表》云："周霸，张生授，鲁人。"朱彝尊《经义考》卷二四八说同："张生弟子……郡守洛阳贾嘉、鲁周霸。"但是二说无文献根据。周霸鲁《诗》则受之申公，《汉书·儒林传》云："申公，鲁人也。……弟子为博士十余人，孔安国至临淮太守，周霸胶西公内史。"

衡胡

衡胡，莒人，王同弟子，田何再传弟子，见《史记·儒林列传》及《汉书·儒林传》，其他事迹不详。

主父偃①

主父偃，齐国临淄人，王同弟子，田何再传弟子，见《史记·儒林列传》及《汉书·儒林传》。《史记》《汉书》均有本传，《汉书》本传云："主父偃，齐国临淄人也。学长短纵横术，晚乃学《易》《春秋》、百家之言。……元光元年，乃西入关见卫将军。"后"乃上书阙下。……乃拜偃、

---

① 陈直《汉书新证》："主父偃齐国临菑人也。直按：主父为赵武灵王之后，《汉印文字征》第五、九页，有'主父宫''主父会'二印，据此西汉主父之姓尚习见。"见《汉书新证》，天津人民出版社1979年版，第347页。

乐、安皆为郎中。偃数上疏言事，迁谒事、中郎、中大夫"。主父偃为中大夫时力劝武帝颁布推恩令削藩，迁豪强于茂陵，力劝武帝立卫皇后，又极力主张设置朔方郡。后主父偃迁为齐相，逼迫齐王自杀。主父偃为人骄横，后为公孙弘所谮而被灭族。

主父偃生卒年。《汉书·主父偃传》载偃自述："臣结发游学四十余年，身不得遂，亲不以为子，昆弟不收，宾客弃我，我陀日久矣。"元光元年（前134），主父偃见卫将军之后"留日久"才为武帝所赏识，以十五岁结发事师游学来推算，主父偃大约生于汉惠帝前期，又言晚乃学《易》，恐怕在元光之前不久，和杨何、孟但、周霸等同时。主父偃于元朔中被灭族，其年寿为六十余。

主父偃的《易》说不见传世，《汉志》子部纵横家录有《主父偃》二十八篇，马国翰《玉函山房辑佚书》子部纵横家类、严可均《全汉文》卷二七有辑本，但两辑本采自《汉书》中偃之奏议，已非其旧。《汉书》本传载主父偃说武帝曰："古者诸侯地不过百里，强弱之形易制。今诸侯或连城数十，地方千里。缓则骄奢易为淫乱，急则阻其强而合从以逆京师。今以法割削，则逆节萌起，前日朝错是也。今诸侯子弟或十数，而适嗣代立，余虽骨肉，无尺地之封，则仁孝之道不宣。愿陛下令诸侯得推恩分子弟，以地侯之。彼人人喜得所愿，上以德施，实分其国，必稍自销弱矣。"主父偃言削藩所依据之理，与后汉《公羊》博士丁恭所论同①。核之经义，于《春秋》当以《公羊》主旨天下一统之说，则《公羊》是主父偃《春秋》家法。又从"古者诸侯地不过百里"一语来看，于《易》恐采"震为诸侯"为说。《礼记·王制》："公侯田方百里，伯七十里，子男五十里。"《白虎通·封公侯》篇云："诸侯封不过百里，象雷震百里，所润云雨同也。"《太平御览》引《孝经·援神契》曰："二王之后称公，大国称侯，皆千乘。象雷震百里，所润云雨同。"《易·蛊卦》："不事王侯。"李鼎祚《周易集解》引虞翻注："震为侯。"削藩之义与《易·系辞》"帝出乎震"相反，若今《十翼》传自田何，则主父偃之《易》说再传而有变。《三国志·吴书·虞翻传》言翻五世家学孟氏《易》，孟氏《易》传自田王孙，《汉书·儒林传》言田王孙为博士，田王孙《易》说也当如此。从此处亦可见西汉《易》学传习受《春秋》学说之影响及时代政治气候流变之痕迹。

---

① 后汉丁恭为《公羊》博士，见《后汉书·儒林列传》。《后汉书·光武纪》建武二年载光武欲封诸侯，丁恭议曰："古帝王封诸侯不过百里，故利以建侯，取法于雷，强干弱枝，所以为治也。"与主父偃议同理。

丁宽

丁宽，初学《易》于田何弟子项生，后师事田生，又从周王孙问学，大约汉初至文、景世人。丁宽受《易》事迹不见于《史记·儒林列传》而见于《汉书·儒林传》：

> 丁宽字子襄，梁人也。初，梁项生从田何受《易》，时宽为项生从者，读《易》精敏，材过项生，遂事何。学成，何谢宽。宽东归，何谓门人曰："《易》以东矣。"宽至洛阳，复从周王孙受古义，号《周氏传》。景帝时，宽为梁孝王将军距吴楚，号丁将军，作《易说》三万言，训故举大谊而已，今《小章句》是也。

丁宽后人有哀帝母丁姬。《汉书·外戚传》曰："定陶丁姬，哀帝母也，《易》祖师丁将军之玄孙。"如此，则大将军丁明亦是丁宽玄孙。

丁宽事迹最著名者是担任梁孝王将军，平叛吴楚谋反。按：除《汉书·儒林传》载此事外，《史记》《汉书》均无丁宽任梁孝王将军于七国反时抵抗吴楚之文，《史记·儒林列传》载西汉《易》学传承时甚至没有提及丁宽。《汉书》明言为将抗吴楚者有韩安国、张羽，见《汉书·韩安国传》："韩安国字长孺……事梁孝王，为中大夫。吴楚反时，孝王使安国及张羽为将……吴楚破，安国、张羽名由此显梁。"《汉书·韩安国传》又言："跪送臣等六人，将兵击却吴楚。"王先谦《汉书补注》曰："六人为安国、张羽、傅伯、丁宽，其二人未详。"王注完全先设定丁氏为将军，失考，不足据。

又有邓公，见《汉书·晁错传》："错已死，谒者仆射邓公为校尉，击吴楚为将。"又言"邓公，成固人也，多奇计"。考汉人言将军之习惯，善为计策者称为将军，如《汉书·文帝五子传》："公孙诡多奇邪计，初见日，王赐千金，官至中尉，号曰公孙将军。"《汉书》又载淮南王刘安称谋士伍被为"将军"。公孙诡和伍被当然不是勇武力战之武士，如此，则可知汉人言某人将军乃是赞其谋略而非气力。丁宽当亦是此类人也，梁孝王称其为将军也在情理之中。丁宽既明《易》，则行军时以《易》占卜亦是常事。《汉书·儒林传》言高相治《易》"专说阴阳灾异，自言出于丁将军"，则可推丁宽《易》学必有阴阳之术。又《西京杂记》："高祖与项羽战于垓下，孔将军居左，费将军居右，皆假为名。"则丁宽的"丁将军"之称当是传言。

丁宽又有所谓筑城之事。袁康《越绝书》云："汉高帝封有功，刘贾为荆王，并有吴。贾筑吴市西城，名曰定错城，属小城，北到平门，丁将军筑治之。"袁氏说丁宽为将军乃是因袭《汉书》，实不足据，且《越绝书》中误记较多。如云："匠门外信士里东广平地者，吴王濞时宗庙也。太公、高祖在西，孝文在东。去县五里。永光四年，孝元帝时，贡大夫请罢之。"按：《汉书·元帝纪》初元五年（前44）载："冬十二月丁未，御史大夫贡禹卒。"贡禹初元五年即卒，何来永光四年（前40）谏罢郡国庙事？《汉书·韦玄成传》明言，永光四年韦玄成等议罢郡国庙事虽由贡禹首倡，但彼时贡禹已死："天子是其议（指贡禹之议），未及施行而禹卒。"《越绝书》此处为袁康误记。

丁宽《易》作，《汉志》六艺易部有《丁氏》八篇，班固自注："名宽，字子襄，梁人也。"盖所谓三万言之《小章句》也。丁氏《小章句》今佚，清马国翰《玉函山房辑佚书》有辑本①。然而班固言"今《小章句》也"，可见班固时此《小章句》尚存。北京图书馆拓藏《□通封记》云："父通，本治白孟《易》丁君章句，师事上党鲍公。"不知该《丁君章句》是否为丁宽《小章句》。

关于丁宽《小章句》的大体内容，朱彝尊《经义考》引胡一桂曰："宽师田何，而复师其同门之友，以受古义，可谓见善如不及者矣。然所谓《易》说三万言，不过训故大义，又曰《小章句》，窃意其学只是文义章句，象数之学恐非所及也。"又引何乔新曰："丁宽作《易说》三万言，而训诂之学兴。"张舜徽《汉志通释》亦云："丁将军尝从周王孙受古义，所谓古义，盖不同于当时盛行之今文家阴阳灾变之说也。故其为书但训故举大谊，则与当时繁琐之辞又异矣。实开后世专以训诂、义理说《易》之风，惜其书早佚。"据上所言，或许《周易小章句》的主要内容是对《周易》本经训诂，与今所见《子夏易传》类似。恐怕这也是《中经新簿》将二者混淆的原因之一。

项生

项生，梁人，田何弟子，丁宽《易》学初师，见《汉书·儒林传》，此外项生事迹、《易》说均不详。

---

① 陆德明《序录》有子夏《易传》三卷。陆氏自注："《中经簿录》云：丁宽所作。"所以，马国翰将《子夏易传》又置于丁宽名下，马云"师承渊源可以考见"，实则自乱家法。

田王孙

田王孙，梁砀县人，丁宽弟子，田何再传弟子，西汉《易》学三家施雠、梁丘贺、孟喜之本师。《汉书·儒林传》言："（丁）宽授同郡砀田王孙。王孙授施雠、孟喜、梁丘贺。由是《易》有施、孟、梁丘之学。"又言"田王孙为博士"。田王孙事迹不见于《汉书》，《汉志》也不载其书。王孙"为博士"，当在武帝时立，杨何之后。徐复观说："故立五经博士时的《易》博士应为杨何，特为史所缺记，而田王孙乃《易》的第二代博士。"① 其说可从。

第二节 施氏《易》群儒考

施氏《易》，西汉官方《易》学四家之一，始自施雠，立于宣帝时。《汉书·儒林传》除叙述其首创经师施雠的事迹之外，还叙述了施氏《易》的传承顺序：

> 施雠字长卿②，沛人也。沛与砀相近，雠为童子，从田王孙受《易》。后雠徙长陵，田王孙为博士，复从卒业，与孟喜、梁丘贺并为门人。谦让，常称学废，不教授。及梁丘贺为少府，事多，乃遣子临分将门人张禹等从雠问。雠自匿不肯见，贺固请，不得已乃授临等。于是贺荐雠："结发事师数十年，贺不能及。"诏拜雠为博士。甘露中与五经诸儒杂论同异于石渠阁。雠授张禹、琅邪鲁伯。伯为会稽太守，禹至丞相。禹授淮阳彭宣、沛戴崇子平。崇为九卿，宣大司空。禹、宣皆有传。鲁伯授太山毛莫如少路、琅邪邴丹曼容，著清名。莫如至常山太守。此其知名者也。由是施家有张、彭之学。

据《汉书·儒林传》及其他篇籍所载，施氏《易》包括施雠在内共有

---

① 徐复观：《中国经学史的基础》，见《徐复观论经学史二种》，上海书店出版社2006年版，第73页。
② 《后汉书·儒林列传》注引《汉书》云施雠字子卿。

经师八人：施雠、张禹、鲁伯、彭宣、戴崇、毛莫如、邴丹、戴宾。考述如下。

施雠

施雠，西汉《易》学施氏学派开创者，师田王孙，其事迹见前引《汉书·儒林传》。

由上述《汉书·儒林传》略知其生平：施雠大约生于武帝中期，两度从田王孙受《易》，童子时从田王孙受《易》恐是慕王孙乡贤之名，二次受学与梁丘贺、孟喜同门，此时田王孙已是博士，时或在武帝后期。从同门梁丘贺的称誉及《汉书·儒林传》记载的疏通证明田王孙绝于施雠之手来看，施雠《易》学恐得田王孙嫡传最多。梁丘贺为少府在宣帝神爵三年（前59），而论石渠在宣帝甘露三年（前51），则施雠为梁丘贺推荐而拜为博士当在梁丘贺任少府之后且在石渠杂议之前，约宣帝五凤年间（前57—前54）。又从梁丘贺延请施雠代己授子梁丘临及弟子张禹《易》来推知，梁丘《易》与施氏《易》虽分立《易》学博士，但估计小异而大同。

《汉书·儒林传》言施雠论石渠，但《汉志》易类中并没有《石渠议奏》，只有在六艺孝经类有《五经杂议》十八篇，注："石渠论。"《汉书·儒林传》又言梁丘贺子梁丘临论石渠且梁丘临精于《易》，但从《通典》所引《石渠礼论》来看，其中虽有梁丘临的议论，但无关乎《易》，估计施雠论石渠大概也是如此，非专门言《易》。《礼记·郊特牲》孔颖达《正义》引《五经异义》曰："《公羊》说：存二王之后，所以通夫三统之义，引此文。古《春秋左氏》说：周家封夏、殷二王之后以为上公，封黄帝、尧、舜之后谓之三恪。谨案：治鲁《诗》丞相韦玄成、治《易》施雠等说引《外传》曰：'三王之乐可得闻观乎？'知王者所封三代而已。而（当作'不'）与《左氏》说同。（郑）驳曰：所存二王之后者，命使郊天以天子之礼，祭其始祖受命之王，自行其正朔服色，此之谓通夫三统。恪者，敬也。敬其先圣而封其后，与诸侯无殊异，何得比夏殷之后？"施雠所言正是石渠论，因韦玄成和施雠都论石渠。施雠所引《外传》或为《公羊外传》。此为施雠不专以《易》论石渠之证。

施雠著述。《汉志》载："《易经》十二篇，施、孟、梁丘三家。"颜师古注："上下《经》及《十翼》，故十二篇。"此外，六艺易类又著录有施氏《章句》二篇，但《隋志》及《序录》不见载。关于施氏《周易章句》的形制，后儒以为经传分离。如清李慈铭《越缦堂读书记》云："《汉志》：

《易经》十二篇施孟梁丘三家，下又云章句施孟梁丘氏各二篇，上所谓十二篇者，三家经传之本也；下所谓二篇者，三家所作之注也。注中无经文，故不依篇次，自为二篇也。《尚书》之经，及欧阳大小夏之章句解故，《诗》之经及《鲁故》《齐说》《齐故》《齐传》《韩故》《韩说》《毛》之诗及故训传，《春秋》之经及三传，无不如此，故皆分列其目。"

按：《汉志》明确把西汉今文三家《易经》称为十二篇，而将其《章句》单列，说明汉代今文学家心目中的《周易》经文必然包含《十翼》。而周予同《群经概论》云："总之，依今文派说，所谓经，只有《诗》三百零五篇，《书》今文二十八篇，《仪礼》十六篇（《丧服传》为子夏作，不计），《易》的《卦辞》《爻辞》《象辞》《彖辞》四种，以及'断烂朝报'似的《春秋经》。对于这主张的提出，始于清龚自珍《六经正名》及《六经正名答问诸文》。其后如皮锡瑞的《经学历史》、廖平的《知圣篇》以及康有为的《新学伪经考》诸书，亦时有更明确更有系统的解说。"① 对照《汉志》所载，清儒所谓今古文经传异同的说法明为臆测。

关于施雠《易》学，唐晏《两汉三国学案》曰："右为《周易》施氏之学，乃田何之正传也。孔子授《易》商瞿，自瞿传至田何，未杂异说。②而何诸弟子亦恪守其说，未敢变乱。孟氏以下，渐涉旁流矣。"按：唐氏说不确。且不说孔子传《易》至田何是否一定"未杂异说"，就西汉易学而言，其经师转益多师，左右采获，史有明文。《汉书·儒林传》云田何弟子"东武王同子中、洛阳周王孙、丁宽、齐服生，皆著《易传》数篇"，既然皆有著述，诸家《易传》必然不尽相同，否则不是自烦？又，丁氏《易传》八篇，诸家皆两篇，内容必有损益。此外，丁宽先从田何学《易》，又向周王孙学《易》古义，又非止一家。总之，唐氏此说乃是清儒盲目崇信家法，见得遗传，见不得变异。

施雠《易》学今佚，清马国翰《玉函山房辑佚书》、黄奭《黄氏逸书考》及《汉学堂丛书》、胡薇元《汉易十三家》均辑有《周易施氏章句》。

---

① 周予同著，邓秉元编：《中国经学史论著选编》，复旦大学出版社2015年版，第190页。
② 高亨《周易大传今注》云："先秦时期，尚无韵书，作者行文押韵，皆根据其方言读法，出于自然，非由矫作，然则《彖传》《象传》之作者必皆是南方人。……则《彖传》可能是馯臂子弓所作，《象传》可能是矫疵所作。"见《周易大传今注》，齐鲁书社1998年版，第6页。按：今考诸《彖》《象辞》说《易》，往往有差异者。如《蒙·彖》曰："山下有险，险而止，蒙。"《蒙》卦上艮下坎，艮为山，坎为险，故"险而止"，意即遇险而止，蒙为懵懂之意。而《象辞》："山下出泉，蒙。"以坎为水，以河流发源为象，蒙为启蒙。《彖》《象辞》两者意思并非一致。《周易》书中不乏例证，兹不胜举。

但细考辑佚文本，清儒诸家辑本似有不妥之处。以马氏辑本为例，马氏将《五经异义》之施雠说、《汉上易传》引施雠说、汉石经异文及施雠弟子彭宣《易》说均采为施雠《周易章句》，失之过宽。如前文所引"存二王之后"云云乃是施雠石渠论遗文，非专论《易》。马氏又将施雠弟子彭宣在《汉书》本传中所引《易》成说之文字采为施雠《周易章句》，此尤为不妥。

张禹（字子文）

张禹，字子文，河内轵人，施雠弟子，见《汉书·儒林传》。除通《易》外，张禹也精习《论语》及《孝经》，且以《论语》授汉成帝，于成帝世任丞相，封安昌侯，《汉书》卷八十一有传。

张禹事迹。《汉书·张禹传》言："及禹壮，至长安学，从沛郡施雠受《易》，琅邪王阳、胶东庸生问《论语》，既皆明习，有徒众，举为郡文学。"成帝立为太子，郑宽中荐张禹授太子《论语》。成帝即位，赐张禹爵关内侯，拜诸吏光禄大夫。成帝河平四年（前25）张禹为丞相，鸿嘉元年（前20）封为安昌侯，同年被免相位。

张禹生卒年。张禹卒于哀帝建平二年（前5），本传云："成帝崩，禹及事哀帝，建平二年薨，谥曰节侯。"其生年不详。

张禹《易》学。从《汉书·儒林传》言"梁丘贺为少府，事多，乃遣子临分将门人张禹等从雠问""由是施家有张、彭之学"等语来看，当兼修梁丘、施氏两家，后为施氏《易》学专门之家。

虽然张禹于施氏《易》、梁丘《易》左右采获，但《汉书·张禹传》曰："甘露中，诸儒荐禹，有诏太子太傅萧望之问。禹对《易》及《论语》大义，望之善焉，奏禹经学精习，有师法，可试事。奏寝，罢归故官。久之，试为博士。"张禹既有师法又为博士，当不可不遵师法，张禹的《易》学博士也当是施氏博士，可能是宣帝黄龙十二博士之一，故《汉书·儒林传》将其列于施氏《易》派。

张禹《易》学今不传，《汉书》也不见其引《易》议事之语，唯有本传言其居家时"禹见时有变异，若上体不安，常择日洁斋露蓍，正衣冠立筮，得吉卦则献其占"，从中可考见施氏《易》尚保留卜筮古法之痕迹。

张禹《论语》学。张禹是西汉《论语》名家，《汉书·张禹传》云："初，禹为师，以上难数对己问经，为《论语章句》献之。始，鲁扶卿及夏侯胜、王阳、萧望之、韦玄成皆说《论语》，篇第或异。禹先事王阳，后从庸生，采获所安，最后出而尊贵。诸儒为之语曰：'欲为《论》，念张文。'由是学者多从张氏，余家浸微。"《汉志》言及《论语》亦云"张氏最后而行于世"。后汉郑玄注《论语》即以张侯论为底本，可见张禹对汉代《论语》学影响之大。如何晏《论语集解序》曰："安昌侯张禹本受《鲁论》，兼讲《齐说》，善者从之，号曰《张侯论》，为世所贵。包氏、周氏《章句》出焉。"《序录》云："安昌侯张禹受《鲁论》于夏侯建。"按：《本传》言张禹从王阳、庸生问《论语》，非受于夏侯建，《序录》当为误记。《隋志》亦云："张禹本授《鲁论》，晚讲《齐论》，后遂合而考之，删其烦惑，除去《齐论·问王》《知道》二篇，从《鲁论》二十篇为定，号《张侯论》，当世重之。"

《汉志》六艺论语类载有《鲁安昌侯说》二十一篇①。张禹的《论语章句》和《鲁安昌侯说》早佚，但张侯《论语》遗说尚留于《汉书》中，略考如下。

《汉书·宣元六王传》云："楚孝王嚣，甘露二年立为定陶王，三年徙楚，成帝河平中入朝，时被疾，天子闵之，下诏曰：'盖闻"天地之性人为贵，人之行莫大于孝"。楚王嚣素行孝顺仁慈，之国以来二十余年，纤介之过未尝闻，朕甚嘉之。今乃遭命，离于恶疾，夫子所痛，曰："亡之，命矣夫！斯人也而有斯疾也！"朕甚闵焉。夫行纯茂而不显异，则有国者将何勖哉？'"成帝诏书引用《论语》义同于邢《疏》，乃是叹善人君子遭不测之命，②且引《论语》《孝经》为说，与张禹学正合。张禹乃成帝师，在世时甚尊贵，此《论语》说当为张禹《论语》遗说。

关于此句还有另一解。杨树达《汉书窥管》云："《白虎通·寿命篇》论遭命亦引此事（按：指上述成帝诏书事），云'冉伯牛危行正言而遭恶疾'，盖《论语》旧说也。"杨遇夫先生不云张侯说，只云"旧说"的意见是对的，因为《白虎通》的遭命之说不是张禹《论语》说。按：《白虎通·寿命》篇曰："遭命者，逢世残贼，若上逢乱君，下必灾变，暴至，夭绝人

---

① 《张侯论》二十篇，张氏《论语说》二十一篇，张舜徽认为多出一篇乃是序录。张舜徽《汉书艺文志通释》云："两家（《鲁夏侯说》《鲁安昌侯说》）并多出一篇，盖犹后世著述家之叙录也。学术源流，传授始末，悉于是篇详之。"

② 何晏《论语集解》引包咸曰："再言之者，痛惜之甚。"只依字面而解，并未深究经义，邢昺《疏》曰："此章孔子痛惜弟子冉耕有德行而遇恶疾也。……'命矣夫！斯人也而有斯疾也！斯人也而有斯疾也'者，行善得凶，非人所召，故归之于命，言天命矣夫！斯，此也。此善人也，而有此恶疾也。"皇侃《论语义疏》同。见李学勤主编《十三经注疏·论语注疏》排印本，北京大学出版社1999年版，第74页。

命，沙麓崩于受邑是也。冉伯牛危行正言，而遭恶疾，孔子曰：'命矣夫，斯人也而有斯疾也！斯人也而有斯疾也！'"考《白虎通·寿命》篇文意，乃是戒天子灾变之意，其责在上。臣子上疏用天人之变戒皇帝在西汉确较常见，如谷永、杜钦等人皆是，但若"逢乱君则遭恶疾"是张禹《论语》说，成帝引用岂不是自秽？因此，张禹不可能用此等天人之变义授成帝。

实际上，《白虎通·寿命》篇的遭命之说乃袭自纬书。《春秋纬·元命苞》曰："有遭命，遭命者，行正不误，逢世残贼，君上逆乱，辜咎下流，灾谴并发，阴阳散忤，暴气雷至，灭日动地，天绝人命，沙麓袭邑是。"① 此为《白虎通》所本。西汉成帝时，纬书尚未行，因此张禹不可能用此等天人之变、遭命之说授成帝。

另，马衡先生考论汉石经云："《论语》有盖毛、包、周语，余曩校尧曰载残字，考为张侯论。"② 则汉石经《论语》以张侯论为底本。

张禹《孝经》学。《汉志》言西汉《孝经》传承云："汉兴，长孙氏、博士江翁、少府后仓、谏大夫翼奉、安昌侯张禹传之，各自名家。"《汉志》六艺孝经类有《安昌侯说》一篇。马国翰将《孝经正义》引刘瓛述张禹义一节辑为《孝经安昌侯说》一卷。马国翰辑本《序》曰："邢昺《正义》引刘瓛述张禹之义仅一节，他或引称旧说。考《孝经》以'说'名者，《汉志》四说长孙氏、江氏、翼氏、后氏，俱无传述张禹之义，既见刘瓛所引，则佚说六朝时尚存。《正义》取裁齐梁诸疏，故得据而述之，合辑六节云。"

另外，《困学纪闻》卷八引欧阳文忠公《笔说》云："安昌侯张禹曰：'书必博见，然后识其真伪。'"欧阳修所引张禹语出于张氏何书，已不可考。

鲁伯

鲁伯，琅琊人，张禹弟子，习施氏《易》，为会稽太守，见《汉书·儒林传》，其他事迹不详。

---

① ［日］安居香山、中村章八辑：《纬书集成》，河北人民出版社1994年版，第618页。
② 马衡：《汉熹平石经周易残字跋》，见《古史辨》第三册，上海古籍出版社1982年版，第73页。

彭宣

彭宣，字子佩，淮阳阳夏人，张禹弟子，习施氏《易》，自成一家，官至大司空，其事见《汉书·儒林传》。《汉书》卷七十一有传。

彭宣生卒年。《汉书》本传言："哀帝崩，王莽秉政，彭宣上书乞骸骨，卒于家。"不言具体年份。《汉书·外戚恩泽侯表》："长平顷侯彭宣，元寿二年五月甲子封，四年薨。"元寿二年为公元前1年，则彭宣卒于平帝元始三年（3）。

彭宣仕履系年如下：

（1）成帝永始三年（前14），由东平太傅迁右扶风。《汉书·彭宣传》言宣"治《易》，事张禹，举为博士，迁东平太傅。禹以帝师见尊信，荐宣经明有威重，可任政事，由是入为右扶风"。《汉书·百官表》永始三年："东平太傅彭宣为右扶风，一年迁。"

（2）永始四年（前13）为廷尉，元延三年（前10）为太原太守。本传云："迁廷尉，以王国人出为太原太守。"《汉书·百官表》永始四年："右扶风彭宣为廷尉，三年以王国人为太原太守。"

（3）绥和元年（前8）为大司农，绥和二年（前7）为光禄勋、右将军。本传言："数年，复入为大司农、光禄勋、右将军。"《汉书·百官表》绥和元年："太原太守彭宣为大司农，一年迁。"《汉书·百官表》绥和二年："大司农彭宣为光禄勋，六月迁。""光禄勋彭宣为右将军，二年迁。"

（4）哀帝建平元年（前6），赐爵关内侯归家。本传言："哀帝即位，策宣赐宣黄金五十斤、安车驷马，以关内侯归家。"

（5）哀帝元寿元年（前2），鲍宣荐彭宣，召彭宣为光禄大夫，迁御史大夫、大司空，封长平侯。《汉书·彭宣传》："会元寿元年正月朔日蚀，鲍宣复言，上乃召宣为光禄大夫，迁御史大夫，转为大司空，封长平侯。"《汉书·百官表》哀帝元寿元年："八月辛卯，光禄大夫彭宣为御史大夫。"《汉书·百官表》哀帝元寿二年（前1）："五月甲子，御史大夫宣为大司空，三月病免。"

《汉志》《隋唐志》不载彭宣易学著作，但陆德明《序录》言彭宣著有《易传》："彭宣作《易传》、戴崇作《易传》。"张惠言《易义别录·序》也说："施氏之后有彭宣、戴崇作《易传》。"姚振宗《汉志拾补》著录有《易传》彭氏、《易传》戴氏。清钱大昭《补续汉书艺文志》也载有《彭宣易传》，钱氏注曰："宣字子佩，淮阳人，见《册府元龟》。"《册府元龟》

卷六〇五"学校部·注释"："彭宣字子佩，淮阳人，为大司马、长平侯，作《易传》。"其误亦当袭自《序录》。按：诸人之说非是。考诸汉史及《汉志》《隋志》，彭宣、戴崇两人并无《易传》。陆氏《序录》本约《汉书·儒林传》言之，此言盖陆氏于《汉书·儒林传》言"禹、宣皆有传"理解有误。所谓"皆有传"乃指在《汉书》中有本传，非作《易传》。考《汉书·儒林传》凡云其人在《汉书》中自有本传，语例有二：一曰"皆有传"，只有两例，除此处外，还有言鲁《诗》派"初，薛广德亦事王式，以博士论石渠，授龚舍。广德至御史大夫，舍泰山太守，皆有传"。《汉书》则有《薛广德传》《龚舍传》。一曰"自有传"，如言齐《诗》派"诸齐以《诗》显贵，皆固之弟子也。昌邑太傅夏侯始昌最明，自有传"。《汉书》则有其本传，此类甚多，不繁举。

彭宣《易》学今不见传于后世，其《易》论仅见于本传所载《乞骸骨疏》："宣上书言：'三公鼎足承君，一足不任，则覆乱美实。臣资性浅薄，年齿老眊，数伏疾病，昏乱遗忘，愿上大司空、长平侯印绶，乞骸骨归乡里，俟置沟壑。'"按：彭宣上书所言"三公鼎足承君，一足不任，则覆乱美实"，师古注："美实谓鼎中之实也。《易·鼎卦》九四爻辞曰：'鼎折足，覆公𫗧。'𫗧，食也。故宣引以为言。"则施氏《易》"𫗧"字或作"实"。清王仁俊《玉函山房辑佚书续编》辑有《周易彭氏义》一卷，题汉彭宣撰，即采此说。黄奭《汉学堂丛书》也将此说辑为《彭氏易传》。马国翰《目耕帖》则认为"（彭）宣为施氏再传弟子，此用施氏说也"，将其辑入《周易施雠章句》中。这是清儒盲目信从所谓师法的结果，恐非。

戴崇

戴崇，字子平，张禹弟子，与彭宣同门，习施氏《易》，《汉书》无本传。其人事迹除见于前引《汉书·儒林传》外，还见于《汉书·张禹传》及《汉书·王莽传》。

《汉书·张禹传》曰："禹成就弟子尤著者，淮阳彭宣至大司空，沛郡戴崇至少府九卿。"《汉书·儒林传》言"（戴）崇为九卿"。戴崇担任九卿高官是为何职？《汉书·儒林传》未明言。从上所引《汉书·张禹传》记载可知，戴崇曾担任过少府一职，少府正是九卿之一，但遍核《汉书·百官表》，不见著录，此少府当为长乐少府。《汉书·王莽传》云："及长乐少府戴崇、侍中金涉……皆当世名士，咸为莽言，上由是贤莽。"

戴崇卒年。因戴崇荐莽（见上文），所以王莽于始建国元年（9）封戴崇子为男侯，《汉书·王莽传》言："始建国元年……又封旧恩戴崇、晋涉……子皆为男。"按：王莽封戴崇之子而不封崇，大约彼时戴崇已死。

《册府元龟》卷六〇五"学校部·注释"："戴崇字子平，沛人，为少府，作《易传》。"当因袭《序录》误记（见"彭宣"条）。

毛莫如

毛莫如，字少路。关于其姓，或姓屯，《汉书》作毛，乃是字形近而误。《困学纪闻》辨正曰："《儒林传》'毛莫如少路'，宋景文公引萧该《音义》：'案：《风俗通·姓氏篇》混沌氏，太昊之良佐，汉有屯莫如，为常山太守。'案此莫如姓非毛，应作屯，音徒本反。愚案：《沟洫志》云：'自塞宣房后，河复北决于馆陶，分为屯氏河。'颜师古注：'屯音大门反。而隋室分析州县，误以为毛氏河，乃置毛州，失之甚矣。'以此语之，则屯、毛之相混久矣。屯之为氏，于此可考。《广韵》云：'后蜀录有法部尚书屯度。'"关于其名，陈直《汉书新证》言："天文志有燕王候星者吴莫如，《汉印文字征》有苏莫如、甄莫如、田莫如三印，知西汉人以莫如为常名。"

毛莫如为鲁伯弟子，官至常山太守，见《汉书·儒林传》。毛氏《汉书》无传，其人事迹《汉书》仅见两条。一见于《汉书·杜周传》，载成帝时丞相翟方进卒，（杜）业上书言："幸赖陛下至明，遣使者毛莫如先考验，卒得其奸，皆坐死。"又见于《汉书·李寻传》："哀帝久寝疾，几其有益，遂从贺良等议。""后月余，上疾自若。贺良等复欲妄变政事，大臣争以为不可许。……（贺良等）皆下狱，光禄勋平当、光禄大夫毛莫如与御史中丞、廷尉杂治，当贺良等执左道，乱朝政，倾覆国家，诬罔主上，不道。贺良等皆伏诛。寻及解光减死一等，徙敦煌郡。"据《汉书》上述记载，毛莫如除担任常山太守外，还担任过成帝的使者，哀帝时任光禄大夫杂治李寻等持左道议政之事（时为哀帝建平二年，详见"李寻"条），其他事迹不可考。

邴丹[①]

邴丹，字曼容，琅琊人，受施氏《易》于鲁伯，事见《汉书·儒林传》。《汉书·儒林传》言邴曼容无意为仕，清虚自守。邴丹《汉书》无本传，其人事迹略见于《汉书·龚胜传》："初，琅邪邴汉亦以清行征用，至京兆尹，后为太中大夫。王莽秉政，胜与汉俱乞骸骨。……于是胜、汉遂归老于乡里。汉兄子曼容亦养志自修，为官不肯过六百石，辄自免去，其名过出于汉。"相互验证，可发明邴曼容其志。

戴宾

戴宾，沛人，习施氏《易》，授刘昆，事见《后汉书·儒林列传》。《后汉书·儒林列传》云："刘昆字桓公……平帝时，受施氏《易》于沛人戴宾。"唐晏《两汉三国学案》认为戴宾是戴崇之子[②]，没有文献依据，恐非。

第三节　梁丘氏《易》群儒考

梁丘《易》，西汉官方《易》学四家之一，始自梁丘贺，立于宣帝时。《汉书·儒林传》叙述其首创经师梁丘贺事迹及梁丘《易》之师承云：

> 梁丘贺字长翁，琅邪诸人也。以能心计，为武骑。从太中大夫京房受《易》。房者，淄川杨何弟子也。房出为齐郡太守，贺更事田王孙。宣帝时，闻京房为《易》明，求其门人，得贺。贺时为都司空令，坐事，论免为庶人。待诏黄门数入说教侍中，以召贺。贺入说，上善之，以贺为郎。会八月饮酎，行祠孝昭庙，先驱旄头剑挺堕墜，首垂

[①] 陈直《汉书新证》："直按：汉代丙邴二字，在姓氏上通用，《汉印文字征》第十四、十三页，有'丙迣''丙贤''丙子孟'三印。又按：《隶释》卷六，北海相景君碑阴，有邴钟题名。王贡两龚鲍传有邴曼容。《汉印文字征》第六、二十页，又有'邴调''邴可'等七印，但丙吉各书皆作丙。"见《汉书新证》，天津人民出版社1979年版，第385-386页。

[②] 唐晏《两汉三国学案》言及施氏《易》传承时云"戴崇，子宾"。见《两汉三国学案》，中华书局1986年版，第2页。

泥中,刃乡乘舆车,马惊。于是召贺筮之,有兵谋,不吉。上还,使有司侍祠。是时,霍氏外孙代郡太守任宣坐谋反诛,宣子章为公车丞,亡在渭城界中,夜玄服入庙,居郎间,执戟立庙门,待上至,欲为逆。发觉,伏诛。故事,上常夜入庙,其后待明而入,自此始也。贺以筮有应,由是近幸,为太中大夫,给事中,至少府。为人小心周密,上信重之。年老终官。传子临,亦入说,为黄门郎。甘露中,奉使问诸儒于石渠。临学精孰,专行京房法。琅邪王吉通《五经》,闻临说,善之。时宣帝选高材郎十人从临讲,吉乃使其子郎中骏上疏从临受《易》。临代五鹿充宗君孟为少府,骏御史大夫,自有传。充宗授平陵士孙张仲方、沛邓彭祖子夏、齐衡咸长宾。张为博士,至扬州牧,光禄大夫给事中,家世传业。彭祖,真定太傅。咸,王莽讲学大夫。由是梁丘有士孙、邓、衡之学。

《汉书·儒林传》及他籍所载梁丘《易》学经师包括梁丘贺在内共有八人:梁丘贺、梁丘临、王骏、五鹿充宗、士孙张、邓彭祖、衡咸、冯商。考述如下。

梁丘贺

梁丘贺,字长翁,琅琊诸人,先师事京房,后师事田王孙,《易》学梁丘派开创者,名列儒林传,但《汉书》无本传。

梁丘贺在宣帝神爵三年(前59)为少府。《汉书·百官表》神爵三年云:"光禄大夫梁丘贺为少府。"《汉纪》神爵三年:"是岁光禄大夫梁丘贺为少府。"他的卒年,当在宣帝甘露三年(前51)论石渠前。《汉书·儒林传》言梁丘贺为少府,"年老终官",又言是梁丘贺之子临论石渠而不是贺本人,则论石渠时梁丘贺终官已死。刘汝霖《汉晋学术编年》则认为梁丘贺的卒年在萧望之任太子太傅之后的五凤三年(前55),但没有给出考证。

梁丘贺事迹除《汉书·儒林传》所载外,尚有为少府时问匡衡《诗》义,见《汉书·匡衡传》;严延年疑梁丘贺毁己,见《汉书·酷吏·严延年传》。

梁丘贺之《易》学,吴承仕《序录疏证》云:"本传云:'贺从京房受易,又以卜筮有应得幸。传其子临,乃专行京房法。'明贺《易》犹田生、丁将军之遗教也。再传为五鹿充宗,《艺文志》列其《略说》三篇于京、孟之次，亦可以窥其流变矣。"① 按：吴说甚是。贺师京房乃杨何弟子，梁氏《易》学乃儒门《易》兼古法卜筮，再传至五鹿则行阴阳灾异，以为左右兼采，盖离法师愈远，家法既已不纯，故为朱云所折（事见《汉书·朱云传》）。

梁丘《易》今不传，《隋志》云"亡于永嘉之乱"。《汉志》六艺易类著录有"《章句》，施、孟、梁丘氏各二篇"，但《隋志》、陆德明《序录》不见载。清马国翰《玉函山房辑佚书》采王骏、范升等梁丘《易》学者《易》说及《释文》所引三家《易》、汉石经等辑为《周易梁丘氏章句》一卷，实非其旧。正如尚秉和《续修四库全书总目提要·周易梁丘氏章句》所云："晋永嘉乱后，施（雠）、梁丘（贺）二家皆亡，独孟喜尚存，故《集解》《释文》有时引之。施、梁二家，《集解》无一录，《释文》偶引之，但作三家，不能指为谁也。故辑《易》注者，如孙堂、黄奭之流，搜罗广博，于施、梁二家，独付缺如，诚以其不能辑也。"胡薇元《汉易十三家》亦有辑本，同马氏。

又，据屈万里先生《汉石经周易残字集证》考证，汉石经《周易》为梁丘氏本。

梁丘临

梁丘临，梁丘贺之子，受《易》于父梁丘贺及贺之同门施雠，论石渠，以《易》授王骏及五鹿充宗，事见《汉书·儒林传》。细细研味《汉书·儒林传》相关记载（见"梁丘贺"条）可发现西汉《易》学史之一大事：梁丘氏《易》所立乃得名于梁丘临，非梁丘贺也。按《汉书·儒林传》所述，梁丘贺得幸于宣帝，一是善筮，二是能卜筮预知兵谋，且梁丘贺也未曾被立为博士。从《汉书·儒林传》所言"（临）奉使问诸儒于石渠……宣帝选高材郎十人从临讲"可知，无论是梁丘氏《易》在论石渠后被立，还是梁丘氏《易》的发扬光大，都是梁丘临之功，所以下文言传《易》于五鹿充宗的也是梁丘临。

那么，班固述及梁丘《易》家法时何以将梁丘贺列为首创经师？其实此为追溯笔法。如《尚书》欧阳氏学，成于欧阳高，欧阳高作《欧阳章

---

① 《两汉三国学案》："右为梁丘氏之学梁丘之《易》出自京房，本由田何一派而分，故汉代言《易》推施、孟、梁丘。而梁丘氏之占事知来，亦《易》中之一体耳。"认为梁丘贺非田何嫡传，可能只是继承田氏《易》学中善于占卜的一面。梁丘贺以占卜知名延于后世，如《艺文类聚》卷五五引后汉孔融答虞仲翔（虞翻）书中曰："梁丘以卦筮宁世，刘向以洪范昭名。"由此可见一斑。

句》，被立为博士，世称欧阳氏学。但班固言欧阳《尚书》传授渊源时仍然首列欧阳生，其中的道理是一样的。

又，《汉书·儒林传》载"（梁丘）临代五鹿充宗君孟为少府"，此句有误。杨树达《汉书窥管》引刘奉世曰："临代五鹿充宗，代当为授，后人误改之。代充宗者召信臣，亦非临也。沈钦韩曰：'上不叙充宗《易》所始，而下云梁丘有士孙、邓、衡之学，则授《易》者梁丘临，不可言充宗。'陆德明《序录》云：'临传少府五鹿充宗及琅邪王骏，充宗授平陆士孙张等。'以《朱云传》证之，陆《序》是也。沈云授《易》者梁丘临云云，语不可解。""树达按：刘校意是，而改代为授，则非。代乃传之形近坏字耳，非由误改也。陆氏《释文序录》云'临传少府五鹿充宗'正用《汉书》文，知唐时本尚未误矣。"文亦武认为当作"临授代五鹿充宗"，五鹿乃是代人①。

除《汉书·儒林传》此段外，梁丘临其他事迹不详。梁丘临石渠之论今所见尽为礼论（见《通典》所引），可见梁丘临亦明《礼》。《通典》卷七七云："汉石渠议曰：'乡请射告主人，乐不告者，何也？'戴圣曰：'请射告主人者，宾主俱当射也。夫乐，主所以乐宾也，故不告于主人也。'宣帝甘露三年（前51）三月，黄门侍郎临奏：'经曰乡射合乐，大射不，何也？'"杜氏注"黄门侍郎临"曰"失其姓"，实则此为梁丘临。

王骏②

王骏，王吉之子，受《易》于梁丘临，见《汉书·儒林传》。《汉书》将其传附于其父王吉之后（《汉书》卷七十二）。

王骏生卒年。王骏生年不详，其卒年，《汉书·成帝纪》永始二年（前15）载："是岁，御史大夫王骏卒。"

王骏仕履如下：

（1）宣帝世至元帝建昭元年（前38）以孝廉为郎。本传："（王吉）好梁丘贺说《易》，令子骏受焉。骏以孝廉为郎。左曹陈咸荐骏贤父子，经明行修，宜显以厉俗。光禄勋匡衡亦举骏有专对材。"按：王吉卒于元帝初元

---

① 文亦武：《〈汉书·儒林传〉"梁丘易"传承祛疑》，载《古籍整理研究学刊》，2004年第6期。
② 《汉书》不载王骏字。《新唐书·宰相世系表》载王氏世系云："王氏出自姬姓。……（王）元避秦乱，迁于琅邪，后徙临沂。四世孙吉，字子阳，汉谏大夫，始家皋虞，后徙临沂都乡南仁里。生骏，字伟山，御史大夫。"据此，则王骏字伟山。

元年（前48），陈咸荐王吉父子，时必在宣帝世。又《汉书·百官表》建昭元年："太子少傅匡衡为光禄勋，一年迁。"匡衡为光禄勋只在建昭元年，故系年于此。

（2）元帝建昭二年（前37）为谏大夫，元帝使其责淮阳宪王刘钦，因王骏有功，迁赵内史。本传："为谏大夫，迁谏大夫，使责淮阳宪王。迁赵内史。"《汉书·宣元六王传》："（京）房漏泄省中语，博兄弟诖误诸侯王，诽谤政治，狡猾不道，皆下狱。有司奏请逮捕钦，上不忍致法，遣谏大夫王骏赐钦玺书。"《汉书·元帝纪》建昭二年冬："淮阳王舅张博、魏君太守京房坐窥道诸侯王以邪意，漏泄省中语，博要斩，房弃市。"

（3）成帝建始三年（前30），为司隶校尉，奏免匡衡。本传："吉坐昌邑王被刑后，戒子孙毋为王国吏，故骏道病，免官归。起家复为幽州刺史，迁司隶校尉，奏免丞相匡衡。"王骏何时为司隶校尉，《汉书·百官表》未载，但匡衡免相于成帝建始三年，故系年于此。

（4）成帝河平元年（前28）为少府。本传言王骏"奏免丞相匡衡，迁少府"。《汉书·百官表》河平元年："司隶校尉王骏为少府，七年徙。"

（5）成帝阳朔四年（前21）为京兆尹。《汉书·百官表》阳朔四年："少府王骏为京兆尹，一年迁。"本传："八岁，成帝欲大用之，出骏为京兆尹，试以政事。"

（6）成帝鸿嘉元年（前20）为御史大夫。本传："骏乃代（薛）宣为御史大夫，并居位。"《汉书·百官表》成帝鸿嘉元年："京兆尹王骏为御史大夫，五年卒。"

（7）成帝永始二年（前15）卒。本传："（为御史大夫）六岁病卒，翟方进代骏为大夫。"《汉书·成帝纪》永始二年："是岁，御史大夫王骏卒。"

王骏习《易》学。王骏《易》说今不见传世，仅见于《汉书·宣元六王传》，元帝时淮阳宪王刘钦与其舅干预朝政，王骏奉敕谕旨，引《易》说曰："《易》曰'借用白茅，无咎'，言臣子之道，改过自新，洁己以承上，然后免于咎也。"因王骏受《易》于梁丘临，后儒多将此视为梁丘氏《易》说，如杨树达《周易古义》："树达案：《汉书·王吉传》云：'吉好梁丘贺说《易》，令子骏受焉。'则此梁丘易说也。"马国翰也将此《易》说辑为《梁丘易章句》。

王骏又习《鲁论语》，亦是名家，《汉志》六艺论语类有《鲁王骏说》二十卷。王吉乃治《齐论》，而其子王骏则治《鲁论》，据《汉书·张禹传》，张禹从王吉习《论语》，齐鲁两说兼治，则这部《鲁王骏说》有可能也包含齐鲁两说，中或杂有其父王吉说。姚振宗《汉志条理》云："史传但言王阳名家，不及王骏，盖传其父学。而王阳传《齐论》，而其子乃为《鲁说》，则又别自名学，与其父异，犹刘向治《穀梁》，子歆治《左氏》也。"但王阳习《齐论》，其子王骏却习《鲁论》，故后儒又有以为《汉志》字误者。如史学海《汉书校证》："按'鲁'字疑当作'齐'，下文言'传齐论者昌邑中尉王吉'，又云'唯王阳名家'，《王吉传》'以《诗》《论语》教授，令子骏受焉'。是吉传《齐论》，骏所作说亦当是《齐论》。古人说经，其名家者必专门也。"按：史氏之说恐也过于拘泥于师法，汉人未必如此严苛。

王骏当也家学韩《诗》。《汉书》本传载王骏为少府时，妻死，不复娶，或问之，骏曰："德非曾参，子非华、元，亦何敢娶？"王骏之答可见其亦习韩《诗》，师古注引如淳曰："华与元，曾参之二子也。《韩诗外传》曰曾参丧妻不更娶，人问其故，曾子曰：'以华、元善人也。'一曰曾参之子字华元。"则王骏习韩《诗》当受之于父王吉，王吉习韩《诗》于食子公（事见《汉书·儒林传》）。

王骏或又通《春秋》。王氏谕旨中又言："《春秋》之义，大能改变。"按：能改变之义不见于《春秋》三传，或为骏氏《春秋》说，也当受学于父王吉。

五鹿充宗

五鹿充宗，姓五鹿，名充宗①，字君孟，习梁丘《易》受之于梁丘临，见《汉书·儒林传》，但《汉书》无本传。其事迹散见于《汉书》各篇，如《汉书·石显传》言五鹿充宗元帝时与中书令石显结党，任元帝尚书令，建昭元年（前38）为少府，建昭五年（前34）贬为玄菟太守。《汉书·百官表》建昭元年："尚书令五鹿充宗为少府，五年贬为玄菟太守。"《汉书·朱云传》言充宗为少府时与朱云论《易》为朱云所挫。五鹿充宗生卒年不详。

《西京杂记》及张华《博物志》载五鹿充宗从宏成子受学之异事。《西

---

① 陈直《汉书新证》："直按：十六金符斋续百家姓谱十四夜，有'五鹿多''五鹿良'二印，可见五鹿在西汉时为常见之姓。"《风俗通·姓氏篇》："五鹿氏，五鹿，卫邑也，晋公子重耳，封舅犯于五鹿，支孙氏焉，汉有少府五鹿充宗。"（《通志·氏族略》引）又：1930年山西怀安县出土五鹿充墓，墓中有"五鹿充印"，见马衡《汉代五鹿充出土的刺绣残片》，载《文物参考资料》1958年第9期。陈直《汉书新证》认为五鹿充墓就是五鹿充宗墓（《汉书新证》第351页）。按：五鹿充宗或名充，字充宗。西汉人名例有欧阳馀，字地馀（详《尚书》类"欧阳地馀"条）。

京杂记》云:"五鹿充宗受学于宏成子。成子少时尝有人过之,授以文石,大如燕卵,成子吞之,遂大明悟,为天下通儒。成子后病吐出此石以授充宗,充宗又为硕学也。"

《汉志》著录有五鹿《略说》三篇于京、孟之次,云"孟氏京房十一篇,灾异孟氏京房六十六篇,五鹿充宗略说三篇"。这说明五鹿充宗《略说》其书性质大约也是言阴阳灾异,其来源也和孟喜、京房(李君明)一样,疑亦得之隐士之说。五鹿充宗《略说》三篇,《隋唐志》、陆德明《序录》不见载,今佚。

士孙张①

士孙张,字仲方,习梁丘《易》于五鹿充宗,自为一家,有梁丘《易》士孙氏学,见《汉书·儒林传》,其他事迹不详。按:《汉书·儒林传》言梁丘氏《易》后学中只有"(士孙)张为博士",又言"由是梁丘有士孙、邓、衡之学",将士孙张列于首位。据《汉书·儒林传》所述,可推知士孙张或为梁丘氏《易》学首位博士。

邓彭祖

邓彭祖,沛人,字子夏,习梁丘《易》于五鹿充宗,自成一家,官至真定太傅,事见《汉书·儒林传》,其他事迹不详。

衡咸

衡咸,齐人,字长宾,习梁丘《易》于五鹿充宗,于梁丘《易》自成一家,王莽时为讲学大夫,事见《汉书·儒林传》,其他事迹不详。

冯商

冯商,字子高,五鹿充宗弟子,阳陵人。其事迹略见于《汉志》注及《汉书·张汤传·赞》注。《汉志》六艺春秋类在司马迁《太史公书》之下录有"冯商所续太史公七篇",颜师古注引韦昭曰:"冯商受诏续太史公十

---

① 姓士孙,名张。《后汉书·董卓列传》有仆射士孙瑞。

余篇,在班彪《别录》。商字子高。"颜师古又曰:"《七略》云商阳陵人,治《易》,事五鹿充宗,后事刘向,能属文,后与孟柳俱待诏,颇序列传,未卒,病死。"又《汉书·张汤传·赞》曰:"冯商称张汤之先与留侯同祖,而司马迁不言,故阙焉。"颜师古注与前引《汉志》注同。冯商续写《史记》之事亦见于刘知几《史通·古今正史》:"《史记》所书年止汉武太初,已后缺而不录。其后刘向、向子歆及诸好事者,若冯商、卫衡、扬雄、史岑、梁审、肆仁、晋冯、段肃、金丹、冯衍、韦融、萧奋、刘恂等,相继撰续,迄于哀平间,犹名《史记》。"

关于冯商续《史记》篇数,韦昭言十余篇,《汉志》言七篇,又言"省太史公四篇"。此四篇,当为冯商所续。姚振宗《汉志条理》云:"按:本《志》是篇都凡之下注云'省《太史公》四篇',当是冯氏续书。冯所续录七篇,省四篇,盖十一篇,故班氏、韦氏并云'十余篇'。"张舜徽《汉志通释》亦云:"韦注明言商尝受诏续《太史公》十余篇,而本《志》仅著录七篇者,姚振宗谓商书本十一篇,班氏省去四篇,故为七篇,其说是也。"

冯氏所续书后为班氏父子采入《汉书》。其中可考者有《汉书·冯奉世传》。《汉书·冯奉世传》首序冯氏世系,钱大昕《廿二史考异》曰:"此传叙冯氏世系百余言,与司马迁、杨雄自序略相似。窃意冯商续《太史公书》,亦当有自序,而班史承用之,故与他传不同。"又,《汉书·王尊传·赞》曰:"然刘向独序赵广汉、尹翁归、韩延寿,冯商传王尊,扬雄亦如之。"又,《张汤传·赞》云:"冯商称张汤之先与留侯同祖。"其余篇目不可考。

此外,冯商亦有赋作。《汉志》辞赋类著录有"待诏冯商赋九篇",今佚。刘向《别录》云:"待诏冯商作《灯赋》。"(《类聚》卷八〇引)

第四节 孟氏《易》群儒考

孟氏《易》,西汉立于学官《易》学四家之一,始自孟喜,立于宣帝时。《汉书·儒林传》除叙述其首创经师孟喜的事迹之外,还列举了孟氏《易》的传承者,兹录于下:

孟喜字长卿,东海兰陵人也。父号孟卿,善为《礼》《春秋》,授后苍、疏广。世所传《后氏礼》《疏氏春秋》，皆出孟卿。孟卿以《礼经》多、《春秋》烦杂，及使喜从田王孙受《易》。喜好自称誉，得《易》家候阴阳灾变书，诈言师田生且死时枕喜膝，独传喜，诸儒以此耀之。同门梁丘贺疏通证明之，曰："田生绝于施雠手中，时喜归东海，安得此事？"又蜀人赵宾好小数书，后为《易》，饰《易》文，以为"箕子明夷，阴阳气亡箕子；箕子者，万物方荄兹也"。宾持论巧慧，《易》家不能难，皆曰"非古法也"。云受孟喜，喜为名之。后宾死，莫能持其说。喜因不肯仞，以此不见信。喜举孝廉为郎，曲台署长，病免，为丞相掾。博士缺，众人荐喜。上闻喜改师法，遂不用喜。喜授同郡白光少子、沛翟牧子兄，皆为博士。由是有翟、孟、白之学①。

据《汉书·儒林传》及他籍所载，孟氏《易》包括孟喜在内共有经师五人：孟喜、白光、翟牧、盖宽饶、袁良。此外还有一位自学《易》而与孟喜《易》学相似的赵宾。孟氏《易》在西汉《易》学四家之中人数最少。盖宽饶先习孟氏《易》，后习韩氏《易》，且引《韩氏易传》为说，为唯一可考《韩氏易传》之文，所以将其列于韩氏易派，其他五人（含赵宾）考述如下。

孟喜

孟喜，字长卿②，东海兰陵人，师田王孙，西汉孟氏《易》学开创者，事见《汉书·儒林传》。《汉书·儒林传》又言："会喜死，（京）房以为延寿《易》即孟氏学，翟牧、白生不肯，皆曰非也。"孟喜死，京房方有将京氏《易》说托之孟喜之可能，正如孟喜假托其《易》阴阳术来自田王孙而诈言王孙绝于己手，其理一也。考《汉书·京房传》，京房于元帝初元四年（前45）以孝廉为郎。元帝永光、建昭间，天阴阳不和，"房数上疏，先言其将然，近数月，远一岁，所言屡中，天子说之"。要之，孟喜当卒于宣帝末年，与梁丘贺及施雠相比，年岁最小。

孟喜事迹显著者有载于《汉书·儒林传》的所谓改师法事。后代学者据此大多认为西汉经学最重师法，如皮锡瑞《经学历史》："汉人最重师法。

---

① 此句钱大昕《三史拾遗》："当云'孟家有白、翟之学'，文有脱误耳。"
② 刘向《孙卿子书录》："兰陵人喜字为卿，盖以法荀卿也。"

师之所传，弟之所受，一字毋敢出入；背师说即不用。师法之严如此。"但也有学者认为宣帝不用孟喜是同门梁丘贺于帝前进谗言所致，非专为改师法。如胡秉虔《汉西京博士考》云："宣帝何自而闻，贺方为少府，近幸故也，于是诏拜施雠为博士矣。"按：胡秉虔之言固为臆测，皮锡瑞的说法亦以偏概全，不可盲信。考两汉之文，明言改师法而不得立于学官者，除孟喜外，还有后汉张玄，《后汉书·儒林列传》云："张玄字君夏，河内河阳人也。少习《颜氏春秋》，兼通数家法。"稍后，"会《颜氏》博士缺，玄试策第一，拜为博士。居数月，诸生上言玄兼说《严氏》《冥氏》，不宜专为《颜氏》博士"。总共二例，且后汉家法渐宽，张玄不被立实在算不得显例。所以，清儒关于西汉经师视家法如雷池之说不可信。

关于孟氏《易》之学承，由《汉书·儒林传》所言可知，孟喜初学田王孙，其学当与梁丘贺、施雠两家无大异。后杂入阴阳灾异之说，故其学说来源有二：田王孙之儒门《易》与《易》家阴阳灾变旁门。卢央《京房评传》："据此我们只能作出一个简单的判断，即假定孟喜《易》有两个部分，一部分应是孟喜从田何所受之《易》，大概可说是孟氏前期所治之《易》。另一部分则是《易家候阴阳灾变书》所述之《易》，应是孟喜后期所治之《易》。"①

考孟氏《易》发生之历程，汉儒言阴阳而立于学官虽盛于元、成之际，如《易》京房（李君明）、《书》李寻、《诗》翼奉，然宣帝世已发其脉。如《汉书·宣帝纪》本始元年（前73）"夏四月庚午，地震。诏内郡国举文学高第各一人"。本始四年（前70）"夏四月壬寅，郡国四十九地震，或山崩水出。诏曰：'盖灾异者，天地之戒也。……丞相、御史其与列侯、中二千石博问经学之士，有以应变，辅朕之不逮，毋有所讳。令三辅、太常、内郡国举贤良方正各一人。'"。地节三年（前67）"冬十月，诏曰：'乃者九月壬申地震，朕甚惧焉。有能箴朕过失，及贤良方正直言极谏之士以匡朕之不逮，毋讳有司。'"。

上述诏令均发布于甘露三年（前51）石渠五经评议之前，则孟喜改师法当也在此时，或从父命为之。由"孟卿以《礼经》多、《春秋》烦杂，及使喜从田王孙受《易》"一语臆测，孟喜学《易》非为学术，但为利禄，所谓"学随术变"。博士缺而众人荐喜或与施雠被荐同时，《汉书·儒林传》言："司隶校尉盖宽饶本受《易》于孟喜，见涿韩生说《易》而好之，即更

---

① 《四库全书总目提要》数术占卜类附案亦云："阴阳灾异之说始于孟喜，别得书而托之田王孙。焦延寿又别得书而托之孟喜，其源实不出于经师。"

从受焉。"按：盖宽饶于宣帝神爵二年（前60）自杀，由盖宽饶从孟喜学《易》可知，孟喜在宣帝世前期即为《易》学名家。但孟喜改师法，终为他人留下口舌，未得立博士。《汉书·儒林传·赞》言"至孝宣世，复立大小夏侯《尚书》，大小戴《礼》，施、孟、梁丘《易》，穀梁《春秋》"，《汉志》亦曰"讫于宣、元，有施、孟、梁丘、京氏列于学官"，则可知孟氏《易》立于宣帝世。从其弟子白光、翟牧均被立为博士来看，孟喜《易》学杂有阴阳灾异之说已为朝廷所认可，孟氏《易》家法已成时当在石渠议经后的宣帝末年至黄龙年间。

孟氏《易》学已佚。《汉志》易类有"《章句》孟氏二篇"，《隋志》经部易类有"《周易》八卷，汉曲台长孟喜章句，残缺。梁十卷"。陆德明《序录》载："孟喜章句十卷，无上经。《七录》云'又下经无《旅》至《节》，无《上系》'。"据《隋志》及《序录》所载，隋唐人所见《孟氏章句》足本当有十二卷，与《汉志》所载的二卷出入很大，所以徐复观认为陆德明所见的《孟氏章句》乃《汉志》所载"《孟氏京房》十一篇"的别名①。

按：《汉志》二篇，《隋志》十二卷，出入很大，或由后学所增益，见《章句论》。且《汉志》载《尚书》经二十九卷。班固自注："大、小夏侯二家。"《汉志》："大、小夏侯《章句》各二十九卷。""大、小夏侯《解故》二十九篇。"欧阳经三十二卷，欧阳《章句》三十一卷，恰好一一对应（经多一卷为《书序》）。

由二篇增为十二卷，其实来自费氏《易》学的影响。《汉志》有《易经》十二篇，班固自注："施、孟、梁丘三家。"而《易传》周氏（王孙）、服氏、杨氏（何）、蔡公、韩氏（婴）、王氏（同）都是二篇，明解《易经》上下篇而不解《十翼》，其后又载《易章句》施、孟、梁丘氏各二篇，也只是解经不解《十翼》。至于其他乃是异派别调，如丁宽《易传》八篇，当解经上下、《彖辞》《象辞》《文言》《系辞》《序卦》《杂卦》合计八篇（时《说卦》未出）。又有"孟氏京房十一篇，灾异孟氏京房六十六篇，五鹿充宗《略说》三篇，京氏段嘉十二篇"，并非随文附议，所以篇数不合。至于"《易经》十二篇"明显是费氏《易》大兴之后将《十翼》上升为经的产物，费氏大兴于东汉，所以班固做如是调整。

《孟氏章句》遗文，清马国翰《玉函山房辑佚书》、黄奭《黄氏逸书

---

① 此说见徐复观《中国经学史的基础》，见《徐复观论经学史二种》，上海书店出版社2006年，第73页。

考》、朱彝尊《经义考》、王谟《汉魏遗书钞》、孙堂《汉魏二十一家易注》、张惠言《易义别录》（皇清经解本）、胡薇元《汉易十三家》、今人徐芹庭《汉易阐微》有辑本。

考孟氏遗说，大体有三：一为述经义兼及礼制，如《通典》六十《嘉礼五》引许慎《五经异义》云："谨案：《易》曰：'同人于宗，吝。'言同姓相娶，吝道也。"陈寿祺曰："许氏《说文》称《易》孟氏，此当时孟《易》说。"二为训诂，如《序录》《周易集解》《汉上易传》《晁氏古周易》载有孟喜训诂说。三为孟氏卦气说，唐僧一行述之，见《新唐书·历志》。《汉上易传》载宋李溉《卦气图》，云出自孟喜，惠栋《易汉学》有详解。

按：孟氏《易》学，清儒向来视为今文经学。《说文解字·序》载古文家，言"《易》孟氏"，后儒以为字误，当作"费氏"即为明证。① 但也有学者将孟氏《易》视为古文经学，如宋翔凤《过庭录》"易孟氏为古文"条即是一例。《释文》云："箕子之明夷。蜀才箕作其。刘向云：今《易》箕子作荄滋。邹湛云：训箕为荄，训子为滋，漫衍无经，不可致诘，以讥荀爽。"宋翔凤《过庭录》据此云："案：此则荀氏注《易》，远合赵宾，刘向所据，亦同宾说。宾之所学，实为有本。传谓宾持论巧慧，易家不能难，夫凭臆巧辩，必有时而穷，至于不能难，而徒以非古法斥之，岂信谳乎？案：宾以阴阳气言，即是孟喜候阴阳之学。云受自喜者，其信。读箕子为荄兹，当据古文。……荀氏亦注古文，辗转上推，知古文《易》出于孟子也。"宋氏此说乃据经说立论。宋氏又据孟氏易"晋"作"齐"，《公羊》经文作"晋栾书来奔"，《左传》经文作"齐栾书"，与孟氏《易》正合，于是认为"左之《春秋》，孟氏《易》，皆古文也"。此据文字立论。

其实细核宋翔凤之论并不可靠。若以文字论，只不过孟氏《易》与左氏《春秋》经巧合而已，实则诸家经文也不过只是汉隶定时异文的差别，不必上升到以文字差异来区分今古学派的程度。试言之：《汉志》易类有古《五子传》十八篇，其书当是先秦旧书，必古文旧字，所以顾实《汉志讲疏》将其列为古文经学书目。然观其内容，班固自注："自甲子至壬子，说易阴阳。"明为言阴阳灾异之书，又当列为今学。其余如《毛诗》，不出孔壁，景帝时河间献王列为博士，其时汉立国已久，其文必然为隶书，又为何列为古学？若以经说而论，《古论语》《孝经》，诚然出自孔壁，其经本文

---

① 如廖平《今古学考》载"《五经异义》今、古学名目表"，引《说文解字·序》"《易》费氏"后云："按《汉书·艺文志》，孟当作费。"

字当为古文,即便隶定也应该与《齐》《鲁》经文有显著差异,但历经西汉世也不曾有经说(孔安国《古论语》《孝经注》乃后人伪托),若以经义为断必然两难。如《左传》,若以文字论,刘歆乃西汉末世人,用古文定经,如何能立学?又考刘歆言《左传》,其实乃据《左传》言灾异,《汉书·五行传》班班可考。按:《汉书·五行志》言说灾异,首董仲舒,为《公羊》;次刘向,为《穀梁》;后刘歆,为《左传》。又有极端之案例,如《隶释》载后汉《绥民校尉熊君碑》曰:"治欧羊《尚书》。"试问这"欧羊《尚书》"是哪一家?

由此可见,清儒所谓划分汉代经学今古两派之标准乃是见一隅而罔顾其他,实在算不得通例。申论之,汉代经学也并无今古学之分。何则?即以孟氏《易》学言之,也未必有今古学划分之鸿沟。如"周人五号:帝,天称,一也。王,美称,二也。天子,爵号,三也。大君者,兴盛行异,四也。大人者,圣人德备,五也"。《礼记·曲礼下》疏引《五经异义》:"天子有爵否?《易》孟、京说,《易》有周人五号,帝天称一也。古《周礼》说,天子无爵。同号于天,何爵之有?"《白虎通·爵》亦云:"天子者,爵称也。爵所以称天子者何?王者父天母地,为天之子也。故《援神契》曰:'天覆地载谓之天子,上法斗极。'《钩命决》曰:'天子,爵称也。'"据此,则今文说天子有爵,古文说无爵。然《礼记·王制》云:"王者之制禄爵,公侯伯子男,凡五等。"王者既"制禄爵",其己身必然无爵。廖平以《礼记·王制》为今学大宗,为何其经义与孟氏《易》《纬书》及《白虎通》相抵牾?孟氏《易》又云:"'同人于宗,吝',言同姓相娶吝道也。"则孟氏以同姓为宗族。按:《五经异义》:"夏侯、欧阳等以为九族者,父族四、母族三、妻族二,皆据'异姓有服'。古《尚书》说,九族者,从高祖至玄孙,凡九,皆同姓。"考孟氏《易》,则从古《尚书》说。

赵宾

赵宾,蜀人,自学《易》,托之孟喜,见前"孟喜"条引《汉书·儒林传》。

黄奭《汉魏丛书》及《汉学堂丛书》辑《汉书·儒林传》赵宾《易》论为一卷,题《易赵宾义》。《史记·律书》:"亥者,该也。言阳气藏于下,故该也。"《说文解字·亥部》:"亥,荄也。十月微阳起,接盛阴。"《淮南子·天文训》:"亥者,阂也。"《易纬·稽览图注》:"太阴,谓从否至临也。"则赵宾之《易》说与孟喜十二卦气说大同小异,可谓殊途同归,否则赵宾也不会自谓受之孟喜。

又，《易·明夷》："箕子之明夷。"《释文》："刘向云：今《易》'箕子'作'荄滋'。"似乎赵宾《易》学成帝时尚行于世。

白光

白光，字少子，东海人，孟喜弟子，为博士，事见《汉书·儒林传》。按：此白光疑为白子友，详见"白子友"条。

翟牧

翟牧，字子兄，沛人，孟喜弟子，为博士，事见《汉书·儒林传》。李鼎祚《周易集解》有翟元。唐晏《两汉三国学案》云："按李氏《周易集解》有翟元，未详其人。此《传》之翟牧，字子兄，疑当作子元。"唐说非是。按：《序录》载有《荀爽九家集注》，陆德明自注："其《序》有荀爽、京房、马融、郑玄、宋衷、虞翻、陆绩、姚信、翟子玄。子玄不详何人，为《易义》。"一则翟子玄排名最后，于诸人中为最晚；二则子玄所作，名为《易义》。按：西汉诸易家不作《易义》，《汉志》载《易传》《易章句》，不曾见《易义》之名目。为《易义》者乃魏晋人，此后形成作《易义》的学风，如《隋志》载干宝《周易爻义》、梁武帝《周易大义》等。

宣帝世孟氏《易》家法已成，但孟喜并未被立为博士。从《汉书·儒林传》言"由是有翟、孟、白之学"一语可推知，翟牧或为孟氏《易》首位博士，时在论石渠后，疑为黄龙十二博士之一。考孟氏《易》于宣帝世传习情况，可推知论石渠时，确立孟氏《易》家法，但孟喜本人未被立为博士，由其高才弟子翟牧代之。

袁良

袁良，后汉名儒袁安祖父，习孟氏《易》，但不知师承。《后汉书·袁安列传》曰："袁安字邵公，汝南汝阳人也。祖父良，习《孟氏易》，平帝时举明经，为太子舍人。建武初，至成武令。"周天游辑华峤《后汉书》卷二《袁安列传》亦云："袁良明经，为太子舍人。"范晔《后汉书》言袁良为成武令，与《新唐书·宰相世系表》所叙述不同。《新唐书·宰相世系表》云："袁氏出自妫姓。……（袁政）八世孙良，二子：昌、璋。昌，成武令,生汉司徒安,字邵公。"认为是袁良之子为成武令,不知孰是。此外,袁良其他事迹及生卒年不详。

又,后汉有《国三老袁良碑》,载于洪适《隶释》及赵明诚《金石录》。赵明诚认为袁良即袁安祖父。按:赵说非是。据碑文,三老袁良"八十五以病致仕,永建六年二月戊辰卒"。东汉顺帝永建六年为公元131年,远在袁安之后,于理不合,此碑主袁良当另有其人,非袁安祖父习孟氏《易》者。洪适亦驳云:"赵氏(明诚)云:'《唐宰相表》及《元和姓纂》云:袁干封贵乡侯,八世孙良生昌、璋,昌生安,璋生滂。'按袁安以永平四年薨,良之卒犹在其后三十九年。又安乃汝南人,滂则陈郡人,相去岁月甚远,乡族皆不同,乃以为从父兄弟,疏缪甚矣。"

第五节　京氏《易》群儒考

京氏《易》,西汉《易》学四家之一,始自京房,立于元帝时。《汉书·儒林传》在叙述其首创经师京房的事迹之外,还详列京氏《易》的传承者,兹录于下:

> 京房受《易》梁人焦延寿。延寿云尝从孟喜问《易》。会喜死,房以为延寿《易》即孟氏学,翟牧、白生不肯,皆曰非也。至成帝时,刘向校书,考《易》说,以为诸《易》家说皆祖田何、杨叔(元)、丁将军,大谊略同,唯京氏为异,党焦延寿独得隐士之说,托之孟氏,不相与同。房以明灾异得幸,为石显所谮诛,自有传。房授东海殷嘉、河东姚平、河南乘弘,皆为郎、博士。由是《易》有京氏之学。

据《汉书·儒林传》及他籍所载,西汉京氏《易》经师九人:京房、殷嘉、姚平、乘弘、张博、任良、董春、周敞、北唐子真。考述如下。

京房(李君明)

京房,字君明,本姓李,后吹律自定姓为京,东郡顿丘人,治《易》,事梁人焦延寿,西汉《易》学京氏学派的开创者,名列儒林传,《汉书》卷七十五有传。

京房生卒年。京房被杀于元帝建昭二年（前37），《汉书·元帝纪》建昭二年载："冬十一月，齐楚地震，大雨雪，树折屋坏。淮阳王舅张博、魏郡太守京房坐窥道诸侯王以邪意，漏泄省中语，博要斩，房弃市。"本传言京房"死时年四十一"，则京房生于昭帝元凤四年（前77）。

京房仕履。本传言京氏"初元四年以孝廉为郎"。大约是因为京房善阴阳占验。《汉书·元帝纪》初元三年（前46）载："六月，诏曰：'盖闻安民之道，本由阴阳。间者阴阳错谬，风雨不时。朕之不德，庶几群公有敢言朕之过者，今则不然。……恐非所以佐阴阳之道也。……丞相御史举天下明阴阳灾异者各三人。'于是言事者众，或进擢召见，人人自以得上意。"京房之出仕，盖由上起。初元三年为议郎之前，京房从焦延寿学《易》。京房为议郎后，本传载元帝永光、建昭年间因以预言灾异屡中而见幸于帝，于是京房又言欲课百官功绩，元帝诏房试验之。后京氏得罪宠臣石显、五鹿充宗，终为两人所谮，建昭二年外迁魏郡太守，同年为石显所谮泄漏宫禁中语而与张博同时被杀。

京房事迹又见于王符《潜夫论·赞学》："夫道成于学而藏于书，学进于振而废于穷。是故董仲舒终身不问家事，景君明经年不出户庭。得锐精其学而显昭其业者，家富也；富佚若彼，而能勤精若此者，材子也。"清汪继培《潜夫论笺》云："《贤难篇》《考绩篇》并称京房。景、京古通用。《急就篇》有景君明。"据此可推测京房或出身于巨富之家。

关于京氏《易》的立学，《汉书·儒林传》言："至元帝世，复立《京氏易》。"钱穆以为立于京房被杀之后，其学不废，乃立。《隋志》却说："又有东郡京房，自云受《易》于梁国焦延寿，别为京氏学。尝立，后罢。后汉施、孟、梁丘、京氏，凡四家并立，而传者甚众。"姚振宗《隋志考证》云："按此言'尝立后罢'者，盖房被诛之后，并罢其学。至平帝时，王莽秉政，诸学皆立，京氏亦复立如故，至后汉因之。"按：姚说不确。据《汉书》所载，元成至西汉末，习京氏《易》者不绝于书，如谷永、杜钦、孔光等。《隋志》或为误记。

关于京氏《易》学的师承，大约有四。第一，来自焦延寿，这是京氏《易》最直接的师承。第二，源自孟喜。《汉书·儒林传》言"延寿云尝从孟喜问《易》"，说明这是京房从焦延寿那里间接师承。但《汉书·儒林传》又言"会喜死，房以为延寿《易》即孟氏学，翟牧、白生不肯，皆曰非也"，说明西汉时孟氏《易》经师就不承认此师承关系。但后儒往往还是视孟、京《易》为一体，引之成说。如《礼记·曲礼下》正义引《五经异义》云："天子有爵否？《易》孟、京说，《易》有周人五号，帝天称一也。"《诗·干旄》正义引《五经异义》云："天子驾数，《易》孟、京，《公羊春秋》说天子驾六。"又如《易·系辞下》曰："伏羲氏之王天下也。"今王弼本作"庖羲"。《周易集解》引虞翻本作"庖牺"，又引郑注本作"包牺"。陆德明《序录》引孟喜古文《易》本作"伏戏氏之王天下也"，注曰："伏，服也。戏，化也。"陆氏又引《京房章句》本与孟氏同。陈立《白虎通疏证》曰："考京氏本从梁人焦延寿学《易》，延寿常从孟喜问《易》。喜死，房以延寿《易》即孟氏学，故京氏《易》说多与孟氏同。先儒以孟京并称，此之故也。"卢央《京房评传》亦云："至于《汉书·艺文志》则载有《孟氏京房》十一篇，《灾异孟氏京房》六十六篇，则不只说明京氏学与孟氏易有深刻的关联，而且说明京氏易有很大一部分是继承了孟氏易。"造成此种情况主要是因为孟喜《易》学除章句儒学之外，亦有阴阳灾异之学，所以宋翔凤《过庭录》云："（孟喜）得易家候阴阳灾变书，而京房明灾异，言事多中，其说宜本孟氏。"

第三，大约来自某位隐士。《汉书·儒林传》"唯京氏为异，党焦延寿独得隐士之说，托之孟氏，不相与同"一句由于句读不同，因而产生不同理解。第一种为上述通行句读，将焦延寿视为隐士，则京氏《易》学自然受之焦氏。第二种读法作"唯京氏为异党，焦延寿独得隐士之说"，则焦延寿《易》学来自某位隐士，而京房又从焦氏受之，为间接师承。这种读法汉人就有。如荀悦《汉纪》云："京房受易于梁人焦延寿，独得隐士之说，讬之孟氏。刘向校易说，皆祖之田何，唯京房为异党，不与孟氏同。"《汉书补注》引惠栋说："案文义，当以'党'字属上句。'异党'犹言'异类'也。"同荀悦。此外，还有后代学者认为另有隐士授京房《易》学，如高怀民《两汉易学史》以为隐士实有其人，只是京房隐而不名也。细研味《汉书·儒林传》此文，此语实则是指焦延寿得隐士之学，非京房。

第四，京氏《易》说亦来自梁丘《易》。《汉书·京房传》言："是时，中书令石显专权，显友人五鹿充宗为尚书令，与房同经，论议相非。"京房《易》学初本之梁丘《易》，然而"论议相非"，说明《易》说当不同。所以京房《易》学来历大约二途：京房先习梁丘《易》，其《易》说当有部分梁丘氏说，后受学焦延寿，得其民间阴阳灾异之《易》说，时约为宣帝末年。是时孟氏《易》方立，位隆，且逢孟喜死，于是京房将其得之焦氏《易》说伪托受之孟喜以自重，与毛《诗》自谓传之子夏，其理一也。又，《汉志》六艺易类有《孟氏京房》十一篇，又有《灾异孟氏京房》六十六篇、五鹿充宗《略说》三篇（按：五鹿充宗习梁丘氏《易》）、《京氏段嘉》十二篇。《汉书》所载，条贯而下，正可考见京房《易》学之来龙去脉。

京氏《易》初恐无本经，其经乃是梁丘氏本，至后汉时，京氏《易》习者日隆，方经传皆备。据《汉书·京房传》，五鹿充宗受梁丘《易》于梁丘临，京房与五鹿同经，则可知京氏《易》本无经，也非来自孟氏，而是梁丘氏。又考《汉志》六艺易类有"《易经》十二篇，施、孟、梁丘三家"，可知京氏《易》无经，其经来自梁丘氏。另外，《汉志》言："汉兴，田何传之。讫于宣、元，有施、孟、梁丘、京氏列于学官，而民间有费、高二家之说，刘向以中古文《易经》校施、孟、梁丘经，或脱去'无咎''悔亡'，唯费氏经与古文同。"京氏既已立于学官，而刘向所校诸本唯有施氏、孟氏和梁丘氏三家，独缺京氏，明京氏《易》无专本。又，关于汉石经《周易》的底本，屈万里先生认为是梁丘《易》，马衡先生则认为是京氏《易》。马衡曰："以此石证之，盖用京氏本也。陆氏谓坎，京、刘作欿，又剸刖，京作劓刖。此本皆与京氏合，是用京氏本无疑矣。"① 按：马、屈两先生虽意在证明汉石经《周易》底本不同，但也从一个侧面反映了京氏《易》经文本来自梁丘氏：正因为京氏和梁丘氏最初为同一文本，所以文字相同的地方较多，以至后人莫辨。

京房著作。《汉志》六艺易类著录有《孟氏京房》十一篇、《灾异孟氏京房》六十六篇，不言京房有《周易章句》。陆德明《序录》载有京房《章句》十二卷，陆氏自注"《七录》云十卷，《录》一卷"。《隋志》有《周易》十卷，题"汉魏郡太守京房章句"。两《唐志》并载十卷。《册府元龟》卷六〇五"学校部·注释"："京房为魏郡太守，撰《周易章句》十卷（一云十二卷）。"晁公武《郡斋读书志》载有《京房易传》四卷（《宋志》载三卷）云："今其章句亡矣，乃略见于僧一行及李鼎祚之书。"所以，京氏著作多《周易》卜筮杂说，且为后人所伪托，已非旧貌。今所传《京氏易传》三卷，陆绩注，入《四库全书》子部数术类。

列于历代书目经部的京房《周易章句》，今佚，佚文保存于陆德明《释文》、李鼎祚《周易集解》、朱震《汉上易传》、晁说之《古周易》等书中。清人有多种辑本，如孙堂《汉魏二十一家易注》、张惠言《易义别录》、黄奭《汉学堂丛书》、马国翰《玉函山房辑佚书》及王仁俊《玉函山房辑佚书续编》、王保训《木樨轩丛书》、胡薇元《汉易十三家》。马国翰云："《正义》《释文》及李鼎祚《集解》间引之，晁氏（说之）、吕氏（祖谦）亦多

---

① 马衡：《汉熹平石经周易残字跋》，见《古史辨》第三册，上海古籍出版社1982年版，第73页。

引京说。"并据此辑为《周易京氏章句》一卷。柯劭忞《续修四库全书总目提要·周易京氏章句》云："然陆德明、李鼎祚所引京氏之文，率与京氏《易传》大异，张惠言谓出于《易章句》。京氏自以《易》说灾异，而未始以灾异说《易》。按陆绩为京氏之学者，其说《易》皆发明义理，无一言及于灾异，茗柯之说诚为笃论。"实际上，京房《周易章句》也当有《易传》的成分。考《汉志》，施氏、孟氏、梁丘氏《易章句》皆只有两篇，而《孟氏京房》却多至十一篇，陆德明《序录》载其十二卷，《隋志》为十卷，其增益部分当含有《易传》内容。另外，从辑文来看，京房《周易章句》"八宫卦"说，将六十四卦分为"乾、坤、震、坎、艮、兑、巽、离"八宫，后世衍生出"八宫世应图"，实际已是术数家法。

据史志目录所载，题名京房的著作很多，其内容多言占卜，其作者多为假托。如宋洪迈《容斋随笔》言："予家有故书一种，曰《孝经雌雄图》，云出京房《易传》，亦日星占相书也。"兹据文献所录，汇考如下。

《隋志》子部兵家："梁有《京氏征伐军候》八卷。"姚振宗《汉志拾补》有著录，姚氏云："按：《七录》载是书但称京氏，不云京房，今以本传证之，知为房书。其云：'西羌反，先言其将然。天子以其言屡中，数召见问。'或其门弟子如任良、段嘉、姚平、桑弘辈裒录当时奏对之语，及其占候涉于军事者为是编，亦事理所恒有也。《御览》八七七引京房曰：'若出军之日无云而雨，此天泣，军没不还；雨不沾衣，名曰龟泣，其军必败。'颇似此书。又《开元占经》引京房诸占颇及兵戎事，亦颇似此书。"（又疑此亦在《灾异孟氏京房》六十六篇中）

《隋志》子部五行家有《京君明推偷盗书》一卷。本传云："京房字君明，东郡顿丘人也。治《易》，事梁人焦延寿。延寿字赣。赣贫贱，以好学得幸梁王。梁王共其资用，令极意学。既成，为郡史，察举补小黄令。以候司先知奸邪，盗贼不得发。"姚振宗云："房或推其师术以为此书。"

《隋志》子部五行家有京房《方正百对》一卷。按：其事见于本传。《世说新语·规箴》亦载此事，内容与《汉书》同。此《方正百对》当记此事。

《崇文总目》卜筮类有《周易律历》一卷，京房撰。《宋志》子部五行家题虞翻注《京房周易律历》一卷。宋王钦臣《王氏谈录》云："《京氏律历》一卷，虞翻为之解。其书虽存，学者罕究。公（按：其父王洙）从秘府传其书，究习，遂通，屡以占卦，甚效。"陈振孙《直斋书录解题》："《京氏参同契律历志》一卷，虞翻注。专言占象而不可尽通。"姚振宗云："京氏本有律术之书见前历谱家，疑此书本与律术同为一编，故名律历。"

按：姚氏说不确。此入五行家明为占卜之书。

《日本国见在书目录》五行家有《京房占六情百鸟鸣》一卷、《京房杂占》一卷。姚振宗《汉志拾补》："按：《杂占》疑即宋时相传积算法杂占条例，当属《汉志》所载《灾异孟氏京房》六十六篇中。"

姚振宗《汉志拾补》有京房《考功课吏法》。本传："诏使房作其事，房奏考功课吏法。"《潜夫论·贤难》篇："京房数与元帝论难，使制考功而选守。"又《考绩》篇："先师京君科察考功，以遗贤俊，太平之基必自此始；无为之化，必自此成也。"其效用，《两汉三国学案》论曰："若其考课之法，则今日处分之例实祖用之，固未可废也。"只是论及京房考功绩之事，不言其有著述。《三国志·魏书·杜恕传》载杜恕上书，中云："今奏考功者，陈周、汉之法为，缀京房之本旨，可谓明考课之要矣。"《晋书·杜预传》载杜预上奏亦曰："魏氏考课即京房之遗法，意失于苛细，以遗大体，故历代莫能通。"似乎京氏有书传至后世而不见载于诸家目录。关于京房此学的来源，吕思勉先生认为亦受之焦赣。吕氏《秦汉史》曰："考功课吏法亦代有师承，史言焦延寿补小黄令，以候司先知奸邪，盗贼不得发。又言得我道以亡身者京生，盖皆非指易学言。疑别有督责之术，而房从而受之也。"究竟是否如此，亦不可考。

姚振宗《汉志拾补》有《京房婚书》三卷。《宋志》五行家有陈襄校定《京房婚书》三卷，姚氏据此著录。姚氏云："按：《宋史·陈襄传》'襄始知河阳县富弼人相荐为秘阁校理'，是书盖即为秘阁校理时所审定也。襄在北宋得见秘书，其称京房，自是可信。《隋志》五行家有婚嫁书凡十二家，皆不著撰人，意其中有京氏书在焉。"按：《论衡·讥日篇》载《葬历》《沐书》《裁衣书》。裁，《说文·衣部》："裁，制衣也。"裁衣有书，《汉志·杂占》有《武禁相衣器》十四卷，皆汉代日用之占书。

京房或又有《京氏分野》书。按《晋书·天文志》论州郡躔次曰："陈卓、范蠡、鬼谷先生、张良、诸葛亮、谯周、京房、张衡并云：'角、亢、氐，郑，兖州：东郡入角一度，东平、任城、山阳入角六度。'"但此书不见《隋志》著录，或杂于他书之中。

《晋书·天文志》："汉京房著《风角书》，有《集星章》。"郑樵《通志·艺文略》有京房《周易飞伏例》一卷，《唐开元占经》引有京房《救黄经》《救赤经》《救白经》《救黑经》，均不见载于历代书目。又，《史记·淮南王列传》索隐云："《易》家有救民之法。"或还有《救民经》。

此外见于记载者，京房又有《易妖辞》一书，见《汉书·五行志》所引。《隋志》经部易类梁有《周易错》八卷，题京房撰。《册府元龟》卷六〇五"学校部·注释"亦云:"京房为魏郡太守,《周易错》八卷。"《隋志》天文家有《京氏释五星灾异传》一卷、《京氏日占图》三卷。《隋志》五行家有《风角要占》三卷,梁八卷;梁有《风角五音占》五卷,亡;梁有《风角杂占五音图》十三卷,亡,《逆刺》一卷,《方正百对》一卷,晋《灾祥》一卷,《周易占事》十二卷,《周易占》十二卷;梁有《周易妖占》十三卷、《周易守林》三卷、《易集林》十二卷、《周易飞候》九卷;梁有《周易飞候六日七分》八卷,亡,《周易四时候》四卷,《周易错卦》七卷,《周易混沌》四卷,《周易委化》四卷,《周易逆刺占灾异》十二卷,《占梦书》三卷。两《唐志》所录减少,五行家有京氏《周易四时候》二卷、《周易飞候》六卷、《周易混沌》四卷、《周易错卦》八卷、《逆刺》三卷。《宋志》又增有《京房易传算法》一卷、《京房易传》三卷。

按:题名京氏著作,其内容大抵言占候,且往往不可分。《直斋书录解题》云:"《积算杂占条例》一卷。吴郁林太守吴郡陆绩公纪注。京氏学废绝久矣。所谓《章句》者,既不复传,而《占候》之存于世者仅若此,较之前志,什百之一二耳。今世术士所用世应、飞伏、游魂、归魂、纳甲之说,皆出京氏。晁景迂尝为京氏学,用其传为《易》式。云或作四卷,而《条例》居其首。又有《参同契》《律历志》,见阴阳家类,专言占候。"而后儒往往试图将内容与书名对应,失之武断。如晁公武《郡斋读书志》云:"《隋经籍志》有《京氏章句》十卷,又有《占候》十种,七十三卷。《唐艺文志》有《京氏章句》十卷,而《占候》存者五种,二十三卷。今其章句亡矣,乃略见于僧一行及李鼎祚之书。今传者曰:京氏《积算易传》三卷,《杂占条例法》一卷,名与古不同。所谓《积算易传》,《唐志》之《错卦》是也;《杂占条例法》者,疑《隋》《唐志》之《逆刺占灾异》是也。"王应麟《汉志考证》亦云:"元祐八年高丽进书有《京氏周易占》十卷,疑《隋志·周易占》十二卷是也。"晁、王二人此举实为徒劳。所以,《文献通考·经籍考》云:"今世有《京房易》,皆阴阳历数之书。又有《京房杂算数》十篇,其言庞杂,专主占筮,两人莫知为谁审为受延寿学者。"

这些占卜之书,后儒大都有辑本。京房《易杂占条例法》有黄奭《黄氏逸书考》辑本。《易飞候》有陶宗仪《说郛》、王谟《汉魏遗书钞》、王保训《木樨轩丛书》辑本,《别对灾异》有王保训《木樨轩丛书》、王谟《汉魏遗书钞》、严可均《全汉文》(卷四十四)辑本,《五星占》有王保训《木樨轩丛书》、王谟《汉魏遗书钞》辑本,《易占》有王保训《木樨轩丛书》、王仁俊《玉函山房辑佚书续编》、王谟《汉魏遗书钞》辑本,《风角要占》有王保训《木樨轩丛书》辑本,《周易集林》有王保训《木樨轩丛书》辑本,《易妖占》有王保训《木樨轩丛书》辑本,《易逆刺》有王保训《木樨轩丛书》辑本,《律术》有王保训《木樨轩丛书》辑本,《灾异后序》有王保训《木樨轩丛书》辑本,《外传》有王保训《木樨轩丛书》辑本,《易说》有王保训《木樨轩丛书》辑本。考诸家辑本,其内容往往互有出入,原因已详上文。

考今之京房《易传》,京氏《易》学大体凡二:一为训诂。京氏虽擅阴阳灾变,但其训诂亦有一二可取之处,如《易·鼎》:"鼎折足,覆公𫗧,其刑剭,凶。"晁说之《古周易》引京房说"刑在项为剭"。《九家易》:"剭者,厚大,言辜重也。"虞翻注:"剭,大刑也。"郑玄注:"若三公倾覆王之美道,屋中刑之。"谓将有罪之贵族、大臣刑杀于户内,而不在市上施刑。京氏为长,其余望文生义。

二为灾异占变之说,但间杂有后学所作。《汉书·成帝纪》建始元年(前32):"八月,有两月相承,晨见东方。"《注》应劭引《京房易传》云:"君弱如妇,为阴所乘,则两月出。"《汉书·五行志》又云:"哀帝建平三年十月,汝南西平遂阳乡柱仆地,生支如人形,身青黄色,面白,头有髭发,稍长大,凡长六寸一分。京房《易传》曰:'王德衰,下人将起,则有木生为人状。'"又云:"哀帝建平三年,零陵有树僵地,围丈六尺,长十丈七尺。民断其本,长九尺余,皆枯。三月,树卒自立故处。京房《易传》曰:'弃正作淫,厥妖木断自属。妃后有颛,木仆反立,断枯复生。天辟恶之。'"天辟,如淳注曰:"谓天子也。"又云:"元帝永光二年八月,天雨草,而叶相摎结,大如弹丸。平帝元始三年正月,天雨草,状如永光时。京房《易传》曰:'君吝于禄,信衰贤去,厥妖天雨草。'"以上所引数则灾异事,均发生于京房卒后,则京氏《易传》当有后学增益的成分。

京房之《易》学,后儒一般以为今文经学,但细细研味,亦非如此简单。即如京房《易》占论之:《汉志》数术类有《易卦》八具。按:后汉沛献王刘辅善《京氏易》,《后汉书·刘辅列传》云:"辅善《京氏易》。永平五年秋,京师少雨。上御云台,召,尚席,取卦具自为卦,以《周易卦林》卜之。"据此,京氏《易》学有借具占卜之术,乃古学,如《系辞》所述《大衍筮法》《左氏》所载敬姜卜易之事,未必尽从风角占候。

《诗·干旄》正义引《五经异义》:"《易》孟京、《春秋》公羊说'天子驾六龙'。"马国翰云:"取喻六马也。马八尺曰龙,龙马通气,故《说卦传》云'乾为马'。汉人名马曰六龙亦取此义。"按:《周礼》:"马八尺为龙。"《说卦》也是《十翼》之一。明京房亦通古学。

又，《释文》载虞翻逸象，中云："（震）为麋鹿。"惠栋《易汉学》释之云："麋鹿善惊，震惊之象。"引《京房易传》曰："震遂泥厥咎，国多麋。"明从孟氏学，且逸象乃是《说卦》群象之补充，也逃不出"以十翼解说上下经"之范围。

又，《京房易传》："潜龙勿用，众逆同志，至德乃潜，爵异风。"按：同志之说，与《文言》同声同气意同："子曰：'同声相应，同气相求。水流湿，火就燥，云从龙，风从虎，圣人作而万物睹。本乎天者亲上，本乎地者亲下，则各从其类也。'"

又深论之，细考京房所学，又非止《易》学一家，其中有《春秋》。刘师培《左传学行于西汉考》云："宾起见雄鸡断尾，宋女子生毛，事均见《左传》，而京房《易传》均述之，见《汉书·五行志》。"则京房也当习《左传》，所以能将此类事入《易传》。又，《汉书·五行志》引京房《易传》："君暴乱，疾有道，厥妖长狄入国。"又曰："丰其屋，下独苦。长狄生，世主房。"言北狄侵犯鲁、齐、晋三国，为三国所败，后不久三国皆篡乱之事，事俱见《左传》。又，《开元占经》引京房岁时占，云："正月一日候风。平明和调不风，植稼蚕善……""正月一日，云气五色备且精神，十二律气各具，岁则天下太平。"实则乃是《公羊春秋》重四始说之变形。

又治《尚书》。《三国志·魏书·文帝纪》裴松之注："京房作《易传》曰：'凡为王者，恶者去之，弱者夺之。易姓改代，天命应常，人谋鬼谋，百姓与能。'"蒙文通《儒家哲学思想之发展》："干宝传京氏易，而与'三基''六情'之说相应，是齐诗、京易同法。"按：此为《尚书》今文禅让说，即舜宾丹朱之意，见《尚书大传》。《汉书·刘向传》及《谷永传》也有此说。谷永习京氏《易》，刘向习夏侯《尚书》。

又与《纬书》义合。本传言京房本姓李，后学圣人吹律定姓。《春秋演孔图》："孔子曰：'丘援律而吹，命阴，得羽之宫。'"《乐纬》："孔子曰：'丘吹律定姓，一言得土曰宫，三言得火曰徵，五言得水曰羽，七言得金曰商，九言得木曰角。'"《孝经援神契》："圣人吹律定姓。"皆与京房吹律定姓合。

京房通律之事见于晋司马彪《续汉志·律历志》："而元帝时，郎中京房知五声之音，六律之数。上使太子太傅玄成、谏议大夫章，杂试问房于乐府。房对：'受学故小黄令焦延寿。'"又云："房言律详于歆所奏，其术施行于史官，候部用之。文多不悉载。故总其本要，以续《前志》。"据此，则《续汉书》乃是依据京房所论而作。《隋书·律历志上》载毛爽《律谱》亦云："于后刘歆典领条奏，著其始末，理渐研精。班氏《汉志》，尽歆所出也,司马彪《志》,并房所出也。"京房通律事又见于马融《长笛赋》"易京君明识音律,故本四孔加以一。君明所加孔后出,是谓商声五音毕",并见于《风俗通义·声音·笛》(应劭转载马融说)。

京房既通律,且《续汉志·律历志》以此成文,于是姚氏《汉志拾补》又据彼录有《京房律术》。姚氏云:"按:京房造律法并作律准,自后汉以迄六朝,律历家并述其法。《续汉书·律历志》载其书而汉隋唐《艺文(志)》《经籍志》皆不著录,今据《续汉志》所称,题为《律术》。"

殷嘉

殷嘉,东海人,受学京房,为博士,事见《汉书·儒林传》。《汉志》六艺易类有"京氏段嘉十二篇",师古注引苏林曰:"东海人,为博士。"晋灼曰:"《儒林》不见。"师古曰:"苏说是也。嘉即京房所从受易者也,见《汉书·儒林传》及刘向《别录》。"《汉书·儒林传》"殷嘉"即为《汉志》"段嘉",字形近而误①。又,师古注误,非受《易》,乃授《易》。

《汉书·儒林传》言殷嘉为博士,殷嘉立为京氏《易》博士,时间当在京房建昭二年(前37)被杀以后。钱穆《刘向歆父子年谱》云:"而京氏《易》立博士,尚在京房后。"结合《汉书·儒林传》叙述及《汉志》载《京氏段(殷)嘉》言京氏《易》源流来看,殷嘉或为京氏《易》列于学官后首位博士②。

《汉志》所载《京氏段嘉》十二篇的作者,沈钦韩《汉书疏证》云:"《京氏段嘉》十二篇京房弟子所撰,故冠以京氏学也。《儒林传》作殷嘉。"张惠言《易义别录》则认为《京氏段嘉》是段嘉注京氏之书。姚振宗《汉志条理》历举《隋唐志》所载官名京房之书,云:"按史志散见京房书凡十五部,重复互见不可究诘,要皆此《孟氏京房灾异》《孟氏京房》《孟氏段嘉》八十九篇之散佚也。"杨树达《汉书窥管》:"《孟氏京房》《灾异孟氏京房》,皆京房述孟喜之学者也。下文《京氏段嘉》十二篇,与此例同。"据诸家所论,其内容大约是占卜灾异之类,具体面目已不可考。

---

① "殷"和"段"两字形近极易混淆。如董仲舒弟子,《史记·儒林列传》作"殷忠",《汉书·儒林传》作"段仲"。《后汉书·董卓列传》:"而中常侍段圭等。"李贤注曰:"《山阳公载记》'段'字作'殷'。"《后汉书·冯异列传》有段建,李贤注:"《东观记》及《续汉书》'段'并作'殷'。"

② 今人郭彧《京氏易源流》称"易学博士京房",意谓京房乃京氏《易》首位博士。此说不准确,《汉书》未载京房曾为博士。郭说见《京氏易源流》,华夏出版社2007年版,第4页。

姚平

姚平，京房弟子，为博士，官至中郎，协助京房考功课吏，事见《汉书·儒林传》。姚平协助京房考功课吏事迹又见于《汉书·京房传》："（京）房罢出，后上令房上弟子晓知考功课吏事者，欲试用之。房上中郎任良、姚平。"从《汉书·京房传》此段叙述可知，京房生前其弟子姚平等为中郎，房死后方为博士，《汉书·儒林传》也说"皆为郎、博士"，先"郎"后"博士"，盖京房虽死，元帝不废京氏学，乃立博士。

乘弘

乘弘，京房弟子，为博士，见《汉书·儒林传》，其他事迹不详。

张博

张博，淮阳宪王舅，京房岳父，受学京房，习京氏《易》，后与京房同时被杀。《汉书·京房传》云："初，淮阳宪王舅张博从房受学，以女妻房。"张博与京房同时被杀于建昭二年（前37）："淮阳王舅张博、魏郡太守京房坐窥道诸侯王以邪意，漏泄省中语，博要斩，房弃市。"（见《汉书·元帝纪》）

任良

任良，京房弟子，习京氏《易》，官至中郎，协助京房考功课吏，事迹见《汉书·京房传》："（京）房罢出，后上令房上弟子晓知考功课吏事者，欲试用之。房上中郎任良、姚平。"任良其余事迹不详。

董春

董春，字纪阳，会稽人，受学京房，后立教传学，官至庐江太守，但《汉书》不见载，其事见于谢承《后汉书·董春列传》："董春字纪阳……少好学，师事侍中祭酒王君仲，受《古文尚书》。后诣京房授《易》，究极圣旨，条列科义。后还归，迁为师，立精舍，远方门徒学者常数百人。诸生每升讲堂，鸣鼓三通，横经捧手，请问者百人。"又云："董春为庐江太守，当官明亮，德政多奇，为吏民者相美之也。"①

周敞

周敞，京房弟子。谢承《后汉书》曰："吴郡周敞，师事京房。房为石显所谮系狱市，谓敞曰：'吾死后四十日，客星必入天市，即吾无辜之验也。'房死后，果如房言。敞上书陈其枉。"② 孙志祖《读书脞录》云："姚云君明以元帝建昭二年死，距光武之兴六十二年，岂敞暮年亦及事世祖耶？抑或谢书志天文，引此为证也。"据孙氏之说，谢承或为误记，将西汉人误作东汉人。如《汉书·儒林传》有周敞，其人成帝时官至侍御史，与平当一起劝成帝勿废张霸《百二篇》。谢承《后汉书》卷六《周敞列传》又言周敞官至交阯刺史，辟陈茂，又云辟陈茂时为豫州刺史，综合而论，或为同姓名者所误记。按：东汉史书误收西汉人物者也不乏其例。如司马彪《续汉书》卷五《酷吏传》有严延年。按：严延年为西汉人，见《汉书·酷吏传》。司马彪《续汉书》散句有龚遂谏昌邑王刘贺事及梅福上书事；《东观汉纪》有丁明与董贤事，有扬雄好著书而口吃不能剧谈事及许皇后父广汉事。按：皆西汉之事。

此外，谢承为史家，按理不会不明西汉之人，抑或周敞与董春类似，谢承记载他们的行状未必在于此二人宦仕东汉，只是引之成说而已，则此二人当作西汉京氏《易》学者。

北唐子真

北唐子真，习京氏《易》。《风俗通·姓氏篇》云："北唐氏，晋有高人隐于北唐，因氏焉，汉有北唐子真治京氏《易》。"（《急就章》注）王利器云："《姓纂》十引《英贤传》作'晋有高人越者隐者，隐于北唐，因氏焉，汉有北唐子真治京氏易者'。"此北唐子真不知西汉东汉人，姑且录此。

---

① 〔二国〕谢承：《后汉书》卷六，见周大游辑注《八家后汉书辑注》，上海古籍出版社1986年版，第221页。

② 〔三国〕谢承：《后汉书》卷六，见周天游辑注《八家后汉书辑注》，上海古籍出版社1986年版，第206-207页。

第六节　民间《易》群儒考

所谓西汉民间《易》学，是指未曾立于学官而由学者间相互私授但有明确师承的《易》学。据《汉书·儒林传》所载有韩氏《易》、高氏《易》及费氏《易》，共有经师八人：韩氏《易》有韩婴、韩生、盖宽饶，费氏《易》有费直、王横①，高氏《易》有高相、高康、毋将永。其中，韩婴为韩《诗》宗师，王横习古文《尚书》，此二人列入《韩诗》及古文《尚书》家，不在此列中考察。此外，还有《史记索隐》引刘向《别录》："《易》家有救氏注。"但救氏《易》学经师已不可考。

一、韩氏《易》经师考

西汉韩氏《易》学始自韩婴。《汉书·儒林传》言："韩生亦以《易》授人，推《易》意而为之传。燕、赵间好《诗》，故其《易》微，唯韩氏自传之。"因韩婴自创《易》学，所以从中也可窥见西汉传《易》路径的多元化②。韩氏《易》今不传，唯有习韩《易》之盖宽饶引之一条为说（详见下"盖宽饶"条）。《汉志》易类有《韩氏》二篇，班固自注："名婴。"杨树达《汉书窥管》引姚振宗云："《韩诗外传》间有引《易》文者，亦《韩氏易》也。"陆德明《序录》有子夏《易传》三卷。陆氏自注："《七略》云：汉兴，韩婴传。"清马国翰《玉函山房辑佚书》辑本《周易韩氏传》二卷除采《韩诗外传》中《易》论及盖宽饶论《易》外，又将《子夏易传》复列名为韩婴，恐不妥。胡薇元《汉易十三家》辑本《周易韩婴传》与马国翰同。

韩婴作为西汉韩《诗》宗师，其事迹、学略见韩《诗》"韩婴"条。

除韩婴外，依《汉书·儒林传》录得韩氏《易》经师二人，列于下。

---

①　王横，《汉书·儒林传》作"王璜"，《汉书·沟洫志》作"王横"。郦道元《水经注》："是以汉司空掾王璜言曰：往者，天尝连雨，东北风，海水溢，西南出侵数百里。"也作"王璜"。段玉裁《古文尚书撰异》认为王横字平中，当作"王横"是。除引文外，今统一作王横。

②　详见白效咏《〈史记〉〈汉书〉所载易学传授体系与汉初的易学传承考辨》，载《中国人民大学学报》2011年第4期。

韩生

韩生，韩婴之后，涿郡人，习韩氏《易》，《汉书·儒林传》言："孝宣时，涿郡韩生其后也，以《易》征，待诏殿中，曰：'所受《易》即先太傅所传也。尝受韩《诗》，不如韩氏《易》深，太傅故专传之。'"

按：《汉书·昭帝纪》元凤元年（前80）"三月，赐郡国所选有行义者涿郡韩福等五人帛，人五十匹，遣归"。陈直以为此"韩生当即韩福"[①]，恐二者非一人，一为宣帝时，一为昭帝时，年代不合。这个韩生也不是韩婴之孙韩商。《史记·儒林列传》言："韩生孙商为今上博士。"既然韩商在武帝时就是韩《诗》博士，自己绝不会说"尝受韩《诗》"，而且时代跨度较大，年岁不合。

关于涿郡韩生以《易》征的时间，《汉书·儒林传》言："司隶校尉盖宽饶本受《易》于孟喜，见涿韩生说《易》而好之，即更从受焉。"盖宽饶于宣帝神爵二年（前60）自杀，则韩生以《易》征必在此年之前，则可知宣帝时评五经异同发脉已久，非独在甘露三年（前51）论石渠而已。从《汉书·儒林传》言刘向诏受《穀梁》"自元康中始讲，至甘露元年，积十余岁"来看，韩生以《易》征，待诏殿中疑也在元康中至神爵二年（约前62—前60）这两年间。

盖宽饶

盖宽饶，字次公，魏郡人。本习孟氏《易》，后习韩氏《易》，名列儒林传，《汉书》有本传。《汉书·盖宽饶传》言宽饶以明经为郡文学，举孝廉为郎。后因对策高第，迁谏大夫。宽饶为人刚直高节，志在奉公，官至司隶校尉，在官时屡次上书宣帝省刑法、行儒术。神爵二年，宽饶奏封事引《韩氏易传》云："五帝官天下，三王家天下，家以传子，官以传贤，若四时之运，功成者去，不得其人则不居其位。""书奏，下执金吾议，执金吾弹劾宽饶指意欲求禅，大逆不道，于是宣帝下宽饶吏考问。宽饶乃引刀自刎，众人怜之。"《汉书·宣帝纪》神爵二年亦云："九月，司隶校尉盖宽饶有罪，下有司，自杀。"

盖宽饶《易》之师承有孟喜及涿郡韩生二人。《汉书·儒林传》言：

---

① 陈直：《汉书新证》，天津人民出版社1979年版，第41页。

"司隶校尉盖宽饶本受《易》于孟喜,见涿韩生说《易》而好之,即更从受焉。"按:盖宽饶于宣帝神爵二年自杀,本传言其以明经为郡文学,疑宽饶不是以明孟氏、韩氏《易》而征。何则?因彼时孟氏《易》未立,韩氏《易》为宣帝所斥终汉世未得立。究竟宽饶以明何经为郡文学,史籍缺文,已不可考。

至于《韩氏易传》所言"五帝官天下,三王家天下",实则与《韩诗外传》杂糅。《汉书补注》引沈钦韩曰:"《御览》一百九十三引《韩诗外传》有此语。"杨树达《汉书窥管》曰:"《御览》百五十九引亦作《韩诗外传》。据《儒林传》,韩婴本有《易传》,盖二传并有其文。又《御览》百五十九引并有'家以传子,官以传贤'二语,知下文二语亦《易传》之文。"

二、费氏《易》经师考

费氏《易》学,始自费直。据《汉书·儒林传》,习费氏《易》者只有费直及王璜两人,王璜又兼通古文《尚书》,且以古文《尚书》著名,所以王璜事迹详见《尚书》"王璜"条。现将费直事迹及学略考述于下。

费直

费直,字长翁,东莱人,西汉民间《易》学费氏《易》开创者,未得立学官,名列儒林传,《汉书》无本传。事见《汉书·儒林传》:

> 费直字长翁,东莱人也。治《易》为郎,至单父令。长于卦筮,亡章句,徒以《彖》《象》《系辞》十篇文言①解说上下经。琅邪王璜平中能传之。璜又传古文《尚书》。

费直年寿。考费直所作《焦氏易林序》,言《易林》为焦延寿于王莽时撰,费直《易林序》真假姑且不论,且焦延寿也未必长寿至莽时,但此语

---

① 杨树达《汉书窥管》引许桂林《易确》云:"'文言''文'字,为'之'字传写之误。""按:许说是也。《文言》惟'乾''坤'二卦有之,不得言以《文言》解说上下经也。"见《汉书窥管》,上海古籍出版社1984年版,第687页。孙启治、陈建华《中国古佚书辑本目录解题》云:"'十篇'当在'文言'后。"见《中国古佚书辑本目录解题》,上海古籍出版社2017年版,第8页。两下相较,孙说改动较大,当以杨说为长。

可推费氏亦当活至王莽时。又费氏《易》只有两传，而费公弟子王横为王莽大司空，则费公寿及新莽当在情理之中。故马国翰《玉函山房辑佚书·费氏易序》云："盖费在成帝时以《易》名显，故向校经及之。犹刘歆在成帝时以经知名，得与父向同典校秘书，后乃为王莽国师。费比较歆年虽长，莽时犹存，亦不过七十余岁。"

费氏著述，题有《易注》。《汉书·儒林传》言费氏《易》无章句，《汉志》也不见载，然《隋志》云："有汉单父长费直注《周易》四卷，亡。"陆德明《序录》引《七录》曰："费氏章句四卷，残缺。"《序录》同时也载有《费氏章句》四卷，大概为《隋志》之《周易》费注。沈钦韩《汉书疏证》云："按费直长于卦筮，亡章句，徒以《彖》《象》《系辞》十篇解说上下《经》，则费氏无章句明矣。或后师为之，而荀爽之徒不别朱紫耳。"他认为《易章句》是东汉费氏易学家所作，非费直自作。吴承仕《序录疏证》亦云："盖疑后世为费氏学者附益之。"《旧唐志》也有费直《周易章句》四卷，《新唐志》同，但其后历代书目不见载，疑亡佚于唐末。郑樵曰："汉《费直章句》，费氏之学，出于民间，不列学官，至唐其书始出。"（《通志·艺文略》卷六三）柯劭忞《续修四库全书总目提要·周易费氏注》云："刘向以中古文《易》校三家，惟费氏经与古文合，是费《易》原无章句，惟有经本耳。《隋志》称费直《易》'其本皆古字，号曰古文《易》'。《隋志》所称古字本，是恐为费直原本，或为费氏学者所写定，均不可知。至梁之费氏注，《序录》所载之费氏《章句》，其不出于直，无疑也。"参诸家所述，费直不作《易章句》甚明。一则《汉志》不著录，为后出史志书目所载，当不可信；二则东汉费氏学大兴，如马融、郑玄、荀爽等大家皆习费氏学。《隋唐志》所载费直《易章句》当为后学托名先师。

此费氏在《易章句》，马国翰《玉函山房辑佚书》、胡薇元《汉易十三家》、黄奭《黄氏逸书考》均有《费氏易》辑本。因后儒拘泥于费氏古《易》说及《汉书·儒林传》所言费氏《易》解经之法，所谓《费氏易》辑本，其实多失之。如诸家辑本于文字则言《周易》经文某字今作甲，古文作乙，遂将此乙字视为费氏文本。于经义则将《文言》《系辞》等十篇视为费氏《易》说，尤为荒谬。费氏《易》实亡。

费氏又有占卜之书。《隋志》子部五行家载有《易林》二卷（梁五卷），两《唐志》并载《周易林》二卷，费直撰。因费直于《焦氏易林序》言《易》，又《礼记·月令》孔疏引有《易林》，但今本《焦氏易林》不见载，马国翰以为费氏《易林》中语，共采之辑为《费氏易林》一卷。马国翰辑本序云："费氏有《周易林》二卷，今佚。考《焦氏易林》卷首载东莱费直说一节，又《礼记·月令》正义引《易林》一节不见《焦氏易林》，定为费氏《易林》之语。"按：马氏说当不确。《礼记·月令》："季夏行春令，则谷实鲜落，国多风欬。"孔疏引《易林》云："震主庚子午，巽主辛丑未，坎主戊寅申，离主己卯酉，艮主丙辰戌，兑主丁巳亥。"显为京氏《易》六位纳甲之说，归为费氏不妥。

又有《费氏分野》。该书不见于《隋志》及其他目录。《晋书·天文志》言十二分野引费氏说："又有费直说《周易》、蔡邕《月令章句》，所言颇有先后。""费直《周易分野》，寿星起轸七度"云云，《开元占经》亦引之。马国翰《玉函山房辑佚书》将《晋书》所说辑为一卷，题费直《周易分野》。

《新唐志》子部五行家有《费氏周易逆刺占灾异》十二卷，注云费直撰。《通志·艺文略》五行易占家录有《周易逆刺占灾异》十二卷，京房撰，一云费氏。则郑樵将京房书与费氏书混而为一。

《隋志》子部五行家有《易内神筮》二卷，费直撰。《新唐志》有《周易内卦神筮法》二卷，不题撰人。《通志·艺文略》将《新唐志》之《神筮法》题为费直撰。

关于费氏《易》学的属性问题，后儒一般将费氏视为古文《易》学，但《汉书·儒林传》没有明确记载，只是认为费氏学乃是民间之学，也未曾立于学官。《汉志》云："讫于宣、元，有施、孟、梁丘、京氏列于学官，而民间有费、高二家之说，刘向以中古文《易经》校施、孟、梁丘经，或脱去'无咎''悔亡'，唯费氏经与古文同。"后儒往往对《汉志》此段误读，遂以为费氏《易》为古文。如《后汉书·儒林列传》云："又有东莱费直，传《易》，授琅邪王横，为费氏学。本以古字，号《古文易》。"《隋志》："汉初又有东莱费直传《易》，其本皆古字，号曰《古文易》。以授琅邪王璜，璜授沛人高相，相以授子康及兰陵毋将永。"亦因袭《后汉书》之误读。直至《文献通考·经籍考》："汉初又有东莱费直传《易》，其本皆古字，号曰《古文易》，以授琅邪王璜，璜授沛人高相，相以授子康及兰陵毋将永，故有费氏之学行于人间，而未得立。"按：皆误读《汉志》所致。

此外，《汉书·儒林传》言费氏以十篇《易传》解说上下经，于是后儒又以此形制为费氏学。如《郡斋读书志》云："汉末，田、焦之学微绝，而费氏独存。其学无章句，惟以《彖》《象》《文言》等十篇解上下经；凡以《彖》《象》《文言》等参入卦中者，皆祖费氏。东京荀、刘、马、郑皆传其学。"之前《隋志》言后汉马融、郑玄、荀爽及魏王肃、王弼皆传费氏

《易》，其理并同。后儒遂将上述数家之本与他本之异文视为费氏古文本，如清王树枏《费氏古易订文》；又将后汉马、郑之《易》视为古文《易》；甚而将《易》上下经与《易传》十篇单列谓《古易》，如《直斋书录解题》有《古易》十二卷，云："出翰林学士睢阳王洙原叔家。上、下《经》惟载《爻辞》，外《卦辞》一、《彖辞》二、《大象》三、《小象》四、《文言》五、上《系》六、下《系》七、《说卦》八、《序卦》九、《杂卦》十。叶石林以为此即《艺文志》所谓《古易》十二篇者也。案：《隋唐志》皆无《古易》之目，当亦是后人依仿录之尔。"又有《周易古经》十二卷，云："丞相汲郡吕大防微仲所录上、下《经》，并录《爻辞》《彖》《象》，随《经》分上下，共为六卷，上、下《系辞》二卷，《文言》《说》《序》《杂卦》各一卷。"还有《古周易》八卷，云："中书舍人清丰晁说之以道所录。《卦爻》一、《彖》二、《象》三、《文言》四、《系辞》五、《说卦》六、《序卦》七、《杂卦》八。其说曰：以《彖》《象》《文言》杂入卦中自费氏始。"此外，宋儒吕祖谦、吴仁杰、程迥等均将《周易》经传十二篇题为《古周易》（皆见《直斋书录解题》），其理一也。

　　按：费氏《易》为古文学说实在不能成立。何则？若依文字立论，《汉志》云："刘向以中古文《易经》校施、孟、梁丘经，或脱去'无咎''悔亡'，唯费氏经与古文同。"此为混淆古字与古本之别。按：班固《汉志》认为，费氏《易》之文本当为汉人隶书，所谓"唯费氏经与古文同"，乃是将其与秘中古文本比勘，两者文同，否则"校"字便无来由，此一也。西汉费氏文本必为今文，否则如何授学？费氏不立于学官与高氏《易》同，乃是无章句，是以家法未立，非其古文字。以今况譬之，众学者以楷书写经，唯有一二君子乃以小篆，若个人爱好尚可，若论以此授学，可乎？此二也。实则费氏《易》文本与他本无异，也是隶定之本，不过其文本与古本最近，以今古文献术语言之，无非是最佳校勘本而已。《后汉书》及《序录》不明，遂将此误以为古文经也，廖平诸人不辨，终成费氏《易》为古文说。

　　又，余嘉锡《古书通例》亦云："凡经书皆以中古文校今文，其篇数多寡不同，则两本并存，不删除复重。"他认为《汉志》著录今古文本乃校书的结果，并录两本，以示差异。如《易》类不著录中古文《易》而著录费氏《易》，正因为两者经文差异甚小："若《易》亦有中古文，然只录《易经》十二篇，不分今古文者，以今文所脱，只'无咎''悔亡'，其他篇数皆相合也。"明《汉志》只谈校书（刘向诸人的工作也只是校书），哪有今古学的派别意识。

若以经义立论，自司马迁以《十翼》为孔子作，汉儒以下大都深信不疑。如此，费氏《易》"以十篇之文解说上下经"岂不是孔子正法？最尊孔子而不从周公，何来古学一说？清李慈铭《越缦堂读书记》云："盖郑君传费氏易，《汉书·儒林传》言费直治《易》无章句，徒以彖象系辞文言十篇解说上下经。所云无章句者，谓费氏不为经文作章句，惟注夫子之十翼，以解上下经之文，诚以十翼之义明则经义自明，其家法最为谨严。"他认为费氏《易》最纯正。陈澧《东塾读书记》卷四："《汉书·儒林传》云：费直以《彖》《象》《系辞》十篇《文言》解说上下经，此千古治《易》之准的也。孔子作十篇，为经注之祖；费氏以十篇解说上下经，乃义疏之祖。费氏之书已佚，而郑康成、荀慈明、王辅嗣皆传费氏学。此后诸儒之说，凡据十篇以解经者，皆得费氏家法者也。其自为说者，皆非费氏家法也，说《易》者当以此为断。"即如陈澧所说（且不论其是否武断），费氏《易》亦是孔子说《易》法之嫡传。

又申论之，东汉之后所谓传费氏学者亦有今文《易》家说。如费氏《分野》，费氏占卜筮法云云与京氏何异？如孟氏《易》以《中孚》为十一月卦，孟喜《易章句》曰："自冬至初，《中孚》用事，一月之策，九六七八，是为三十，而卦以地六，候以天五，五六相乘，消息一变，十有二变而岁复初。"（一行《六卦议》，转引自《易汉学》）《系辞》曰："言行君子之所以动天地也。"《周易集解》引虞翻（按：《三国志·吴书·虞翻传》言其五世传孟氏《易》）曰："《巽》四以风动天，《震》初以雷动地，《中孚》十一月雷动地中。"《易纬·稽览图》亦云："甲子卦气起《中孚》也。"马融《乾》初九爻辞注曰："初九建子之月，阳气始动于黄泉，故云潜龙。"王应麟《困学纪闻》曰："历元始于冬至，卦气起于《中孚》。豳诗于十月曰：为改岁周，以十一月为正。盖本此。"按：马融以乾坤十二爻对应十二月，其实与孟、京无本质区别。又建子之说，用周正十一月，实则与孟氏学及《易纬》无大异。惠栋言孟氏《易》学"六十卦用事之月"以十一月为首即为明证。马融为东汉费氏《易》学大师，其家法亦不纯。

又，荀爽习费氏《易》，《复》卦《象》曰："复其见天地之心乎？"《周易集解》引荀爽曰："《复》者冬至之卦，阳起初九，为天地心。万物所始，吉凶之先，故曰见天地之心。"以《复》为冬至卦，乃孟氏《易》说。又，《恒·象》曰："恒亨，无咎，利贞，久于其道也。"《周易集解》引荀爽曰："《恒》，《震》世也。《巽》来乘之，阴阳会合故通，无咎。长男在上，长女在下，夫妇道正，故利贞，久于其道也。"按：荀爽《易》说中"长男""长女"虽用《系辞》，但"《恒》，《震》世也"却用京氏《易》

世宫说。此外，荀爽论《解·象辞》亦用京氏《易》世宫说。

三、高氏《易》经师考

高氏《易》，始自高相，据《汉书·儒林传》所载，《易》高氏学只有两传，经师三人：高相、高康、毋将永。

高相

高相，沛人，治《易》，汉《易》高氏学开创者，名列儒林传，《汉书》无本传。事见《汉书·儒林传》：

> 高相，沛人也。治《易》与费公同时①，其学亦亡章句，专说阴阳灾异，自言出于丁将军。传至相，相授子康及兰陵毋将永。康以明《易》为郎，永至豫章都尉。及王莽居摄，东郡太守翟谊谋举兵诛莽，事未发，康候知东郡有兵，私语门人，门人上书言之。后数月，翟谊兵起，莽召问，对受师高康。莽恶之，以为惑众，斩康。由是《易》有高氏学。高、费皆未尝立于学官。

高相生卒年。高相生平事迹唯见于《汉书·儒林传》上述之文，其生年不详，从"斩康"而不言"斩高相"来推之，说明高相彼时已卒。据《汉书·王莽传》，翟义起兵时在王莽居摄二年（公元7年，详见下"高康"条），则高康当卒于此年之前。

高氏《易》之学承，《汉书·儒林传》云："自言出于丁将军。"所谓"自言"者，不确定之辞，抑或托以自重，如《毛诗》自言出于子夏。故朱睦㮮《授经图》曰："高相易自言出于丁将军宽。宽景帝时人，相平帝时人，相去甚远，或亦私淑者也。"朱说或是。按：前节述费直生平引《汉志》云："讫于宣、元，有施、孟、梁丘、京氏列于学官，而民间有费、高二家之说。"则高氏《易》学在宣帝、元帝时就传于民间，也有相当的知名度，否则不能与费氏并论。高氏又自言出于丁将军，数传至高相，则又可推知高氏《易》学或来自丁宽高足弟子未载《汉书·儒林传》者，当丁氏

---

① 姚振宗《汉志拾补》认为此语"似本《别录》原文而称为费公，则同时修敬之辞也"。刘向尊费直或为刘氏曾习费氏《易》之一证。

《易》学之别传。

《周易》高氏学具体内容已不可考，即以"出于丁将军"一言臆测，盖以事为占，或多从兵事；又专说阴阳灾异，盖京氏《易》之一路也，又不敌京氏盛名，故后世渐没，且言无章句，不成体系，难立于学官。钱穆《两汉博士家法考》言立于学官必有章句。钱穆云："为博士立学官，成家学者，乃著《章句》以授弟子。"按：钱说可从。如《汉志》所载《易》三家立于学官者孟、施、梁有章句二篇。京氏《易》亦有章句，见《隋志》。

唯高氏《易》学言阴阳灾异，故《两汉三国学案》评云："按《高氏易》不详所本。虽自云出自丁将军，然丁氏之学最古，非阴阳灾异之说也。惟后来如管辂、郭璞之术，庶几近之焉。"姚振宗《汉志拾补》又据《汉书·儒林传》所述，著录有《易家候阴阳灾变书》。姚氏云："按此即《艺文志》《杂灾异》三十五篇之别本。为焦赣、京房所传说，以为延寿易即孟氏学，盖与孟氏学略相同也。其后高相专说阴阳灾异，言出于丁将军，亦即此类之书。"

高康

高康，高相之子，受父之高氏《易》，以明《易》为郎，名列儒林传，《汉书》无本传，其事迹仅见于《汉书·儒林传》。《汉书·儒林传》言："后数月，翟谊兵起，莽召问，对受师高康。莽恶之，以为惑众，斩康。"《汉书·王莽传》居摄二年（7）："九月，东郡太守翟义都试，勒车骑，因发奔命，立严乡侯刘信为天子。"则可知高康门人上书言兵谋约在王莽居摄二年六月间，高康被斩于九月。

高康既以"明《易》为郎"，但高氏《易》又未尝立于学官，则可知高康《易》学应有两家：一是家学高氏《易》；一是得以为郎之《易》官学，大抵施、孟、梁丘、京氏四家之一，但具体是哪一家已不可考。

毋将永

毋将永，高相弟子，习高氏《易》，官豫章都尉，事见《汉书·儒林传》，《汉书》无本传，其他事迹不详。

第七节　家法不详之《易》群儒考

《汉志》曰："及秦燔书，而《易》为筮卜之书，传者不绝。"所以，除《史记·儒林列传》及《汉书·儒林传》所载有明确师承的《易》学经师之外，西汉传《易》而见于其他篇籍者有二十人左右，兹按年代先后辑考于下。

甘容

甘容，下邳人。《礼记·王制》："天子七日而殡。"孔颖达《正义》云："许慎谨案：'《易下邳传》甘容说：诸侯在千里内皆奔丧，千里外不奔丧，若同姓千里犹奔丧，亲亲也。'"陈寿祺《五经异义疏证》曰："或曰：'传甘'疑'侍其'之伪。《广韵》七《之》引王僧孺《百家谱》有高密侍其义叔，又《史记正义》引《七录》云：'古经出鲁淹中，后博士侍其生得十七篇，今之《仪礼》是也。'"王仁俊《玉函山房辑佚书续编》将《异义》甘容说辑为《易下邳传甘氏义》一卷，其《序言》说同于陈寿祺，以为字伪。按：字伪之说见于阮元《礼记注疏附校勘记》，谓惠栋校宋本《礼记》"侍其"作"侍甘"，为复姓。清人黄奭《黄氏逸书考》据《古经解钩沉》认为"说"当作"讼"字，将此《易》说辑为《甘容讼易笺》一卷。

此甘容不详何人，考《易下邳传甘氏义》之书名，以地望系于名者多见于西汉初，如《诗》鲁说、鲁故、齐杂记等，则甘容疑为西汉初人。

刘去

刘去，字去疾，广川惠王刘越景帝子之孙、缪王齐太子，征和二年（前91）嗣王位，宣帝本始四年（前70）自杀。《汉书·诸侯王表》："征和二年，王去嗣，二十二年。本始四年，坐亨姬不道，废徙上庸，予邑百户。"《汉书·景十三王传》："有司请废勿王，与妻子徙上庸。奏可。与汤沐邑百户。去道自杀。"

刘去学《易》事见《汉书·景十三王传》："（刘）去即缪王齐太子也，师受《易》《论语》《孝经》，皆通，好文辞方技博弈倡优。"又言："初去年十四五，事师受《易》，师数谏正去，去益大，逐之。"刘去残暴乖戾，与楚王刘戊乃一类人，《西京杂记》又载其发冢事。《西京杂记》云："广川王去疾，好聚无赖少年，游猎毕弋无度，国内冢藏一皆发掘。余所知爱猛，说其大父为广川王中尉，每谏王不听，病免归家。说王所发掘冢墓，不可胜数。"其罪逆天，终失国。刘去事迹亦载于《金楼子》卷三《说蕃》篇，大抵采自《汉书》本传。

蓟达

蓟达，字子训，《汉书》无本传，其学《易》事见于葛洪《神仙传》："蓟达，字子训，齐国临淄人，李少君之邑人也。……性好清净，常闲居读《易》，时作小小文疏，皆有意义。少君晚又授子训无常子大幻化之术，按事施行，皆效。"

蓟达通《易》，又作文疏，则其《易》学非专为江湖术士之学，当含有儒门义理。《神仙传》又言李少君晚授蓟子训幻化之术，李少君乃武帝末人也，则蓟子训当武、昭之世人。

按：蓟达又见于《后汉书·方术列传》，被认为是建安年间人，与《神仙传》记载时间不尽合，姑且录之，以备考。

魏相

魏相，字弱翁，济阴定陶人，学《易》，《汉书·魏相传》云相"少学《易》"，"相明《易经》，有师法"。魏相宣帝时为丞相，其人生年不详，其卒年，《汉书·百官表》神爵三年（前59）云："三月丙午，丞相相薨。"

魏相事迹系年如下：

（1）武帝时学《易》，昭帝始元年间（前86—前80）为茂陵令。本传："为少学《易》，为郡卒史，举贤良，以对策高第，为茂陵令。顷之，御史大夫桑弘羊客诈称御史止传，丞不以时谒，客怒缚丞。相疑其有奸，收捕，案致其罪，论弃客市，茂陵大治。"按：《汉书·百官表》，桑弘羊为御史大夫在昭帝始元年间。

（2）昭帝元凤四年（前77）为河南太守。本传："后迁河南太守，禁止奸邪，豪强畏服。会丞相车千秋死，先是千秋子为洛阳武库令，自见失父，而相治郡严，恐久获罪，乃自免去。"《汉书·百官表》元凤四年："正月甲戌，丞相千秋死。"

（3）昭帝元凤四年至昭帝世终（前77—前74），为扬州刺史、谏大夫，再为河南太守。事见本传。

（4）宣帝本始二年（前72）为大司农。本传："数年，宣帝即位，征相入为大司农，迁御史大夫。"《汉书·百官表》本始二年："河南太守魏相为大司农，一年迁。"

（5）宣帝本始三年（前71）为御史大夫。《汉书·百官表》本始三年："六月甲辰，大司农魏相为御史大夫，四年迁。"

（6）宣帝地节三年（前67）为丞相。《汉书·百官表》地节三年："五月甲申，丞相贤赐金免。六月壬辰，御史大夫魏相为丞相。"拜相时封高平侯。《汉书·外戚恩泽侯表》："高平宪侯魏相。以丞相侯。地节三年壬戌封，八年薨。"

魏相为丞相时曾上奏朝廷《雅琴》，《汉志》六艺乐类有《雅琴赵氏》七篇，班固自注："宣帝时丞相魏相所奏。"《汉志》又有《雅琴龙氏》九十九篇。师古注曰："刘向《别录》云亦魏相所奏也。与赵定俱召见待诏，后拜为侍郎。"

（7）神爵三年（前59）卒。《汉书·百官表》神爵三年："三月丙午，丞相相薨。"《汉纪》神爵三年："二月丙辰，丞相魏相薨。"与此异。

魏相《易》学今不传，《汉书》本传只言："相明《易经》，有师法，好观汉故事及便宜章奏。"其《易》学师法到底谓何？稽考本传"又数表采《易阴阳》及《明堂月令》奏之"之疏，曰：

> 阴阳未和，灾害未息，咎在臣等。臣闻《易》曰："天地以顺动，故日月不过，四时不忒；圣王以顺动，故刑罚清而民服。"天地变化，必由阴阳，阴阳之分，以日为纪。日冬夏至，则八风之序立，万物之性成，各有常职，不得相干。东方之神太昊，乘"震"执规司春；南方之神炎帝，乘"离"执衡司夏；西方之神少昊，乘"兑"，执矩司秋；北方之神颛顼，乘"坎"执权司冬；中央之神黄帝，乘"坤""艮"执绳司下土。兹五帝所司，各有时也。东方之卦不可以治西方，南方之卦不可以治北方。春兴"兑"治则饥，秋兴"震"治则华，冬兴"离"治则泄，夏兴"坎"治则雹。明王谨于尊天，慎于养人，故立羲和之官以乘四时，节授民事。

唐晏《两汉三国学案》据此段魏相言《易》阴阳，认为魏相《易》说同于京房，认为魏相习京氏《易》。《两汉三国学案》云："（魏）相所治

《易》未知何家，然彼时施、孟、梁丘盛行。考之《虞氏易》说《震》属春，《兑》为秋，《坎》为冬，《离》为夏之说，与此正同，则相所治亦《孟氏易》也。"① 按：唐说不确。魏相少时学《易》，神爵三年卒，则魏相卒时京氏《易》尚未立（京氏《易》立学在元帝时，详见"京房"条），魏相何能少时习之？杨树达《汉书窥管》云："（魏相）师法不言何家，据下文相奏有'震司春'云云，与孟喜卦气之说同，盖治孟氏《易》也。"魏相所习《易》虽大同于孟、京，但亦非受之孟喜。考《汉书·魏相传》，魏相宣帝本始二年为大司农，之前历任郡卒史、茂陵令、河南太守、谏大夫，复为河南太守，时间当不短。而昭帝享国日浅，只有十三年，则魏相少时学《易》恐怕要在武帝中后世。又考《汉书·儒林传》，《公羊》大师眭孟卒于昭帝元凤三年（前78），而孟喜之父孟卿师从于眭孟，则魏相年岁当幼于眭孟而与孟喜之父孟卿相当，此为年岁不合。又考孟喜《易》学为人称誉最早也在宣帝前期（详见"孟喜"条），此时已是魏相晚年，此为《易》学史不合。《汉书·元帝纪》建昭二年《汉书补注》引何焯曰："阴阳、月令发于魏相，至此言阴阳者遂盛。"钱穆说同。何、钱二氏的意见是对的：魏相《易》学非来自孟京，倒是孟京《易》学或受魏相的影响。

徐复观《中国经学史的基础》云："汉初《易》说约略可分为三个系统，第一是以卦筮卜人事吉凶的系统。吉凶直接决定于卦，亦即决定于卦象、卦辞，在卦外不再需介入其他因素，这是《易》的老传统，可能即是田何所受授的系统。第二是由方技之士在卦本身以外再介入其他因素，例如介入甲子等因素，使其在应用上较卦筮更为技巧，以指向某一特定部门，发生某种特别作用。焦延寿的'候司（伺）先知奸邪'之术，及京房的'考功课吏法'，当由此一系统发展出来的。因其源于方技之士，所以刘向便称之为'隐士《易》'。第三是把阴阳与时日相结合，再把这种结合介入到卦爻中去，使卦爻也与时日相结合，由时日的运行以言卦爻中阴阳的消长，由阴阳的消长以言吉凶灾变的系统。……我不能断定孟喜所'得《易》家候阴阳灾变书'是不是此一系统（指第三系统）的先河，但可断言孟喜在此一系统中有关键性甚至是创始者的地位。"考魏相的《易》说，均不在这三个系统之内，实际介于第二、三系统之间，即五行与卦象的结合，与孟喜说不同。按：魏相四方卦也不过采自《说卦传》："万物出乎震，震东方也。……离也者，明也，万物皆相见，南方之卦也……兑，正秋也，万

---

① 全祖望《读易别录》云来自孟喜："易家候阴阳灾变书见《汉书·儒林传》孟喜所得，即魏相采以奏事者。"

物之所说也……坎者水也，正北方之卦也。"而与五行相配乃是武帝以后尤其是宣、元时经学家之普遍风气。如《齐诗》学者翼奉言"五情""六际"，《尚书》经师李寻言纳甲，易家如孟喜言卦气，京房配律均是。诸家之中，其实魏相为最早。其易学思想之来源，本传明言来自《易阴阳》及《明堂月令》，大约先秦旧书。如《汉志》所载《古五子传》十八篇，班固注："自甲子至壬子，说《易》阴阳。"又如《古杂》八十篇、《杂灾异》三十五篇、《神输》五篇等，师古注引刘向《别录》云："《神输》者，王道失则灾害生，得则四海输之祥瑞。"明其为言灾异之书。又有高相诸易家言灾异，及焦赣所谓得之隐士之说，其实都是民间占候易学。只不过魏相究竟是直接采得前人之说还是受其启发，将四方与五行相配，自创一说，已不得而知。

关于魏相著述，《隋志》记载："梁有汉丞相《魏相集》二卷，录一卷；亡。"两《唐志》并载《魏相集》二卷。严可均《全汉文》卷二十九辑有魏相文。

焦赣

焦赣，字延寿，以字行。《汉书·儒林传》云"京房受《易》梁人焦延寿"，颜师古注："延寿其字，名赣。"《风俗通·姓氏篇》云："焦氏，姬姓国也。汉有外黄令焦贡。"《后汉书·儒林列传》："又东郡京房受《易》于梁国焦延寿，别为京氏学。"李贤注："《前书》延寿名赣。"但《汉书·京房传》言京房"事梁人焦延寿。延寿字赣"，与《汉书·儒林传》师古注不同。考焦延寿之"焦"又作"谯"，《隶释》卷十一《小黄门谯敏碑》云："其先故国师谯赣，深明典奥，谶录图纬，传道于京君明。"又，晋司马彪《续汉志·律历志》曰："而元帝时，郎中京房知五声之音，六律之数。上使太子太傅玄成、谏议大夫章，杂试问房于乐府。房对：'受学故小黄令焦延寿。'"按：京房既称师为"焦延寿"，则"延寿"当为焦赣之字。

焦赣籍贯，一说梁国蒙人。《御览》卷二六八引《陈留风俗传》曰："昭帝时蒙人焦贡（赣）为小黄令，路不拾遗，囹圄空虚。诏迁贡，百姓挥涕守阙，求索还贡。天子听，增贡之秩千石。贡之风化犹存，其民好学多贫，此其风也。"一说天水人，今所见《焦氏易林》题汉焦延寿撰，前有费直序一篇，云："《六十四卦变者占》，王莽时建信天水焦延寿之撰也。"此《序》真伪值得怀疑，焦延寿也未必高寿至王莽时，但即便出于假托，焦氏籍贯当有所本，则焦氏天水人也。

焦赣是京房（李君明）之师，名列儒林传，《汉书》无本传，其事迹附于京房（李君明）。《汉书·京房传》言：

> 京房……治《易》，事梁人焦延寿。延寿字赣。赣贫贱，以好学得幸梁王。梁王共其资用，令极意学。既成，为郡史，察举补小黄令。以候司先知奸邪，盗贼不得发。爱养吏民，化行县中。举最当迁，三老官属上书愿留赣，有诏许增秩留，卒于小黄。赣常曰："得我道以亡身者，必京生也。"其说长于灾变，分六十四卦，更直日用事，以风雨寒温为候，各有占验。

关于焦延寿的师承，《汉书·京房传》未言焦氏从何人"极意学"，《汉书·儒林传》言"延寿云尝从孟喜问《易》"，则延寿《易》学受之于孟喜，此为一途；《汉书·儒林传》又言"（京房）党焦延寿独得隐士之说"，则延寿《易》学来自民间隐士之说，焦延寿得之以授京房，此为二途。按：《汉志》六艺易类有《古五子》十八篇。班固注："自甲子至壬子，说《易》阴阳。"《初学记·文部》引刘向《别录》云："所校雠中《易传古五子》篇，除重复，定著十八篇，分六十四卦，著之日辰。自甲子至于壬子，凡五子，故号曰五子。"实际上，所谓隐士之学，其来源即为古学，如《古五子传》所言之自古所传在民间之学。细核焦延寿《焦氏易林》之值日推算法，实乃五子之演绎，在《易》理上并无根本区别。

惠栋《易汉学》云："案：《玉策记》《开明经》皆周秦时书，京氏之说本之焦氏，焦氏又得自周秦以来先师之所传，不始于汉也。"王明《抱朴子内篇校释》："《玉策记》本书《遐览篇》著录《玉策记》一卷。清惠栋《易汉学·四》云：《玉策记》，周秦时书。明案：本篇下文称引《玉策记》及《昌宇经》，《仙药篇》称《太乙玉策》及《昌宇内记》，唐马总《意林》卷四引作《老君玉策》，则《玉策记》殆即《太乙玉策》，昌宇经疑即昌宇内记。汉代崇祀太一神，《太一玉策》似是汉时书。昌宇力牧，相传皆黄帝时人。汉代依托黄帝之书颇多，则《昌宇经》似亦汉人造作。惠栋谓《玉策记》周秦时书，其成书年代未免过早。"按：《开明经》也是汉人伪造，开明当是启明，避景帝（刘启）讳。但不管是否伪造，其占卜之理当源自先秦古书，否则伪造必然无据。

《郡斋读书志》有《焦氏易林》十六卷，云："右汉天水焦赣延寿传《易》于孟喜，行事见《儒林传》中，此其所著书也。费直题其前曰：'六十四卦变。'又唐王俞序。其书每卦变六十四，总四千九十六首，皆为韵语，与《左氏传》所载'凤皇于飞，和鸣锵锵'，《汉书》所载'大横庚庚，予为天王'之语绝相类，岂古之卜者，各有此等书耶？"据此，明《焦氏易林》袭自易家旧学。

按：《汉书》师古注引孟康曰："分卦直日之法，一爻主一日，六十四卦为三百六十日。余四卦，震、离、兑、坎，为方伯监司之官。所以用震、离、兑、坎者，是二至二分用事之日，又是四时各专王之气。各卦主时，其占法各以日观其善恶也。"实则同孟喜卦气说。《新唐书》卷二十七载僧一行《卦议》曰："十二月卦出于《孟氏章句》，其说《易》本于气，而后以人事明之。京氏又以卦爻配期之日，坎、离、震、兑，其用事自分、至之首，皆得八十分日之七十三。颐、晋、井、大畜，皆五日十四分，余皆六日七分，止于占灾眚与吉凶善败之事。"又云："当据孟氏，自冬至初，中孚用事，一月之策，九六、七八，是为三十。而卦以地六，候以天五，五六相乘，消息一变，十有二变而岁复初。坎、震、离、兑，二十四气，次主一爻，其初则二至、二分也。坎以阴包阳，故自北正，微阳动于下，升而未达，极于二月，凝涸之气消，坎运终焉。春分出于震，始据万物之元，为主于内，则群阴化而从之，极于南正，而丰大之变穷，震功究焉。离以阳包阴，故自南正，微阴生于地下，积而未章，至于八月，文明之质衰，离运终焉。仲秋阴形于兑，始循万物之末，为主于内，群阳降而承之，极于北正，而天泽之施穷，兑功究焉。故阳七之静始于坎，阳九之动始于震，阴八之静始于离，阴六之动始于兑。故四象之变，皆兼六爻，而中节之应备矣。"考孟氏《易》学实则同焦氏占法，此所谓"尝从孟喜问《易》"。

焦氏《易》学。焦氏《易》学著作，《汉志》不见载，《隋志》载有焦氏撰《易林》十六卷（梁本三十二卷），两《唐志》并载《焦氏易林》十六卷，题焦赣撰，《宋志》同。今传于世，题焦赣撰。《四库全书总目提要》、丁晏《易林释文》、顾实《重考古今伪书考》认为其乃真西汉焦氏《易》学，但间有后世学者所增益。余嘉锡《四库提要辨证》（子部三）则认为今本《易林》非焦氏著作，而是后汉崔篆所作《周易林》之六十四篇。①

《隋志》又有《易林变占》十六卷，题焦氏撰。《易》"随"卦："元亨利贞。无咎。"李鼎祚《周易集解》引焦赣曰："汉高帝与项籍，其明征

---

① 余嘉锡《四库提要辨证》："《易林》十六卷，汉焦延寿，今考定为汉崔篆撰。"见《四库提要辨证》，云南人民出版社2004年版，第21页。

也。"该句不见今《焦氏易林》，朱彝尊《经义考》以为此语"当属《易林变占》中语"。朱氏又云："《七录》作三十二卷，殆合《变占》十六卷言之。按：《开元占经·五星占》《岁星占》《中官星占》《外官星占》《客星占》诸篇引焦延寿说二十余条，皆非韵语，疑亦《变占》中文。"又，《初学记·地部》《书钞·地部》皆引有焦延寿《焦氏易林》及其《易林变占》中语。《焦氏易林》为韵语，一如今本；《易林变占》则为解释语，朱氏所论或是。

《隋志》五行家有"《六情鸟音内秘》一卷，焦氏撰"。六情之说见于《汉书·翼奉传》及张晏注。《翼奉传》："奉奏对曰：'六情更兴废。'"师古注引张晏曰："六情：廉贞、宽大、公正、奸邪、阴贼、贪狼。"姚振宗《汉志拾补》据此著录，云："六情之说同时翼奉已言之，非起于后世术家，可知《隋志》载焦延寿只《易林》及《变占》各十六卷，此题焦氏，或其后人及门弟子所录。"

焦赣《诗》学。考《焦氏易林》，则焦赣亦明习《诗》，其诗学来源多元：一是采自三家义，如"讼"之"大有"："尹氏伯奇，父子生离，无罪被辜，长舌所为。"用《小弁》三家诗说，见《三家诗义集疏》，又见于《御览》卷九九三《羽族部》引曹植《令禽恶鸟论》。二是来自民间诗学。如"履之颐"："雎鸠淑女，圣贤配耦。宜家受福，吉善长久。""姤之无妄"："关雎淑女，贤妃圣耦。宜家寿母，福禄长久。""小畜之小过"："关雎淑女，配我君子。少姜在门，君子嘉喜。"陈乔枞及王先谦都认为焦延寿学齐《诗》，但细品焦氏上述数语，似乎是美佳人配偶而不是刺君子之行，似用毛《诗》义。又《焦氏易林》"乾之革""师之临""震之艮"："玄黄虺隤，行者劳疲。役夫憔悴，逾时不归。"《诗·卷耳·序》："《卷耳》，后妃之志也，又当辅佐君子，求贤审官，知臣下之勤劳。内有进贤之志，而无险诐私谒之心，朝夕思念，至于忧勤也。"则毛《诗》认为是咏后妃忧勤之志。《淮南子·俶真训》："诗云：'采采卷耳，不盈顷筐。嗟我怀人，置彼周行。'以言慕远世也。"高诱注："《诗·周南·卷耳》篇也。言采易得之菜，不满易盈之器，以言君子为国执心不精，不能以成其道，犹采易得之菜，不满易盈之器也。'嗟我怀人，置彼周行'，言我思古君子官贤人，置之列位也。诚古之贤人各得其行列，故曰慕远也。"王先谦认为是鲁《诗》说。《左传》襄公十五年："君子谓楚于是能官人。官人，国之急也。能官人，则民无觊心。诗云：'嗟我怀人，置彼周行。'能官人也。王及公侯伯子男甸采卫大夫，各居其列，所谓周行也。"其义与鲁《诗》说同。又《荀子·解蔽篇》："《诗》云：'采采卷耳，不盈顷筐。嗟我怀人，置彼周行.'顷筐易满也,卷耳易得也,然而不可以贰周行。故曰:心枝则无知,倾则不精,贰则疑惑。"杨倞注:"采易得之物,置易满之器,以怀人置周行之心,贰之则不能满,况乎难得之正道,而可以他术贰之乎?"而焦延寿的看法不同于他们任何一家,似乎是叹民夫行役也。又如《易林》:"鼎之乾,倾筐卷耳,忧不能伤。""贲之小过":"逾时不归,处子畏哀。"王先谦言正是释句末义:"我仆痡矣,云何吁矣。"以王氏说,则焦延寿解释此诗正是叹民夫行役。所谓处子,王先谦认为无义,乃君子之误。按:王氏说有误,所谓处子,正是居家之子,谓妇人。焦氏诗说来自民间,恐怕自有其说。王先谦硬要将其归入齐《诗》,失之穿凿。

焦氏《尚书》学。《焦氏易林》"大蓄"之"中孚":"武王不豫,周公祷谢,载璧秉珪,安宁如故。"按:用今文《尚书·金縢》说。

焦氏似又习《左传》。如"比"之"家人":"懿公浅愚,不深受谋,无援失国,为狄所灭。"其事见于《左传》闵公二年。"观"之"泰":"黄池之盟,吴晋争强,勾践为患,夷国不安。"其事见于《左传》哀公十三年。

冯逡

冯逡,字子产,通《易》,冯奉世之子,事迹附于其父冯奉世之后,《汉书·冯奉世传》曰:"逡字子产,通《易》,太常察孝廉为郎,补谒者。建昭中,选为复土校尉。……迁长乐屯卫司马,清河都尉,陇西太守。治行廉平,年四十余卒。"具体生卒年不详。

白子友

白子友,习《易》,为博士,事迹见于《汉书·朱云传》:"(朱云)年四十,乃变节从博士白子友受《易》,又事前将军萧望之受《论语》。"

此白子友为何人有两说:其一,疑为《汉书·儒林传》所言从孟喜受《易》而为博士的白光(字少子),如《汉书补注》引齐召南说,以为白子友即白光。按:《汉书·儒林传》言"(孟)喜授同郡白光少子"。孟喜,东海兰陵人;"同郡"之白光,东海人;萧望之,东海人;朱云,鲁人:皆同郡人也。其二,后儒以为尚有所谓"《易》白氏学",此白子友当为其开创者。北京图书馆拓藏《汉碑·□临为父通作封记》:"父通,本治白孟

《易》丁君章句，师事上党鲍公。"① 刘师培《经学教科书·两汉易学之传授》言："白氏《易》始于白子支。"刘氏将"子友"作"子支"，是二字形近而误②，实则两者为同一人。按刘氏说，则此白子友当为《易》白氏学创立者。沈文倬认为此白子友为宣帝黄龙十二博士之一："白子友为《易》博士在黄龙元年。"③ 白子友其他事迹已不可考。

朱云

朱云，字游，鲁人，从白子友习《易》，从萧望之习《论语》，见上"白子友"条所引《汉书·朱云传》。

朱云生卒年。朱云生年不详，约卒于成帝永始中（约前14）。本传言元帝时，琅琊贡禹为御史大夫，而华阴守丞嘉上封事言朱云可试御史大夫，后为太子少傅匡衡所阻。贡禹为御史大夫在元帝初元五年（前44），此时朱云《易》有师道，经学修明，本传又言朱云年四十余折节学经，年七十余而终。从初元五年至成帝永始中为三十年，时间恰好。

朱云事迹。本传言，元帝时习梁丘《易》的少府五鹿充宗受宠，元帝令充宗与诸《易》家论难，众人称疾不敢会。朱云无惧，奉诏而入，与五鹿论难，连拄五鹿君，迁为博士。朱云此后由博士迁杜陵令，后为槐里令，又数次上疏言丞相韦玄成明哲保身，并直言元帝宠信石显，因此忤逆元帝，终元帝世，朱云不得进用。朱云为博士时或在元帝建昭元年（前38）。考《汉书·百官表》建昭元年："尚书令五鹿充宗为少府，五年贬为玄菟太守。"建昭三年（前36）："六月甲辰，丞相玄成薨。"《汉书·朱云传》言五鹿充宗官为少府时，朱云拄五鹿，随即朱云为博士，后为杜陵、槐里两县令，丞相韦玄成言朱云暴虐无状，朱云自讼。从事件发生顺序来推算，朱云拄五鹿充宗、拜为博士当在建昭元年为宜。如此，则朱云为杜陵令宜在建昭二年（前37）④。

成帝时，朱云上书于公卿前求斩成帝师之丞相故安昌侯张禹。成帝大怒，欲治其死罪，御史拿朱云，云攀断殿槛，幸为右将军辛庆忌免冠解印

---

① 毛远明：《汉魏六朝碑刻校注》，线装书局2008年版，第233页。
② 此二字常误，如《后汉书·梁冀列传》："初，父商献美人友通期于顺帝。"李贤注："《东观记》'友'作'支'。"
③ 沈文倬《黄龙十二博士的定员和太学郡国学校的设置》，见《宗周礼乐文明考论》，浙江大学出版社1999年版，第490页。
④ 杨树达《汉书窥管》言朱云杜陵令在初元二年（前47），劝萧望之自裁也在此时，非是。

绶叩头至流血乃获救。朱云自此之后不再出仕，归家教授，年七十余而终。

考《汉书》，朱云直谏成帝事约在成帝鸿嘉元年（前20）。本传载朱云直谏成帝，成帝欲杀朱云，朱云为左将军辛庆忌所救。按：本传此处记载有误，左将军当为右将军。考《汉书·百官表》成帝永始三年（前14）："右将军辛庆忌为左将军，三年卒。"若此事发生在辛庆忌为左将军时，则当为成帝永始三年至元延二年之间（前14—前11）。《汉书·朱云传》又言："云自是（攀折之事）之后不复仕，常居鄠田，时出乘牛车从诸生，所过皆敬事焉。薛宣为丞相，云往见之。宣备宾主礼，因留云宿，从容谓云曰：'在田野亡事，且留我东阁，可以观四方奇士。'云曰：'小生乃欲相吏邪？'宣不敢复言。"《汉书·百官表》成帝鸿嘉元年载："四月庚辰，御史大夫薛宣为丞相。"又言："光禄勋辛庆忌为右将军。"《汉书·百官表》成帝永始二年（前15）："十月己丑，丞相宣免。"薛宣永始二年既免相，朱云当不能于永始四年（前13）见丞相薛宣。考朱云谏成帝时言当斩丞相张禹，而张禹于鸿嘉元年免相，薛宣接任。若辛庆忌为右将军，张禹、薛宣二人俱在相位，则必在鸿嘉元年。按：《汉纪》将此事系于元延元年（前12）"故鲁国博士朱云上书求见"云云，盖荀悦失考。

此外，朱云事迹又见于《汉书·萧望之传》，萧望之为石显等所迫，朱云劝望之自裁。朱云直谏成帝攀殿槛折事及连拄五鹿充宗事又见于《西京杂记》。

朱云《易》学家法《汉书》未载，细研味《汉书·朱云传》，朱云与五鹿实不同家法，如此，朱云《易》学可能是孟氏《易》白氏学。

严望

严望，习《易》，受之朱云，为博士，官至泰山太守，事见《汉书·朱云传》："其（朱云）教授，择诸生，然后为弟子。九江严望及望兄子元，字仲，能传云学，皆为博士。望至泰山太守。"严望其余事迹不详。

严子元

严子元，字仲，习《易》，受之朱云，为博士，泰山太守严望兄之子，事见前"严望"条引《汉书·朱云传》。

刘伋

刘伋,刘向长子,习《易》,《汉书·刘向传》云:"向三子皆好学:长子伋,以《易》教授,官至郡守。"刘伋生卒当与刘歆相仿,《易》学或受之刘向。

刘伋又参与校书。阮孝绪《七录序》云:"乃使谒者陈农求遗书于天下,命光禄大夫刘向,及子伋、歆等,雠校篇籍。每一篇已,辄录而奏之。"余嘉锡《目录学发微》亦云:"向校书时之官属,除刘歆外,可考者有刘伋,见《七录序》。"

淳于长

淳于长,字子鸿,魏郡元城人,元帝王皇后姐之子,封定陵侯,成帝绥和元年(前8)卒于狱中。《汉书·成帝纪》绥和元年载:"定陵侯淳于长大逆不道,下狱死。"

淳于长《汉书》有传,列于佞幸,但不见载其学《易》之事。淳于长学《易》之事见于王先谦《汉书补注》引《会稽先贤传》:"淳于长通说宓氏《易经》,宓与服通。"则淳于长之《易》乃是田氏派服生之学。若此,则服生《易》学亦如高氏、费氏《易》,于民间传相私授。

何武

何武,字君公,蜀郡郫县人,《汉书》有传,习《易》,官至刺史、御史大夫、司空、前将军,元始三年(3)为王莽所杀。何氏《易》学,《汉书·何武传》言:"(何)武诣博士受业,治《易》。以射策甲科为郎,与翟方进交志相友。"何武事迹又见于《华阳国志·先贤士女总赞》,但其中不见其习《易》的记载。

宋胜之

宋胜之,南阳人,《汉书》无传,学《易》事见于《御览》卷五○八引皇甫谧《高士传》:"宋胜之者,南阳安众人也。少孤,年五岁失父母,家于谷城聚中,孝慕甚笃,聚中化之。少长,有礼。胜之每行见老人担负,辄以身代之,猎得禽兽,尝分肉与有亲者。贫依姊,居数岁,乃至长安,受《易》,通明以信义见称。从兄褒为东平内史,遣使召之,胜之曰:'众人所乐者,非胜之愿也。'乃去,游太原,从郇越牧羊,以琴书自娱。丞相孔光闻而就太原,辟之不至。元始三年,病卒于太原。"《汉书·孔光传》言孔光于成帝暴卒的当夜"受丞相博山侯印",则宋胜之赴长安学《易》事当在孔光为相之前,即成帝世。

徐宣

徐宣,东汉徐防祖父,为讲学大夫,以《易》授王莽,见《后汉书·徐防列传》:"徐防……祖父宣,为讲学大夫,以《易》教授王莽。"关于徐宣《易》学家法,王继训认为王莽依古经改制,从徐宣所受《易》乃是古文费氏《易》。①

东汉又有另一徐宣者,通《易经》,见《后汉书·刘盆子列传》:"徐宣故县狱吏,能通《易经》。遂共推宣为丞相。"两者当不是同一人。

王君公

王君公,西汉末北海人,为郎,遭乱不仕,侩牛自隐,事见《后汉书·逸民列传》李贤注引《高士传》。《后汉书·逸民列传·逢萌》曰:"初,萌与同郡徐房、平原李子云、王君公相友善,并晓阴阳,怀德秽行。房与子云养徒各千人,君公遭乱独不去,侩牛自隐。时人谓之论曰:'避世墙东王君公。'"李贤注引嵇康《高士传》曰:"君公明《易》,为郎。数言事不用,乃自污与官婢通,免归。诈狂侩牛,口无二价。"

王君公习《易》及出仕均在西汉,故名列之。

戴参

戴参,王莽时讲《易》祭酒,见《汉书·王莽传》天凤元年(14):"宁始将军侯辅免,讲《易》祭酒戴参为宁始将军。"天凤二年(15):"宁始将军戴参归故官,南城将军廉丹为宁始将军。"其人生卒年不详。

---

① 参见王继训《王莽与汉代今古文经学之辨析》,载《齐鲁学刊》1999年第5期。

国由

国由，王莽时讲《易》祭酒，见《汉书·王莽传》始建国三年（11）："又置师友祭酒及侍中、谏议、《六经》祭酒各一人，凡九祭酒，秩上卿。琅邪左咸为讲《春秋》，颍川满昌为讲《诗》，长安国由为讲《易》，平阳唐昌为讲《书》，沛郡陈咸为讲《礼》，崔发为讲《乐》祭酒。"

按：《汉书·王莽传》天凤元年（14）言"讲《易》祭酒戴参为宁始将军"，疑国由卒于祭酒官然后戴参代之，则国由当卒于始建国三年至天凤元年这四年间。

又，《后汉书·和帝纪》李贤注引《十三州志》曰："孝武初置《五经》博士，后稍增至十四员。取聪明威重者一人为祭酒，主领焉。"如此，则祭酒为首席博士。

苏竟

苏竟，字伯况，明《易》而为王莽时讲《书》祭酒，《汉书·儒林传》不见载，《后汉书》有传。《后汉书·苏竟列传》言："苏竟字伯况，扶风平陵人也。平帝世，竟以明《易》为博士讲《书》祭酒。善图纬，能通百家之言。王莽时，与刘歆等共典校书，拜代郡中尉。……建武五年冬……竟病笃，以兵属弟，诣京师谢罪。拜侍中，数月，以病免。"

考《后汉书·苏竟列传》，苏竟明《易》为博士讲《书》祭酒，则苏竟既明习《易》亦精通《书》。本传言苏竟建武五年（29）因病笃而免，则竟大约卒于建武六年（30），所以他明经出仕均在西汉，故名列之。

严遵①

严遵，字君平，蜀人，通《老》《庄》，习《易》，扬雄少年时曾从其受学。此人《汉书》无传，其事迹略见于《汉书·王贡两龚鲍传》："其后谷口有郑子真，蜀有严君平，皆修身自保，非其服弗服，非其食弗食。""君平卜筮于成都市，以为'卜筮者贱业，而可以惠众人。有邪恶非正之

---

① 《汉书·王贡两龚鲍传》颜师古注引《三辅决录》云"君平名尊"，与通名"遵"不同，不知孰是。

问,则依蓍龟为言利害。与人子言依于孝,与人弟言依于顺,与人臣言依于忠,各因势导之以善,从吾言者,已过半矣'。裁日阅数人,得百钱足自养,则闭肆下帘而授《老子》。博览亡不通,依老子、严周之指著书十余万言。杨雄少时从游学,以而仕京师显名,数为朝廷在位贤者称君平德。杜陵李强素善雄,久之为益州牧,喜谓雄曰:'吾真得严君平矣。'雄曰:'君备礼以待之,彼人可见而不可得诎也。'强心以为不然。及至蜀,致礼与相见,卒不敢言以为从事,乃叹曰:'杨子云诚知人!'君平年九十余,遂以其业终,蜀人爱敬,至今称焉。"扬雄从其受学事又见于《汉书·扬雄传》。《汉书》不载严遵习《易》事,其事见于《华阳国志·先贤士女总赞》:"严遵,字君平,成都人也。雅性澹泊,学业加妙,专精大《易》,耽于《老》《庄》。"

严遵著述,于《老子》有《老子指归》。《华阳国志》云严遵"著《指归》,为道书之宗"。此书不见载于《汉志》,而见于《隋志》子部道家类:"《老子指归》十一卷,严遵注。"两《唐志》并作"《老子指归》十四卷,严遵撰"。唐殷敬顺《列子释文》曰:"严遵字君平,作《指归》十四篇,演解五千文。"则《隋志》作十一卷乃是误记。《日本国见在书目录》又作《老子指归》十三卷,题后汉严遵撰(按:题后汉,误)。晁公武《郡斋读书志》同为十三卷:"《老子指归》十三卷,右汉严遵君平撰,谷神子注。其章句颇与诸本不同,如以'曲则全'章末十七字为后章首之类。按《唐志》有严遵《指归》四十卷(按:文倒,当作'十四卷')。冯廓注《指归》十三卷。此本卷数与廓注同,其题谷神子而不显姓名,疑即廓也。"《宋志》因之:"严遵《老子指归》十三卷。"《四库》作《道德指归论》,载六卷。此书今存。

又有《老子注》。《序录》:"严遵《(老子)注》三卷。"陆氏自注:"字君平,蜀郡人,汉征士,又作《老子指归》十四卷。"《隋志》子部道家类:"梁有汉征士严遵注《老子》二卷,亡。"《册府元龟》卷六〇五"学校部·注释"亦云:"严遵字君平,蜀郡人,注《老子》二卷,又注《老子指归》一十卷。"晁公武《郡斋读书志》载录有《三十家注老子》八卷,晁氏云此书乃是唐蜀郡岷山道士张君相采集河上公、严遵、王弼、何晏、郭象等三十家(含张君相自己)《老子注》而成。如此,则此书唐代尚存,宋世则亡。姚振宗《汉志拾补》据此录有《老子严遵注》二卷。

严遵似又作《蜀王本纪》。《华阳国志·序志》:"司马相如、严君平、杨子云、阳成子玄、郑伯邑、尹彭城、谯常侍、任给事等各集传记,以作《本纪》,略举其隅。"

救氏

救氏,名字不详。《史记·淮南衡山列传》载有江都人救赫,《史记索隐》:"救,汉书作'枚'。刘向《别录》云:'《易》家有救氏注。'"此外,《汉志》"唯《费氏经》与古文同",《汉志考证》引《史记索隐》也说"刘向《别录》云'《易》家有救氏注'"。

但此句或有刊误,作"救民之法"。对此,姚振宗《汉志拾补》云:"今考史文,以江都人救赫,《汉书》'救'作'枚',故《索隐》引《别录》救氏之注以证枚赫之伪,绝非救民之法也。"姚氏《汉志拾补》也著录有《易注》救氏。按:姚氏说有理,当从之。

第二章 西汉《尚书》群儒考

西汉《尚书》传承，大体有二：一曰今文、古文。自惠帝三年除挟书律以来，伏生以《尚书》教于山东，一传至晁错、张生、欧阳生，再传至夏侯胜、夏侯建，至宣帝石渠会议，三家皆立，此为西汉今文《尚书》；古文或出自孔壁，或孔门旧有，或河间献王所献，至平帝元始五年（5），王莽秉政，诸学皆立。二曰《尚书》官学、私学。西汉《尚书》除今文三家及新莽世古文《尚书》为官学外，又有民间私学。所谓《尚书》私学，乃张氏学派。成帝时，东莱张霸所上《尚书百二篇》。《尚书百二篇》虽是伪造，但成帝嘉霸之才，纳平当、周敞善言，欲藏之中府，不虞霸父门徒樊并谋反，该书遂被黜，但至汉魏世仍流传于民间不废。

本章所考《尚书》学者均为研习西汉官学《尚书》经师，至于私学学者，因涉及伪造之事，另附录考论，以示有别。据《史记》《汉书》两儒林传及他籍所载，西汉官学《尚书》学者约九十位，除去治多经而重复者外，其余俱考于下。

第一节 伏氏《尚书》群儒考

所谓《尚书》伏氏学，乃是指西汉今文三家未分立之前的《尚书》学者，他们（除伏生外）都是伏生的弟子或再传弟子，且彼此之间或多或少都有师承关系。这些学者据《史记》《汉书》两儒林传所录及他籍所载，有伏生、晁错、张生、伏生孙、欧阳生、孔安国、兒宽、欧阳生子、夏侯都尉、夏侯始昌、刘髆、苟卿、周霸、贾嘉、何比干及孔延年共十六人。十六人之中，除孔安国列于古文《尚书》派及周霸因兼习鲁《诗》和《易》而列于《易》学经师派外，其余十四人考述于下。

伏生

汉兴，经秦燔书，经籍散乱，西汉传《尚书》者伏生为第一人。对此，《史记·儒林列传》及《汉书·儒林传》都有具体叙述。两相比较，《汉书》后出，论述较为详备，曰：

> 伏生，济南人也，故为秦博士。孝文时，求能治《尚书》者，天下亡有，闻伏生治之，欲召。时伏生年九十余，老不能行，于是诏太常，使掌故朝错往受之。秦时禁《书》，伏生壁藏之，其后大兵起，流亡。汉定，伏生求其《书》，亡数十篇，独得二十九篇，即以教于齐、鲁之间。齐学者由此颇能言《尚书》，山东大师亡不涉《尚书》以教。伏生教济南张生及欧阳生。张生为博士，而伏生孙以治《尚书》征，弗能明定。是后鲁周霸、洛阳贾嘉颇能言《尚书》云。

伏生传《尚书》事又见于《史记》《汉书》，还见于《论衡·正说篇》：

> 盖《尚书》本百篇，孔子以授也。遭秦用李斯之议，燔烧五经，济南伏生抱百篇藏于山中。孝景皇帝时，始存《尚书》。伏生已出山中，景帝遣晁错往从受《尚书》二十余篇。

王充言晁错是景帝时往伏生处受《尚书》，与《史记》《汉书》不同，盖王充误记。此外，伏生传《尚书》事又见于《御览》卷六一六引《洞冥记》："伏生时十岁，乃就充（李充，秦博士）石壁山中受《尚书》。乃以口传授伏子四代之事，略无遗脱。"此乃后世小说家言，不足信。

至于伏生所传《尚书》是二十八篇还是二十九篇，汉人有不同的说法，后儒也是众说纷纭。汉人认为伏生所传为二十九篇的有《史记》《汉书》两儒林传，荀悦《汉纪》；所传二十八篇的有王充，且附会为上应光武帝二十八将星。《论衡·正说》篇云："或说《尚书》二十九篇者，法曰斗（四）七宿也。四七二十八篇，其一曰斗矣，故二十九。夫《尚书》灭绝于秦，其见在者二十九篇，安得法乎？宣帝之时，得佚《尚书》及《易》《礼》各一篇，《礼》《易》篇数亦始足，焉得有法？"又言："至孝宣皇帝之时，河内女子发老屋，得逸《易》《礼》《尚书》各一篇，奏之。宣帝下示博士，然后《易》《礼》《尚书》各益一篇，而《尚书》二十九篇始定矣。"

将二十九篇的构成看成二十八篇加一篇序的，后儒有明梅鷟《尚书考异》、朱彝尊《经义考》、陈寿祺《左海经辨》、康有为《新学伪经考》等；认为包含《太誓》在内共二十九篇的，有陆德明《序录》、孔颖达《尚书正义》、蔡沈《书集传》、毛奇龄《古文尚书冤词》、戴震《戴氏经考》等。但据汉石经残石，汉时今文《尚书》当包含《太誓》，为二十九篇。①

对于西汉初是否只有伏生一人传《尚书》，后代学者也有所怀疑，如徐复观《中国经学史的基础》所言，西汉初有陆贾、贾谊均研习《尚书》。②但是大体而言，考之史籍，汉人均把伏生列为西汉传《尚书》第一人。

关于伏生的姓名，《汉书》师古注引张晏曰："名胜，伏生碑云也。"又《后汉书·伏湛列传》："伏湛……九世祖胜，字子贱，所谓济南伏生者也。"《汉志》子部儒家类"宓子十六篇"，班固自注："名不齐，字子贱，孔子弟子。"按：伏、宓音通，故清人孙星衍《建立伏博士始末》将伏生列为宓不齐之后，今人程元敏亦同此说③，但郦道元《水经注·漯水注》云："漯水又东径汉征君伏生墓南。碑碣尚存，以明经为秦博士。秦坑儒士，伏生隐焉。汉兴，教于齐、鲁之间，撰《五经》《尚书大传》，文帝安车征之。年老不行，乃使掌故欧阳生等受《尚书》于征君，号曰伏生者也。"按：郦道元意似乎伏生是号。郦道元亲见《伏生碑》，其说当有可信度。

关于伏生生卒年，由于汉代典籍记载的伏生事迹有限，故伏生具体生卒年已不可考。按理，晁错学《尚书》至伏生临终时才归，而晁错学归朝廷约在文帝七年（前173，详见"晁错"条），则伏生也约卒于此年。《汉书·儒林传》言文帝召伏生时他已经九十余岁，故可以推定伏生卒时寿约百岁，也即前273？—前173？。④

伏生著作，世传有《尚书大传》，《汉志》只录"《传》四十一篇"，不言作者。王先谦《汉书补注》引王鸣盛曰："以《大传》系经下，尊伏生也。"按：《汉志》著录体例，不言著者，乃班氏不明著者，或集体著作，不能确指。如礼部有《记》百三十一篇。班氏注曰："七十子后学者所记也。"礼部又有《周官经》六篇、《周官传》四篇。班固不言《周官传》作者，乃不知也，尽付阙如。《尚书大传》之名首见于《汉书·刘向传·赞》：

---

① 详见蒋善国《尚书综述》，上海古籍出版社1988年版，第24页。
② 详见徐复观《中国经学史的基础》，见《徐复观论经学史二种》，上海书店出版社2006年版，第89页。
③ 详见程元敏《尚书学史》，华东师范大学出版社2013年版，第413页。
④ 清儒陈蓥声《先儒年表》谓伏生约于周赧王五十五年（前260）至汉文帝后元三年（前161）在世。此说恐不妥。

"刘氏《洪范论》发明《大传》,著天人之应。"程元敏认为此《大传》乃指《尚书大传》。① 按:班固《汉书·刘向传·赞》意,"发明《大传》,著天人之应"乃是指《洪范五行传》,非指《尚书大传》,程说恐不妥。又,晁公武《郡斋读书志》"《尚书大传》"条云:"胜终之后,数子各论所闻,以己意弥缝其阙,而别作章句,又特撰大义,因经属指,名之曰《传》。后刘向校书,得而上之。"以晁氏意,所谓刘向发明《尚书大传》是指刘氏校书时献于并行于世,与刘歆发得《周礼》意同。班氏《白虎通》直称为"《尚书大传》曰",东汉王充《论衡》也引《尚书大传》,但都不言作者。

后儒关于《尚书大传》作者的说法有三种:一说伏生作。如《隋志》:"伏生作《尚书传》四十一篇,以授同郡张生,张生授千乘欧阳生,欧阳生授同郡兒宽,宽授欧阳生之子,世世传之,至曾孙欧阳高,谓之《尚书》欧阳之学。"《隋志》同时载有:"《尚书大传》三卷,郑玄注。"《序录》有《尚书大传》三卷。陆氏自注:"伏生作。"《晋书·五行志》云:"汉文帝时伏生创纪《大传》。"《崇文总目》:"(《尚书大传》)汉济南伏胜撰。后汉大司农郑玄注。伏生本秦博士,以章句授诸儒,故博引异言授,援经而申证云。"(《文献通考》引)王应麟《汉志考证》:"伏生作《尚书传》四十一篇授张生,张生授欧阳生。"

一说伏生弟子张生、欧阳生等作。《玉海》所载《中兴馆阁书目》引郑康成《尚书大传序》曰:"盖自伏生也。伏生为秦博士,至孝文时年且百岁。张生、欧阳生从其学而受之,音声犹有讹误,先后犹有舛差。重以篆隶之殊,不能无失。生终后,数子各论所闻,以己意弥缝其阙,别作章句。又特撰大义,因《经》属指,名之曰《传》。"《四库全书总目》亦云:"然则此《传》乃张生、欧阳生所述,特源出于胜尔,非胜自撰也。"

一说伏生及其弟子张生、欧阳生合作。《郡斋读书志》云:"《尚书大传》三卷。右秦伏生胜撰,郑康成注。胜至汉孝文时,年且百岁,欧阳生、张生从学焉。音声犹有讹误,先后犹有差舛,重以篆隶之殊,不能无失。胜终之后,数子各论所闻,以己意弥缝其阙,而别作章句,又特撰大义,因经属指,名之曰《传》。后刘向校书,得而上之。"《直斋书录解题》亦云:"《尚书大传》四卷,汉济南伏胜撰,大司农北海郑康成注。凡八十有三篇。当是其徒欧阳、张生之徒杂记所闻,然亦未必当时本书也。"

世传伏生著作除《尚书大传》外,《旧唐志》又载有"《尚书畅训》三

---

① 程元敏云:"班固……始称伏《传》为《大传》,加'大'于'传'上矣。"见程元敏《尚书学史》,华东师范大学出版社2013年版,第454页。

卷",题"伏生注"。《新唐志》载"伏生注《大传》三卷,《畅训》一卷"。陈振孙《直斋书录解题》云:"(《畅训》)凡八十三篇,当时其徒欧阳、张生之徒杂记所闻,然亦未必当时本书也。"陈寿祺认为《畅训》乃《略说》之讹,《尚书大传》有《略说》一篇,即为此《畅训》,余嘉锡说同①。

《尚书大传》自《宋志》载三卷之后,不见于后代官私目录,约散佚于元明之际。《尚书大传》及郑注的内容散见于《御览》《风俗通》《艺文类聚》《玉烛宝典》、原本《玉篇》等书中,明儒陶宗仪及清人孙之騄、陈寿祺、皮锡瑞等均有辑本,计有:陶宗仪《说郛》辑《大传》、朱彝尊《经义考》辑《大传》郑注、孙之騄辑《大传》、惠栋辑《大传》及郑注、卢见曾辑《大传》及郑注并撰考异(卢文弨续补)、四库馆臣辑《大传》、任兆麟辑《大传》、董丰垣辑《大传》、王谟《汉魏遗书钞》辑《大传》、孙志祖辑《大传》、陈寿祺辑《大传》并辨伪、黄奭《汉学堂丛书》辑《大传》郑注、袁钧辑《大传》及郑注(袁尧年校补)、孔广林辑《大传》郑注、皮锡瑞《尚书大传疏证》辑有《大传》及郑注、王闿运《尚书大传补注》辑有《大传》及郑注。

《尚书大传》的内容,《四库全书总目提要》云:"其文或说《尚书》,或不说《尚书》,大抵如《诗外传》《春秋繁露》,与经义在离合之间。而古训旧典,往往而在,所谓六艺之支流也。"又认为其是纬书滥觞:"《尚书大传》于经文之外掇拾遗文,推衍旁义,盖即古之纬书。"清儒虽不必以《大传》为纬书,也多以其为今文《尚书》学,但细核《大传》内容,其中不尽论《尚书》一经,也不尽分今古学。至于其中散见先秦古义者,如言异兽驺虞"尾倍其身",与《逸周书·王会》及《山海经》文同。

简言之,《尚书大传》中有《易》学。惠栋《易汉学》论虞翻《易》学"乾为积善"云:

> 《坤·文言》曰:"积善之家,必有余庆。积不善之家,必有余殃。"仲翔曰:"谓初。乾为积善,以坤牝,阳灭出复。震为余庆(乾成于震,谓月三日)。坤积不善,以乾通坤,极姤生巽,为余殃(坤生于巽,谓十六日)。"仲翔又注《履》上九曰:"乾为积善,故考祥。"汉议郎元宾碑曰:"乾乾积善。"盖古人以阴为恶,阳为善。《尚书大传·考绩训》曰:"积不善至于幽,六极以类降,故黜之。积善至于

---

① 陈说见《尚书大传定本·叙录》,余说见《四库提要辨证》"尚书大传"条。

明，五福以类升，故陟之。"乾为善，又为福。故仲翔注谦卦云："坤为鬼害，乾为神福，乾乾积善，谓九三也。五福攸好德，其积善之谓乎。"

按：《尚书大传》亦用《易》学，其理与今文《易》家暗合。又，"东方者何也？动方也。物之动也，何以谓之春？春出也，故谓东方春也"（《御览》卷十八时序部三，又《类聚》卷三引《大传》）。按：与《说卦传》以震为雷且以东方之卦暗合。又，《书传·略说》："伏羲氏作八卦。"（罗泌《路史》卷十《后纪一·太昊纪上》注）按：与《说卦传》同。

其中又与《毛诗》义同者。如《尚书大传·酒诰》："天子有事，诸侯皆侍，尊卑之义。宗室有事，族人皆侍终日。大宗已侍于宾奠，然后燕私。"（按：从陈寿祺辑本）《诗·小雅·湛露》："厌厌夜饮，不醉无归。"《毛序》："《湛露》，天子燕诸侯也。"《毛传》："厌厌，安也。夜饮，私燕也。宗子将有事，则族人皆侍。不醉而出，是不亲也。醉而不出，是渫宗也。"孔疏引《书传》曰："既侍其宗，然后得燕。燕私者何？已而与族人饮。饮而不醉是不亲，醉而不出是不敬。"孔颖达又云："与此传同。毛、伏俱大儒，当各有所据而言也。"考诸文义，《尚书大传》《毛传》皆合。又，《书传·略说》云："狄人将攻太王亶甫召耆老而问焉，曰：'狄人何欲？'耆老对曰：'欲得菽粟财货。'太王亶甫曰：'与之！'每与，狄人至不止。太王亶甫赘其耆老而问之曰：'狄人又何欲乎？'耆老对曰：'又欲君土地。'太王亶甫曰：'与之！'耆老曰：'吾不为社稷乎？'太王亶甫曰：'社稷所以为民也，不可以所为民亡民也。'耆老对曰：'君纵不为社稷，不为宗庙乎？'太王亶甫曰：'宗庙，吾私也，不可以私害民。'遂策杖而去，逾梁山，邑岐山。周人奔而从之者三千乘，一止而成三千户之邑。"按：《诗·大雅·绵》："古公亶父，陶复陶穴，未有家室。"《毛传》："古公，豳公也。古，言久也。亶父，字。或殷以名言，质也。古公处豳，狄人侵之。事之以皮币，不得免焉。事之以犬马，不得免焉。事之以珠玉，不得免焉。乃属其耆老而告之曰：'狄人之所欲者，吾土地也。吾闻之君子，不以其所养人而害人。二三子何患无君？'去之。逾梁山，邑于岐山之下。豳人曰：'仁人之君，不可失也。'从之如归市。陶其土而复之，陶其壤而穴之。室内曰家。未有寝庙，亦未敢有家室。"孔疏云《庄子》《吕氏春秋》《书传·略说》并载此事，且"与此大意皆同"。

其中又有论《春秋》者。如："古者诸侯始受封，则有采地：百里诸侯以三十里，七十里诸侯以二十里，五十里诸侯以十五里。其后子孙虽有罪黜，其采地不黜，使其子孙贤者守之，世世以祠其始受封之人。此之谓兴灭国、继绝世。《书》曰：'兹予大享于先王，尔祖其从与享之。'此之谓也。"（《路史·国名纪》四引《书传》）按："此之谓兴灭国、继绝世"且言封制甚详似乎发《春秋》之义。

其中又言礼乐制。如言"男三十而娶，女二十而嫁"，与《穀梁》《毛传》《礼》戴说意并同。按：见于《白虎通·嫁娶》及其引《五经异义》。又云："古者帝王升，歌《清庙》之乐。大琴练弦达越，大瑟朱弦达越，以韦为鼓，谓之搏拊，何以也？凡练弦达越搏拊者，象其德宽和。君子有大人声，不以钟鼓竽瑟之声乱人声。"又云："武王旷乎若天下之已定，遂入殷，封比干之墓，表商容之闾，发钜桥之粟，散鹿台之财，归倾宫之女。"按：此段文见《礼记·乐记》。

晁错

晁错，颍川人，西汉朝廷所派从伏生受《尚书》第一人，事载《史记》《汉书》两儒林传及两书本传。

关于晁错姓名正字，陈直《汉书新证》云："直按：《史记》作晁错，《汉书》则是鼌朝二字并用，三字在姓氏中，当以鼌字为正体。《隶释》卷四《石门颂》有'鼌汉疆'。《小校经阁金文》卷十四，三十页，正始二年弩机，有'监作吏鼌泉'题名。《汉印文字征》第十三、九页有'鼌午''鼌中意'两印。皆作鼌，无作晁者，《说文》无晁字，始见于《广韵》。"

晁错事迹。据本传，晁错本习申、商刑名之学于轵张恢生所，以文学为太常掌故。后奉诏学《尚书》于齐伏生，传伏生《尚书》。错从伏生处还，即上书论说。文帝以错为太子舍人、门大夫、博士。晁错后对策第一，于是为太子家令，以雄辩得幸太子。景帝即位，以错为内史。错甚获景帝信任，而为御史大夫，于是建议景帝削诸侯。后吴、楚等七国以诛错为名反，景帝不得已斩错于市。晁错具体行状系年如下：

（1）文帝元年（前179）习《尚书》于伏生。申公为博士在文帝元年（考见"申公"条），征天下治《尚书》者及征伏生不就而使晁错往伏生所学《书》当也在此年①。

（2）文帝七年（前173），晁错从伏生所还归朝廷（伏生或卒于此年）。《汉书·晁错传》云："太常遣错受《尚书》伏生所，还，因上书称说。诏以为太子舍人，门大夫，迁博士。"后晁错又为太子家令，随即上《言兵事疏》，后又上《论贵粟疏》，而上《论贵粟疏》时为文帝十二年（详下），则晁错上《言兵事疏》为文帝十一年（前169）②。这样晁错从伏生受《尚书》至还归朝廷，上书称说，累迁四官，时在文帝元年至文帝十一年（前179—前169）之间。今取合理之时段，将晁错归系于文帝七年。

（3）文帝十年（前170）为博士。考见上。

（4）文帝十一年（前169）上《言兵事疏》。见上。

（5）文帝十二年（前168）上《论贵粟疏》。《汉书·食货志》云："晁错复说上曰：'……欲民务农，在于贵粟；贵粟之道，在于使民以粟为赏罚。今募天下入粟县官，得以拜爵，得以除罪。'……上复从其言，乃下诏赐民十二年租税之半。明年，遂除民田之租税。"按：《汉书·文帝纪》文帝十二年诏曰"其赐农民今年租税之半"；十三年（前167）诏曰"其除田之租税"，与《汉书·食货志》文合。

（6）文帝十五年（前165），诏举贤良，晁错应选，对策第一。晁错迁中大夫，乃言削藩，事见本传。《汉书·文帝纪》十五年："九月，诏诸侯王公卿郡守举贤良能直言极谏者，上亲策之，傅纳以言。语在《晁错传》。"

（7）景帝元年（前156）为左内史。《汉书·百官表》景帝元年："中大夫晁错为左内史，一年迁。"

（8）景帝二年（前155）为御史大夫。《汉书·百官表》景帝二年："八月丁巳，左内史晁错为御史大夫。"

（9）景帝三年（前154）被腰斩。《汉书·百官表》景帝三年："正月壬子，错有罪要斩。"《汉书·景帝纪》三年春："吴王濞、胶西王卬、楚王戊、赵王遂、济南王辟光、菑川王贤、胶东王雄渠皆举兵反。大赦天下。遣太尉亚夫、大将军窦婴将兵击之。斩御史大夫晁错以谢七国。"

关于晁错在伏生处学《尚书》的情况，《汉书·儒林传》师古注引卫宏《诏定古文尚书序》云："伏生老，不能正言，言不可晓也，使其女传言教

---

① 宋王益之《西汉年纪》将晁错往学《尚书》系于文帝十年（前170），郑杰文、李梅著《中国学术思想编年》（秦汉卷）系于文帝八年（前172），刘跃进著《秦汉文学编年史》同，吴文治著《中国文学史大事年表》系于文帝九年（前171），沈起炜编著《中国历史大事年表》（古代卷）同。时间靠后，不尽合理，文帝七年当为晁错学归之时，详见系年"晁错学归朝廷条"。

② 《资治通鉴》卷十六也将晁错上《言兵事疏》之事系于文帝十一年六月。

错。齐人语多与颖川异,错所不知者凡十二三,略以其意属读而已。"对此事的真实性,后儒多有所怀疑。如何焯《义门读书记》云:"伏生既已教张生、欧阳生,欧阳生又授兒宽,则晁大夫所不知者虽十二三,其弟子固有明之者。今文难通,非以女子传言故失之也。"

晁错乃西汉官方《尚书》学第一人,其学以纵横见长,但晁氏《尚书》说今不传。考其本传,晁错学归"因上书称说",师古曰:"称师法而说其义。"所谓"称其说"乃言《尚书》之经义。本传又载晁错为博士之后对文帝曰:"皇太子所读书多矣,而未深知术数者,不问书说也。夫多诵而不知其说,所谓劳苦而不为功。"师古注:"说谓所说之义也。"正是此意。如《尚书·尧典》经文有"敦睦九族",但九族细目为何,《尚书》不载,需《尚书》经师补充发挥。《五经异义》载《尚书》欧阳家言"九族,乃异姓有亲属者。父族四、母族三、妻族二",此其说也。观晁错《言兵事疏》尚有纵横之气,然细研味晁错于文帝十五年对策,其中有言曰:"德上及飞鸟,下至水虫草木诸产,皆被其泽。然后阴阳调,四时节,日月光,风雨时,膏露降,五谷熟,妖孽灭,贼气息,民不疾疫,河出图,洛出书,神龙至,凤鸟翔,德泽满天下,灵光施四海。此谓配天地,治国大体之功也。"全依今文《尚书》说立论,此其学伏生所之效也。

又《白虎通·考黜》篇云:"《尚书》曰:'三载考绩,三考黜陟。'何以知始考辄黜之?《尚书》曰:'三年一考,少黜以地。'《书》所以言'三考黜陟'者,谓爵土异也。"陈立《白虎通疏证》认为这是古文《尚书》说,恐非。细考《汉书》,当为晁错习之伏生所之《尚书》说。其一,《白虎通》先列今文说,后列古文说,观《九族》篇最明,此为首列考黜义,当为今文。其二,《白虎通》言:"《尚书》曰:'三年一考,少黜以地。'"不见《尧典》,从文句来看,文意浅显,不类经文,当是《尚书》说。其三,晁错力主削藩,只削地不降爵,此说正合《汉书·晁错传》云:"迁为御史大夫,请诸侯之罪过,削其支郡。""上卒问盎,对曰:'吴、楚相遗书,言高皇帝王子弟各有分地,今贼臣晁错擅適诸侯,削夺之地,以故反名为西共诛错,复故地而罢。'"要之,此说当为欧阳《尚书》说,景帝时大小夏侯未出,而欧阳生亲受于伏生,与晁错最近。

晁错著述。《汉志》子部法家有《晁错》三十一篇,本传赞云:"故论其施行之语著于篇。"则东汉时仍行于世。《隋志》云:"梁有《晁氏新书》三卷,汉御史大夫晁错撰,亡。"《旧唐志》子部法家类也载有《晁氏新书》三卷,《新唐书志》则作七卷。马国翰《玉函山房辑佚书》辑有《晁氏新书》一卷,大抵录自《汉书》间采《文选》注。此外,《隋志》载梁有

《晁错集》三卷，亡。严可均《全汉文》卷十八辑有晁错文。

张生

张生，伏生弟子，济南人，为博士，名列《史记》《汉书》两儒林传，但《史记》《汉书》无本传。

《汉书·儒林传》言："伏生教济南张生及欧阳生。张生为博士。"《史记·儒林列传》同。伏生弟子千数，有姓名可考者四人，张生、欧阳生、夏侯都尉及晁错。晁错迁博士为文帝十年左右，文帝十五年，对策第一。则张生为博士或在七国之乱后，晁错被冤斩，《尚书》博士缺，是故同门张生补之。

张生之《尚书》说当多与《尚书大传》及欧阳说杂。根据前面对《尚书大传》作者的讨论，张生也有可能是《尚书大传》或者《畅训》的作者之一。

伏生孙

伏生孙，习《尚书》。《史记·儒林列传》云："而伏生孙以治《尚书》征，不能明也。"《汉书·儒林传》同。两书均未言伏生孙师从何人，或为伏氏家学。按：伏生孙被征或在武帝建元五年（前136），该年立五经博士，见《汉书·武帝纪》。

欧阳生

欧阳生，字和伯，伏生弟子，千乘人，名列《史记》《汉书》两儒林传，但两史无本传。《史记·儒林列传》云："伏生教济南张生及欧阳生，欧阳生教千乘兒宽。"《汉书·儒林传》云："欧阳生字和伯，千乘人也。事伏生，授兒宽。"依前引郦道元《水经注》所言，似朝廷遣欧阳生从伏生学《尚书》，与传统说法不同。

关于欧阳生之名，汉人均不言其名。《欧阳氏谱图序》（《欧阳文忠公外集》卷二一）云："欧阳生名容字和伯，容子曰巨字孝仁，巨子远字叔游，远子高字彦士，高子亡其名，字仲仁，仲仁子地馀，地馀子崇政，政子敛。"杨树达《汉书窥管》引惠栋云："《欧阳氏谱》云：'欧阳钦字子敬，生三子，曰容，曰述，曰舆，同受业于伏生。容为博士，生子曰巨，巨生远,远生高,高生仲仁,仲仁生地馀,地馀生政,政生歙。'欧阳修云:'汉世以歙为和伯八世孙,今谱无生而有容。疑汉世所谓欧阳生者,以其经师谓之生,如伏生之类,而其实名容。容字和伯,于义为通。'"但考此欧阳家谱,详细开列欧阳生兄弟及至八世名单,无非是家传笔法仅以耀祖而已,不可信。

《汉志》有《尚书》欧阳经三十二卷、《欧阳章句》三十一卷。清庄述祖《历代载籍足征录》言:"欧阳经三十二卷,章句仅三十一卷,其一卷无章句,盖序也。"以为《尚书》经三十一卷,《尚书序》一卷。徐复观认为这是出于清儒的臆说。① 关于《欧阳章句》的作者,说者有二:一曰欧阳生所作,如郑玄。《玉海》三十七载《中兴馆书目》,引郑玄《尚书大传序》云:"伏生为秦博士……张生、欧阳生从其学而受之。……(伏)生终后,数子各论所闻,各以己意弥缝其间,别作章句。"清儒多种欧阳章句辑佚本均题作欧阳生撰,则清儒因袭郑玄说。一曰欧阳高所作。陆德明《序录》云:"欧阳氏世传其业,至曾孙高,作《尚书章句》,为欧阳氏学。"陆德明的意见是合理的。尽管《欧阳章句》中可能留有欧阳生家学的《尚书》遗说,但就其作者来看,欧阳生不可能是章句的直接作者。从经典阐释流变的角度看,欧阳生时代只有传而无章句,此外欧阳高作《欧阳章句》有直接的文献依据(详见"欧阳高"条)。

另:欧阳生对西汉《尚书》学的贡献,据前文述及《尚书大传》作者时所言,则欧阳生亦可能是《尚书大传》作者之一。

兒宽

兒宽,千乘人,名列《史记》《汉书》两儒林传,《汉书》有本传。兒宽师承,《史记·儒林列传》言宽受业欧阳生,又从孔安国受业,欧阳、大小夏侯《尚书》皆出于兒宽。《汉书·儒林传》及本传同。兒宽弟子,《汉书·儒林传》言"宽授欧阳生子"。关于兒宽师承,王充《论衡·正说》篇说受于晁错:"伏生老死,《书》残不竟,晁错传于兒宽。"

关于"兒"之正字,《汉书·儒林传》均作"倪"。但《汉书·兒宽传》:"兒宽,千乘人也。"陈直《汉书新证》云:"直按:《魏相传》云:'兒汤举秋。'《隶释》卷九,鲁峻碑阴,有兒雄题名。卷七,杨统碑阴,有

---

① 详见徐复观《中国经学史的基础》,见《徐复观论经学史二种》,上海书店出版社2006年版,第93页。

兒银题名。皆省'郳'作'兒'，无作'倪'者。《汉印文字征》第八、二十页，有'兒尊'印亦其证。"故本书除引文外，通作正字"兒"。

兒宽卒年，为武帝太初二年（前103）。《汉书·百官表》元封元年（前110）："左内史兒宽为御史大夫，八年卒。"《汉书·武帝纪》太初二年："冬十二月，御史大夫兒宽卒。"

《汉书·兒宽传》载宽事迹，言宽家贫赁作，为弟子所养，然带经而锄，间歇读之，勤奋如此。宽为人温良，善属文，然口弗能发明也①。后宽为张汤所用，汤为廷尉，以宽为掾，举侍御史。兒宽见武帝时语经学，武帝问宽《尚书》一篇，大悦，于是拔擢兒宽为中大夫，迁左内史。武帝欲封禅泰山时，拜宽为御史大夫，从武帝东封泰山，武帝还登明堂，宽为武帝上寿祝词，卒于御史大夫官。具体系年如下：

（1）武帝元朔三年（前126），张汤以兒宽为掾。本传："时张汤为廷尉，廷尉府尽用文史法律之吏，而宽以儒生在其间，见谓不习事，不署曹，除为从史，之北地视畜数年。还至府，上畜簿，会廷尉时有疑奏，已再见却矣，掾史莫知所为。宽为言其意，掾史因使宽为奏。奏成，读之皆服，以白廷尉汤。汤大惊，召宽与语，乃奇其材，以为掾。"《汉书·百官表》元朔三年："中大夫张汤为廷尉，五年迁。"

（2）武帝元鼎四年（前113）为左内史。《汉书·百官表》元鼎四年："中大夫兒宽为左内史，三年迁。"为左内史时奏请开凿六辅渠，事见《汉书·沟洫志》。

（3）武帝元封元年（前110），参与武帝封禅事，为御史大夫。《汉书·百官表》元封元年："左内史兒宽为御史大夫，八年卒。"武帝封禅时兒宽上寿祝词，事见本传。太初元年（前104）武帝诏宽与博士议服色、定正朔，与司马迁等共定汉《太初历》，是年改元太初，事见《汉书·律历志》。《汉志》："《封禅议对》十九篇。"班固自注："武帝时也。"则兒宽所对当在这十九篇之中。

（4）武帝太初二年（前103）卒。见前文。

兒宽事迹又见于《汉书·楚元王传》刘向上疏："孝武帝时，兒宽有重罪系，按道侯韩说谏曰：'前吾丘寿王死，陛下至今恨之；今杀宽，后将复大恨矣！'上感其言，遂贳宽，复用之，位至御史大夫，御史大夫未有及宽者也。"按：道侯韩说封于元封元年，而兒宽本传言宽为御史大夫乃是因封禅有功，结合本传可推知，兒宽初议封禅之礼时似乎在语言上有忤逆武帝

———————
① 《盐铁论·刺复》篇有其证："曹丞相日饮醇酒，倪大夫闭口不言。"

处,但具体何事,已不可考。

《论衡·骨相》篇又载有兒宽逸事:"韩太傅为诸生时,借相工五十钱,与之俱入璧雍之中,相璧雍弟子谁当贵者。相工指兒宽曰:'彼生当贵,秩至三公。'韩生谢遣相工,通刺兒宽,结胶漆之交,尽筋力之敬,徙舍从宽,深自附纳之。宽尝甚病,韩生养视如仆状,恩深逾于骨肉。后名闻于天下。兒宽位至御史大夫,州郡丞旨召请,擢用举在本朝,遂至太傅。"

兒宽《尚书》说今不传,《汉志》子部儒家类著录有《兒宽》九篇,《隋志》及两《唐志》不见载。马国翰《玉函山房辑佚书》有《兒宽书》辑本一卷,严可均《全汉文》卷二八辑有兒宽文。

《汉志》辞赋类有兒宽赋二篇。班固《两都赋序》:"故言语侍从之臣,若司马相如、虞丘寿王、东方朔、枚皋、王褒、刘向之属,朝夕论思,日月献纳。而公卿大臣御史大夫兒宽、太常孔臧、太中大夫董仲舒、宗正刘德、太子太傅萧望之等,时时间作。"

欧阳生子

欧阳生之子,受《尚书》于兒宽,见《汉书·儒林传》,但《汉书》本传不载其名。《欧阳氏谱图序》(《欧阳文忠公外集》卷二一):"欧阳生名容字和伯,容子曰巨字孝仁。"《论衡·书解》篇云:"世传《诗》家鲁申公,《书》家千乘欧阳公孙,不遭太史公,世人不闻。"杨树达以为欧阳生子字公孙。

夏侯都尉

夏侯都尉,夏侯胜先人,受《尚书》于张生,授夏侯始昌,见《汉书·儒林传》:"夏侯胜,其先夏侯都尉。从济南张生受《尚书》以传族子始昌。"其他事迹不详。《后汉书·儒林列传》李贤注:"都尉,名。"《汉书补注》引朱一新曰:"史失其名,盖尝为都尉之官。"则都尉或是本名,或官名,后人无法分辨,如《史记·扁鹊仓公列传》有淳于司马,司马亦是官名。

关于夏侯都尉,陈梦家怀疑他就是传《古文尚书》的都尉朝[1]。

---

[1] 见陈梦家《尚书通论》,河北教育出版社2000年版,第46页。

夏侯始昌

夏侯始昌，夏侯都尉族子，鲁人，受《尚书》于夏侯都尉，通五经，《诗》授后苍，《尚书》授夏侯胜，名列儒林传，《汉书》有本传。

《汉书·夏侯始昌传》言："夏侯始昌，鲁人也。通《五经》，以《齐诗》《尚书》教授。自董仲舒、韩婴死后，武帝得始昌，甚重之。始昌明于阴阳，先言柏梁台灾日，至期日果灾。时，昌邑王以少子爱，上为选师，始昌为太傅。年老，以寿终。"夏侯始昌为昌邑哀王刘髆师约在武帝天汉四年（前97），《汉书·诸侯王表》："昌邑哀王髆，天汉四年六月乙丑立，十一年薨。"按：昌邑王刘髆立十一年而后卒，则卒于武帝后元二年（前87），该年武帝崩，昭帝立。《汉书》不言夏侯始昌"卒于官"，但云"以寿终"，则可知刘髆卒时夏侯始昌还在世。后来刘贺继位，贺师为鲁《诗》家王式，由此可推知始昌卒于昭帝世。

本传所载始昌预言柏梁台灾日事又见于《汉书·五行志》："太初元年十一月乙酉，未央宫柏梁灾。先是，大风发其屋，夏侯始昌先言其灾日。后有江充巫蛊卫太子事。"《汉书·五行志》言："孝武时，夏侯始昌通《五经》，善推《五行传》。"两下发明，可见夏侯始昌于《尚书》学则精于《洪范》，实开大夏侯学之先。

刘髆

武帝第五子，封昌邑王，卒于武帝后元二年，从夏侯始昌受《尚书》，见前引《汉书·夏侯始昌传》。

荀悦《汉纪》天汉四年："夏四月，立皇子髆为昌邑王。""后元元年春正月，行幸甘泉。郊泰畤，遂幸安定。昌邑王髆薨，谥曰哀王。"以为刘髆卒于武帝后元元年（前88），或为误记。

莆卿

莆卿，鲁东平人，兒宽门人，又授《尚书》于夏侯胜，见前引《汉书·儒林传》。《汉书》无本传，其他事迹不详。

贾嘉

贾嘉，治《尚书》，见《史记》《汉书》两儒林传，但《史记》《汉书》无本传。贾嘉其他事迹以及身为贾谊之孙的身份见于《史记·贾生列传》之末："及孝文崩，孝武皇帝立，举贾生之孙二人至郡守，而贾嘉最好学，世其家，与余通书。至孝昭时，列为九卿。"① 此段称"孝武皇帝""孝昭"，则为褚先生所补，可知贾嘉当至少活至宣帝世。此外，陆德明《释文序录》言及西汉《左传》的传承时说："（贾）谊传至其孙嘉，嘉传赵人贯公。"但此语不见今本《汉书》，矣陆氏所见别本。

何比干

何比干，字少卿，学《尚书》于晁错，事见《后汉书·何敞列传》及李贤注。《后汉书·何敞列传》曰："何敞字文高，扶风平陵人也。其先家于汝阴。六世祖比干，学《尚书》于朝错。"李贤注引《何氏家传》曰：

> 六世祖父比干，字少卿，经明行修，兼通法律。为汝阴县狱吏决曹掾，平活数千人。后为丹阳都尉，狱无冤囚，淮汝号曰"何公"。征和三年三月辛亥，天大阴雨，比干在家，日中梦贵客车骑满门，觉以语妻。语未已，而门有老妪可八十余，头白，求寄避雨，雨甚而衣履不沾清。雨止，送至门，乃谓比干曰："公有阴德，今天锡君策，以广公之子孙。"因出怀中符策，状如简，长九寸，凡九百九十枚，以授比干，子孙佩印绶者当如此算。比干年五十八，有六男，又生三子。本始元年，自汝阴徙平陵，代为名族。

何比干此事迹见于多书，如《东观汉纪》《三辅决录》和刘义庆《幽明录》、干宝《搜神记》，诸书所载事迹略同。但《何氏家传》旨在颂扬比干为何氏先祖因行仁义而子孙受荫，读者不必将事坐实，否则不通。若按《何氏家传》所言武帝征和三年（前90）何比干年五十八，则比干生于景帝中元二年（前148），而晁错被杀于景帝三年（前154），则晁错被杀时比干尚未出世，如何从其习《尚书》？《何氏家传》乃何氏后人所作，多据传

---

① 《唐书·宰相世系表》也说："贾谊子璠，璠二子嘉、恽。"

闻。细考此事，比干从晁错习《尚书》事或有之，但其具体年龄及其余小说家语之事迹则不必坐实。

孔延年

孔延年，孔霸之父，习《尚书》。其世系见于《史记·孔子世家》："子襄生忠，年五十七。忠生武，武生延年及安国。安国为今皇帝博士，至临淮太守，蚤卒。安国生卬，卬生驩。"也见于《汉书·孔光传》："忠生武及安国，武生延年。延年生霸，字次儒。霸生光焉。安国、延年皆以治《尚书》为武帝博士。"按：两者描述不同，《史记》中延年与安国为兄弟，《汉书》中则安国与延年为叔侄。但孔延年于武帝世为博士，当为今文《尚书》博士，时三家未分，延年应为伏氏派《尚书》学者。

第二节　欧阳《尚书》群儒考

关于《尚书》欧阳家学的传承及欧阳氏学的建立，《汉书·儒林传》曰：

> 欧阳生字和伯，千乘人也。事伏生，授兒宽。宽又受业孔安国，至御史大夫，自有传。宽有俊材，初见武帝，语经学。上曰："吾始以《尚书》为朴学，弗好，及闻宽说，可观。"乃从宽问一篇。欧阳、大小夏侯氏学皆出于宽。宽授欧阳生子，世世相传，至曾孙高子阳，为博士。高孙地馀长宾以太子中庶子授太子，后为博士，论石渠。元帝即位，地馀侍中，贵幸，至少府。戒其子曰："我死，官属即送汝财物，慎毋受。汝九卿儒者子孙，以廉洁著，可以自成。"及地馀死，少府官属共送数百万，其子不受。天子闻而嘉之，赐钱百万。地馀少子政为王莽讲学大夫。由是《尚书》世有欧阳氏学。

西汉《尚书》欧阳氏学，究竟是始自欧阳生（和伯）还是欧阳生曾孙欧阳高？后儒有不同说法。以为创自欧阳和伯者，有汉儒。《后汉书·周防列传》："故立博士十有四家。"李贤注引《汉官》曰："光武中兴，恢弘稽古，《易》有施、孟、梁丘贺、京房，《书》有欧阳和伯、夏侯胜、建、

《诗》有申公、辕固、韩婴,《春秋》有严彭祖、颜安乐,《礼》有戴德、戴圣。凡十四博士。太常差选有聪明威重一人为祭酒,总领纲纪也。"此《汉官》不言谁家,或为王隆,或为应劭。据此,则汉人以欧阳和伯为欧阳《尚书》始祖。又,《后汉书·邓禹列传》:"(邓)弘少治《欧阳尚书》。"李贤注:"欧阳生字和伯,千乘人,事伏生,武帝时人。"依李贤意,则欧阳《尚书》也创自欧阳生。但陆德明《序录》则曰:"伏生授济南张生,千乘欧阳生。生授同郡兒宽。宽又从孔安国受业,以授欧阳生之子。欧阳氏世传业,至曾孙欧阳高作《尚书章句》,为欧阳氏学。"依陆氏意,《尚书》欧阳氏学创自欧阳高。如此,则唐人对此始有不同意见。

考西汉经学家法如《尚书》欧阳、大小夏侯,《礼》后氏、大小戴等说法,最早见于《汉志》及《汉书·儒林传》,而《汉志》乃是删刘歆《七略》而成。刘歆《七略》又云:"《尚书》,直言也,始欧阳氏,先君名之,大夏侯、小夏侯复立于学官,三家之学,于今传之。"(《初学记》卷二一、《御览》卷六〇九引)据刘歆的说法,西汉五经家法的系统分类乃是刘向首为。细考刘向《别录》遗文,刘歆之说当可信,如《别录》云:"鲁人所学谓之《鲁论》,齐人所学谓之《齐论》,古壁所传谓之《古论》。"(皇侃《论语义疏序》引)又云:"孔子见鲁哀公问政,比三朝,退而为此记,故曰三朝。凡七篇,并入大戴记。"(《史记·五帝本纪》司马贞《索隐》引《别录》)

细观上述说法可知,《尚书》欧阳氏学首先是欧阳氏家学,始自欧阳生从伏生研习《尚书》,但只有在欧阳高作《欧阳章句》后才确立《尚书》欧阳氏学这一说法。因此,将欧阳高作为西汉《尚书》欧阳氏学的首创经师是合理的。实际上,《汉书·儒林传》也将欧阳高视为欧阳《尚书》的创立者。《汉书·儒林传》述及西汉欧阳《尚书》传承情况的只有两段文字,第一段文字(见前引)述欧阳氏家学,第二段文字则从欧阳高弟子林尊开始,记载了林尊弟子平当、陈翁生,陈翁生弟子殷崇、龚胜,平当弟子朱普、鲍宣的师承情况。

据《汉书·儒林传》和他籍所载西汉习欧阳《尚书》学者,计有欧阳高、欧阳地馀、欧阳政、林尊、平当、陈翁生、殷崇、龚胜、朱普、鲍宣、高晖、杨宝十二人,考述如下。

欧阳高

欧阳高,字子阳,欧阳生曾孙,世受《尚书》欧阳氏学,为博士,名列儒林传，见《汉书·儒林传》，《汉书》无本传，事迹不多。

据《汉书·儒林传》所言，欧阳高《尚书》学乃是师承欧阳氏家学，又言"（夏侯）建又事欧阳高"，则欧阳高弟子明确记载的除自家欧阳氏外有夏侯建、林尊。另外，夏侯建是昭、宣帝世人，同时欧阳高的弟子林尊及其孙欧阳地馀得以论石渠，说明欧阳高论石渠前已卒。综合而论，欧阳高大约生于武、昭、宣世，卒于宣帝前期。

关于欧阳高立为博士的时间，有后儒据《汉书·儒林传·赞》"自武帝立五经博士……初《书》唯有欧阳，《礼》后，《易》杨，《春秋》公羊而已"，以为是武帝建元五年（前136），实际上这是误读。① 其一，年代不合。《汉书·儒林传》明言欧阳生传兒宽，兒宽传欧阳生子，然后欧阳生子传子及孙欧阳高，则欧阳高在世系上是欧阳生的曾孙，在师承上乃是兒宽的三传弟子。兒宽元鼎四年（前113）为左内史，然后一路升迁，已是武帝中期，岂有他的三传弟子早在建元五年就立为博士？《汉书·儒林传》又言高孙欧阳地馀论石渠，论石渠在宣帝甘露三年（前51），假定欧阳高建元五年立博士的年龄与其孙地馀论石渠的年龄大体相当，建元五年距离甘露三年相距85年，岂有相距85年才传二代之说？如果按这种逻辑，后苍也在建元五年立为博士，然《汉书·百官表》本始二年（前72）云："博士后苍为少府。"后苍岂不是做了64年的博士？这在年数上显然是不合理的。其二，《史记》未载。《史记·儒林列传》列《尚书》经师有伏生、张生、欧阳生（和伯）、晁错、兒宽、伏生孙、孔安国、周霸和贾嘉九人。这些《尚书》儒生都是司马迁生前（起码是《史记》成书之前）的人，如果欧阳高是建元五年武帝立的五经博士中的首位尚书博士，司马迁岂能不提？因此，"书有《欧阳》"是指欧阳家法，不是欧阳氏的家族（已详论于前）。综合考量欧阳高及其诸弟子的年岁，高被立为博士，当在武帝末或在昭帝时较为合理。②

关于欧阳氏著作，《汉志》六艺尚书类："欧阳经三十二卷。""欧阳

---

① 如蒋善国《尚书综述》："《汉书·儒林传·赞》：'自武帝立五经博士……初《书》惟有欧阳，《礼》后，《易》杨，《春秋》公羊而已。'按欧阳是欧阳高，不是欧阳生（欧阳容）。……因此，武帝初年的《尚书》博士，绝对是欧阳高。"程元敏《尚书学史》云："建元五年置五经博士，则欧阳始立学，宜在此倾。"二人都将欧阳高立为博士系于此年。清汪大钧《经传建立博士表》云："则高为博士，当在武帝初也。"还是将其系于武帝建元五年。蒋说见其《尚书综述》，上海古籍出版社1988年版，第84页。程说见其《尚书学史》，华东师范大学出版社2013年版，第527页。

② 张岩《审核古文尚书案》（中华书局2006年版）将欧阳高立为博士定在昭帝时。详见该书第13—14页。

《章句》三十一卷。"两者何以相差一卷？后儒所说不尽相同。沈钦韩《汉书疏证》云："分出《太誓》二篇，故云三十一篇。"庄述祖《历代载籍足征录》认为："其一卷无章句，盖《序》也。"顾实《汉书艺文志讲疏》云："《欧阳经》三十二卷，《书序》不附末篇，别析为卷。《章句》三十一卷者，《书序》无章句，仍附末篇也。"其书早佚，诸家只是猜测，亦无定论。

欧阳《尚书章句》的作者，陆德明《序录》云："欧阳氏世传业，至曾孙欧阳高作《尚书章句》，为欧阳氏学。"陆氏认为是欧阳高所作，甚是。《说文解字·内部》："欧阳乔说：'离，猛兽也。'"《西都赋》"拕熊螭"李善注："欧阳《尚书》说曰：螭，猛兽也。"《说文解字》所说的欧阳乔正是欧阳高。《后汉书·冯衍列传》载冯衍《显志赋》，中有云"欵子高于中野兮，遇伯成而定虑"。李贤注曰："《东观记》'高'字作'乔'。"说明此二字常通用。《册府元龟》卷六○五"学校部·注释"亦云："欧阳高为博士，作《尚书章句》。"

但陆德明等将《欧阳章句》只定为欧阳高一人所作，似略有武断。朝廷立博士，当有章句传习。欧阳生与张生具受业于伏生，而张生为博士，欧阳生未得立，明其无章句，其曾孙欧阳高为博士，则可知《欧阳章句》成于欧阳高之手。但欧阳家学世代相传，此《欧阳章句》当也包括欧阳生在内的数代欧阳经师《尚书》说的增益。吴承仕《序录疏证》云："盖汉世博士章句之学，作时也简，而将毕也巨，师资相袭，代有增益。……故推其本始，则以章句为欧阳生所为，及其末流，则后师所补苴牵饰者多矣。"吴先生的意见基本是对的，但他把欧阳生误认为博士是失考。

又有《欧阳说义》二篇，《汉志》："《欧阳说义》二篇。"但《隋志》《序录》均不载。其作者，姚振宗《汉志条理》引《经义考》曰"按欧阳氏世传《书》学，《说义》二篇未经前儒注明，不知作者。"张舜徽《汉志通释》云："此盖欧阳说《书》时自抒所见而弟子记之之辞也。为书甚简而传写者少，故亡佚最早。"

《尚书》欧阳说散见于后书如《白虎通》《五经异义》《御览》等，如《五行大义》引《五经异义》："今《尚书》欧阳说：肝，木也；心，火也；肺，金也；肾，水也；脾，土也。古尚书说：脾，木也；肺，火也；心，土也；肝，金也；肾，水也。"《说文解字》："肺，火藏也。博士说以为金藏。""脾，木藏也。博士说以为土藏。""肝，金藏也。博士说以为木藏。""心，土藏也。博士说以为火藏。"许慎先据古文《尚书》说，后引今文说为别解。此处的博士说即为《尚书》欧阳说，与《五行大义》所引正合。

许慎所称博士说当为东汉书欧阳家博士。

欧阳《尚书》遗说，马国翰《玉函山房辑佚书》及黄奭《黄氏逸书考》均辑有《欧阳章句》一卷，陈乔枞有《尚书欧阳夏侯遗说考》一卷，王谟《汉魏遗书钞》有《今文尚书说》一卷，但均题作欧阳生（欧阳容）撰，似不妥。考诸家辑本，有诸多不妥处。其一，欧阳《尚书》说，见于《汉志》所载，有《欧阳章句》三十一卷、《欧阳说义》二篇，明两书不会为相同内容。但诸家辑本不分，如马国翰将欧阳《尚书》遗说总辑一起，题为《尚书欧阳章句》，恐名实不符。其二，辑本将欧阳《尚书》说及欧阳氏弟子所论混为一谈，如马国翰将习欧阳《尚书》的平当引《太誓》之文也视为欧阳《章句》，有滥辑之嫌。姚振宗《汉志条理》亦云："按马氏《玉函山房》皆有三家章句辑本，其文并雷同，其所不同者，则旁及平当、杨赐、孔光、刘向、李寻本传所引《书》语以充卷帙。"

欧阳地馀

欧阳地馀，欧阳高之孙，字长宾，世习《尚书》欧阳氏学，为博士，论石渠，名列儒林传，《汉书》无本传。

欧阳地馀卒年。欧阳地馀元帝永光元年（前43）为少府，建昭元年（前38）卒。《汉书·百官表》永光元年："侍中中大夫欧阳馀为少府，五年卒。"《汉书·百官表》建昭元年："尚书令五鹿充宗为少府。"地馀卒于官，五鹿为继任者。

欧阳地馀或原名馀。《汉书·百官表》元帝永光元年："侍中中大夫欧阳馀为少府。"又，《居延汉简》卷一："永光四年，太医令下少府中常方，少府馀，狱臣延"。

欧阳地馀事迹。欧阳地馀除有死前诫子毋受官属财物而守廉洁之名外，还于元帝永光四年（前40）议罢郡国庙，事见《汉书·韦玄成传》："永光四年，乃下诏先议罢郡国庙……丞相玄成、御史大夫郑弘、太子太傅严彭祖、少府欧阳地馀、谏大夫尹更始等七十人皆曰……"

《汉志》六艺尚书类有《议奏》四十二篇，班固自注曰："宣帝时石渠论。"今佚。蒋善国云："按《汉书·儒林传》，欧阳地馀为博士，论石渠；林尊为博士，论石渠；孔霸为博士，周堪为译官令，论石渠；张山拊为博士，论石渠；假仓以谒者论石渠。《汉志》所载的《议奏》四十二篇，当是欧阳地馀、林尊等论石渠的人作的。"①

欧阳政

欧阳政，欧阳地馀之子，世习《尚书》欧阳学，官至王莽讲学大夫，名列儒林传，《汉书》无本传。按：欧阳地馀为王莽讲学大夫，其世为《尚书》欧阳氏学，则可考见王莽时今古文经并采。如置三公即从欧阳说，详见"王莽"条。

林尊

林尊，字长宾，济南人，师事欧阳高，为博士，参与石渠五经评议，名列儒林传，《汉书》无本传。《汉书·儒林传》言：

> 林尊字长宾，济南人也。事欧阳高，为博士，论石渠。后至少府、太子太傅，授平陵平当、梁陈翁生。当至丞相，自有传。翁生信都太傅，家世传业。由是欧阳有平、陈之学。翁生授琅邪殷崇、楚国龚胜。崇为博士，胜右扶风，自有传。而平当授九江朱普公文、上党鲍宣。普为博士，宣司隶校尉，自有传。徒众尤盛，知名者也。

《汉书·儒林传》云林尊尝为少府，但《汉书·百官表》未载。考《汉书·百官表》载宣帝神爵三年（前59）："光禄大夫梁丘贺为少府。"此后《汉书·百官表》终宣帝世无关少府官职记载。按：林尊论石渠之后任少府，论石渠时为宣帝甘露三年（前51），时梁丘贺之子临论石渠，《汉书·儒林传》言梁丘贺为少府，"年老终官"，则论石渠时贺终官已死，则当时少府一职为林尊接任，终宣帝世。王先谦《汉书补注》云："（林）尊为少府不见公卿表，盖长信少府。"也未必是。

林尊何时为太子太傅，《汉书·百官表》也失载。考《汉书·百官表》元帝初元元年（前48）载："淮阳中尉韦玄成为少府，三年为太子太傅。"三年之后的初元四年（前45）："少府延，二年免。"知此年韦玄成卸任少府，为太子太傅。另据《汉书·百官表》，韦玄成任太子太傅从初元四年至永光元年（前43），继任韦玄成为太子太傅者为严彭祖，终元帝世。因此，

---

① 蒋善国：《尚书综述》，上海古籍出版社1988年版，第86页。

考元帝世《汉书·百官表》太子太傅一职空缺只有一个时间段：为元帝初元二年至三年（前47—前46）。成帝于初元二年立为皇太子，时置太傅，即为林尊①。

林尊之《尚书》说当存于论《议奏》四十二篇中，见前"欧阳地馀"条。

平当

平当，字子思，平陵人，受《尚书》欧阳氏学于林尊，为博士，官至丞相。名列儒林传，《汉书》卷七十一有传。

据《汉书》本传，平当随祖父迁平陵②，少时为大行治礼丞，后以功补大鸿胪文学，察廉为顺阳长、栒邑令，以明经为博士，给事中。"每有灾异，当辄傅经术，言得失。"其仕履系年如下：

（1）成帝阳朔二年至永始二年（前23—前15）历任丞相司直、朔方刺史、太中大夫和长信少府。《汉书·平当传》："顷之，使行流民幽州。举奏刺史二千石劳徕有意者，言勃海盐池可且勿禁，以救民急。所过见称，奉使者十一人，为最，迁丞相司直。坐法，左迁朔方刺史，复征入为太中大夫给事中，累迁长信少府、大鸿胪、光禄勋。"《汉书·成帝纪》阳朔二年："秋，关东大水，流民欲入函谷、天井、壶口、五阮关者，勿苛留。遣谏大夫博士分行视。""九月，奉使者不称。"《汉书·百官表》成帝永始二年："长信少府平当为大鸿胪，三年迁。"将《平当传》与《汉书·成帝纪》及《汉书·百官表》对照，可知平当于阳朔二年奉使最称上意，迁丞相司直，于永始二年由长信少府迁大鸿胪。则平当于阳朔二年至永始二年这八年间历经丞相司直、朔方刺史、太中大夫和长信少府四职。

（2）成帝永始二年为大鸿胪。《汉书·百官表》成帝永始二年："长信少府平当为大鸿胪，三年迁。"

（3）成帝元延元年（前12）为光禄勋，后罢为巨鹿太守。《汉书·百官表》元延元年"大鸿胪平当为光禄勋，七月坐前议昌陵贬为巨鹿太守"。

---

① 刘汝霖《汉晋学术编年》："惟元帝元二年之为太子太傅者，史无明文，当即林尊，此年之为少府者，《百官表》亦不载，若亦为林尊，则年代正合，姑置之于此以俟考。"见《汉晋学术编年》，华东师范大学出版社2010年版，第146页。刘先生认为此年林尊为太子太傅较合理，但此年为少府者正是韦玄成，先生于谁任少府一职则失考。

② 陈直《汉书新证》引河南出土的平真客碑曰平当祖父平戬，为汉中太守，以良家迁右扶风。详见《汉书新证》，天津人民出版社1976年版，第377页。

（4）大约元延至成帝世，平当治黄河。本传言"（平）当以经明《禹贡》，使行河，为骑都尉，领河堤"。皮锡瑞《经学历史》言西汉经师"以《禹贡》治河"即指此事。

（5）哀帝建平元年（前6）为光禄大夫，建平二年（前5）历任光禄勋、御史大夫、丞相。本传言"哀帝即位，征当为光禄大夫诸吏散骑，复为光禄勋，御史大夫，至丞相。以冬月，赐爵关内侯"。哀帝建平二年："光禄大夫平当为光禄勋，四月迁。""九月乙酉，诸吏散骑光禄勋平当为御史大夫，二月迁。""十二月甲寅，御史大夫平当为丞相。"

（6）哀帝建平三年（前4）春，卒。《哀帝纪》建平三年："三月己酉，丞相当薨。"

平当事迹除本传外，又有成帝时考议宋畔上书欲献王禹所受河间乐于朝廷，平当以为可助德化，见于《汉书·礼乐志》；又劝成帝留张霸之《尚书百二篇》，事见《汉书·儒林传》。平氏于经籍保存多有所功，惜此两事不成。

又，今南京高淳区有漆桥镇，乾隆年间修《高淳县志》载云："漆桥，县东三十里，按溧阳旧志'汉丞相平当，值孝平之季，知有王莽之乱，乃避地溧阳、丹徒间，转徙平陵游子山之麓，去银林三十里卜室居焉，地滨河，故苦褰涉，当因构木为桥，施以丹漆，此漆桥之所由来也'。"按：此说不确，平当卒于哀帝建平三年，未及预见王莽之乱，此误一；又将江苏溧阳在春秋时期的旧称"平陵"和西汉扶风平陵混为一谈，此误二。

《汉书·儒林传》言欧阳有"平、陈之学"，平当《尚书》学一见于本传载其上书成帝宜复太上皇庙时云："昔者帝尧南面而治，先'克明俊德，以亲九族'，而化及万国。……《书》云：'正稽古建功立事，可以永年，传于无穷。'"前引《尚书·尧典》为说，后引《书》曰为《太誓》中语。《汉书·郊祀志下》载成帝初，丞相匡衡等上疏论郊礼，中云："《太誓》曰：'正稽古立功立事，可以永年，丕天之大律。'"其文与平当稍异，或章句不同，平当用欧阳本，匡衡等用夏侯本欤？平当《尚书》说见于《汉书·地理志上》："平原郡……县十九：平原，鬲……"班固自注"鬲"："平当以为鬲津。"《汉书》本传言当以明《禹贡》巡河，陈乔枞《今文尚书经说考》云："此必平当说今文《尚书·禹贡》'九河'语。"

陈翁生

陈翁生，姓陈，名翁生，梁人，受欧阳《尚书》学于林尊，官至信都太傅，名列儒林传，自成一家，见《汉书·儒林传》，但《汉书》无本传，其他事迹不详。

陈翁生为信都王太傅时当在元帝建昭二年（前37）之后。《汉书·元帝纪》建昭二年："六月，立皇子舆为信都王。"

陈翁生之《尚书》学，程元敏先生认为"一传自家庭学，一传欧阳学，得由林尊"。《汉书·儒林传》所谓"家世传业"，"业为学科，经学也，则其《书》学一得自本家，《传经表》等说咸未及此。当时必以专家名，故得与丞相平当并称为平陈之学"①，可备一说。

殷崇

殷崇，琅琊人，受欧阳《尚书》于梁人陈翁生，为博士，见《汉书·儒林传》，其他事迹不详。

龚胜

龚胜，字君宾，与龚舍相友，楚人，受欧阳《尚书》于梁人陈翁生，官至右扶风，名列儒林传，《汉书》卷七十二有传。

龚胜生卒年。本传载，始建国三年（11），又拜太子师友祭酒②，胜复不应征，绝食而卒，年七十九。龚死于王莽始建国三年，则生于宣帝地节二年（前68）。

龚胜事迹。据《汉书》本传，龚胜与龚舍相友并著名节，世谓之楚两龚。少好学明经，为郡吏。三举孝廉③，再为尉，一为丞，胜辄至官乃去。州举茂才，为重泉令，病去官。大司空何武、执金吾阎崇荐胜，征为谏大夫，时为成帝绥和二年（前7）。《汉书·百官表》绥和元年（前8）："三月戊午，廷尉何武为御史大夫，四月乙卯为大司空，一年免。"《汉书·百官表》绥和二年："光禄大夫巨鹿阎宗（崇）君阑为执金吾，六年卒。"

龚胜为谏大夫，上书敢直言，为大夫二岁余，迁丞相司直、光禄大夫、

---

① 程元敏：《尚书学史》，华东师范大学出版社2013年版，第533—534页。
② 《汉书·王莽传》，王莽为置太子四师友在始建国三年。
③ 《华阳国志·广汉士女传·赞》云杨宣举"楚国龚胜等宜赞隆时雍"，不知是否为此孝廉之举？

右扶风，时为哀帝建平四年（前3）。《汉书·百官表》建平四年："光禄大夫龚胜为右扶风，一年归故官。"

数月，复职光禄大夫、诸吏给事中。后与大臣议事，胜与博士夏侯常抵牾，弹劾不敬，贬官。复征为光禄大夫，常称病，数使子上书乞骸骨。元始二年（2）与邴汉、邴曼容同归乡里。王莽始建国元年（9），莽遣使者拜胜为讲学祭酒，不应征。始建国三年，卒。

龚胜之学，除欧阳《尚书》外，也习鲁《诗》。《汉书·薛广德传》曰："（广德）以《鲁》诗教授楚国，龚胜、舍师事焉。"龚胜为光禄大夫与师丹等阻刘歆议立《左传》学官，事见《汉书·刘歆传》。然《汉书·朱博传》载谏大夫龚胜十四人议，以为："春秋之义，奸以事君，常刑不舍。鲁大夫叔孙侨如欲专公室，谮其族兄季孙行父于晋，晋执囚行父，以乱鲁国，春秋重而书之。"事见《左传》成公十六年，《汉书补注》苏舆曰："龚胜之议，'奸以事君，常刑不舍'云云，亦《左氏》义也。"则龚胜也通《左传》。至于两相矛盾之处，章太炎《春秋左传读叙录》云是龚胜自罪责，意正与师丹相反。

朱普

朱普，字公文，九江人，受欧阳《尚书》于丞相平当，为博士，见前引《汉书·儒林传》。弟子著名者如东汉桓荣，建武时选博士，为太傅，拜太常。《后汉书·桓荣列传》言："（荣）少学长安，习《欧阳尚书》，事博士九江朱普。……至王莽篡位乃归。会朱普卒，荣奔丧九江，负土成坟，因留教授，徒众数百人。"由《后汉书·桓荣列传》中桓荣奔丧事迹来看，朱普当卒于王莽篡位（莽始建国为公元9年）后不久。

朱普字公文，他籍记载有异说。《东观汉纪·桓荣传》言朱普字文刚："荣少……治《欧阳尚书》，事九江朱文刚，穷极师道。"陆德明言别本《汉纪》作"文"。《序录》云："沛国桓荣受《尚书》于朱普。"陆氏自注："《东观汉纪》云：'荣事九江朱文，文即普字。'"朱普其字究竟何为正读，已不可考。

鲍宣

鲍宣，字子都，本渤海人，后获罪迁家上党，后世称上党鲍公。受欧阳《尚书》于平当，官至司隶校尉，名列儒林传，《汉书》卷七十二有传。

鲍宣卒于平帝元始三年（3）。《汉书·何武传》："元始三年，吕宽等事起。时，大司空甄丰承莽风指，遣使者乘传案治党与，连引诸所欲诛，上党鲍宣，南阳彭伟、杜公子，郡国豪桀坐死者数百人。"

鲍宣师承，除受欧阳《尚书》于平当外，也曾从岳父桓公学。《后汉书·列女传》云："渤海鲍宣妻者，桓氏之女也，字少君。宣尝就少君父学。"据《后汉书》所载，鲍宣也曾从其岳父受学，但不知他岳父桓公是何学派。

鲍宣尝有助葬一书生之义举，事见于曹丕《列异传》（《类聚》卷八十三、《御览》卷二五〇等引），文多不录。

鲍宣经学通明，王充《论衡·命禄》篇言："儒者明说一经，习之京师。明如匡稚圭，深如鲍子都。"① 惜其学今不传，观其上疏谏哀帝，引诗为说，云："天下乃皇天之天下也，陛下上为皇太子，下为黎庶父母，为天牧养元元，视之当如一，合《尸鸠》之诗。"则可知鲍公亦习《诗》，但《尸鸠》之诗义云君子求一，四家皆同，故其诗学家法已不可考。

高晖

高晖，龚胜门人，习欧阳《尚书》，《汉书·儒林传》未载，见于《汉书·龚胜传》。《汉书·龚胜传》言王莽篡国后征拜龚胜为太子师友祭酒，禄位上卿，而胜不应征，"使者五日一与太守俱问起居，为胜及门人晖等言"。高晖其余事迹不详。

杨宝

杨宝，东汉名儒杨震之父，著名的"衔环而报"的典故就出自此公，习欧阳《尚书》，事迹不见《汉书·儒林传》，见于《后汉书·杨震列传》："（震）父宝，习欧阳《尚书》。哀、平之世，隐居教授。居摄二年，与两龚、蒋诩俱征，遂遁逃，不知所处。光武高其节。建武中，公车特征，老病不到，卒。"《新唐书·宰相世系表》载杨宝世系及其字云："（杨敞）二子：忠、恽。忠，安平顷侯。生谭，属国、安平侯。二子：宝、并。宝字稚渊。二子：震、衡。震字伯起，太尉。"

杨宝于西汉世习《尚书》且教授门徒，又不仕光武朝，故将其列于此，

---

① 今本《论衡》作赵子都。《汉书》言赵广汉字子都，字音近而误。

以广西汉儒林。

杨宝"衔环而报"事见《后汉书·杨震列传》李贤注引吴均《续齐谐记》。

第三节　大夏侯《尚书》群儒考

《尚书》大夏侯派始于夏侯胜，宣帝时立于学官。《汉书·儒林传》记载了夏侯胜的学承：

> 夏侯胜，其先夏侯都尉，从济南张生受《尚书》，以传族子始昌。始昌传胜，胜又事同郡简卿。简卿者，兒宽门人。胜传从兄子建，建又事欧阳高。胜至长信少府，建太子太傅，自有传。由是《尚书》有大小夏侯之学。

据《汉书·儒林传》及他籍所载，西汉《尚书》大夏侯派自夏侯胜始有传习者十七人：夏侯胜、黄霸、刘弗陵（昭帝）、上官皇后、周堪、张猛、孔霸、刘奭（元帝）、孔光、牟卿、许商、唐林、吴章、云敞、王宇、王吉、炔钦，俱考于下。

夏侯胜

夏侯胜，字长公，东平人，从夏侯始昌受《尚书》，又师事同郡兒宽门人简卿，《尚书》大夏侯学的开创者，名列儒林传，《汉书》卷七十五有传。

夏侯胜生卒年。本传言夏侯胜官至太子太傅，"年九十卒官"。考《汉书·百官表》神爵三年（前59）："七月甲子，大鸿胪萧望之为御史大夫，三年贬为太子太傅。"《汉书·百官表》五凤二年（前56）："八月壬午，太子太傅黄霸为御史大夫，一年迁。"则可知五凤二年黄霸太子太傅官职为萧望之所代，终宣帝世。黄霸何时为太子太傅？又考《汉书·黄霸传》言："是时，凤皇神爵数集郡国，颍川尤多。天子以霸治行终长者，下诏称扬曰：'颍川太守霸，宣布诏令，百姓向化，孝子弟弟贞妇顺孙日以众多，田者让畔，道不拾遗，养视鳏寡，赡助贫穷，狱或八年亡重罪囚，吏民向于教化，兴于行谊，可谓贤人君子矣。《书》不云乎？'股肱良哉！'其赐爵关内侯，黄金百斤，秩中二千石。'而颍川孝弟有行义民、三老、力田，皆以差赐爵及帛。后数月，征霸为太子太傅，迁御史大夫。"可知黄霸为太子太傅在宣帝下褒扬诏后数月。《汉书·宣帝纪》神爵四年（前58）："夏四月，颍川太守黄霸以治行尤异秩中二千石，赐爵关内侯，黄金百斤。及颍川吏民有行义者爵，人二级，力田一级，贞妇顺女帛。令内郡国举贤良可亲民者各一人。"黄霸为太子太傅因夏侯胜卒于官故，时为宣帝神爵四年。胜卒时九十，则可知其生于景帝中元二年（前148）。

夏侯胜事迹。《汉书·夏侯胜传》载其事迹显著者，云胜征为博士、光禄大夫。元平元年（前74）昭帝崩，昌邑王立，夏侯胜依《洪范五行传》推当有谋逆，挡辇而谏，刘贺不听，后被废。事发，霍光等甚敬重，迁胜长信少府，赐爵关内侯。① 宣帝即位，诏丞相、御史、列侯、博士等议武帝庙乐及加尊号，众皆从诏书，唯夏侯胜独言诏书不可从。丞相长史黄霸因未弹劾，和夏侯胜俱下狱。② 于是夏侯于狱中授黄霸《尚书》。本始四年（前70）夏，关东四十九郡同日地动山崩，朝廷乃大赦。③ 夏侯胜出为谏大夫、给事中，复为长信少府④，又迁太子太傅，受诏撰《尚书》《论语说》，赐黄金百斤，年九十卒于官。此外，《汉纪》本始二年（前72）云："胜为人质朴无威仪，见上时，误谓上为君。或自称字上前，上更以是亲信之。"可补《汉书》本传所缺。

夏侯胜于何世为博士？据《汉书》本传，夏侯胜当于昭帝世为博士，随即以《尚书》授帝，时在始元元年（前86）。按：昭帝世《尚书》三家未分，如此，则夏侯胜以《尚书》欧阳学为博士。

夏侯胜何时为太子太傅？本传未载。《汉书·疏广传》："地节三年，立皇太子，选丙吉为太傅，广为少傅。数月，吉迁御史大夫，广徙为太傅。""在位五年，皇太子年十二……即日父子俱移病。满三月赐告，广遂称笃，上疏乞骸骨。上以其年老，皆许之。"据此可知，宣帝地节三年（前67）立元帝为太子，丙吉为第一任太子太傅，但是任期不长，只有数月，丙吉迁御史大夫，由疏广接任丙吉为太子太傅。疏广担任太子太傅五年以后，即元康三年（前63），因为年老上疏辞官。

---

① 夏侯胜挡车谏昌邑王刘贺有兵谋事又见于《汉书·五行志》。
② 事在宣帝本始二年（前72）。《汉书·宣帝纪》本始二年夏五月诏书正载此事。
③ 《汉书·宣帝纪》本始四年："夏四月壬寅，郡国四十九地震，或山崩水出。诏曰：……大赦天下。上以宗庙堕，素服，避正殿五日。"与本传所载正合。
④ 再为长信少府时，与丞相韦贤、乐陵侯史高论立《穀梁春秋》，见《汉书·儒林传》。

那么，宣帝元康三年接替疏广担任太子太傅的是谁呢？《汉书·丙吉传》言宣帝因丙吉有旧恩，封吉博阳侯。"临当封，吉疾病，上将使人加绅而封之，及其生存也。上忧吉疾不起，太子太傅夏侯胜曰：'此未死也。臣闻有阴德者，必飨其乐以及子孙。今吉未获报而疾甚，非其死疾也。'"考《汉书·外戚恩泽侯表》，丙吉封为博阳侯时在元康三年二月，则说明此时夏侯胜已是太子太傅，可见，夏侯胜就在宣帝元康三年接疏广而任太子太傅。

夏侯胜的师承。《汉书·夏侯胜传》言胜受《尚书》及《洪范五行传》于夏侯始昌，"说灾异"，又事蕳卿及"从欧阳氏问"，所从非止一师，"为学精熟"且"善说礼服"①。

夏侯胜之《尚书》学除承袭欧阳氏外其较显著者就是善《洪范五行传》。《洪范五行传》谁人所作？后儒众说纷纭。如沈约《宋书·五行志》曰："伏生创记《大传》，五行之体始详；刘向广演《洪范》，休咎之文益备。"《隋志》曰："伏生之《传》，惟刘向父子所著是其本法。"杨树达以为伏生所记，赵翼以为夏侯始昌所为。考《洪范五行传》作者争端无非有三：一云伏生作。如《汉书·五行志》云："孝武时，夏侯始昌通五经，善推《五行传》以传族子夏侯胜。"如此，则夏侯始昌只是善推而不是作，言外之意，作者是伏生。二云夏侯始昌作。如《汉书·夏侯胜传》："（夏侯胜）从始昌受《尚书》及《洪范五行传》，说灾异。"据此，则夏侯始昌为《洪范五行传》的作者，夏侯胜只是受之始昌而已。三云夏侯胜作。如《晋书·干宝传》言："宝性好阴阳术数，留思京房、夏侯胜等《传》。"汉籍还有两处论及夏侯胜言灾异事，如《汉书·杨恽传》："正月以来，天阴不雨，此《春秋》所记，夏侯君所言，行必不至河东矣。"但未明言是夏侯胜还是夏侯始昌。又扬雄《法言·渊骞篇》云："守儒：辕固、申公。灾异：董相、夏侯胜、京房。"

综合考量以上所记，大体可知：《洪范五行传》当是伏生所作，然伏生仅为文本之作，但不言灾异，创通大义而已，所以郑玄注《大传》同时亦注《洪范五行传》，若此，则《洪范五行传》似称《洪范五行大传》才为合理（《汉书》言刘向发明《大传》，亦即此意）。伏生授张生，张生授夏侯都尉，夏侯都尉授夏侯始昌，始昌则依《洪范五行传》言灾异，是故《汉书》言"自董仲舒、韩婴死后，武帝得始昌，甚重之"，原因盖

---

① 《困学纪闻》卷五："夏侯胜善说礼服，谓《礼》之丧服也。萧望之以礼服授皇太子，则汉世不以丧服为讳也。"

在于"始昌明于阴阳",如"言柏梁台灾日,至期日果灾"。夏侯胜则纯言灾异,于《尚书》学自成一家,所以宣帝时分立为大夏侯学。此为《尚书》大夏侯学源流之概貌。又,《洪范五行传》:"时则有下人伐上之痾。"《续汉志·五行志》刘昭注引郑玄注《大传》:"夏侯胜说'伐'宜为'代',书亦或作'代'。"按此,则《洪范五行传》明非夏侯胜所作,夏侯胜只是述及《五行传》文本。此外,郑玄引大夏侯说,明夏侯胜通《洪范五行传》。

大夏侯之学今不传,且自汉儒始大小夏侯常杂糅,如《汉志》有《尚书经大小夏侯》二十九卷、《大小夏侯章句》各二十九卷、《大小夏侯解故》二十九篇。《汉书·夏侯胜传》言胜"受诏撰《尚书》《论语说》",则《汉志》所载《大夏侯章句》《大夏侯解故》即为本传所言的《尚书说》①。这些大小夏侯说《隋志》也不见载,曰亡于永嘉之乱。清人陈乔枞有《尚书欧阳夏侯遗说考》一卷、《今文尚书经说考》三十四卷,马国翰有辑本《尚书大夏侯章句》一卷,周寿昌《汉书注校补》云:"今马氏辑佚说为《尚书大小夏侯章句》各一卷,然中多一说两引,究莫辨孰为大小,不足据也。"

此外,夏侯胜又传《论语》。《汉志》论语类又有《鲁夏侯说》二十一篇,且云:"传《鲁论语者》常山都尉龚奋、长信少府夏侯胜、丞相韦贤、鲁扶卿、前将军萧望之、安昌侯张禹,皆名家。"姚明辉《汉书艺文志注解》云:"夏侯受诏所作,说《鲁论》也。"

黄霸

黄霸,字次公,淮阳阳夏人也,宣帝时能吏,《汉书·儒林传》不见录,《汉书》本传列于《循吏传》。《汉书·黄霸传》与《汉书·夏侯胜传》皆言宣帝本始二年(前72)两人下狱,于本始四年(前70)地震天变大赦而出,在狱中夏侯胜授霸《尚书》。

黄霸卒于甘露三年(前51),生年不详。本传云:"为相五岁,甘露三年薨,谥曰定侯。"

黄霸仕履,据《汉书·黄霸传》,本始四年霸出狱后夏侯胜令左冯翊宋畸荐为扬州刺史,后历任颍川太守、京兆尹。神爵四年(前58),代夏侯胜为太子太傅(考见上"夏侯胜"条)。五凤二年(前56)为御史大夫,《汉书·百官表》五凤二年:"太子太傅黄霸为御史大夫,一年迁。"五凤三年

---

① 陈梦家说同。见《尚书通论》,河北教育出版社2000年版,第75页。

（前55）为丞相，封侯，《汉书·黄霸传》："五凤三年，代丙吉为丞相，封建成侯，食邑六百户。"《汉书·百官表》五凤三年："正月癸卯，丞相吉薨。二月壬申，御史大夫黄霸为丞相。"《汉纪》五凤三年亦云："二月壬辰，御史大夫黄霸为丞相。霸长于治民，及为丞相，纲纪风采，不及魏相邴吉于定国。"甘露三年（前51）卒，《汉纪》甘露三年亦云："三月己巳，丞相黄霸薨。"

刘弗陵（昭帝）

昭帝刘弗陵生卒。《汉书·昭帝纪》："后元二年二月上（按：武帝）疾病，遂立昭帝为太子，年八岁。"武帝后元二年为前87年，时年刘弗陵八岁，则刘弗陵生于武帝太始三年（前94）。《汉书·外戚传》亦云赵婕妤"太始三年生昭帝，号钩弋子"。昭帝卒年，《汉书·昭帝纪》元平元年（前74）："夏四月癸未，帝崩于未央宫。"

昭帝习《尚书》事见于《汉书·昭帝纪》始元五年（前82）："诏曰：'朕以眇身获保宗庙，战战栗栗，夙兴夜寐，修古帝王之事，通《保傅传》《孝经》《论语》《尚书》，未云有明。"又《汉书·五行志》："元凤四年五月丁丑，孝文庙正殿灾……是岁正月，上加元服，通《诗》《尚书》，有明哲之性。"但《汉书》不言师从何人。《后汉书·桓郁列传》云："孝昭皇帝八岁即位，大臣辅政，亦选名儒韦贤、蔡义、夏侯胜等入授于前。"据此可知昭帝从夏侯胜习《尚书》，由《汉书·昭帝纪》诏推知，大约自始元元年至始元五年间（前86—前82），昭帝乃通《尚书》。

上官皇后

昭帝上官皇后，昭帝顾命大臣上官桀之孙女，《汉书》未载其名字。上官皇后事迹见《汉书》卷九十七《汉书·外戚传上》。关于上官皇后生卒年，《外戚传》云："宣帝即位，为太皇太后。凡立四十七年，年五十二，建昭二年崩，合葬平陵。"则上官皇后生于武帝征和四年（前89），卒于元帝建昭二年（前37）。

皇后从夏侯胜受《尚书》事见《汉书·夏侯胜传》："（霍）光以为群臣奏事东宫，太后省政，宜知经术，白令胜用《尚书》授太后。""夏侯胜死，太后为之素服，儒者以为荣。"

周堪

周堪，字少卿，事夏侯胜，名列儒林传，《汉书》无本传。《汉书·儒林传》云：

> 周堪字少卿，齐人也。与孔霸俱事大夏侯胜。霸为博士。堪译官令，论于石渠，经为最高，后为太子少傅，而孔霸以太中大夫授太子。及元帝即位，堪为光禄大夫，与萧望之并领尚书事，为石显等所谮，皆免官。望之自杀，上愍之，乃擢堪为光禄勋，语在《刘向传》。堪授牟卿及长安许商长伯。牟卿为博士。霸以帝师赐爵号褒成君，传子光，亦事牟卿，至丞相，自有传。由是大夏侯有孔、许之学。商善为算，著《五行论历》，四至九卿，号其门人沛唐林子高为德行，平陵吴章伟君为言语，重泉王吉少音为政事，齐炔钦幼卿为文学。王莽时，林、吉为九卿，自表上师冢，大夫、博士、郎吏为许氏学者，各从门人，会车数百辆，儒者荣之。钦、章皆为博士，徒众尤盛。章为王莽所诛。

《汉书·刘向传》也载有周堪事迹。据《汉书·刘向传》及《汉书·百官表》，元帝初元三年（前46），周堪为光禄勋，初元五年（前44）因为诸葛丰言其短处，贬官河东太守。《汉书·百官表》元帝初元三年："光禄大夫周堪为光禄勋，三年贬为河东太守。"永光四年（前40），周堪卒。《汉书·刘向传》又载石显等专权，宣帝庙灾，遭责问，于是周堪拜光禄大夫，领尚书事。《汉书·五行志》亦云："永光四年六月甲戌，孝宣杜陵园东阙南方灾。……是岁，上复征堪领尚书，猛给事中，石显等终欲害之。"此后不久石显进谗言，堪疾瘖，不能言而死①。

张猛

张猛，字子游，张骞之孙②，周堪弟子，与周堪俱沉浮。周堪被拔擢为光禄勋，猛为光禄大夫；周堪贬官河东太守，猛为槐里令；周堪为光禄大

---

① 《资治通鉴》卷二十九也将此事系于永光四年（前40），钱穆《刘向歆父子年谱》同。
② 《汉书·张骞传》云："骞孙猛，字子游，有俊才，元帝时为光禄大夫。"

夫，领尚书令，猛为太中大夫给事中；周堪瘖疾而殁，猛为石显等所谮，自杀于公车，时为永光四年（前40），见前"周堪"条。张猛名不列儒林传，《汉书》亦无本传，其人事迹散见于《汉书·刘向传》《汉书·诸葛丰传》《汉书·薛广德传》《汉书·石显传》《汉书·五行志》等篇，又见于《华阳国志·汉中士女·赞》。张猛事迹显者有任光禄大夫时，与薛广德谏元帝止乘楼船事，见《汉书·薛广德传》。

孔霸

孔霸，字次儒，孔子十三世孙，孔光之父，习《尚书》于夏侯胜，昭帝末年为博士，名列儒林传，《汉书》无本传，其人事迹附载于其子孔光的传记中。《汉书·孔光传》曰："延年生霸，字次儒。霸生光焉。安国、延年皆以治《尚书》为武帝博士。安国至临淮太守。霸亦治《尚书》，事太傅夏侯胜，昭帝末年为博士，宣帝时为太中大夫，以选授皇太子经，迁詹事、高密相。……元帝即位，征霸，以师赐爵关内侯，食邑八百户，号褒成君，给事中……上欲致霸相位，自御史大夫贡禹卒，及薛广德免，辄欲拜霸。"孔霸卒年，《汉书·孔光传》未载。

孔霸为博士事又见于《汉书·霍光传》："臣敞等谨与博士臣霸（孔霸）、臣隽舍、臣德、臣虞舍、臣射、臣苍（后苍）议。"此议昭帝卒后立宣帝事，在昭帝元平元年（前74）。依《汉书·孔光传》所言，孔霸当以今文《尚书》为博士，因昭帝时《尚书》三家未分，古文未显。《后汉书·儒林列传》言孔氏古文世世传之，恐不确。

刘奭（元帝）

刘奭，汉元帝，习夏侯《尚书》。

刘奭生卒年。《汉书·元帝纪》竟宁元年（前33）云："五月壬辰，帝崩于未央宫。"颜师古注引臣瓒曰："帝年二十七即位，即位十六年，寿四十三。"则元帝刘奭生于昭帝元凤六年（前75）。

刘奭从孔霸受大夏侯《尚书》，见《汉书·孔光传》（见前"孔霸"条）。元帝《尚书》学见于《汉书·于定国传》，云永光元年（前43）于定国辞相位，元帝不许，报定国书中有云："君相朕躬，不敢怠息。万方之事，大录于君。"陈乔枞《今文尚书经说考》曰："考《儒林传》，周堪与孔霸俱事大夏侯胜。……霸以太中大夫授太子。及元帝即位……霸以帝师，赐爵号褒成君。据元帝报定国书，有'万方之事大录于君'语，是用大夏侯说可知。"皮锡瑞《经学历史》曰："伏生《大传》以'大麓'为大麓之野，明是山麓；《史记》以为山林，用欧阳说；《汉书·于定国传》以为大录，用大夏侯说，是大夏侯背师说矣。"

元帝又从欧阳地馀受欧阳《尚书》，见《汉书·儒林传》："（欧阳）高孙地馀长宾以太子中庶子授太子，后为博士，论石渠。元帝即位，地馀侍中，贵幸，至少府。"从张游卿习鲁《诗》，《汉书·儒林传》："张生兄子游卿为谏大夫，以《诗》授元帝。"又从高嘉受鲁《诗》，《后汉书·儒林列传》："（高诩）曾祖父嘉，以鲁《诗》授元帝，仕至上谷太守。"

孔光

孔光，孔霸之子，字子夏，孔子十四世孙，受学孔霸。成帝初即位，举为博士，当是今文大夏侯学《尚书》。

孔光两至丞相，《汉书》卷八十一有传。关于孔光生卒年，本传言"光年七十，元始五年薨"，则孔光生于宣帝地节四年（前66），卒于平帝元始五年（5）。孔光事迹较多，系年如下：

（1）元帝初元元年（前48）左右，举为议郎。《孔光传》："（光）经学尤明，年未二十，举为议郎。"

（2）元帝建昭元年（前38），光禄勋匡衡荐孔光谏大夫，后因议论不当，自免官。本传言："光禄勋匡衡举光方正，为谏大夫。坐议不合，左迁虹长，自免归教授。"《汉书·百官表》建昭元年："太子少傅匡衡为光禄勋，一年迁。"则匡衡任光禄勋只有一年，此事当发生于此年。

（3）成帝建始元年（前32）为博士。本传言："成帝初即位举为博士。"

（4）成帝永始二年（前15）迁光禄大夫。《汉书·百官表》永始二年："十一月壬子，诸吏散骑光禄勋孔光为御史大夫，七年贬为廷尉。"

（5）成帝绥和元年（前8）为廷尉，《汉书·百官表》绥和元年："御史大夫孔光为廷尉，九月迁。"本传言孔光与议立成帝后，以中山王为嗣，成帝及皇后等欲立定陶王，不合成帝意，左迁廷尉。为廷尉，赐药许后，见《汉书·成帝纪》绥和元年："定陵侯淳于长大逆不道，下狱死。廷尉孔光使持节赐贵人许氏药，饮药死。"又见《汉书·外戚传》。为廷尉数月迁左将军，《汉书·百官表》绥和元年："廷尉孔光为左将军，一年迁。"

（6）成帝绥和二年（前7）为丞相。《汉书·百官表》绥和二年："三月丙戌，左将军孔光为丞相。"为丞相，与何武请罢乐府、立辟雍。见《汉书·礼乐志》："会向病卒，丞相（孔光）、大司空（师丹）奏请立辟雍。案行长安城南，营表未作，遭成帝崩，群臣引以定谥。"又议定乐府人数及议毁宗庙，见《汉书·韦玄成传》；薛况使人伤申咸，是御史大夫所奏，见《汉书·薛宣传》；不许刘歆立《左传》之请，见《汉书·儒林传》；又以卓茂为长史，称卓茂为长者，见《后汉书·卓茂列传》。

（7）哀帝建平二年（前5）与师丹俱言不可为傅太后上尊号，免为官罢归。孔光居家教授。事见本传。

（8）哀帝元寿元年（前2）征光诣公车。孔光对日蚀，合哀帝意，拜为光禄大夫。《汉书·百官表》元寿元年："五月乙卯，诸吏光禄大夫孔光为御史大夫，二月迁。""七月丙午，御史大夫孔光为丞相。"再为光禄大夫，议丞相王嘉迷国不道，见《汉书·王嘉传》及《汉书·两龚传》。

（9）哀帝元寿二年（前1）定三公官，孔光为大司徒。平帝立，迁为平帝太傅。《汉书·百官表》元寿二年："五月甲子，丞相光为大司徒，九月辛酉为太傅。"孔光为大司徒时，董贤来拜访，广迎送礼甚备。哀帝喜，立封孔光两子，见《汉书·董贤传》。

（10）平帝元始元年（1）为太师。《汉书·百官表》平帝元始元年："三月丙辰，太傅孔光为太师。"王莽称宰衡，孔光恐，遂辞官。

孔光《尚书》学，本传载其元寿元年日蚀对有云："臣闻日者，众阳之宗，人君之表，至尊之象。君德衰微，阴道盛强，侵蔽阳明，则日蚀应之。《书》曰'羞用五事'，'建用皇极'。如貌、言、视、听、思失，大中之道不立，则咎征荐臻，六极屡降。皇之不极，是为大中不立，其传曰'时则有日月乱行'，谓朓、侧匿，甚则薄蚀是也。又曰'六沴之作'，岁之朝曰三朝，其应至重。"正用《洪范五行传》，传自夏侯始昌、夏侯胜、孔霸，为《尚书》大夏侯学。

《汉书》将孔光、匡衡与张禹并为一卷，意为此三人位至丞相，但容身保位而已。故观孔光之学因时而异，随波逐流。如《尚书·尧典》"禋于六宗"，孔颖达疏云："汉世以来，说六宗者多矣。欧阳及大小夏侯说《尚书》皆云：'所祭者六，上不谓天，下不谓地，旁不谓四方，在六者之间，助阴阳变化，实一而名六宗矣。'孔光、刘歆以'六宗谓乾坤六子：水火雷风山泽也'。"孔光、刘歆之"六宗说"又见于《汉书·郊祀志》《汉书·王莽传》，此为新莽朝所立之《尚书》古文说。又《礼记·礼器》正义引《五经异义》："《公羊》董仲舒说跻僖公逆祀，小恶也；《左氏》说为大恶也。

郑驳之云：'兄弟无相后之道，登僖公主于闵公主上，不顺，为小恶也。'"《汉书·中山孝王传》："孔光以为《尚书》有殷及王，兄终弟及。"则孔光为古文说。于此可知孔光因时变而学古文《尚书》，或许《后汉书》因孔光此说乃言孔氏古文世世传之。

此外，《汉书·孔光传》载孔光云："日者，众阳之宗，人君之表，至尊之象。"京房《易传》："日者，阳之精，人君之象。"则孔光又学京氏《易》。

《册府元龟》卷六〇五"学校部·注释"云："孔光注《孝经》一卷，至太傅卒。"孔光所注《孝经》不见于其他书目，唯见于《册府元龟》，不知其出处。

牟卿

牟卿，周堪弟子，习大夏侯《尚书》，为博士，孔光亦从其学，见前引《汉书·儒林传》。《后汉书·张奂列传》云："《牟氏章句》浮碎繁多，有四十五万余言，奂减为九万言。"李贤注："时牟卿受《书》于张（周）①堪，为博士，故有《牟氏章句》。"李贤认为此《牟氏章句》为西汉牟卿所作，朱彝尊《经义考》、杨树达《汉书窥管》、钱大昭《补续汉书艺文志》有牟卿《尚书章句》，说同。姚振宗《补后汉书艺文志》据《后汉书·儒林列传》认为是习欧阳《尚书》的牟长所作。

《牟氏章句》是否牟卿所作虽有争议，但牟卿或为大夏侯《尚书》学第一位博士。夏侯《尚书》乃宣帝甘露三年石渠会议之后立，而夏侯胜昭帝时已为博士②，且死于神爵四年（前58），未及论石渠。孔霸昭帝末为博士，许商和孔光都是元帝、成帝时博士，唯有牟卿与此正合，牟氏或为黄龙十二博士之一。

---

① 《后汉书集解》引洪亮吉说，谓"张"字应作"周"字。如此，则洪亮吉也以为《牟氏章句》是西汉牟卿所作。

② 程元敏《欧阳容夏侯胜未曾身为尚书博士考》认为夏侯胜"善说礼服"，恐为礼学博士。程说非，夏侯胜当以今文《尚书》立，《后汉书》明言胜以《尚书》进授昭帝，《汉书·夏侯胜传》又言胜以《尚书》授上官太后，则胜当以《尚书》立博士。昭帝时三家未分，故不宜强分家法。程文载《国立编译馆馆刊》1994年第23卷第2期。

许商

许商，字长伯，受《尚书》于周堪，自成一家，名列儒林传，见《汉书·儒林传》。许商虽为西汉后世重要的《尚书》学者，但《汉书》无本传，其事迹散见于《汉书》各篇，今辑考如下。

（1）成帝建始元年（前32）为博士，朝廷使其行视河堤。《汉书·沟洫志》云成帝初，清河都尉冯逡奏言要预修治河，"事下丞相、御史，白博士许商治《尚书》，善为算，能度功用。遣行视，以为屯氏河盈溢所为，方用度不足，可且勿浚。后三岁，河果决于馆陶及东郡金堤，泛滥兖、豫，入平原、千乘、济南，凡灌四郡三十二县，水居地十五万余顷，深者三丈，坏败官亭室庐且四万所。御史大夫尹忠对方略疏阔，上切责之，忠自杀"。考《汉书·成帝纪》建始四年（前29）："秋，大水，河决东郡金堤。冬十月，御史大夫尹忠以河决不忧职，自杀。"与《汉书·沟洫志》记载正合，"后三岁"为建始四年，则许商行视河当在建始元年，此时许商已经是博士，则许商立为博士应在元帝世①。

（2）成帝河平二年（前27）迁将作大匠。《汉书·沟洫志》云："后二岁（指建始四年后二年），河复决平原。……杜钦说大将军王凤，以为……宜遣（杨）焉及将作大匠许商、谏大夫乘马延年杂作。"建始四年后二年为河平二年（前27），此时许商为将作大匠。

（3）成帝鸿嘉四年（前17）为河堤都尉。《汉书·沟洫志》："鸿嘉四年……是岁，勃海、清河、信都河水湓溢，灌县邑三十一，败官亭民舍四万余所。河堤都尉许商与丞相史孙禁共行视，图方略。"则鸿嘉四年，许商为河堤都尉。

（4）成帝永始三年（前14）为少府，元延元年（前12）为光禄大夫。《汉书·百官表》成帝永始三年："詹事许商为少府，二年为侍中光禄大夫。"二年以后即成帝元延元年。从《汉书·百官表》的记载看，许商于鸿嘉四年至永始三年这三四年间，从河堤都尉迁至詹事，但具体时间失考。

（5）成帝绥和元年（前8）为大司农，数月迁至光禄勋。《汉书·百官表》成帝绥和元年："侍中光禄大夫许商为大司农，数月迁。""大司农许商

---

① 程元敏《尚书学史》："则商建始四年之间（前32—前29）为博士。"是考《汉书·沟洫志》未细。程说见《尚书学史》，华东师范大学出版社2013年版，第587页。

为光禄勋，四月迁。"但许商于成帝绥和元年（前8）成为光禄勋四个月后迁为何官，《汉书·百官表》失载。细观许商仕履，只是三至九卿，而《汉书·儒林传》明言其"四至九卿"，《汉书·百官表》又明载"四月迁"，这样就出现了矛盾。所以，后儒往往改字来调和其文字上的矛盾。如姚振宗《汉志条理》卷一上云："绥和元年为大司农，数月迁为光禄勋，《表》云'四月迁'，而不见迁何官，疑'迁'为'卒'字。"是改《汉书·百官表》。如钱大昕曰："以《公卿表》考之，永始三年詹事许商为少府，绥和元年又有侍中光禄大夫为大司农，其年又前光禄勋，当云'三至九卿'也。"（《汉书补注》引）是改《汉书·儒林传》。实际上，从《汉书》记载来看，前后逻辑清楚，无须改字，第四卿乃是《汉书·百官表》漏记，笔者细考《汉书》，认为许商此年（即绥和元年）当迁为太常。

九卿之名正式见于《续汉书》，但其细目各代不同，在《汉书·百官表》中所见到的西汉九卿，有太常、光禄勋等十几种。那么，除少府、光禄勋和大司农为九卿之一而许商都担任过，故不必考虑之外，在成帝绥和元年，他究竟还担任过哪一卿？下面就将剩余几卿在绥和元年前后的任职情况做一个考察。

（1）太子太傅。《汉书·百官表》元延三年（前10）："尚书仆射赵玄少平为光禄勋，二年为太子太傅。"二年以后的绥和元年，《汉书·百官表》："侍中光禄大夫师丹为诸吏散骑光禄勋，十一月为太子太傅。"可见该年赵玄先为太子太傅，数月由师丹接任。

（2）左将军。《汉书·百官表》绥和元年："廷尉孔光为左将军，一年迁。"一年后的绥和二年（前7），《汉书·百官表》："右将军王咸为左将军，十月免。太子太傅师丹为左将军，五月迁。"也不见许商担任左将军的记载。

（3）右将军。《汉书·百官表》绥和元年："执金吾王咸为右将军，一年迁。"《汉书·百官表》绥和二年："卫尉傅喜为右将军，十一月赐金罢。""光禄勋彭宣为右将军，二年免。"

（4）卫尉。《汉书·百官表》绥和元年："成阳侯赵䜣君伟为卫尉，六月。侍中光禄大夫赵玄为卫尉，一月为中少府。"绥和二年"太子中庶子傅喜稚游为卫尉，二月迁。侍中光禄大夫王龚子即为卫尉，二月迁。城门校尉丁望为卫尉，三年迁"。

（5）太仆。《汉书·百官表》绥和元年："骑马都尉王舜为太仆，二年病免。"

（6）廷尉。《汉书·百官表》绥和元年："御史大夫孔光为廷尉，九月迁。少府庞真为廷尉，二年为长信少府。"

（7）大鸿胪。《汉书·百官表》成帝元延三年（前10）："九江太守王嘉为大鸿胪，三年迁。"三年之后为绥和二年（前7），《汉书·百官表》："执金吾谢尧为大鸿胪，三年徙。"则绥和元年任大鸿胪者还是王嘉。

（8）执金吾。《汉书·百官表》绥和元年："太仆宏为执金吾，十一月贬为代郡太守。光禄大夫王臧幼公为执金吾，三月迁。南阳谢尧长平一年迁。"

（9）水衡都尉。《汉书·百官表》绥和元年："京兆都尉甄丰长伯为水衡都尉，二年为泗水相。"

（10）三辅。《汉书·百官表》元延三年："守鸿胪泰山太守萧育为右扶风，三年免。"《汉书·百官表》绥和元年："长信少府薛宣为京兆尹，一年贬为淮阳相。""丞相司直琅邪遂义子赣为左冯翊，坐选举免。"也不见有许商为三辅守的记载。

最后九卿之中只剩下太常一职。考《汉书·百官表》成帝永始四年（前13）云："鄸侯萧尊为太常，六年薨。"六年之后正是绥和元年①，太常一职绥和元年失载，只在《汉书·百官表》绥和二年载有"安丘侯刘常为太常，四年病"。又考《汉书·杜周传》："其春，丞相方进薨，（杜）业上书言：'案师丹行能无异，及光禄勋许商被病残人，皆但以附从方进，尝获尊官。'"翟方进薨于成帝绥和二年②，从杜业的话中可知，许商在绥和元年任光禄勋之后又获"尊官"，这一"尊官"职务加上前面所说的少府、大司农和光禄勋刚好为四卿，从上述分析可知这一"尊官"当为太常。从"被病残人"一语推知，许商或卒于太常官任，或因病免，时间约在绥和二年。

许商著述。《汉志》尚书类有许商《五行传记》一篇，历谱类又有《许商算术》二十六卷。后儒往往将此二书视为《汉书·儒林传》所载许商撰《五行论》及《历谱》二书。如姚振宗《汉志条理》云："按：《儒林传》云商善为算，著《五行论》《历》。《五行论》即《尚书》家著录之《五行传记》，《历》者即此书也。历术并相通。"程元敏也把《五行论历》分成两书：《五行论》《历》，将《五行论》视为《五行传记》，将《历》视为

---

① 《汉书·百官表》言"三年免""二年迁"等一般均包含所任官职的那一年，也就是通常说的第几年。如《汉书·百官表》绥和二年："城门校尉丁望为卫尉，三年迁。"《汉书·百官表》哀帝建平二年（前5）："卫尉望为光禄勋，一月迁。"所谓三年就是指第三年。这种算法在《汉书·百官表》中随处可见。

② 《汉书·百官表》成帝绥和二年："二月壬子，丞相方进薨。"

《许商算术》。程氏言:"言阴阳五行,需推度古昔,言来兹,必资历算……《五行论》与《历》乃两书,性质相近且通,均攸关数学,故班书合而言之曰'商善为算,著五行论、历'也。其历,乃许商算术二十六卷。揆《汉志·历谱》所著录十八家,曰星历,曰世谱,既而录商与杜忠《算术》二家,《汉书艺文志条理》卷五谓'斯乃步天测景诸术法',是也。"① 实际上,考《汉志》著录体例,姚、程二先生之说值得商榷。《汉志》历谱类前录十六家历谱,后录二家算术,实际是算术类书少,不能分列,故合而为之。如六艺春秋类前列经部《公羊》《穀梁》等经书,后列《国语》《战国策》《太史公书》等史书,就是因为史书类数量少,不足分列而已。对此分列法,后世学者如章学诚等多有论述。考《隋志》子部历谱类凡著录书100部,分为两大类:前为历书如《三统历》《开皇甲子元历》等63部,后列算术类如《九章算术》《缀术》等27部,其体例正是沿袭《汉志》。实际上,《九章算术》等算术类书和《三统历》等历法类的书内容是完全不同的。《汉书·沟洫志》明言许商精于算术,朝廷令其治河,治河必然观察河道②,计划路线,动员民工挑夫,开方计算,这才是《许商算术》的大体内容,与今所见《九章算术》类似,天文历法、测影之术焉能治河?

其实,《汉志》所载《五行传记》与《汉书·儒林传》的《五行论历》为同一书而二名。《校雠通义·内篇三》云:"书部刘向、许商二家,各有《五行传记》,当互见于五行类。夫《书》非专为五行也,五行专家则本之于《书》也。故必互见,乃得原尾。"章学诚的意见是对的。此《五行传记》即为《汉书·儒林传》所言《五行论历》。该书虽于《汉志》及以后历代书目不见著录,也不见征引,但并未全亡,而是散佚在《汉书·五行志》中。考《汉书·五行志》曰:"孝武时,夏侯始昌通《五经》,善推《五行传》,以传族子夏侯胜,下及许商,皆以教所贤弟子。其传与刘向同,唯刘歆传独异。"可知《汉书·五行志》所采并非只有董仲舒、刘向、刘歆三家,尚有许商等《五行传》论说。实际上,《汉书·五行志》所书体,先

---

① 程元敏:《尚书学史》,华东师范大学出版社2013年版,第587-588页。另《汉书补注·儒林传》引朱一新曰:"王应麟《艺文志考证》引此作《五行论》,盖以'历'字属下读。"则王应麟也将《五行论历》视为二书。

② 《汉书·沟洫志》载许商说古九河如徒骇、胡苏、鬲津等古今行道路线,正是其证。按:《汉书·沟洫志》所载许商所述古九河之名全同《尔雅》,非可证许商精通《尔雅》,实为《禹贡》夏侯说。又,此也可证《尔雅》兼采今古文说,非专为古文训诂之书,后汉贾逵言《尔雅》应古文乃古文家托以自重。

列《尚书五行传》，次列各家论说，接以记历代灾异，以年相序，正合《五行论历》之书名。如此，则《汉书·五行志》中除董仲舒、刘氏父子说之外，别列"一曰""或曰"者乃许商及其弟子所云，如《汉书·五行志》言："刘向以为冰者阴之盛而水滞者也，木者少阳，贵臣卿大夫之象也。此人将有害，则阴气胁木，木先寒，故得雨而冰也。是时叔孙乔如出奔，公子偃诛死。一曰，时晋执季孙行父，又执公，此执辱之异。或曰，今之长老名木冰为'木介'。介者，甲。甲，兵象也。是岁晋有鄢陵之战，楚王伤目而败。属常雨也。"

后儒又误以为许商习《九章算术》。《广韵》二十九："又有《九章术》，汉许商、杜忠，吴陈炽，魏王粲并善之。"王应麟《汉志考证》引《广韵》此文并以为说。按：《广韵》此说实则本末颠倒，事情当是许商明算术，为后世习《九章算术》者所采，后人不知。

唐林

唐林，沛人，字子高，许商四大弟子之一，以德行著称，名列儒林传，见《汉书·儒林传》，但汉书无本传。哀帝时为尚书令，王莽时，为太子四友之一胥附，后为保成师友祭酒，封为建德侯。

唐林生卒年。《汉书·王莽传》云："（天凤）四年五月，莽曰：'保成师友祭酒唐林、故谏议祭酒琅邪纪逡，孝弟忠恕，敬上爱下，博通旧闻，德行醇备，至于黄发，靡有愆失。其封林为建德侯，逡为封德侯，位皆特进，见礼如三公。赐弟一区，钱三百万，授几杖焉。'"王莽天凤四年为公元17年，王莽崇古，授几杖依《礼记》当为七十岁，则唐林约生于宣帝甘露元年（前53）。据《汉书·王莽传》，地皇四年（23）唐林为卫将军，是年莽败，唐尊死于渐台，唐林虽不见记载，或也不能免难。

唐林家世载于《新唐书·宰相世系表》。唐林事迹散见于《汉书·鲍宣传》《汉书·云敞传》《汉书·师丹传》、扬雄《法言》、葛洪《西京杂记》等典籍，他上书直言，为时人所誉，《论衡·超奇》篇曰"观谷永之陈说，唐林之宜言，刘向之切议"云云，即为明证。唐林此类义举如荐云敞可典郡，见《汉书·云敞传》；救孙宝，见《汉书·孙宝传》；上疏讼傅喜，见《汉书·傅喜传》；上书救师丹，见《汉书·师丹传》。

唐林除明习大夏侯《尚书》外，《汉书·傅喜传》载何武、唐林上书讼喜，书中有曰："鲁以季友治乱，楚以子玉轻重。"此事见《左传》，刘师培《左氏学行于西汉考》以为唐林当习《左传》。

唐林著述。《隋志》："梁有保成师友《唐林集》一卷，亡。"两《唐志》不复见载。

吴章

吴章，字伟君，平陵人，许商四大弟子之一，见《汉书·儒林传》，《汉书》无本传。吴章事迹为后人所称颂者，乃是与其弟子王莽长子王宇谋以血涂王莽门，以戒惧莽，事发而俱诛，时为平帝元始三年（3），事见《汉书·王莽传》《汉书·云敞传》及《西京杂记》等。

云敞

云敞，字幼孺①，吴章弟子，不见于《汉书·儒林传》，《汉书》卷六十七有传。《汉书·云敞传》曰："云敞字幼孺，平陵人也。师事同县吴章，章治《尚书经》为博士。……章坐要斩，磔尸东市门。……敞时为大司徒掾，自劾吴章弟子，收抱章尸归，棺敛葬之，京师称焉。"后王舜高敞气节，荐为中郎谏大夫。新莽时，王舜为太师又荐敞可辅政，敞病不就。后唐林荐敞为鲁郡大尹。更始安车征敞为御史大夫，病免去，卒于家。

云敞收葬吴章事又见于《西京杂记》。

王宇

王宇，王莽子，吴章弟子，因反对王莽篡汉而与吕宽血涂莽门以诫王莽，事发为父所杀，时为元始三年（见前"吴章"条），事见《汉书·王莽传》《汉书·云敞传》及《西京杂记》等。

王吉（字少音）

王吉，字少音，许商四大弟子之一，王莽时为九卿，号以政事著称。王吉事迹除见前"周堪"条引《汉书·儒林传》表上许商冢外，其他不详。

---

① 《西京杂记》以云敞字幼卿，与《汉书》不同。又，《汉纪》元始三年亦载云敞收吴章尸体事，又误作"李敞"："时司徒掾平陵侯李敞，独自劾为吴章弟子，收葬章尸。"与《汉书》不同，当以《汉书》为正。

炔钦

炔钦，字幼卿，许商四大弟子之一，号以文学著称，见前"周堪"条引《汉书·儒林传》。《汉书》无本传，除《汉书·儒林传》外，炔钦事迹又见《汉书·师丹传》。《汉书·师丹传》载师丹言今币且泄露奏事语，廷尉劾丹大不敬。"事未决，给事中博士申咸、炔钦上书言：'丹经行无比，自近世大臣能若丹者少。发愤懑，奏封事，不及深思远虑，使主簿书，漏泄之过不在丹。以此贬黜，恐不厌众心。'尚书劾咸、钦：'幸得以儒官选擢备腹心，上所折中定疑，知丹社稷重臣，议罪处罚，国之所慎，咸、钦初傅经义以为当治，事以暴列，乃复上书妄称誉丹，前后相违，不敬。'上贬咸、钦秩各二等。"事在哀帝建平元年（前6，详"师丹"条）。则炔钦为博士当在成帝时，陆德明《序录》言炔钦"王莽时博士"，恐非，炔钦非新莽世为博士而是活至新莽世。

第四节 小夏侯《尚书》群儒考

《尚书》小夏侯学派始自夏侯建，宣帝时立于学官。据《汉书·儒林传》及他籍所载，西汉小夏侯学派经师十二人：夏侯建、张山拊、李寻、郑宽中、刘骜（成帝）、张无故、秦恭、假仓、赵玄、唐尊、冯宾、班伯。班伯先习齐《诗》于师丹，后从郑宽中习小夏侯《尚书》，故将其列入西汉齐《诗》儒者，其余十一名学者考论如下。

夏侯建

夏侯建，字长卿，《尚书》小夏侯学开创者，名列儒林传，但《汉书》无本传，其人事迹略见于《汉书·夏侯胜传》之后。

小夏侯建的师承，《汉书·夏侯胜传》言："胜从父（'从父'《汉书·儒林传》作'从兄'）子建字长卿[1]，自师事胜及欧阳高，左右采获，又从

---

[1] 《汉书补注》引周寿昌曰："案胜称大夏侯，建称小夏侯，疑建为胜从子，此传（指《儒林传》）是也。"

《五经》诸儒问与《尚书》相出入者，牵引以次章句，具文饰说。胜非之曰：'建所谓章句小儒，破碎大道。'建亦非胜为学疏略，难以应敌。建卒自专门名经，为议郎、博士，至太子少傅。"考夏侯建仕履，《汉书·儒林传》言"胜至长信少府，建太子太傅，自有传"，两者所述官职不同，必有一误。《汉书补注》引钱大昭曰"建太子太傅"，当为"迁太子太傅"，"建当做迁。胜本传云为长信少府，迁太子太傅。《刘向传》同。若建，官至太子少傅，非太子太傅也。且建事附胜传，不得云自有传"。细核《汉书》，《汉书·儒林传》言夏侯建为太子太傅误，《汉书·夏侯胜传》言太子少傅是。①

《汉书·儒林传》言夏侯建弟子张山拊为博士，论石渠，而不言夏侯建论石渠，盖石渠论时建已死，但具体卒于何年不可考。《汉书·夏侯胜传》又言夏侯建为议郎、博士，考夏侯胜、孔霸都在昭帝时为博士，以大小夏侯年龄推算，则夏侯建当在宣帝前世、论石渠之前为《尚书》博士。

小夏侯学今不传，且大小夏侯之学往往相杂，如《白虎通》《五经异义》引经义大都"欧阳、夏侯说"并不区分大小夏侯之别。《汉志》有《尚书经大小夏侯》二十九卷、《大小夏侯章句》各二十九卷、《大小夏侯解故》二十九篇，也是合为一称，实际应为《小夏侯经》二十九卷、《小夏侯章句》二十九卷、《小夏侯解故》二十九篇，但与大夏侯学俱"亡于永嘉之乱"。小夏侯遗说，马国翰有辑本《小夏侯章句》一卷、《今文尚书经说考》三十四卷，其中载小夏侯说，往往大小夏侯不分。

张山拊②

张山拊，字长宾，夏侯建弟子，见《汉书·儒林传》：

> 张山拊字长宾，平陵人也。事小夏侯建，为博士，论石渠，至少府。授同县李寻、郑宽中少君、山阳张无故子儒，信都秦恭延君、陈

---

① 详见拙文《〈汉书·儒林传〉辨误三则》，载《学术研究》2015 年第 2 期。
② 《汉书·贾臣传》："贾臣子山拊，官至郡守、右扶风。"陈直《汉书新证》："西汉名山拊者，除本传朱山拊外，《儒林传》有张山拊，而《史记·苍公传》有曹山跗。《汉印文字征》第六、十八页，有'质山跗印'，同卷十三页有'桑山跗印'。附古读如部，《左传》'部娄无松柏'，《说文》引作'附娄'，谓小土山也，山拊之名，取义于此。附、拊、跗皆同音之假借。"（《汉书新证》，天津人民出版社 1979 年版，第 346 页）又陈直引《十钟山房印举十九》有"张山拊"印，即为此人。（《汉书新证》，天津人民出版社 1979 年版，第 424 页）

留假仓子骄。无故善修章句，为广陵太傅，守小夏侯说文。恭增师法至百万言，为城阳内史。仓以谒者论石渠，至胶东相。寻善说灾异，为骑都尉，自有传。宽中有俊材，以博士授太子，成帝即位，赐爵关内侯，食邑八百户，迁光禄大夫，领尚书事，甚尊重。会疾卒，谷永上疏曰："臣闻圣王尊师傅，褒贤俊，显有功，生则致其爵禄，死则异其礼谥。昔周公薨，成王葬以变礼，而当天心。公叔文子卒，卫侯加以美谥，著为后法。近事，大司空朱邑、右扶风翁归德茂夭年，孝宣皇帝愍册厚赐，赞命之臣靡不激扬。关内侯郑宽中有颜子之美质，包商、偃之文学，严然总《五经》之眇论，立师傅之显位，入则乡唐、虞之闳道，王法纳乎圣听，出则参冢宰之重职，功列施乎政事，退食自公，私门不开，散赐九族，田亩不益，德配周、召，忠合《羔羊》，未得登司徒，有家臣，卒然早终，尤可悼痛！臣愚以为宜加其葬礼，赐之令谥，以章尊师褒贤显功之德。"上吊赠宽中甚厚。由是小夏侯有郑、张、秦、假、李氏之学。宽中授东郡赵玄，无故授沛唐尊，恭授鲁冯宾。宾为博士，尊王莽太傅，玄哀帝御史大夫，至大官，知名者也。

张山拊为少府事不见载于《汉书·百官表》。关于为官时间，刘汝霖《汉晋学术编年》将其定为元帝初元三年（前46）。刘先生考证曰："按山拊之为少府，不知在何年。然《百官表》称韦玄成于初元元年为少府，二年迁。而初元四年方见少府延。则三年、四年当即山拊为少府也。"实际上，这是刘先生失考。《汉书·百官表》初元元年（前48）明言："淮阳中尉韦玄成为少府，三年为太子太傅。水衡都尉冯奉世为执金吾，二年迁。"细检《汉书·百官表》终元帝世，无有张山拊为少府者。《汉书·百官表》元帝初元元年："淮阳中尉韦玄成为少府，三年为太子太傅。"三年之后初元四年（前45），《汉书·百官表》言："少府延，二年免。"二年之后的永光元年（前43），《汉书·百官表》言："侍中大夫欧阳馀为少府，五年免。"五年之后的建昭元年（前38），《汉书·百官表》言："尚书令五鹿充宗为少府，五年贬为玄菟太守。"五年之后的竟宁元年（前33），《汉书·百官表》言："河南太守召信臣为少府，二年徙。"二年之后即成帝建始元年（前32）。按此，则终元帝之世无有张山拊为少府事。考宣帝中后期为少府者也无张山拊：神爵三年（前59）梁丘贺为少府，后甘露三年（前51）代梁丘贺为少府者为林尊，终宣帝世（考见"林尊"条）。《汉书·儒林传》言张氏为少府，恐为误记，可能是因为字的混淆。按：《汉书·儒林传》言习《尚书》且元帝世为少府者三人林尊、欧阳地馀及张山拊,都字长宾,《汉书》成于众手,撰期长,误记的可能性较大。

李寻

李寻,字子长,平陵人,师张山拊,见《汉书·儒林传》,《汉书》卷七十五有传。《汉书·李寻传》言李寻"字子长,平陵人也。治《尚书》,与张孺、郑宽中同师。宽中等守师法教授,寻独好《洪范》灾异,又学天文、月令、阴阳"。成帝时,事丞相翟方进,除为吏,为方进言事。又依附于王根,数为其言洪水灾异,根荐之。哀帝立,寻为骑都尉,使巡河堤。哀帝建平二年(前5),受贺良蛊惑,变政事,改年号,欲以解光、李寻辅政。因李寻、贺良等言灾异无验,下吏杂治,李寻迁敦煌,后不知所终,大约卒于此后不久。

李寻言灾异事又见于《汉书·五行志》:"哀帝建平二年四月乙亥朔,御史大夫朱博为丞相,少府赵玄为御史大夫,临延登受策,有大声如钟鸣,殿中郎吏陛者皆闻焉。上以问黄门侍郎杨雄、李寻,寻对曰:'《洪范》所谓鼓妖者也。师法以为人君不聪,为众所惑,空名得进,则有声无形,不知所从生。其传曰岁月日之中,则正卿受之。今以四月日加辰巳有异,是为中焉。正卿谓执政大臣也。宜退丞相、御史,以应天变。然虽不退,不出期年,其人自蒙其咎。'"考《汉书》,知李寻之《尚书》学,主要是推演《洪范五行传》,兼习《月令》阴阳,言灾异。

小夏侯《尚书》学往往掺入占卜,已渐渐流向数术一路。唐晏《两汉三国学案》论曰:"右为小夏侯派,亦伏生别派也。其传又不及大夏侯氏之盛,且渐入章句之学,西汉经学变为东汉矣。而欧阳、夏侯皆究心《洪范》,波靡至于李寻,则杂入异说,由乎小道,详其所论,无异术士之言。东汉符谶一流,皆此辈阶之厉也。孔子谓索隐行怪,吾弗为之,良有以哉!"考之惠栋《易汉学》言虞翻纳甲,云:"《汉书》李寻曰:月者众阴之长,消息见伏,百里为品,千里立表,万甲连纪,妃后大臣诸侯之象也。朔晦正终始(壬癸配甲乙),弦为绳墨(兑艮),望成君德(乾为君),春夏南,秋冬北。"按:李寻之论实与纳甲暗合,可知唐晏之说也不无道理。

李寻著述。《隋志》言梁有《李寻集》二卷,亡。两《唐志》不见载。严可均《全汉文》卷五五辑有李寻文。

郑宽中

郑宽中，字少君，平陵人，受《尚书》于张山拊，名列儒林传，《汉书》无本传。《汉书·儒林传》言：

> 宽中有俊材，以博士授太子，成帝即位，赐爵关内侯，食邑八百户，迁光禄大夫，领尚书事，甚尊重。会疾卒，谷永上疏曰："……关内侯郑宽中有颜子之美质，包商、偃之文学，严然总《五经》之眇论……"上吊赠宽中甚厚。

郑宽中卒年，据《汉书·儒林传》可知，郑宽中赐爵关内侯、领尚书事距其卒时较近，但是《汉书》未载其具体年份。考《汉书·王尊传》有郑宽中荐举王尊事："博士郑宽中使行风俗，举奏尊治状，迁为东平相。"后王尊免京兆尹，湖三老公乘兴等上书有言"关内侯宽中使问所征故司隶校尉王尊捕群盗方略"，则可知王尊免京兆尹时，郑宽中未死，否则当称"故关内侯郑宽中"。又考《汉书·百官表》，王尊免官为成帝河平二年（前27）①，则郑宽中大约卒于此年后不久②。

郑宽中事迹又有受成帝诏授《尚书》于班伯，向成帝讲授《尚书》于金华殿，见《汉书·叙传》；又荐言张禹善《论语》，见《汉书·张禹传》。

刘骜（成帝）

刘骜，汉成帝，受《尚书》于郑宽中，见《汉书·儒林传》；又受《论语》于张禹，见《汉书·张禹传》。

成帝生卒年。《汉书·成帝纪》："年三岁而宣帝崩，元帝即位，帝为太子。"则刘骜生于宣帝甘露三年（前51）。《汉书·成帝纪》绥和二年三月"丙戌，帝崩于未央宫"，则刘骜卒于公元前7年。

刘骜雅好经学，所受多师，《汉书·成帝纪》云刘骜"壮好经书，宽博

---

① 《汉书·百官表》成帝建始四年（前29）："守京辅都尉王尊为京兆尹，二年免。"二年后即河平二年（前27）。

② 陈文新《中国文学编年史》（汉魏卷）将谷永上《请赐谥郑宽中疏》系于成帝建始元年（前32），则陈文新认为宽中卒于该年。易小平《谷永生平著作编年勘误》将郑宽中之卒及谷永疏并系于建始三年（前30），见《古籍整理研究学刊》2013年第1期。

谨慎"。其可称道者，据《汉书·成帝纪》及《汉书·儒林传》《汉志》载，河平三年（前26）征天下古文，后张霸因此伪造《尚书百二篇》，事发而成帝不废其学。该事又见于《论衡·佚文》篇："孝成皇帝读百篇《尚书》，博士、郎吏莫能晓知。征天下能为《尚书》者，东海（《汉书·儒林传》作东莱）张霸通《左氏春秋》，案百篇《序》，以《左氏》训诂造作《百二篇》，具成奏上，成帝出秘《尚书》以考校之（《序录》作刘向校之），无一字相应者……成帝奇霸之才，赦其辜，亦不灭其经，故《百二尚书》传在民间。"又见于《论衡·正说》篇："至孝成皇帝时，征为古文《尚书》学。"按此，则成帝也好古文《尚书》。

张无故

张无故，字子儒①，山阳人，习小夏侯《尚书》于张山拊，官至广陵太傅，自成一家，名列儒林传，但《汉书》无本传，事迹不详。

考张无故之学，前引《汉书·夏侯胜传》言小夏侯建说《尚书》的特点，乃是博引五经传记疏通发明《尚书》经义，所以张无故的专长所谓"善修章句"意为"修善章句"。小夏侯《尚书》有"郑、张、秦、假、李氏之学"，虽师承同源，但既已分家则别有差异。郑宽中当减省夏侯章句，约其义，相当于后世经家虽备众说，然独断其精，是故授之于帝，与《张侯论》同理；张无故所谓"守小夏侯说文"乃是因循夏侯说，又将其章句改善之；秦恭则转相发明，其径与小夏侯则同，其途愈远，其语愈肆；假仓既守师法，旁及欧阳、大夏侯，恐亦通五经，否则不能论难石渠；李寻则是由夏侯正论而入灾异，可以称其为《尚书》学之天文派。

秦恭

秦恭，信都人，字延君（桓谭《新论》作近君），习小夏侯《尚书》于张山拊，官至城阳内史，自成一家。秦恭名列儒林传，但《汉书》无本传，事迹不详。

关于秦恭增师法至百万言之事，又见于桓谭《新论·正经篇》："秦近君能说《尧典》，篇目两字之说，至十余万言，但说'曰若稽古'，三万

---

① 《汉书·李寻传》作"张孺"，将"张孺""郑宽中"并称，则张无故或又名张孺，字子儒。

言。"《汉书·儒林传》师古注曰:"言小夏侯本所说之文不多,而秦恭又更增益,故至百万言也。"按:师古说盖近之。考《汉志》大小夏侯《章句》《解故》各二十九篇,小夏侯《章句》《解故》与大夏侯相比并无经义上的明显分化。如《白虎通》及《诗》《礼》之《疏》所引之《五经异义》,大体言"今欧阳说、大小夏侯说",有时虽只列某一说,如言"夏侯说",但无疑汉儒均将欧阳与夏侯对言而不将大小夏侯对立。但大小必有所别,否则宣帝世不会分立博士。考《五经异义》等汉儒说经,则夏侯与欧阳分立盖由经义之区别。至于夏侯复分为大小,经义殆无甚差别,当由阐释经义方式之深浅。考《汉书·夏侯胜传》言(建)"左右采获,又从五经诸儒问与《尚书》相出入者,牵引以次章句,具文饰说"。这正是大小夏侯之不同处。清儒夏侯说辑佚本,大小混为一说,已不能严格区分。考《汉书·宣帝纪》元康二年(前64)宣帝改名诏曰:"闻古天子之名,难知而易讳也。今百姓多上书触讳以犯罪者,朕甚怜之。其更讳询。诸触讳在令前者,赦之。"以此《改名诏》略可推见欧阳、大小夏侯说之区别。《风俗通》引《尚书大传》:"尧者,高也,饶也。言其隆兴焕炳,最高明也。""舜者,推也,循也。言其循尧绪也。"以尧、舜为谥号,此为欧阳说。据《改名诏》,百姓所易触讳者名也,则以尧、舜为名,乃是夏侯说。然小夏侯为何说?当也以尧、舜为名,但是夏侯建比辑众义,如罗列《世本》《史记》《大戴·五帝德》《山海经》等种种帝王名号之说,再择善而从,一如后世之集解,是其长也。又因为其比义,势必牵引他书,后徒推之数万言也就不足为怪了。

假仓

假仓,陈留人,受小夏侯《尚书》于张山拊,论石渠,官至胶东相,名列儒林传,《汉书》无本传。《石渠议奏》四十二篇或有其说,论见前"欧阳地馀"条。

赵玄

赵玄,字少平,东郡人,受小夏侯《尚书》于郑宽中,名列儒林传,《汉书》无本传。赵玄事迹散见他篇,成帝元延三年(前10)由尚书仆射迁光禄勋,《汉书·百官表》成帝元延三年:"尚书仆射赵玄少平为光禄勋,二年为太子太傅。"绥和元年(前8)为卫尉,中少府,《汉书·百官表》

绥和元年:"侍中光禄大夫司农赵玄为卫尉,一月为中少府。"哀帝建平二年(前5)为御史大夫,为御史大夫时与议傅太后尊号,见于《汉书·朱博传》,议论不合哀帝意而下狱,后免死。《汉书·百官表》哀帝建平二年:"中尉赵玄为御史大夫,五月下狱论。"事亦载于《汉书·五行志》。此后赵玄事迹不见载,恐卒于哀帝世。

唐尊

唐尊,沛郡人,字伯高,受小夏侯《尚书》于张无故,官至王莽太傅,名列儒林传,《汉书》无本传。

唐尊卒年。《汉书·王莽传》言王莽败亡而死时说:"地皇四年十月三日……唐尊……死台上。"则可知唐尊殉新莽,时为地皇四年(23)。

唐尊与唐林,世称"两唐"。其事迹见于《汉书·鲍宣传》:"自成帝至王莽时,清名之士,琅邪又有纪逡王思,齐则薛方子容,太原则郇越臣仲、郇相稚宾,沛郡则唐林子高、唐尊伯高,皆以明经饬行显名于世。纪逡、两唐皆仕王莽,封侯贵重,历公卿位。唐林数上疏谏正,有忠直节。唐尊衣敝履空,以瓦器饮食,又以历遗公卿,被虚伪名。"

又见于《汉书·王莽传》:"太傅平晏死,以予虞唐尊为太傅。尊曰:'国虚民贫,咎在奢泰。'乃身短衣小袖,乘牝马柴车,藉槁,瓦器,又以历遗公卿。出见男女不异路者,尊自下车,以象刑赭幡污染其衣。莽闻而说之,下诏申敕公卿思与厥齐。封尊为平化侯。"

唐尊乃夏侯建三传弟子,象刑之举当是小夏侯说,亦同于欧阳说。《尚书大传》云:"唐虞象刑而民不敢犯,苗民用刑而民渐兴犯。唐虞之象刑:上刑赭衣不纯,中刑杂屦,下刑墨幪。"(《公羊疏》引《唐传》)

冯宾

冯宾,鲁人,受小夏侯《尚书》于秦恭,为博士,名列儒林传,《汉书》无本传。《汉书·儒林传》言:"(秦)恭授鲁冯宾。宾为博士……知名者也。"冯宾事迹已不可考,其为博士,大约为王莽所立。

第五节　古文《尚书》群儒考

关于古文《尚书》在西汉的出现一般有三说，一曰为孔门旧有，二曰河间献王所得之民间而献于朝廷，三曰出自孔壁，孔安国得之①。

关于古文《尚书》乃孔门旧有，《史记·儒林列传》云："孔氏有古文《尚书》，而安国以今文读之，因以起其家。逸《书》得十余篇，盖《尚书》滋多于是矣。"另外，《史记·仲尼弟子列传》遍载孔门七十子之名姓，最后司马迁云："太史公曰：学者多称七十子之徒，誉者或过其实，毁者或损其真，钧之未睹厥容貌，则论言弟子籍，出孔氏古文近是。余以弟子名姓文字悉取《论语》弟子问并次为篇，疑者阙焉。"综合以上可知，司马迁认为古文乃孔门旧藏，《史记》亦不载鲁恭王坏孔子宅而得古文事也是间接证据之一。《史记·殷本纪·赞》："太史公曰：'余以《颂》次契之事，自成汤以来，采于《书》《诗》。'"《诗》者，仅《那》《烈祖》《长发》及《玄鸟》四篇，而见于《史记·殷本纪》的《尚书》自《汤征》至《微子》有二十二篇，其中多有古文。此外，汤以上殷王姓名，《史记·殷本纪》遍载，则司马迁以何为据？恐也是依据孔门古文。又《后汉书·儒林列传》言自孔安国以下世传古文《尚书》至于孔僖，范晔也认为孔门有古文《尚书》家学。

关于古文《尚书》乃河间献王所集，《汉书·河间献王传》曰："河间献王德以孝景前二年立，修学好古，实事求是。从民得善书，必为好写与之，留其真，加金帛赐以招之。……献王所得书皆古文先秦旧书，《周官》《尚书》《礼》《礼记》《孟子》《老子》之属，皆经传说记，七十子之徒所论。"杨树达论云："好古壁藏之事不止一人。"②

关于古文《尚书》出孔壁，得之景帝末鲁恭王坏孔子宅时，《史记》不载，《汉书》于此事凡三见。一见于《汉书·艺文志》："《古文尚书》者，出孔子壁中。武帝末③，鲁恭王坏孔子宅，欲以广其宫。而得《古文尚书》

---

① 杨善群《古文〈尚书〉流传过程探讨》认为古文《尚书》来源有七个：伏生壁中，孔壁、孔门家传、中秘书，河间献王，杜林、河内女子发老屋。杨文载《学习与探索》2003 年第 4 期。
② 杨树达：《汉书窥管》，上海古籍出版社 1984 年版，第 212 页。
③ 当为景帝末，后儒多纠正之。按：《汉书·武帝纪》元朔元年（前 128）："鲁王余、长沙王发皆薨。"若坏宅为武帝末，鲁恭王已死。司马迁既言安国早卒，也不可能于武帝末献之于朝廷。

及《礼》《记》《论语》《孝经》凡数十篇，皆古字也。恭王往入其宅，闻鼓琴瑟钟磬之音，于是惧，乃止不坏。孔安国者，孔子后也，悉得其书，以考二十九篇，得多十六篇。安国献之。遭巫蛊事，未列于学官。"二见于刘歆《移让太常博士书》（载《汉书·刘歆传》）："及鲁恭王坏孔子宅，欲以为宫，而得古文于坏壁之中，《逸礼》有三十九篇，《书》十六篇。天汉之后，孔安国献之，遭巫蛊仓促之难，未及施行。"三见于《汉书·鲁恭王传》："恭王初好治宫室，坏孔子旧宅以广其宫，闻钟磬琴瑟之声，遂不敢复坏，于其壁中得古文经传。"除《汉书》外，此事又见于《论衡·佚文》篇、《论衡·正说》篇及《说文解字序》："壁中书者，鲁恭王坏孔子宅，而得《礼》《记》《尚书》《春秋》《论语》《孝经》。"孔壁书何人所藏，颜师古注《汉志》曰："《家语》云孔腾字子襄，畏秦法峻急，藏《尚书》《孝经》《论语》于夫子旧堂壁中，而《汉记·尹敏传》云孔鲋所藏。二说不同，未知孰是。"

《汉书·儒林传》也用出自孔壁说，并且对古文《尚书》的传习情况做了补充说明：

> 孔氏有古文《尚书》，孔安国以今文字读之，因以起其家逸《书》，得十余篇，盖《尚书》兹多于是矣。遭巫蛊，未立于学官。安国为谏大夫，授都尉朝，而司马迁亦从安国问故。迁书载《尧典》《禹贡》《洪范》《微子》《金縢》诸篇，多古文说。都尉朝授胶东庸生。庸生授清河胡常少子，以明《穀梁春秋》为博士、部刺史，又传《左氏》。常授虢徐敖。敖为右扶风掾，又传《毛诗》，授王璜、平陵涂恽子真。子真授河南桑钦君长。王莽时，诸学皆立。刘歆为国师，璜、恽等皆贵显。

对于此古文《尚书》传承顺序，孔颖达《尚书·尧典》疏引《汉书·儒林传》云："安国传都尉朝子俊，俊传胶东庸生，生传清河胡常，常传徐敖，敖传王璜及涂恽，恽传河南桑钦。"与此小异，盖所见《汉书》别本。亦云《后汉书·儒林列传》："孔安国所献《礼》古经五十六篇及《周官经》六篇，前世传其书，未有名家。"

另外，传承顺序中提到刘歆，言"刘歆为国师，璜、恽等皆贵显"，文气与上文不合，较为突兀。《汉书·儒林传》此处似有缺文，本意盖言刘歆也是传古文《尚书》者。按：《汉书·律历志》载刘歆《三统历》，其篇引古文《伊训》云"惟太甲元年十有二月乙丑朔，伊尹祀于先王"，又引古文

《武成》云"越若来三月五日甲子,咸刘商王受"等三段文字,再引古文《毕命》曰"惟十有二年六月庚午,王命作策"。《尚书·尧典》孔疏云:"孔所传者,胶东庸生、刘歆、贾逵、马融等所传是也。""是郑意师祖孔学,传授胶东庸生、刘歆、贾逵、马融等学,而贱夏侯、欧阳等;何意郑注《尚书》,亡逸并与孔异,篇数并与三家同?又刘歆、贾逵、马融之等并传孔学。"则孔颖达所见《汉书》在《儒林传》似有刘歆传古文《尚书》的记载。按:《禹贡》"九江孔殷",孔疏引《太康地记》曰:"九江,刘歆以为湖汉九水,入彭蠡泽也。"此或为刘歆言《尚书·禹贡》古文遗说。

至于古文《尚书》的家法,《尚书正义》引马融云:"逸十六篇绝无师说。"《隋志》也说:"然其(马融)所传,唯二十九篇,又杂以今文,非孔旧本。自余绝无师说。"实际上,除马融外,两汉诸儒传古文《尚书》者,其说《尚书》也都在今文二十九篇之内。如司马迁,《汉书·儒林传》明言"迁书载《尧典》《禹贡》《洪范》《微子》《金縢》诸篇,多古文说"。所列五篇均为今文。

《尚书》二十九篇今古文经义的不同今略见于许慎《五经异义》,但班固《汉书》中也有所见,如《汉书·地理志》:"(右扶风)汧。"班固自注:"吴山在西,古文以为汧山。"(颍川郡)嵩高,班固自注:"武帝置,以奉太室山,是为中岳。有太室、少室山庙。古文以嵩高为外方山也。"(江夏郡)竟陵,班固自注:"章山在东北,古文以为内方山。"从班固引用的数条来看,今古文说不同,班书所引古文说当为平帝时立古文《尚书》之说(详见下"王横"条)。

古文《尚书》说的来源或有三途。一为孔安国所创。《汉书·儒林传》言"因以起其家逸《书》","起家"谓起家法。何焯《义门读书记》曰:"起其家似谓别起家法。司马贞云:'起者,谓起发以出也。'"杨树达《汉书窥管》引孙楷第云:"凡人病困而愈谓之起,义有滞碍隐蔽,通达之,亦谓之起。"意同何焯。王国维《观堂集林》卷七、王引之《经义述闻》皆有此说。又,孙星衍《尚书今古文注疏序》也以《史记》为古文说,乃受之于孔安国。二为王莽时古文《尚书》立学时的官方说,主要来自刘歆。如《汉书·律历志》载有其"生霸""死霸"说:"四月己丑朔死霸。死霸,朔也。生霸,望也。是月甲辰望,乙巳,旁之。"王国维《生霸死霸考》云:"《汉书·律历志》引古文《尚书·武成》亦作'霸'。其由孔安国写定者,则从今文作'魄'。马融注古文《尚书·康诰》云:'魄,朏也。谓月三日始生兆朏,名曰魄。'此皆古文《尚书》说也。"王氏又云:"《汉志》载刘歆《三统历》,独为异说曰:'死霸,朔也。生霸,望也。'孟康申之曰：'月二日以往，明生魄死，故言死魄。魄，月质也。'歆之说《顾命》曰：'成王三十年四月庚戌朔，十五日甲子哉生霸。'则孟康之言，洵可谓得歆意者矣。"王国维之意，明刘歆说与后汉古文《尚书》家马融等说不同，当为刘歆等别创。此外，《汉书·郊祀志》载刘歆、孔光等说《尚书》"六宗"，也与欧阳家及后汉贾逵等不同，也是自创之一例。三为东汉马融、贾逵等人所新创。其说见于贾、马诸人《尚书》注，与西汉刘歆等有别（见前文），当为新创。

据《汉书·儒林传》及他籍所载，西汉传古文《尚书》者有孔安国、司马迁、都尉朝、都尉俊、庸谭、胡常、徐敖、王横、涂恽、桑钦、王君仲十一人。胡常除习古文《尚书》外，又习《穀梁》及《左传》，乃穀梁《春秋》名家，故将其人视为治穀梁《春秋》经师。其余十位学者考论于下。

孔安国

孔安国，孔子十二世孙，西汉传古文《尚书》第一人，又习鲁《诗》于申公，官至临淮太守，名列儒林传，但《史记》《汉书》无本传。孔安国事迹散见于《史记·孔子世家》《史记·儒林列传》《汉书·孔光传》《汉书·儒林传》《孔子家语·后序》及《经典释文序录》等篇，记载较凌乱且有矛盾之处。

关于孔安国卒年，司马迁云其早卒，《史记·孔子世家》言："（孔）忠生武，武生延年及安国。安国为今皇帝博士，至临淮太守，蚤卒。"按《汉书·地理志》："临淮郡，武帝元狩六年置。"安国既为临淮太守，必卒于元狩六年（前117）之后，但具体何年已不可考。此外，孔继汾《阙里文献考》云："安国字子国，孔子十代孙，博士子贞次子。少学《诗》于鲁申公，受《尚书》于伏生，以文学政事名。年四十为谏议大夫，事汉武帝，为侍中。后自博士迁临淮太守，六年以病免，年六十卒。"与《史记》记载不同。

孔安国仕履，曾为武帝侍中。王肃《孔子家语·后序》："孔安国字子国，孔子十二世孙也。……年四十为谏议大夫，迁侍中、博士。"《后汉书·献帝纪》李贤注引《汉官仪》曰："孔安国为侍中，以其儒者，特听掌御唾壶，朝廷荣之。"

孔安国又为今文《尚书》博士。《史记·孔子世家》云："安国为今皇帝博士。"不言何家。又云："（申公）弟子为博士十余人，孔安国至临淮太守。"《汉书·儒林传》同。《汉书·孔光传》云:"(孔)安国、延年皆以治《尚书》为武帝博士。安国至临淮太守。"《序录》:"博士孔安国以校伏生所诵。"参校各家说法,孔安国当为武帝今文《尚书》博士。实际上,《史记·儒林列传》所言"(申公)弟子为博士十余人,孔安国至临淮太守"一语往往使人误以为孔安国是以治鲁《诗》为博士。若此,则景武世之博士尽为申公弟子,且仅治鲁《诗》者就有十余人之多,显然于情理不合。其实,此句的意思是说申公弟子中有十余人为博士,非专治鲁《诗》一经为博士。考《史记·儒林列传》言伏生今文《尚书》传授过程,先述伏生授晁错,教济南张生及欧阳生,后接三人续云:"张生亦为博士。而伏生孙以治《尚书》征,不能明也。自此之后,鲁周霸、孔安国,洛阳贾嘉,颇能言尚书事。"这都是叙述今文《尚书》的传授情况。《史记·儒林列传》又云:"兒宽既通《尚书》,以文学应郡举,诣博士受业,受业孔安国。"此为明言孔安国为《尚书》博士,授兒宽。结合西汉《尚书》学史再细细研读《史记》《汉书》所载,可推知文帝世晁错受学伏生而为博士,景帝三年(前154)晁错被斩而《尚书》博士缺则由张生补之。武帝建元五年(前136)立五经博士,于《尚书》家乃征伏生孙,然伏生孙不能称说明定,缘《史记》意,续由孔安国为博士,时为建元五年(前136),如此,则孔安国似为武帝建元五年立五经后首位《尚书》博士。

今传所谓《古文尚书》及孔安国注并《序》乃是东晋豫章内史梅赜伪作,真《古文尚书》早亡,于孔安国无涉。然而先儒往往不信,如《文献通考·经籍考》:"先公(按:指马廷鸾)曰:欧阳公《日本刀歌》云:'传闻其国居大海,土壤沃饶风俗好。前朝贡献屡往来,士人往往工词藻。徐福行时书未焚,逸《书》百篇今尚存。令严不许传中国,举世无人识古文。先王大典藏夷貊,苍波浩荡无通津。令人感激坐流涕,锈涩短刀何足云。'详此诗,似谓徐福以诸生带经典入海外,其书乃始流传于彼也。然则秦人一烬之烈,使中国家传人诵之书皆放逸,而徐福区区抱编简以往,能使先王大典独存夷貊,可叹也,亦可疑也。然今世经书,往往有外国本云。"与信孔安国注《古文孝经》同理。

孔安国《易学》见《周易集解》所引。《周易·系辞》:"河出图,洛出书。"《周易集解》引孔安国注云:"《河图》则八卦也,《洛书》则九畴也。"考其所引,上句乃孔注《论语·子罕》语,下句乃伪孔传《尚书·洪范》注,恐非孔安国注《易》之语,此为后儒所误引。

孔安国又传古文《论语》,但其事既不见载于《史记》《汉书》,《汉志》《隋志》及两《唐志》也不见著录安国所撰《论语》注本。孔安国习

《论语》事首见于《论衡·正说》篇:"孔子孙孔安国以教鲁人扶卿,官至荆州刺史,始曰《论语》。"孔安国《论语注》存何晏《论语集解》,何晏《论语集解序》云:"《古论》唯博士孔安国为之训解,而世不传。"王肃《孔子家语后序》:"孔安国考论古今文字,撰众师之义,为《古文论语训解》十一篇。"说本何晏,《隋志》:"又有《古论语》,与《古文尚书》同出,章句烦省,与《鲁论》不异,唯分《子张》为二篇,故有二十一篇。孔安国为之传。"陆德明《序录》说并同何晏。因该书不见载于历代史志书目,唯见于何晏《论语集解》所引,后儒或以其为伪书,然信其真者也不在少数,如沈钦韩。《汉志》:"《鲁》二十篇,《传》十九篇。"沈钦韩《汉书疏证》云:"疑安国所传。按:《家语后序》'博士孔衍言光禄大夫刘向以其为时所未施之故,《论语》则不使名家'。然秘府盖无安国传。"又如姚振宗,姚氏《汉志拾补》录有孔安国《古论语传》二十一篇。姚氏云:"按:何晏《集解》首列孔安国一家,则其书魏晋时尚存。其云'世不传'者,谓世未传习,时盛行《张侯论》故也。嘉兴沈涛作《论语孔注辨伪》,谓《论语训》《孝经传》识者皆疑其伪,因从而掊击之。然自汉魏以来相传,未可与梅赜伪《孔传》比,故仍从旧文录之。"此书清马国翰《玉函山房辑佚书》、王仁俊《玉函山房辑佚书续编》、龙璋《小学蒐佚》据何晏《集解》及他篇所引并有辑本。

后儒又以为孔安国曾注《古文孝经》。《汉志》有《孝经》古孔氏一篇。班固自注:"二十二章。"师古注:"刘向云古文字也。"只是说明来自孔壁古文,未说孔安国为之作注,《汉志》也不载孔氏《孝经传》。王肃《孔子家语后序》始曰:"安国为《孝经传》二篇。"《隋志》:"又有《古文孝经》,与《古文尚书》同出,而长孙有《闺门》一章,其余经文,大较相似,篇简缺解,又有衍出三章,并前合为二十二章,孔安国为之传。"又曰:"梁代,安国及郑氏二家,并立国学,而安国之本,亡于梁乱。"又云:"儒者喧喧,皆云炫自作之,非孔旧本,而秘府又先无其书。"但同时《隋志》载有"《古文孝经》一卷,孔安国传。梁末亡逸,今疑非古本"。《序录》亦云:"又有古文,出于孔氏壁中,别有《闺门》一章,自余分析十八章,总为二十二章,孔安国作《传》。"又载有孔安国所注《孝经》。《旧唐志》:"古文《孝经》一卷,孔子说、曾参受、孔安国传。"《新唐志》:"《古文孝经孔安国传》一卷。"《日本国见在书目录》:"《孝经》一卷,孔安国注。梁末亡逸,今疑非古文。"《册府元龟》卷六〇五"学校部·注释":"孔安国为临淮太守,传古文《尚书》十三卷,今字《尚书》十四卷,传古文《孝经》一卷。"此后历代书目如《崇文总目》《通志》《直斋书录解题》《郡斋读书志》《文献通考》及《四库全书总目》均著录孔安国《孝经注》一卷。

此书真假，众说纷纭。有信其真者，如司马光《古文孝经指解序》云"及鲁共王坏孔子宅，而古文始出凡二十二章。当是之时，今文之学已盛，故古文排根，不得列于学官。独孔安国及后汉马融为之传。"又如沈钦韩《汉书疏证》："要《孔氏孝经》流传已久，不应人间遂绝。"皆信其真。但此书从日本回流，虽有《序》自述孔安国作《传》之因果，实不足信。大要如《四库全书总目提要》所考云："其《传》文虽证以《论衡》《经典释文》《唐会要》所引，亦颇相合。然浅陋冗漫，不类汉儒释经之体，并不类唐、宋、元以前人语。殆市舶流通，颇得中国书籍，有桀黠知文义者撮诸书所引《孔传》，影附为之，以自夸图籍之富欤？"

司马迁

司马迁，习古文，通群经及古文《尚书》，事迹见《史记·太史公自序》及《汉书·司马迁传》。

司马迁生卒年。关于司马迁生年，《史记·太史公自序》："（司马谈）卒三岁而迁为太史令。"《索隐》引《博物志》云："太史令茂陵显武里大夫司马迁，年二十八，三年六月乙卯除，六百石。"司马谈卒于武帝元封元年（前110），司马迁为太史令在元封三年（前108），年二十八，则迁当生于武帝建元六年（前135）。关于司马迁之卒，《西京杂记》言司马迁"后坐举李陵，陵降匈奴，下迁蚕室。有怨言，下狱死"。此说不足据。《汉书·司马迁传》明言："迁被刑之后，为中书令，尊宠任职。"司马迁《报任安书》作于任安下狱之后，而任安则是由于武帝征和二年（前91）戾太子矫诏诛江充事下狱，如此，司马迁应活至武帝末或昭帝初①。

《史记·太史公自序》言司马迁"年十岁则诵古文"，《汉书·儒林传》云："而司马迁亦从安国问故。迁书载《尧典》《禹贡》《洪范》《微子》《金縢》诸篇，多古文说。"按：《尧典》《禹贡》《洪范》《微子》《金縢》诸篇俱在今文《尚书》，"多古文说"其意为何？考后儒诸家之说，以为

---

① 王国维《太史公系年考略》将司马迁的生年定于景帝中元五年（前145），卒于武帝末，之后学者多从之。李伯勋《司马迁生卒年考辨——驳王国维〈太史公系年考略〉》将司马迁生年定为武帝建元六年（前135），卒年定为征和三年（前90）。李文载《兰州大学学报（哲学社会科学版）》1980年第1期，第76页。

《史记》古文说大体有三。

一为用训诂代本字。如《尚书·尧典》："克明俊德。"《史记·五帝本纪》作"能明驯德"。《集解》引徐广曰："驯，古训字。"《尔雅·释诂》："训，道也。"孙星衍《尚书今古文注疏》云："是古文说也。"臧琳《经义杂记》："《史记》载《尚书》，今文为多，间存古文义。其训诂多用《尔雅》，马融注及伪《孔传》往往本之。"杨椿《孟邻堂文钞》卷六《孔安国书传辨》亦云："《孔传》之伪，先儒辨之已晰，顾尚未有及者。《汉书·儒林传》'司马迁载《尧典》诸篇，多古文说'，说即《史记》所用训诂是也，孔传每与之异一也。"

二为有别于今文《尚书》学者之说义。如《尚书大传》言成王发金縢乃是在周公死后，因葬周公不以礼，风雷大作，《史记·鲁周公世家》却说是周公平三监，流言正盛之时，后儒以为此为古文说。

三是采古文《尚书》成《史记》文，如古文《尚书》的《汤征》《汤诰》《太誓》等篇。《史记·殷本纪》述"汤征诸侯"时，引用了汤和伊尹的三段话，又有《汤诰》篇中语及《史记·周本纪》引《太誓》武王告众人语。此三篇不在伏生所传的今文《尚书》中，当是古文《尚书》之篇，司马迁以其文作《史记》。王国维《史记所谓古文说》云："故太史公修《史记》时所据古书，如《五帝德》、若《帝姓系》、若《牒记》、若《春秋历谱牒》、若《国语》、若《春秋左氏传》、若《孔子弟子籍》，凡先秦六国遗书，非当时写本者，皆谓之古文。"亦是此意。

此外，后儒对此还有一些其他说法，如钱穆《两汉博士家法考》"《史记》中之古文"云："盖《史记》之所谓古文，正指六艺，凡所以示异于后起之家言也。"以《史记》所言为雅训之言。

上述诸说，以训诂说较汉人所称"《史记》多古文说"为近是，即司马迁用今言代古语，因由训诂，后汉人遂称其古文。何则？考汉代经学史，《毛诗》非出自孔壁，河间传时久矣，必无文字障碍，但《毛诗诂训传》一旦以训诂为传，则号称古文。《说文解字序》云："《诗》毛氏、《礼·周官》《春秋》左氏……皆古文也。"《左传》行于西汉不废，贯长卿景帝时已为《左传》博士，西汉诸儒屡引《左传》，然有贾谊训诂一说，则称其为古文，《白虎通》及《五经异义》凡从左氏义者皆将其视为古文说。不然，同为叙史，《左传》之语视《尚书》今文二十九篇之佶屈聱牙，孰古孰今？

司马迁《尚书》今古学特点须做进一步探究。首先，后儒于《史记》的今古学立场观点并不一致。有认为司马迁为今文学者，如皮锡瑞《经学历史》"经学昌明时代"云："太史公书成于汉武帝时经学初昌明、极纯正时代，间及经学，皆可信据。"皮氏《今文尚书考证序》亦云："马迁传经，实守欧阳之法。"而孙星衍则认为司马迁为古文《尚书》学，孙氏《尚书今古文注疏自序》谓其所采五家三科："史迁所说则孔安国故，《书大传》则夏侯、欧阳说，马、郑注则本卫宏、贾逵孔壁古文说，皆有师法，不可遗也。"明以司马迁说为古学。

但细核《史记》，司马迁实乃今古兼采，不主一家，所谓强分今古，乃是清儒门户之见，不足为据。太史公今古兼采者，如《史记·五帝本纪》用今文《尧典》，又用《左传》"八恺八元"；既言舜以丹朱为宾，以承尧祀，用《尚书大传》说，又列黄帝以下子孙名字，用先秦古文《五帝德》《地系姓》。《史记·夏本纪》用今文《禹贡》《皋陶谟》及《甘誓》，又详列自太康至夏桀之夏代世系（其中又采《左传》言刘累事），史迁不见于甲骨文，此世系必来自先秦古文。《史记·殷本纪》所采凡《帝诰》《汤征》《汤誓》《汤诰》《太甲》《太戊》《盘庚》《高宗肜日》《西伯戡黎》《微子》诸篇，皆今古文。其中略有细节描绘者，如汤网开一面，用古文旧书；如言西伯臣用美女奇物救周文王事，用《尚书大传》。其余《史记·周本纪》《史记·秦本纪》皆是如此。此外，史迁一篇之内，也载今古两说。如干宝《搜神记·序》："卫朔失国，二《传》互其所闻；吕望事周，子长存其两说。"按：桓公十六年《左传》和《公羊》载卫惠公朔失国原因及立新君名称不同；《史记·齐太公世家》载姜子牙归周有两种说法，一用《吕氏春秋》说（按：先秦古说），一用《尚书大传》说。即如训诂也是如此，如《经学历史》云司马迁："其引《书》义，以大麓为山麓。"又以为此乃《尚书》欧阳说（文见前引皮氏《今文尚书考证序》），而马国翰《目耕帖》云："《文选·西都赋》注引欧阳尚书说：'螭，猛兽也。敕离切。'案：《史记》'如虎如罴如豺如离'，《集解》徐广曰：'离与螭同。'盖今文作离，而欧阳经又作螭也。"据马氏所论，则司马迁也不尽从欧阳家说。《文献通考·经籍考》引叶梦得云："今《史记》所引《书》及《叙》，皆与孔氏本合，其余诸儒所引字与训诂，或不同者，皆出欧阳、大小夏侯氏三家也。"或是。但史迁之学，大要如清陈寿祺《左海经辨》"《史记》采《尚书》兼今古文"所云："迁非经生，而好钓奇。故杂胪古今，不肯专守一家。《鲁周公世家》载《金縢》其前周公奔楚事，乃古文家说；其后成王改葬周公事，用今文说。此其明证矣。"按：周公奔楚又见于《史记·蒙恬列传》。今人陈克明《群经要义》为之作结语曰："但司马迁是史学家，不是经学家，因能敞开门户之见，今文亦用，古文亦用。"甚是。

司马迁又有《素王妙论》。《隋志》子部五行家云"梁有《太史公素王妙论》二卷，亡"，马国翰《玉函山房辑佚书》将《御览》《书钞》所引《素王妙论》及《论衡·命禄》引"太史公曰"云云并辑为《太史公素王妙论》一卷，严可均《全汉文》卷二十六也有辑本，唯不采《论衡》文。此《素王妙论》，姚振宗《隋志考证》云"《素王妙论》疑是《汉志》道家《伊尹》五十一篇中之文"，以为非司马迁自撰。姚氏《汉志拾补》录有太史公《素王妙论》二卷，云："《越世家·集解》云'太史公曰：《素王妙论》曰'，是太史公引《素王妙论》，非太史公自撰也。不可得而详矣。"

司马迁又参与制作《太初历》。《汉书·律历志》："至武帝元封七年，汉兴百二岁矣，大中大夫公孙卿、壶遂、太史令司马迁等言'历纪坏废，宜改正朔'。……遂诏卿、遂、迁与侍郎尊、大典星射姓等议造《汉历》。"

司马迁除《史记》外，《汉志》辞赋类有司马迁赋八篇，多数已佚，《类聚》有司马迁《悲士不遇赋》。《隋志》载汉中书令《司马迁集》一卷，两《唐志》载二卷，遗文见严可均《全汉文》卷二十六，《汉魏六朝名家集》有《司马子长集》一卷。

都尉朝

都尉朝，受古文《尚书》于孔安国，又授胶东庸生，见《汉书·儒林传》，其余事迹不详。

关于都尉朝的姓名，有二说。一说，姓都尉，名朝，《汉书》师古注引服虔曰："朝名，都尉姓。"《后汉书·儒林列传》云："又鲁人孔安国传《古文尚书》授都尉朝。"李贤注："姓都尉名朝。"二说都尉为官名，失姓。《汉书补注》引周寿昌曰："疑都尉官名，亡其姓，（儒林）《传》中以都尉传经者不少。"考《汉书·儒林传》人名书例且都尉朝有子都尉俊，则服说是。

都尉俊

都尉俊，都尉朝之子，受古文《尚书》于其父朝，传于庸生，见前引孔颖达疏引《汉书·儒林传》。今本《汉书·儒林传》不见此语，《序录》全袭今本《汉书·儒林传》成文，也说"都尉朝授胶东庸生"，所以孔颖达盖所见《汉书》别本。

庸谭

庸谭，即庸生，从都尉朝（一说从都尉俊，见前引孔颖达所据《汉书·儒林传》）受古文《尚书》，《汉书》失其名。《后汉书·儒林列传》言："庸谭。"陆德明《序录》自注："名谭，亦传《论语》。"庸生学古文《尚书》事又见于刘歆《移让太常博士书》："孝成皇帝闵学残文缺，稍离其真，乃陈发秘臧，校理旧文，得此三事，以考学官所传，经或脱简，传或间编。传问民间，则有鲁国桓公、赵国贯公、胶东庸生之遗学与此同，抑而未施。""三事"乃指《逸礼》，鲁桓生所学；《左传》，赵国贯公所学；古文《尚书》，胶东庸生所学。

庸生之传孔氏古文亦可略见于今传本《尚书》。今本《尚书·尧典》："帝曰：'我其试哉！'"孔颖达《正义》云："马郑本说此经皆无'帝曰'，当日庸生之徒漏之也。"则马融、郑玄传本即来自庸生。按：《史记·五帝本纪》有"帝曰"二字，则司马迁也用今文本成书。皮锡瑞《经学通论》卷一详较今古文本，认为古文不如今文善。又《潍县金石志》载刘昊卿《论古堂碑》云："学术如逢纷、庸谭、郎宗、郑康成、甄宇、徐房、徐干。"考刘歆所论及《论古堂碑》所赞，则庸生对古文《尚书》的传习功不可没。

胶东庸生传《论语》事见《汉志》："传《齐论》者，昌邑中尉王吉、少府宋畸、御史大夫贡禹、尚书令五鹿充宗、胶东庸生，唯王阳名家。"《汉书·张禹传》言张禹从庸生受《论语》："及禹壮，至长安学，从沛郡施雠受《易》，琅邪王阳、胶东庸生问《论语》。"则庸生授张禹《论语》当在宣帝初期。

徐敖

徐敖，虢人，受《毛诗》于解延年，授陈侠，又受古文《尚书》于胡常，官至右扶风掾，见《汉书·儒林传》。

《汉书·儒林传》云："常授（古文《尚书》于）虢徐敖。敖为右扶风掾，又传《毛诗》，授王璜、平陵涂恽子真。"按：《汉书·儒林传》此段常被误读，此段意为徐敖授古文《尚书》于王横、涂恽，非授《毛诗》于王、涂二人。《汉书·儒林传》言《毛诗》传习时明言："延年为阿武令，授徐敖。敖授九江陈侠，为王莽讲学大夫。"不云徐敖传《毛诗》于王横、涂恽。

王横

王横，字平中，琅琊人，从费直受《易》，又传《古文尚书》，名列儒林传，《汉书》无本传，王莽时位至大司空，言治河，其他事迹不详。

王横言治河事见于《汉书·沟洫志》："大司空掾王横言：'河入勃海，勃海地高于韩牧所欲穿处。……《周谱》云定王五，年河徙，则今所行非禹之所穿也。又秦攻魏，决河灌其都，决处遂大，不可复补。宜却徙完平处，更开空，使缘西山足乘高地而东北入海，乃无水灾。'"王横此言亦见于郦道元《水经注》卷五"漯水注"，还见于桓谭《新论·离事》篇。

涂恽

涂恽，字子真，平陵人，受古文《尚书》于徐敖，见《汉书·儒林传》。除桑钦外，涂恽又授古文《尚书》于后汉贾逵之父贾徽，事见《后汉书·贾逵列传》："（贾逵）父徽，受古文《尚书》于涂恽。"程元敏云："恽，王莽专政时或新莽朝立为《尚书》博士。"① 程说待商榷。王莽时立为古文《尚书》博士的更有可能是桑钦，详见下"桑钦"条。

桑钦②

桑钦，字君长，河南人，受古文《尚书》于涂恽，见《汉书·儒林传》。桑钦事迹不详，其古文《尚书》学今已不传。《汉书·地理志上》班固自注引有数条："上党郡，屯留，桑钦言'绛水出西南，东入海'。""丹阳郡，陵阳，桑钦言'淮水出东南，北入大江'。""敦煌郡，效谷。"师古注曰："桑钦说孝武元封六年济南崔不意为鱼泽尉，教力田，以勤效得谷，因立为县名。"大约桑钦明于地理，于《尚书》则精通《禹贡》，所以班固引其说自注。王国维《观堂集林》卷七《两汉古文学家多小学家说》亦云："桑钦……传古文《尚书》者也。《汉书·地理志》六引桑钦说，《说文》水部三引桑钦说，皆其说《禹贡》之语。"

桑钦传世著作有《水经》，盖托名。该书不见载于《隋志》，首见于

---

① 程元敏：《尚书学史》，华东师范大学出版社2013年版，第695页。
② 陆德明《序录》自注云："一本作乘钦。"陆氏盖见《汉书》别本，形近而误。

《旧唐志》史部地理类:"《水经》二卷,郭璞撰。又四十卷,郦道元注。"《新唐志》史部地理类作:"桑钦《水经》三卷,一作郭璞撰。郦道元注《水经》四十卷。"《唐六典·工部·水部郎中》注云:"桑钦《水经》所引天下之水百三十七,江河在焉。郦善长注《水经》引其支流一千二百五十二。"以为桑钦作《水经》,但宋人对其作者意见不同。晁公武《郡斋读书志》:"《水经》四十卷,右汉桑钦撰。钦,成帝时人。《水经》三卷,后魏郦道元注。"同《唐六典》注。陈振孙《直斋书录解题》则云:"《水经》三卷、《水经注》四十卷,桑钦撰。后魏御史中尉范阳郦道元善长注。桑钦,不知何人。《邯郸书目》以为汉人。晁公武曰成帝时人,当有所据。案:《唐志》注或云郭璞撰。又杜氏《通典》案,《水经》,晋郭璞注,二卷。后魏郦道元注,四十卷。皆不详所撰者名氏,亦不知何代之书。佑谓二子博赡,解释固应精当。然其《经》云,济水过寿张,则前汉寿良县,光武更名;又东北过临济,则前汉狄县,安帝更名;又云菏水过湖陆,则前汉湖陵县,章帝更名;又云汾水过河东郡永安,则前汉彘县,顺帝更名,故知顺帝以后纂序也。详《水经》所作,殊为诡诞,全无凭据。案:《后汉郡国志》济水,王莽末,因旱渠塞,不复截河南过,统顺帝时所撰,都不详悉,其余可知。景纯注解,又甚疏略,亦为迂怪,以其僻书,人多不睹,谓其审正未之精也。"清儒意见亦不统一。钱大昕《三史拾遗》力主桑氏为作者:"《地理志》称'古文'者十一:汧山、终南、惇物在扶风,外方在颍川,内方、倍尾在江夏……皆《古文尚书》家说。与《水经》所载《禹贡》山泽,所在无不吻合。相传《水经》出于桑钦,钦即传古文《尚书》者,则《水经》为钦所作信矣。"《四库全书总目》辨之曰:"又《水经》作者,《唐书》题曰桑钦,然班固尝引钦说,与此经文异。道元注亦引钦所作《地理志》,不曰《水经》。观其涪水条中称广汉已为广魏,则决非汉时。钟水条中称晋宁仍曰魏宁,则未及晋代。推寻文句,大抵三国时人。今既得道元原序,知并无桑钦之文。则据以削去旧题,亦庶几阙疑之义云尔。"按:戴震《水经注校本序》以《水经》有广魏县亦认为是魏人所作,与《四库全书总目》同。

桑钦又作《地理志》。《水经注》卷五"漯水注"引桑钦《地理志》曰:"漯水出高唐。"卷十四引桑钦《说卢子之书》言:"晋既灭肥,迁其族于卢水。"可见桑钦有此两书,但均不见《隋志》著录。清王绍兰《萧山王氏十万卷楼辑佚七种》将《汉书·地理志》引桑钦说四条考定为古文《尚书》说,辑为《汉桑钦古文尚书说》一卷。王氏又将《水经注》所引《地理志》及《汉书·地理志》中桑钦说地理者辑为《桑钦地理志考逸》一卷。

但清儒中又有认为桑钦未作《地理志》者。姚振宗《汉志拾补》曰："或谓郦道元《水经注》引桑钦所作《地理志》。今考戴氏校本，'河水东北过高唐县东'条下引桑钦《地理志》曰：'漯水出高唐。'《说文·水部》'湿'字下亦引桑钦此说。桂氏（馥）《（说文）义证》遂谓此出桑钦所作《地理志》。然考赵氏注释本，则云'《地理志》桑钦曰：漯水出高唐'，盖即《汉志》引桑钦说，郦道元转引之，非道元引桑钦《地理志》。"

按：考《汉书·地理志》所引桑钦言说，或言地理，或言地名由来。王莽改制时，天下郡国或改名，或重新建制。古文《尚书》王莽时立，桑钦所言或为当时古文《尚书》说。由此，钦疑为古文《尚书》首位博士①。

又，《说文解字》"銛"字，许慎云："臿属，从金，舌声，读若棪。桑钦读若鎌。"王国维《两汉古文学家多小学家说》（《观堂集林》卷七）云："《尚书》中无'銛'字，则此条非《尚书》说，当又有说小学之书，而许君引之。然则钦亦小学家矣。"

王君仲

周天游辑注谢承《后汉书》云："董春字纪阳……少好学，师事侍中祭酒王君仲，受《古文尚书》。后诣京房授《易》，究极圣旨，条列科义。后还归，迁为师，立精舍，远方门徒学者常数百人。诸生每升讲堂，鸣鼓三通，横经捧手，请问者百人，追随上堂难问者百余人。"《会稽典录》与此文同。按此，董春也传古文《尚书》。

第六节　家法不详之《尚书》群儒考

西汉治《尚书》的学者除见于《史记》《汉书》两儒林传所载有家法可寻者外，尚有见于他篇而不明家法者七人，考之于下。

---

① 《汉书·地理志》也引有杜林说，如敦煌，班固注："杜林以为古瓜州地，生美瓜。"师古注曰："即《春秋左氏传》所云'允姓之戎居于瓜州'者也。其地今犹出大瓜，长者狐入瓜中食之，首尾不出。"则杜林所言乃是《左传》说，与古文《尚书》无关。

王尊

王尊，治《尚书》，师事郡文学官，名不列于《汉书·儒林传》，《汉书》卷七十六有传。《汉书·王尊传》言王尊字子赣，"事师郡文学官，治《尚书》《论语》，略通大义"，但未言其《尚书》家法。

本传虽未明言王尊《尚书》家法，然载其以《尚书》经义断狱事，可推其家法。《汉书·王尊传》曰："初元中……春正月，美阳女子告假子不孝，曰：'儿常以我为妻，妒笞我。'尊闻之，遣吏收捕验问，辞服。尊曰：'律无妻母之法，圣人所不忍书，此经所谓造狱者也。'尊于是出坐廷上，取不孝子悬磔著树，使骑吏五人张弓射杀之，吏民惊骇。"何为造狱？师古注引晋灼曰："欧阳《尚书》有此造狱事也。"则王尊疑习欧阳《尚书》。

冯参

冯参，冯奉世之子，通《尚书》，名不列于《汉书·儒林传》，其传列于冯奉世名下。《汉书·冯奉世传》曰："参字叔平，学通《尚书》。少为黄门郎给事中，宿卫十余年，参为人矜严，好修容仪，进退恂恂，甚可观也。"其余事迹不详。

许子威

许子威，通《尚书》，庐江人，王莽时官至中大夫，以《尚书》授光武帝刘秀，《汉书》未见，见于《东观汉纪》。《后汉书·光武纪》："王莽天凤中，（光武）乃之长安，受《尚书》，略通大义。"李贤注引《东观汉纪》曰："受《尚书》于中大夫庐江许子威。"

光武帝尤其褒奖欧阳《尚书》学者，故程元敏认为许子威乃欧阳《尚书》博士，蒋善国、刘起釪列《汉代尚书传经表》同，或近事实。光武即位后于故人多有拔擢，唯独不见许子威，恐光武兴时，子威已卒。

杨仲续

杨仲续，东汉杨厚高祖。《后汉书·杨厚列传》云："杨厚字仲桓，广汉新都人也。祖父春卿，善图谶学，为公孙述将。汉兵平蜀，春卿自杀，临命戒子统曰：'吾绨帙中有先祖所传秘记，为汉家用，尔其修之。'统感父遗言，服阕，辞家从犍为周循学习先法，又就同郡郑伯山受《河洛书》及天文推步之术。"李贤注引陈寿《益部耆旧传》曰："统字仲通。曾祖父仲续举河东方正，拜祁令，甚有德惠，人为立祠。乐益部风俗，因留家新都，代修儒学，以夏侯《尚书》相传。"杨仲续事迹又见于《华阳国志·广汉士女传·赞》，与此同。《益部耆旧传》只言杨仲续习夏侯《尚书》，但未区分大小夏侯，究竟哪一家，已不可考。

按：杨厚祖父春卿为公孙述将，已是东汉初，则仲续当卒于西汉世。

张充

张充，东汉张酺祖父，习《尚书》，事见《后汉书·张酺列传》："酺少从祖父充受《尚书》，能传其业。"李贤注引《东观汉纪》曰："充与光武同门学，光武即位，求问充，充已死。"按：张充于光武即位时已死，说明充乃卒于西汉末，当列入西汉儒林。《后汉书集解》引何焯曰："张充亦许子威（原误作成）所授。"如何焯说，则张充疑学欧阳《尚书》。

秋胡

秋胡，杜陵人，通《尚书》，事见《西京杂记》："杜陵秋胡者，能通《尚书》，善为古隶字，为翟公所礼，欲以兄女妻之。或曰秋胡已经娶而失礼，妻遂溺死不可妻也。……今之秋胡，非昔之秋胡也。昔鲁有两曾参，赵有两毛遂。……名齐实异，所宜辨也。"

此翟公，当为翟方进，则杜陵秋胡为成帝时人也。

唐昌

唐昌，王莽朝讲《尚书》祭酒，见《汉书·王莽传》始建国三年（11）："又置师友祭酒及侍中、谏议、《六经》祭酒各一人，凡九祭酒，秩上卿。琅邪左咸为讲《春秋》，颍川满昌为讲《诗》，长安国由为讲《易》，平阳唐昌为讲《书》，沛郡陈咸为讲《礼》，崔发为讲《乐》祭酒。"

第三章　西汉《诗》群儒考

先秦至汉的《诗经》传承一直延续不断，《汉志》云乃是"以其讽诵，不独在竹帛故也"。据《史记·儒林列传》和《汉书·儒林传》的记载，汉代传《诗》有四家：齐、鲁、韩、毛。《史记·儒林列传》记载了西汉三家《诗》的首位经师申公、韩婴和辕固的事迹。《汉书·儒林传》在此基础上增加了司马迁以后三家《诗》传承的次序，同时也增加了第四家毛《诗》，包括首位经师毛公的事迹以及毛《诗》在西汉的传承情况。据《史记》《汉书》及其他籍所载，西汉习《诗》者七十余人。

第一节　鲁《诗》群儒考

《史记·儒林列传》记载了西汉鲁《诗》首位经师申公的事迹以及自申公开始各鲁《诗》学者的师承。《汉书·儒林传》则在沿袭《史记·儒林列传》的基础上，又增加了韦氏学的传习情况，两下相较，《汉书》所言较为全面：

> 申公，鲁人也。少与楚元王交俱事齐人浮丘伯受《诗》。汉兴，高祖过鲁，申公以弟子从师入见于鲁南宫。吕太后时，浮丘伯在长安，楚元王遣子郢与申公俱卒学。元王薨，郢嗣立为楚王，令申公傅太子戊。戊不好学，病申公。及戊立为王，胥靡申公。申公愧之，归鲁退居家教，终身不出门。复谢宾客，独王命召之乃往。弟子自远方至受业者千余人，申公独以《诗经》为训故以教，亡传，疑者则阙弗传。兰陵王臧既从受《诗》，已通，事景帝为太子少傅，免去。武帝初即位，臧乃上书宿卫，累迁，一岁至郎中令。及代赵绾亦尝受《诗》申公，为御史大夫。绾、臧请立明堂以朝诸侯，不能就其事，乃言师申公。于是上使使束帛加璧，安车以蒲裹轮，驾驷迎申公，弟子二人乘

绍传从。至，见上，上问治乱之事。申公时已八十余，老，对曰："为治者不在多言，顾力行何如耳。"是时，上方好文辞，见申公对，默然。然已招致，即以为太中大夫，舍鲁邸，议明堂事。窦太后喜《老子》言，不说儒术，得绾、臧之过，以让上曰："此欲复为新垣平也！"上因废明堂事，下绾、臧吏，皆自杀。申公亦病免归，数年卒。弟子为博士十余人，孔安国至临淮太守，周霸胶西内史，夏宽城阳内史，砀鲁赐东海太守，兰陵缪生长沙内史，徐偃胶西中尉，邹人阙门庆忌胶东内史，其治官民皆有廉节称。其学官弟子行虽不备，而至于大夫、郎、掌故以百数。申公卒以《诗》《春秋》授，而瑕丘江公尽能传之，徒众最盛。及鲁许生、免中徐公，皆守学教授。韦贤治《诗》，事大江公及许生，又治《礼》，至丞相。传子玄成，以淮阳中尉论石渠，后亦至丞相。玄成及兄子赏以《诗》授哀帝，至大司马车骑将军，自有传。由是《鲁诗》有韦氏学。

西汉鲁《诗》习者在四家《诗》中最盛，考《汉书·儒林传》及其他籍所载，得西汉传鲁《诗》经师三十三位：申公、王臧、赵绾、孔安国、周霸、夏宽、鲁赐、缪生、徐偃、阙门庆忌、瑕丘江公、小瑕丘江公、许生、韦贤、韦玄成、韦赏、刘欣（哀帝）、徐公、王式、张长安、唐长宾、褚少孙、张游卿、刘奭（元帝）、王扶、许晏、薛广德、龚舍、高嘉、高容、右师细君、许晃、义倩。在这三十三人中，孔安国列于古文《尚书》、周霸列于田氏《易》派、瑕丘江公（大、小）列于《穀梁春秋》、刘奭（元帝）列于大夏侯《尚书》、徐公列于《礼》，其余二十七人考论于下。

申公①

申公，名培，西汉鲁《诗》宗师，名列《史记》《汉书》两儒林传，两文略同。《史记·儒林列传》载其事迹曰：

> 言《诗》于鲁则申培公……申公者，鲁人也。高祖过鲁，申公以弟子从师入见高祖于鲁南宫。吕太后时，申公游学长安，与刘郢同师。已而郢为楚王，令申公傅其太子戊。戊不好学，疾申公。及王郢卒，

---

① 《姓解·三》引《风俗通·姓氏篇》云："申公氏，申公巫臣之后，汉太子傅申公。"据《史记》《汉书》，应劭以"申公"为姓，疑误。

戊立为楚王，胥靡①申公。申公耻之，归鲁，退居家教，终身不出门，复谢绝宾客，独王命召之乃往②。弟子自远方至受业者百余人。申公独以《诗经》为训以教，无传，疑者则阙不传。

申公生卒年。《汉书·儒林传》言建元元年（前140）征申公时，公已八十余，明堂事繁，数年卒，当在建元五年（前136）前后，则申公卒时年约九十，据此可推申公约生于秦始皇二十一年（前226）。

申公为西汉鲁《诗》宗师，于三家《诗》中为最先出，为西汉传《诗》之重要学者，细考《史记》《汉书》散篇记载，得如下数则事迹。

（1）秦始皇三十四年（前213）与楚元王刘交、鲁穆生、白生俱受《诗》于浮丘伯，遇秦始皇焚书，于是分别而去。据《史记》，秦始皇焚书时间为始皇三十四年。申公时约十三岁，与《汉书·楚元王传》"少时"合。《汉书·楚元王传》："楚元王交字游，高祖同父少弟也。好书，多材艺。少时尝与鲁穆生、白生、申公俱受《诗》于浮丘伯。伯者，孙卿门人也。及秦焚书，各别去。"

（2）高祖过鲁，申公率弟子见，时当在高帝五年（前202）。高祖行鲁凡两次：前次为高帝五年诛项羽之后，《汉书·高帝纪》曰："楚地悉定，独鲁不下。汉王引天下兵欲屠之，为其守节礼仪之国，乃持羽头示其父兄，鲁乃降。"后次为高帝十二年（前195），《汉书·高帝纪》曰："十一月，行自淮南还。过鲁，以太牢祀孔子。"但是高帝六年（前201），刘交被封为楚元王，以申公、穆生及白生为中大夫，则申公势必与楚王等共处，不得自专率弟子见高祖。比辑其义，高帝五年较为合理③。

（3）汉高帝六年，楚元王以申公为中大夫。《汉书·楚元王传》："汉六年，既废楚王信，分其地为二国，立贾为荆王，交为楚王。""元王既至楚，以穆生、白生、申公为中大夫。"

（4）高后元年（前187）与楚元王刘交子郢客往长安受学于浮丘伯。

---

① 《汉书·楚元王传》："王戊稍淫暴，二十年，为薄太后服私奸，削东海、薛郡，乃与吴通谋。二人谏，不听，胥靡之，衣之赭衣，使杵臼雅舂于市。"《集解》引徐广曰："腐刑。"《隶释》卷十"朱龟碑"："胥靡于家。"又《史记·商本纪》言傅说胥靡作苦工，足证不作腐刑解。

② 《集解》引徐广曰："鲁恭王也。"恐臆测，王命乃泛指，如下文言武帝征之议明堂事等皆王命。

③ 刘立志《汉代〈诗经〉学史论》及梅新林主编《中国学术编年》（汉代卷）也都将申公率弟子见高祖事系于高祖十二年，恐不妥。刘说见《汉代〈诗经〉学史论》，中华书局2007年版，第211页。

《汉书·楚元王传》："高后时，浮丘伯在长安，元王遣子郢客与申公俱卒业。"《汉书·百官表》载刘郢客以高后二年（前186）为宗正，则二人初来长安当在高后元年。如此，则申公曾先后两次从浮丘伯受学，此次除受《诗》外当有《穀梁春秋》。

（5）文帝元年（前179）为博士。《汉书·楚元王传》："文帝时，闻申公为《诗》最精，以为博士。"但未言具体何年立为博士。但《汉书·楚元王传》又言："高后时，以元王子郢客为宗正，封上邳侯。……是为夷王。申公为博士，失官，随郢客归，复以为中大夫。"考《汉书·诸侯王表》："楚元王交：孝文二年，夷王郢客嗣，四年薨。"文帝二年（前178），申公既已失博士官而与刘郢客同归于楚，则申公为博士唯有在文帝元年才较为合理。

（6）文帝二年，申公失博士官，随夷王刘郢客归楚，复为中大夫。考见上。

（7）景帝二年（前155）为刘戊所辱，归于家。《史记·儒林列传》言："（刘）戊立为楚王，胥靡申公。申公耻之，归鲁，退居家教。"《汉书·楚元王传》："王戊稍淫暴，二十年，为薄太后服私奸……二人（申公、白公）谏，不听，胥靡之，衣之赭衣，使杵臼雅舂于市。……二十一年春，景帝之三年也，削书到，遂应吴王反。"刘戊立二十一年后谋反被诛是在景帝三年（前154），则立二十年时辱申公、白公即为景帝二年。

（8）武帝建元元年（前140），征申公议立明堂。《武帝纪》建元元年："议立明堂。遣使者安车蒲轮，束帛加璧，征鲁申公。"从征申公议立明堂来看，申公当也是《礼》学名家。另据《汉书·儒林传》言西汉《穀梁传》的传习过程，瑕丘江公的《穀梁》学受之申公，则申公也是《穀梁》经师。荀悦《汉纪》："（建元元年）秋七月，诏省卫士卒万人。罢苑马，赐贫民。遣使者安车蒲轮，束帛加璧，征鲁申公，议立明堂。申公年八十余矣，上问以政事，对曰：'为治者不致于多言，顾力行何如耳。'拜为太中大夫。汉兴，草创尚简易，未甚用儒者，而窦太后好黄老术，故诸博士具官待问，未有进者。至上即位，乃崇立太学矣。"

申公及其鲁《诗》著作，《汉志》六艺诗类有《鲁故》二十五卷。

姚振宗《汉志条理》："本书《楚元王传》：'申公始为《诗传》，号鲁诗。'（按：《传》即此《鲁故》，又疑别为一书）本《志》叙曰：'汉兴，鲁申公为《诗训故》。'按此又例以《毛诗故训传》，则《鲁故》与《诗传》实为一书。"《汉书·儒林传》云："申公独以《诗经》为训故以教，亡传，疑者则阙弗传。"明鲁《诗》有训诂。《汉书·儒林传》又云："山阳张长安幼君先事式,后东平唐长宾、沛褚少孙亦来事式,问经数篇,式谢曰:'闻之于师俱是矣,自润色之。'不肯复授。"颜师古注曰:"言所闻师说具尽于此,若嫌简略,任更润色。"既然弟子自润色,必有字词之训诂。《隋志》亦云:"汉初鲁人受《诗》于浮邱伯,作训诂,是为《鲁诗》。"张舜徽《汉志通释》云:"《说文·言部》:'诂,训故言也。'谓解释旧言以告人是之谓诂也。汉儒解经之书,名目甚多。大别之,约有二体:有但疏通其文义者,其原出于《尔雅》,其书则谓之故,或谓之训。《汉志》著录三家诗说各有《故》数十卷。字亦作诂,盖可两行。高诱注《淮南》,即命之曰训,故与训义例略同。有征引史实以发明经义者,其原出于《春秋传》,复有《内传》《外传》之分,一文所载《韩内传》《韩外传》之类是也。"据此,则申公传《诗》起初有训诂,疏通诗句文义而已,又允许弟子自行润色,其学风明显较为通脱。《续汉志·舆服志》刘昭注:"《鲁训》曰:'和,设轼者也;鸾,设衡者也。'"《白虎通·辟雍章》引《诗训》曰:"水圆如璧。"皆是《鲁训》之遗文。

　　《汉志》又有《鲁说》二十八卷。关于其作者,姚振宗《汉志条理》云:"刘歆《移书》云:'孝文时《诗》始萌芽,武帝时一人不能独尽其经,或为《雅》,或为《颂》,相合而成。'此《鲁说》二十八卷,依经本卷数编次,不著撰人,似即为《雅》为《颂》,刘向校定相合而成者欤?其《齐杂记》《韩说》不著撰人名氏者,亦此类也。"姚氏认为是朝廷博士的集体著述,其作者未必都是鲁《诗》学者。张舜徽《汉志通释》曰:"为鲁《诗》者,依经撰说,故亦二十八卷,盖传申公之学者所述也。"他认为是鲁《诗》后学所作。考《五经异义》所引《鲁诗说》,如:"《诗》齐鲁韩,《春秋公羊》说,圣人皆无父,感天而生。《左氏》说圣人有父。"(《诗·生民》孔疏引)义同《鲁诗传》。《史记·三代年表》褚先生补曰:"《诗》言契生于卵,后稷人迹者,欲见其有天命精诚之意耳。……《诗传》曰:'汤之先为契,无父而生。契母与姊妹浴于玄丘水,有燕衔卵堕之,契母得,故含之,误吞之,即生契。'"褚少孙习鲁《诗》,此处所引《诗传》,疑为《鲁诗传》。两文两较,《鲁诗说》乃演绎《鲁诗传》。又,"今《诗》韩鲁说,驺虞,天子章鸟兽官"(《周礼·钟师》孔疏引《五经异义》)。《文选·魏都赋》:"迈梁驺之所著。"张载注:"《鲁诗传》曰:'古有梁驺,梁驺者,天子猎之田也。'"可见此条《鲁诗说》遗文同样在衍推《鲁诗传》。由此两例可知《鲁诗传》之作者应为鲁《诗》后学,其时间恐也在《鲁诗故训》《鲁诗传》完成之后。又,《五经异义》亦引有《毛诗说》,如"天子与大夫同驾四,士驾二"(《诗·干旄》孔疏引),"以龙旗承祀为郊祀"（《诗·闷宫》孔疏引），这些《毛诗说》皆不见今本《毛传》，当为《毛诗》后学所作。按此类推，则《鲁说》《韩说》也即后学所作明矣。

鲁《诗》又当有传。申公授《诗》，《史记·儒林列传》言"申公独以《诗经》为训以教，无传"，唐成伯玙《毛诗指说》因之曰："申公为《诗》作诂训，而无其传。"自注云："传即义注也。申公作诂训，不能解诗之意，号曰鲁《诗》。"杨树达《汉书窥管》亦云："《艺文志》诗家《齐诗》有《后氏故》，又有《后氏传》。《韩诗》有《韩故》，又有《内外传》。《鲁诗》但有《鲁故》，无《传》。"但《史记·三代世表》褚少孙（亦为鲁《诗》家）所补已明引《诗传》（见前文所引，又详见下"褚少孙"条），鲁《诗》当有诗传，或作者不是申公乃是鲁《诗》经师集体累积而成。其写作时间或在宣帝时。何则？褚少孙乃宣元时人，既以明引之，其写作时间当在此以前，而《鲁说》又在其后。

鲁《诗》著述文本，除《鲁故》《鲁说》外，《汉志》有《诗经》二十八卷，鲁、齐、韩三家。《隋志》已不载，曰亡于西晋。对此后儒有多种辑本，于鲁《诗》经文，宋王应麟《韩鲁齐三家诗考》辑有鲁《诗》（清卢文弨有增补）、清阮元《三家诗补遗》；经文之异文，清冯登府《三家诗异文疏证》有《鲁诗异文疏证》；《鲁诗传》，清王谟《汉魏遗书钞》、黄奭《黄氏逸书考》有辑本一卷；《鲁诗故》，马国翰《玉函山房辑佚书》有辑本二卷。至于鲁《诗》遗说，则陈乔枞《三家诗遗说考》有《鲁诗遗说考》，王先谦《诗三家义集疏》。

考诸家鲁《诗》辑佚本，似有不妥处。如马国翰《玉函山房辑佚书》有《鲁诗故》三卷，题汉申培撰。马氏将司马迁《史记》中说诗，刘向《说苑》《列女传》及疏奏中说诗，《尔雅》中与《毛传》不同者，乃至东汉王逸《楚辞章句》中与三家诗说不同者皆列为鲁《诗》，恐失之过宽。鲁《诗》义或遗留其中一二，但申公《鲁诗故》《鲁诗说》之原文疑非如此。

王臧

王臧，兰陵人，受诗申公，名列《史记》《汉书》两儒林传，见前条"申公"所引，但两书无本传，其事迹也仅见于彼。

王臧迁郎中令为武帝建元元年（前140），自杀于建元二年（前139）。《汉书·百官表》武帝建元元年："郎中令王臧，一年有罪自杀。"《汉书·武帝纪》："（建元）二年冬十月，御史大夫赵绾坐请毋奏事太皇太后，及郎中令王臧皆下狱，自杀。"师古注引应劭曰："礼，妇人不豫政事，时帝已自躬省万机。王臧儒者,欲立明堂辟雍。太后素好黄老术,非薄五经。因欲绝奏事太后,太后怒,故杀之。"其人生年不详。

《史记·儒林列传》曰:"兰陵王臧既受《诗》,以事孝景帝为太子少傅,免去。今上初即位,臧乃上书宿卫上,累迁,一岁中为郎中令。"钱穆《两汉博士家法考》认为武帝尊儒术实由王臧发起之。

赵绾

赵绾,代人,受《诗》于申公,名列儒林传,但《史记》《汉书》无本传,见前条"申公"所引,其人事迹也仅见于《史记》《汉书》两儒林传。

赵绾迁御史大夫及自杀均为武帝建元二年(前139)。《汉书·百官表》武帝建元二年:"御史大夫赵绾有罪自杀。"《汉书·百官表》武帝建元元年:"齐相牛抵为御史大夫。"则可知,赵绾于建元二年任御史大夫并自杀。其升迁及自杀原因在于劝武帝尊儒术,同王臧。荀悦《汉纪》亦云:"(建元)二年冬十月。丞相窦婴太尉田蚡皆免。御史大夫赵绾、郎中令王臧下狱死。"

夏宽

夏宽,申公弟子,为博士,官至城阳内史,名列儒林传,见"申公"条引《汉书·儒林传》,其他事迹不详。

鲁赐

鲁赐,砀人,习鲁《诗》,申公弟子,为博士,官至东海太守,名列儒林传,见前条"申公"所引《汉书·儒林传》,其他事迹不详。

缪生

缪生,兰陵人,习鲁《诗》,申公弟子,为博士,官至长沙内史,名列儒林传,见"申公"条引《汉书·儒林传》。

于此"兰陵缪生"条,《史记·儒林列传》司马贞《索隐》曰:"缪氏出兰陵。一音穆。所谓穆生,为楚元王所礼也。"按:《索隐》此说非是。

楚元王所礼之穆生与元王、申公、白生等俱学《诗》于浮丘伯，后见刘戊废醴，见微知著，引《易》而去，终免于祸。彼穆生乃与申公同学，非弟子，行年明显不合，非同一人。彼穆生事迹见《汉书·楚元王传》，详见后面"穆生"条。

徐偃

徐偃，习鲁《诗》，申公弟子，为博士，官至胶西中尉、太常丞，名列儒林传，见"申公"条引《汉书·儒林传》。《史记》《汉书》无本传，其事迹散见于《汉书》各篇，综合考究，得如下数事。

（1）徐偃与褚大以博士分行天下，时为武帝元鼎三年（前114）。《汉书·食货志》："自造白金五铢钱后五岁……犯法者众，吏不能尽诛，于是遣博士褚大、徐偃等分行郡国，举并兼之徒守相为利者。"《汉书·武帝纪》元狩五年（前118）："罢半两钱，行五铢钱。"行五铢钱后五岁为元鼎三年，武帝元鼎年号共六年（前116—前111），则与《汉书·终军传》所言"元鼎中，博士徐偃使行风俗"正合。

（2）徐偃又参与武帝议封禅礼，见《汉书·郊祀志》："自得宝鼎，上与公卿诸生议封禅。……上为封祠器视群儒，群儒或曰'不与古同'，徐偃①又曰'太常诸生行礼不如鲁善'，周霸属图封事，于是上黜偃、霸，而尽罢诸儒弗用。"议礼时间大约在分行天下之后不久迁太常丞之时。《汉书·终军传》："元鼎中，博士徐偃使行风俗。偃矫制，使胶东、鲁国鼓铸盐铁，还，奏事，徙为太常丞。"徐偃当以太常丞职议礼，时为武帝元鼎四年（前113）。

（3）徐偃为御史大夫张汤弹劾矫制于外，偃以《春秋》大义自辩，又为终军所诘，下狱死，卒于武帝元鼎五年（前112）左右。《汉书·终军传》言："御史大夫张汤劾偃矫制大害，法至死。偃以为《春秋》之义，大夫出疆，有可以安社稷，存万民，颛之可也。汤以致其法，不能诎其义。有诏下军问状，军诘偃曰：'古者诸侯国异俗分，百里不通，时有聘会之事，安危之势，呼吸成变，故有不受辞造命颛己之宜；今天下为一，万里同风，故《春秋》"王者无外"。偃巡封域之中，称以出疆何也？且盐铁，郡有余臧，正二国废，国家不足以为利害，而以安社稷存万民为辞，何也？'……偃穷诎，服罪当死。"按：《汉书·终军传》，终军死于使南越，

---

① 师古注曰："徐偃，博士姓名。"

南越王相吕嘉谋反，尽杀使者。《汉书·武帝纪》元鼎五年"夏四月，南越王相吕嘉反，杀汉使者及王、王太后"。终军诘偃必在其使南越前。

徐偃以鲁《诗》为博士，当于元鼎三年之前。从《汉书·终军传》载其自讼引《春秋》来看，徐偃亦通《公羊》。按：《公羊》僖公三十年："大夫无遂事。此其言遂何？公不得为政尔。"何休注："不从公政令也。时见使如京师，而横生事，矫君命聘晋，故疾其骄蹇自专，当绝之。"《公羊》庄公十九年："聘礼：大夫受命不受辞。出境，有可以安社稷利国家者，专之可也。""王者无外"见于《公羊》隐公元年、桓公八年、成公十一年。但《公羊》大义，天下一统才是精髓。徐偃不明，否则也不会为终军所诘难以至无言。考《汉书·儒林传》："申公卒以《诗》《春秋》授，而瑕丘江公尽能传之，徒众最盛。"又言："瑕丘江公，受《穀梁春秋》及《诗》于鲁申公，传子至孙为博士。"徐偃之《春秋》学当受之申公，然究申公学承，徐偃之学当杂有《穀梁》说，故徐偃说《公羊》不精，则不敌《公羊》亦在意料之中。

阙门庆忌

阙门庆忌，姓阙门①，名庆忌，邹人，习鲁《诗》，申公弟子，为博士，官至胶东内史，名列儒林传，见前引《汉书·儒林传》，其他事迹不详。

许生

许生，鲁人，习鲁《诗》，授韦贤，见前引《汉书·儒林传》，其他事迹不详。

韦贤

韦贤，字长孺，邹人，习鲁《诗》，治《礼》《尚书》，师大瑕丘江公及许生，至丞相，名列儒林传，《汉书》有本传。

---

① 陈直《汉书新证》引《汉印文字征》第十二"阙门到"印。见陈直《汉书新证》，天津人民出版社1979年版，第412页。

韦贤生卒年。《汉书·韦贤传》言韦贤"年八十二薨"①。《汉书·外戚恩泽侯表》言扶阳节侯韦贤"三年六月甲辰封，十年薨"。宣帝本始三年（前71）之后十年为元康四年（前62），韦贤卒于元康四年，寿八十二，则韦贤生于景帝后元元年（前143）。

《汉书·韦贤传》载其学略云："自（韦）孟至贤五世。贤为人质朴少欲，笃志于学，兼能《礼》《尚书》，以《诗》教授，号称邹鲁大儒。征为博士，给事中，进授昭帝《诗》。"据《汉书》本传并结合他篇所载考定韦贤如下事迹：

（1）武帝时韦贤征为博士，而授昭帝《诗》或在始元五年（前82）以后。《汉书·昭帝纪》始元五年："诏曰：'朕以眇身获保宗庙，战战栗栗，夙兴夜寐，修古帝王之事，通《保傅传》《孝经》《论语》《尚书》，未云有明。"杨树达《汉书窥管》曰："树达案：《韦贤传》，贤尝授昭帝以《诗》，盖其事在后，故此文不及《诗》也。"

（2）昭帝始元五年至元凤五年（前76）间，因授昭帝《诗》而任光禄大夫、詹事。《汉书》本传云韦贤"进授昭帝《诗》，稍迁光禄大夫、詹事，至大鸿胪"。

（3）昭帝元凤五年由詹事迁为大鸿胪，本始元年（前73）因参与立宣帝而赐爵关内侯，宣帝本始二年（前72）为长信少府。《汉书·百官表》昭帝元凤五年："詹事韦贤为大鸿胪，四年为长信少府。"昭帝元凤五年后四年为宣帝本始二年。又《汉书·百官表》本始二年："詹事东海宋畴翁一为大鸿胪，二年迁。"大鸿胪官职为一人，必韦贤卸任后，宋畴才能继任。韦贤与立宣帝而赐爵关内侯事，除见本传又见于《汉书·宣帝纪》本始元年："诏曰：……赐大鸿胪贤……皆关内侯。"

（4）宣帝本始三年（前71）代蔡义为丞相，地节三年（前67）致仕。《汉书·百官表》宣帝本始三年："六月己丑，丞相义薨。甲辰，长信少府韦贤为丞相。"《汉书·百官表》宣帝地节三年："五月甲辰，丞相贤赐金免。"

本传言韦贤通《礼》及《尚书》，武帝时《尚书》唯有欧阳，韦贤的《尚书》学可能是欧阳氏学。另外，韦贤又担任过大鸿胪，他可能也精礼容。

但韦贤真正所精专的是鲁《诗》。鲁《诗》韦氏学渊源甚长，寻迹于韦

---

① 司马彪《续汉书艺文志·郡国志》刘昭注引刘苍《骊山记》云："邹城在山南，去山二里。城东门外有韦贤墓，北有绎山。"

孟，发轫于韦贤，成于韦玄成、韦赏叔侄。寻绎西汉鲁《诗》传习源流，韦贤实为鲁《诗》韦氏学确立过程中继往开来之人物。

《汉书·儒林传》叙鲁《诗》传授，接《史记·儒林列传》之后首列鲁《诗》韦氏学，按班固意，则以韦氏学为鲁《诗》正脉[①]，而后儒又以鲁《诗》为汉代《诗经》正传。唐晏《两汉三国学案》云："右为鲁诗派。自荀卿传浮丘伯，浮丘伯传申公，是为《诗》家正派，两汉儒者世守之。"韦氏学从鲁《诗》蘖乳分化而来，之所以别立一家，其不同之处盖在于杂有《礼》学，而述礼正是鲁《诗》最大的特征。观韦氏《诗》学传承，韦孟为楚王太傅，通《诗》，四传至韦贤，而贤除家学外另从大江公受《诗》（或间有《穀梁春秋》），又从许生受《礼》，正是两学之结合点。之后其子韦玄成也精于《诗》《礼》，于元帝永光四年（前40）议庙制。柳宗元《裴瑾崇丰二陵集礼后序》："昔韦孟以《诗》《礼》传楚，而郊庙之制正于玄成。"（《河东先生集》卷二十一）说的正是这一点。考诸鲁《诗》学者，如大小江公习鲁《诗》和《穀梁》，而《公羊》《穀梁》不同之处乃是《穀梁》精于礼，又如免中徐公习《诗》《礼》，薛广德习鲁《诗》，故致仕后为悬车之仪（此悬车之仪又见于韦孟《在邹诗》及《白虎通》）。考鲁《诗》经义，也往往以礼说诗。如《相鼠》《白虎通》云："此妻谏夫之义也。"此鲁《诗》说，言夫妻之礼。要之，鲁《诗》韦氏学重视礼实发自韦贤。

韦玄成

韦玄成，韦贤少子，字少翁，习鲁《诗》及《礼》于其父韦贤，鲁《诗》韦氏学创立者，论石渠，名列儒林传，位至丞相，《汉书》将其传附韦贤之后。

《汉书·韦玄成传》曰："玄成字少翁……少好学，修父业……以明经擢为谏大夫，迁大河都尉。"《汉书》本传言，韦贤卒，玄成佯为疯病，以此让爵位于兄韦弘，后不得已受爵。宣帝高玄成节操，以他为河南太守。为官数年，朝廷征玄成为未央卫尉，稍后迁太常。因与杨恽交厚，恽被诛时，玄成亦免官，侍祀孝惠庙时劾不敬，削爵一等。稍后宣帝诏玄成为淮阳中尉，使之论石渠。元帝即位后，玄成为少府，又迁太子太傅，至御史

[①] 许结《西汉韦氏家学诗义考》认为，鲁《诗》韦氏学乃是家学，核之经学史，恐不妥。许文载《文学遗产》2012年第4期。

大夫，永光中，代于定国为丞相。玄成为相时，议罢郡国庙，为丞相七年，建昭三年（前36）卒。具体系年如下：

（1）宣帝元康四年（前62）官至大河都尉，父韦贤卒，玄成让爵于兄韦弘，宣帝不许，迁玄成为河南太守。韦贤卒于元康四年，《汉书·韦玄成传》云："贤薨，玄成在官闻丧，又言当为嗣，玄成深知其非贤雅意，即阳为病狂……玄成不得已受爵。宣帝高其节，以玄成为河南太守。兄弘太山都尉，迁东海太守。"

（2）宣帝神爵四年（前58）为卫尉。《汉书·百官表》宣帝神爵四年："河内太守韦玄成为卫尉，二年迁。"（《汉书》本传则为河南太守）

（3）宣帝五凤二年（前56）为太常。《汉书·百官表》宣帝五凤二年："卫尉韦玄成为太常，二年免。"

（4）宣帝五凤四年（前54）坐与杨恽交厚，恽被诛，玄成免官。时间见上《汉书·百官表》。周寿昌曰："据《百官表》，玄成以太常免官在五凤三年，至永光二年为丞相，十五年。"杨树达云："据《恩泽侯表》'韦贤''魏相''丙吉'三条及《百官表》，玄成免太常及削爵，事并在甘露元年。"按：周、杨二先生将玄成免官与削爵混为一事，失考。考玄成本传云："（玄成）坐与故平通侯杨恽厚善，恽诛，党友皆免官。后以列侯侍祀孝惠庙，当晨入庙，天雨淖，不驾驷马车而骑至庙下。有司劾奏，等辈数人皆削爵为关内侯。"这说明玄成免官在前，时为五凤四年；削爵在后，时为甘露元年（前53）。

（5）宣帝甘露元年削爵一等，为关内侯，玄成作诗自责。见上《汉书·外戚恩泽侯表》及本传。

（6）宣帝甘露三年（前51）拜为淮阳中尉，论石渠。《汉书·韦玄成传》："上欲感风宪王，辅以礼让之臣，乃召拜玄成为淮阳中尉。是时，王未就国，玄成受诏，与太子太傅萧望之及《五经》诸儒杂论同异于石渠阁，条奏其对。""玄成受诏"乃受拜淮阳中尉诏，甫拜中尉，旋即论石渠，当在同一年。按：此事又见载于《御览》卷二四八引赵岐《三辅决录》："淮阳宪王，宣帝爱子，器异其才，欲以为嗣。王恃宠自骄，天子乃用韦玄成为中尉，以辅导之，爰诏与萧望之等论五经同异于石渠阁。"

（7）元帝初元元年（前48）为少府。《汉书·百官表》元帝初元元年："淮阳中尉韦玄成为少府，三年为太子太傅。"

（8）元帝初元四年（前45）为太子太傅。见上，有《汉书·百官表》元帝初元四年："少府延，二年免。"此少府延当为继任韦玄成者。

（9）元帝永光元年（前43）为御史大夫。《汉书·百官表》元帝永光元年："七月辛亥，太子太傅韦玄成为御史大夫，一年迁。"

（10）元帝永光二年（前42）为丞相。《汉书·百官表》元帝永光二年："二月丁酉，御史大夫韦玄成为丞相。"韦玄成为丞相事又见于《敦煌悬泉置汉简》："正月庚子、丞相玄成下小府、车骑将军、将军、中二千石、二千石、郡太守、诸侯相，承书从事下当用者。"

（11）元帝永光四年（前40）至建昭元年（前38），议罢郡国庙。事见本传。

（12）元帝建昭三年（前36），卒。《汉书·百官表》元帝建昭三年："六月甲辰，丞相玄成薨。"《汉书·元帝纪》建昭三年："六月甲辰，丞相玄成薨。"

关于鲁《诗》韦氏学，朱彝尊认为韦贤当有鲁《诗》章句。《经义考》云："鲁诗有韦氏学，而《章句》不载于《汉志》。考《执金吾武荣碑》云'君讳荣，字含和，治《鲁诗经韦君章句》'，则当时韦氏父子亦有章句授弟子矣。"鲁《诗》韦氏学今不传，《五经异义》引有"治鲁诗丞相玄成说"，实则《汉书·韦玄成传》之议庙之论。王仁俊《玉函山房辑佚书续编》辑有《鲁诗韦氏说》一卷，题韦玄成撰。考其内容，实则韦玄成及施雠石渠论一条："《外传》曰：'三王之乐可得闻观乎？'知王者所封三代而已。"（见"施雠"条）按：此条不专说鲁《诗》，所以韦氏学除大体言及礼①之外其具体面目已不可考。

又，晋司马彪《续汉书·律历志》云："而元帝时，郎中京房知五声之音，六律之数。上使太子太傅玄成、谏议大夫章，杂试问房于乐府。"玄成似也通律。

韦玄成著述，《隋志》言梁有《韦玄成集》二卷，亡。两《唐志》并复载《韦玄成集》二卷。冯惟讷《诗纪》、丁福保《全汉诗》辑有韦玄成诗。

韦赏

韦赏，韦贤成兄韦弘之子，习鲁《诗》，名列儒林传，《汉书》无本传，其事迹散见于《汉书·韦贤传》《汉书·董贤传》等篇。《汉书·韦贤传》云："而东海太守（韦）弘子赏亦明《诗》。哀帝为定陶王时，赏为太傅。

---

① 元帝时议罢郡国庙，此事班固于《韦玄成传》中详述之而不列于《礼乐志》，缘班固意，则亦重韦玄成之明礼。

哀帝即位，赏以旧恩为大司马车骑将军，列为三公，赐爵关内侯，食邑千户，亦年八十余，以寿终。宗族至吏二千石者十余人。"《汉书·儒林传》云："玄成及兄子赏以《诗》授哀帝，至大司马车骑将军，自有《传》。由是鲁诗有韦氏学。"

按：《汉书·儒林传》此段不仅语义不清，且表述有误。语义不清之处为：误以为韦玄成至大司马大将军。将《汉书·儒林传》与《汉书·韦贤传》对比可知，此处意为：韦赏至大司马大将军，《汉书》无传；而韦玄成自有本传。错误之处在于：韦赏（而不是韦玄成）为定陶王太傅，以《诗》授哀帝。考《汉书》，韦玄成卒于元帝建昭三年（前36），时哀帝尚未出世，何有以《诗》授哀帝事？①

《汉书·儒林传》和《汉书·韦贤传》均未明言韦赏受《诗》于何人，当为家学②。由《汉书·儒林传》可知，韦赏于鲁《诗》韦氏学之确立亦有相当之贡献。王先谦及《白虎通》将哀帝诏书引诗作鲁《诗》韦氏学。

又，韦赏事迹，《汉书·元帝纪》建昭四年（前35）诏有"临遣谏大夫博士赏等二十一人循行天下"，此"博士赏"疑为韦赏。

刘欣（哀帝）

哀帝刘欣，受鲁《诗》于韦赏，见《汉书·儒林传》。《汉书·哀帝纪》载其学行曰："上（成帝）令（哀帝，时未立为太子）诵《诗》，通习，能说。"

哀帝生卒年。《汉书·哀帝纪》元寿二年（前1）："六月戊午，帝崩于未央宫。"师古注引臣瓒曰："帝年二十即位，即位六年，寿二十五。"师古纠正曰："即位明年乃改元，寿二十六。"师古说合乎史实，哀帝二十六岁卒，则生于成帝河平四年（前25）。

《汉书·外戚传》载建平二年（前5），哀帝母丁太后崩，哀帝欲将父母合葬，云："《诗》云'谷则异室，死则同穴'。昔季武子成寝，杜氏之墓在西阶下，请合葬而许之。"《白虎通·崩薨》篇曰："合葬者何？所以同夫妇之道也。《诗》曰：'谷则异室，死则同穴。'"哀帝引《诗》与《白虎

---

① 俞艳庭《韦玄成何曾以〈诗〉授哀帝——〈汉书·儒林传〉纠谬一则》说同，俞文载《求索》2010年第6期。
② 《新唐书·宰相世系表》载韦氏世系云："（韦）孟四世孙贤，汉丞相、扶阳节侯，又徙京兆杜陵。生玄成，丞相。生宽，宽生育，育生浚，后汉尚书令。"韦玄成之子韦宽不见载于《汉书》，也不以《诗》著名，可见家学乃家族之学，如韦玄成授韦赏，不必父子相承。

通》义正合,此当为鲁《诗》义,也当与齐、韩同。《困学纪闻》卷三:"《白虎通·谏诤》篇:妻得谏夫者,夫妇荣耻共之。《诗》云:'相鼠有体,人而无礼。人而无礼,胡不遄死?'此妻谏夫之诗也。亦齐、鲁、韩之说欤?"

王式

王式,字翁思,习鲁《诗》,师事免中徐公及许生,为昌邑王刘贺师,授张长安、唐长宾、褚少孙,《汉书》无本传,事迹唯见于《汉书·儒林传》:

> 王式字翁思,东平新桃人也。事免中徐公及许生。式为昌邑王师。昭帝崩,昌邑王嗣立,以行淫乱废,昌邑群臣皆下狱诛,唯中尉王吉、郎中令龚遂以数谏减死论。式系狱当死,治事使者责问曰:"师何以亡谏书?"式对曰:"臣以《诗》三百五篇朝夕授王,至于忠臣孝子之篇,未尝不为王反复诵之也;至于危亡失道之君,未尝不流涕为王深陈之也。臣以三百五篇谏,是以亡谏书。"使者以闻,亦得减死论,归家不教授。山阳张长安幼君先事式,后东平唐长宾、沛褚少孙亦来事式,问经数篇,式谢曰:"闻之于师具是矣,自润色之。"不肯复授。唐生、褚生应博士弟子选,诣博士,抠衣登堂,颂礼甚严,试诵说,有法,疑者丘盖不言。诸博士惊问:"何师?"对曰:"事式。"皆素闻其贤,共荐式。诏除下为博士。式征来,衣博士衣而不冠,曰:"刑余之人,何宜复充礼官?"既至,止舍中,会诸大夫、博士,共持酒肉劳式,皆注意高仰之,博士江公世为鲁诗宗,至江公著《孝经说》,心嫉式,谓歌吹诸生曰:"歌《骊驹》。"式曰:"闻之于师:客歌《骊驹》,主人歌《客毋庸归》。今日诸君为主人,日尚早,未可也。"江翁曰:"经何以言之?"式曰:"在《礼记·曲礼》。"江翁曰:"何狗曲也!"式耻之,阳醉遁墬。式客罢,让诸生曰:"我本不欲来,诸生强劝我,竟为竖子所辱!"遂谢病免归,终于家。张生、唐生、褚生皆为博士。张生论石渠,至淮阳中尉。唐生楚太傅。由是鲁诗有张、唐、褚氏之学。张生兄子游卿为谏大夫,以《诗》授元帝。其门人琅邪王扶为泗水中尉,授陈留许晏为博士。由是张家有许氏学。初,薛广德亦事王式,以博士论石渠,授龚舍。广德至御史大夫,舍泰山太守,皆有传。

王式生卒年不详，其事迹载于《汉书·儒林传》者主要有二：一为以《诗》三百零五篇当谏书谏昌邑王刘贺，贺废，王式得以减死归家①；二为宣帝时征为博士，于诸儒宴会时为小瑕丘江公所辱。王式为昌邑王师时大约在武帝后元元年（前88）。按：《武帝纪》后元元年："昌邑王髆薨。"刘髆薨则刘贺立，王式得为其师。王式减死归家时为刘贺被废、宣帝嗣立之本始元年（前73），宣帝征式授博士，后式而为小江公所辱之事约在五凤三年或四年间（前55或前54），考见《穀梁春秋》"小瑕丘江公"条。

张长安

张长安，字幼君，山阳人，习鲁《诗》于王式，为博士，论石渠，自成一家，官至淮阳中尉，名列儒林传。张长安为淮阳中尉恐在论石渠之后接替韦玄成（因韦玄成以淮阳中尉论石渠，详见"韦玄成"条）。

唐长宾

唐长宾，东平人，习鲁《诗》于王式，为博士，别自名家，官至楚太傅，见《汉书·儒林传》，其他事迹不详。

褚少孙

褚少孙，沛人，习鲁《诗》于王式，为博士，自成一家，见《汉书·儒林传》。

关于褚少孙的卒年，刘汝霖《汉晋学术编年》将其考定于元帝初元五年（前44），刘说明审，今从之。

除鲁《诗》外，褚少孙亦习《春秋》，又补作《史记》。《史记·日者列传》云："褚先生曰：臣以通经术，受业博士，治《春秋》，以高第为郎，幸得宿卫，出入宫殿中十有余年。窃好《太史公传》。"褚少孙自言治《春秋》，《史记》司马贞《索隐》言少孙乃是褚大之从孙。《史记·孝武本纪》司马贞《索隐》："韦稜云：'《褚颙家传》（曰）褚少孙，梁相褚大弟之孙，宣帝代为博士，寓居于沛，事大儒王式，号为先生，续太史公书。'阮孝绪

---

① 其事除《汉书·儒林传》外，又见载于《汉纪》昭帝元平元年（前74），与《汉书》文略意同。

亦以为然也。"据此，则褚少孙《春秋》学当受之褚大，为《公羊》学。关于褚少孙地籍，《汉书·儒林传》言沛人，《史记·孝武本纪》司马贞《索隐》引张晏云"褚先生颍川人，仕元成间"，《史记·儒林列传》则言褚大为兰陵人，三者不同。如此而言，褚氏家传牒谱所云褚少孙为褚大后人，其可信度似也不高。①

褚少孙鲁《诗》遗说，见于《史记·三代世表》褚先生补曰："《诗》言契生于卵，后稷人迹者，欲见其有天命精诚之意耳。……《诗传》曰：'汤之先为契，无父而生。契母与姊妹浴于玄丘水，有燕衔卵堕之，契母得，故含之，误吞之，即生契。'"此处褚少孙所引《诗传》，疑为《鲁诗传》。刘向《列女传》："契母简狄者，有娀氏之长女也。当尧之时，与其妹娣浴于玄丘之水。有玄鸟衔卵，过而坠之。五色甚好，简狄与其妹娣竞往取之。简狄得而含之，误而吞之，遂生契焉。"与《史记》载《诗传》同。马瑞辰《鲁诗无传辨》云："《汉书楚元王传》言：'申公始为《诗传》，号《鲁诗》。'《太平御览》二百三十二卷引《鲁国先贤传》曰：'汉文帝时闻申公为诗最精，以为博士，申公为诗传，号为《鲁诗》。'何休《公羊注》、班固《白虎通》、《文选》李善注皆引《鲁诗传》，是《鲁诗》有传之证。"如此，则鲁《诗》当有传。另据《汉书·儒林传》王式"自润色之"，《史记·儒林列传》"申公独以《诗经》为训以教，无传"及荀悦《汉纪》卷二十五"诗，始自鲁申公作古训"等数语相发明，此《鲁诗传》或为申公之后鲁《诗》学者集体所作。

又，《诗纬·含神雾》云："契母有娀，浴于玄丘之水，睇玄鸟衔卵，过而坠之，契母得而吞之，遂生契。"②与褚先生所引《诗传》同。后儒言今文经学西汉末年杂入谶纬，故亡。谶纬生于哀平之世，乃是谶纬取诗说，非诗说取谶纬。如此，今文经说自已不纯，不必待西汉末。

张游卿

张游卿，张长安兄之子，习鲁《诗》，授元帝，见《汉书·儒林传》。

张游卿事迹不详。《史记·三代世表》："张夫子问褚先生曰：'诗言契、

---

① 《新唐书·宰相世系表》："褚氏出自子姓。宋共公子段，字子石，食采于褚，其德可师，号曰'褚师'，生公孙肥，子孙因为褚氏。汉梁相褚大，元、成间有褚先生少孙，裔孙重，始居河南阳翟。"未载褚大与褚少孙之关系。

② ［日］安居香山、［日］中村璋八辑：《纬书集成》，河北人民出版社1994年版，第463页。

后稷皆无父而生。'"陈直《汉书新证》云此张夫子,可能是张游卿。

王扶

王扶,琅琊人,张游卿门人,习鲁《诗》,授许宴,见《汉书·儒林传》,其他事迹不详。

许晏

许晏,字伟君,陈留人,师事王扶,习鲁《诗》,自成一家,其人学略除见于《汉书·儒林传》外,又见于《御览》卷四九六引《陈留风俗传》:"许晏字伟君,受鲁《诗》于琅邪王扶,改学曰《许氏章句》,列在儒林。故谚曰:'殿上成群许伟君。'"可验证《汉书·儒林传》所言"张家有许氏学"。

薛广德

薛广德,字长卿,沛郡相人,习鲁《诗》,师事王式,名列《汉书·儒林传》,《汉书》有本传。《汉书·薛广德传》曰:"薛广德字长卿,沛郡相人也。以鲁《诗》教授楚国,龚胜、舍师事焉。萧望之为御史大夫,除广德为属,数与论议,器之,荐广德经行宜充本朝。为博士,论石渠,迁谏大夫,代贡禹为长信少府、御史大夫。"元帝初元五年(前44)由长信少府迁御史大夫,次年元帝永光元年(前43)致仕,行悬车之仪。《汉书·百官表》元帝初元五年:"六月辛酉,长信少府贡禹为御史大夫,十二月丁未卒。丁巳,长信少府薛广德为御史大夫,一年以病赐安车驷马免。"一年之后为永光元年。又,《汉书》本传言:"广德为御史大夫,凡十月免。东归沛,太守迎之界上。沛以为荣,悬其安车传子孙。"其卒年无考。《汉纪》元帝初元五年:"(十二月)丁巳,长信少府薛广德为御史大夫。"

《后汉书·儒林列传》论及韩《诗》名家薛汉云:"薛汉字公子,淮阳人也。世习韩《诗》,父子以章句著名。"依范书,则所谓"世习韩《诗》"乃是改鲁《诗》家学。究竟何人所改?《新唐书·宰相世系表》载薛氏谱系云:"(薛)广德生饶,长沙太守。饶生愿,为淮阳太守,因徙居焉。生方邱,字夫子。邱生汉,字公子,后汉千乘太守。"从《新唐书》记载分析,薛家改习鲁《诗》为韩《诗》当始自薛广德之孙薛愿。薛饶乃广德子,与两龚同辈,当习鲁《诗》,不能改;薛方邱时已称"世习韩《诗》",明已早改,又以淮阳为地望,则可推知改习韩《诗》者疑为广德之孙薛愿。

龚舍

龚舍,字君倩,楚人,习鲁《诗》,通《五经》,师事薛广德,与楚人龚胜交厚,时人称两龚,名列儒林传,《汉书》卷七十二有传,将两龚传合为一文。据《汉书·薛广德传》,薛广德以鲁《诗》授两龚。《汉书·龚舍传》曰:"(两龚)少皆好学明经,胜为郡吏,舍不仕。……舍亦通《五经》,以鲁《诗》教授。"

龚舍生卒年。《汉书·龚舍传》言舍卒于王莽居摄(6—8)中:"舍年六十八,王莽居摄中卒。"考《后汉书·杨震列传》言"居摄二年杨宝与两龚、蒋诩俱征",则居摄二年(7)龚舍还在世,且《汉书》龚舍本传不载王莽征舍事,不知孰是?姑且定龚舍于居摄二年卒,寿六十八,则龚舍生于宣帝神爵二年(前60)。

按:龚舍初受鲁《诗》于薛广德时,龚尚幼年。《汉书·薛广德传》言"以鲁《诗》教授楚国,龚胜、舍师事焉。萧望之为御史大夫,除广德为属,数与论议,器之,荐广德经行宜充本朝。为博士,论石渠,迁谏大夫,代贡禹为长信少府、御史大夫"。论石渠为甘露三年(前51),则龚舍才十岁。按:《汉书·薛广德传》言广德先于楚地授鲁《诗》,后为萧望之荐于朝廷,为博士,论石渠,如此则两龚受鲁《诗》当在幼年时。

龚胜为朝廷征时荐龚舍同往。《汉书·龚胜传》曰:"引见,胜荐龚舍及亢父宁寿、济阴侯嘉,有诏皆征。""龚舍、侯嘉至,皆为谏大夫。"又曰:"(龚胜)为大夫二岁余,迁丞相司直,徙光禄大夫,守右扶风。"考《汉书·百官表》哀帝建平四年(前3):"光禄大夫龚胜为右扶风,一年归故官。"则可知,龚胜荐舍、两人俱为谏大夫时为哀帝建平元年(前6)。

龚舍随楚王来朝,复至长安卒学,时当在元成世,具体时间已不可考。然复师事薛广德似乎可能性不大,因薛氏于元帝永光元年(前43)即致仕归家。

龚舍事迹又见于南朝梁元帝萧绎《金楼子·杂记篇》:"楚国龚舍,初随楚王朝,宿未央宫,见蜘蛛焉。有赤蜘蛛大如栗,四面紫罗网,有虫触之而死者,退而不能得出焉。舍乃叹曰:'吾生亦如是矣。仕宦者人之罗网也,岂可淹岁?'于是挂冠而退。时人笑之,谓舍为蜘蛛之隐。"虞初之语,参相发明。

高嘉

高嘉，东汉高诩祖父，习鲁《诗》，授元帝。《后汉书·儒林列传》："高诩字季回，平原般人也。曾祖父嘉，以鲁《诗》授元帝，仕至上谷太守。父容，少传嘉学，哀平间为光禄大夫。"

陆玑《毛诗草木鸟兽虫鱼疏》亦云："时平原高嘉亦以《诗》授元帝，为上谷太守传子容少为光禄大夫，孙诩以父任为郎中，以世传鲁《诗》知名，王莽时逃去不仕。"

高容

高容，东汉高诩之父，习鲁《诗》，事见前"高嘉"条所引《后汉书·儒林列传》。

右师细君

右师细君，姓右师①，名细君，习鲁《诗》，为博士，东汉包咸之师，不见载于《汉书·儒林传》，《汉书》无本传。细君授包咸鲁《诗》事见于《后汉书·儒林列传》："包咸字子良，会稽曲阿人也。少为诸生，受业长安，师事博士右师细君。习鲁《诗》《论语》。王莽末，（包咸）去归乡里，于东海界为赤眉贼所得，遂见拘执。"包咸王莽新朝末去归乡里，咸少时受业于细君，则细君必是西汉人，故录此补儒林鲁《诗》学经师。

许晃

许晃，东汉李业从之受《诗》，为博士，不见于儒林，《汉书》无传，见于《后汉书·独行列传》："李业字巨游，广汉梓潼人也。少有志操，介特。习鲁《诗》，师博士许晃。元始中，（李业）举明经，除为郎。"李业平帝元始中以明经为郎，可知许晃生于西汉，故将其补录入儒林。

---

① 《汉书·息夫躬传》有中郎右师谭，张晏云："姓右师。"陈直《汉书新证》云："《汉印文字征》第六、第十三页，有'右师赤'，右师复姓，与张晏注正合。"

义倩

义倩，韦贤门生，为博士，见《汉书·韦贤传》："（韦贤薨）于是贤门下生博士义倩等与宗家计议，共矫贤令，使家丞上书言大行，以大河都尉玄成为后。"《两汉三国学案》云："义倩，瑕丘江公弟子。"盖失考。

第二节　齐《诗》群儒考

西汉齐《诗》学创始于辕固，《史记·儒林列传》记载了他的事迹，辕固之后的齐《诗》传承情况未载。《汉书·儒林传》则在《史记·儒林列传》的基础上，记录了辕固以后齐《诗》的传习顺序及师承情况。今据《史记》《汉书》两儒林传及他籍所载，西汉共有齐《诗》经师十四位：辕固、夏侯始昌、后苍、翼奉、萧望之、白奇、匡衡、师丹、伏理、满昌、张邯、皮容、班伯、孙氏。十四位经师中，除夏侯始昌列于《尚书》、后苍列于《礼》外，其余齐《诗》学者考述如下。

辕固

辕固，姓辕，名固。后人或意为复姓"辕固"而失其名，非是。《汉书·高帝纪》有辕生："辕生说汉王。"颜师古注引文颖曰："辕姓，生谓诸生。"《汉书·成帝纪》有司隶校尉辕丰，陈直引《汉印文字征》第十四、六页有"辕隆""辕猛"两印，则"辕"乃汉人常姓。但陈直先生于辕固姓名则误解，如《史记·晁错列传》"（错）学申商刑名于轵张恢先所"，《汉书新证》云："直按：《汉旧仪》云：'博士称先生。'或简称为先，如《梅福传》之叔孙先，《李寻传》之正先，本传之邓先是也。或简称为生，如伏生、辕固生、贾生是也。此独称张恢生，在姓名下加以生字，尚属创见。"从"尚属创见"一语来看，则陈直先生也以为辕固是复姓。实际上，《史记·晁错列传》称张恢先，《史记·儒林列传》称辕固生，其体例是一致的，都是姓名之下冠以尊称。

作为齐《诗》的首创经师，《史记·儒林列传》载有辕固事迹，《汉书·儒林传》袭之，曰：

辕固，齐人也。以治《诗》孝景时为博士，与黄生①争论于上前。黄生曰："汤、武非受命，乃杀也。"固曰："不然。夫桀、纣荒乱，天下之心皆归汤、武，汤、武因天下之心而诛桀、纣，桀、纣之民弗为使而归汤、武，汤、武不得已而立。非受命为何？"黄生曰："'冠虽敝必加于首，履虽新必贯于足。'何者？上下之分也。今桀、纣虽失道，然君上也；汤、武虽圣，臣下也。夫主有失行，臣不正言匡过以尊天子，反因过而诛之，代立南面，非杀而何？"固曰："必若云，是高皇帝代秦即天子之位，非邪？"于是上曰："食肉毋食马肝，未为不知味也；言学者毋言汤、武受命，不为愚。"遂罢。窦太后好《老子》书，召问固。固曰："此家人言矣。"太后怒曰："安得司空城旦书乎！"乃使固人圈击彘。上知太后怒，而固直言无罪，乃假固利兵。下，固刺彘正中其心，彘应手而倒。太后默然，亡以复罪。后上以固廉直，拜为清河太傅，疾免。武帝初即位，复以贤良征。诸儒多嫉毁曰固老，罢归之。时，固已九十余矣。公孙弘亦征，仄目而事固。固曰："公孙子，务正学以言，无曲学以阿世！"诸齐以《诗》显贵，皆固之弟子也。昌邑太傅夏侯始昌最明，自有传。

据《汉书·公孙弘传》，公孙弘征贤良文学凡两次（详见"公孙弘"条）。一为武帝建元元年（前140），一为元光五年（前130）。从"今上初即位"来看，属第一次征贤良。建元元年时辕固年岁九十余，则辕固约生于秦始皇十四年（前233），大约卒于武帝建元年间，终寿约百。《汉书·景帝纪》中元三年（前147）："立皇子乘为清河王。"辕固为清河王太傅约为景帝中元三年，除此之外其他事迹不详。

齐《诗》之著述，《汉志》录有《诗经》二十八卷，又有"《齐杂记》十八卷"，但《隋唐志》不见著录，曰："齐《诗》，魏代已亡。"关于此《齐杂记》的内容，姚振宗《汉志条理》："此与《春秋》《公羊杂记》相类，皆合众家所记以为一篇。刘氏《录》《略》中当必有其姓名，班氏略之，今遂不可考。"王先谦《汉书补注》曰："此盖下所云采杂说者。"按：《汉志》曰："汉兴，鲁申公为诗训故，而齐辕固、燕韩生皆为之传。或取

---

① 《史记·太史公自序》："太史公（迁父司马谈）习道论于黄子。"张守节《正义》引徐广曰："儒林传曰黄生，好黄老之术。"《汉书·司马迁传》此文师古注："师古曰：'景帝时人也，儒林传谓之黄生，与辕固争论于上前，谓汤武非受命，乃杀也。'"

《春秋》，采杂说，咸非其本义。"王氏本为此说。

从《汉志》的记载来看，似乎辕固有《诗传》，但《汉志》不见著录。荀悦《汉纪》卷二十五："齐人辕固生为景帝博士，亦作《诗外内传》。"陆德明《序录》："齐人辕固生作《诗传》，号'齐诗'，传夏侯始昌。"朱彝尊《经义考》、姚振宗《汉志拾补》均据《汉纪》《序录》而载。今人刘毓庆认为《齐杂记》"当即辕氏之《外传》"①。

后儒对齐《诗》及其诗说有多种辑本：齐《诗》经文，宋王应麟《韩鲁齐三家诗考》辑有《齐诗》（清卢文弨、丁晏等有增补），清王谟《汉魏遗书钞》及阮元并辑有《齐诗》；齐《诗》传，宋王应麟辑有《齐诗故传》（清迮鹤寿补），题辕固撰，黄奭《黄氏逸书考》辑有《辕固齐诗传》，马国翰《玉函山房辑佚书》有《齐诗传》，题后苍撰；齐《诗》异文，清冯登府《三家诗异文疏证》有《齐诗异文疏证》；齐《诗》遗说，则陈乔枞《三家诗遗说考》有《齐诗遗说考》，此外还有王先谦《诗三家义集疏》、今儒台湾王礼卿先生《四家诗旨会归》。

辕固之齐《诗》学其全貌今不可考，后儒往往将其视为主五行阴阳灾异之齐学，如皮锡瑞《经学历史》所谓"齐学""鲁学"之论即为代表。此外又如唐晏《两汉三国学案》亦云："按：《齐诗》本为《诗》家别传，而（翼）奉之学尤异，纯以阴阳五行说《诗》，仿佛京房之于《易》，李寻之于《书》。夫《齐诗》，齐学也。齐人当战国时，驺衍之学最胜。衍之学盖阴阳五行家言，故齐之儒者多承其绪余，其末流遂至以变孔门之真相。"又云："右为《齐诗》派。按：自驺子推终始五德之运，齐人颇传之。及秦始皇采用其说，乃大行于世。齐之儒者，皆衍之绪余也，甚至于说《诗》亦参以阴阳五行之术。汉代君臣好闻灾异，乃公然立为博士，而《五经》遂有莒人灭鄫之讥矣。"二家之前有迮鹤寿作《齐诗翼氏学》，发明齐《诗》所谓"四始""五际""六情""十二律"之说，此后又有陈乔枞为迮书疏证，俨然将阴阳五行之说视为齐《诗》之显征。按：清儒此等说误甚。对此，徐复观驳斥云：

> 其（齐《诗》）遗说见于《汉书》萧望之、匡衡、师丹各传奏疏中的，多为诸家之通义。乃陈乔枞《齐诗遗说考》特划定《仪礼》、戴《记》、《汉书》、荀悦《汉纪》、《春秋繁露》《易林》《盐铁论》《申鉴》诸书中有关《诗》的材料，作为齐《诗》的范围，采辑以成《齐

---

① 刘毓庆：《历代诗经著述考（先秦—元代）》，中华书局2002年版，第35页。

诗遗说》，可谓荒谬绝伦。至《翼奉传》所载翼奉"四始五际六情"之说，乃受夏侯始昌以阴阳五行附会《洪范》言灾异的影响，他把这一趋向拓展于《诗》的领域，而更向旁枝曲径上推演，以成怪异不经之说，既无与于《诗》教，亦非辕固之所及料。《史记·孔子世家》中所称"四始"，与毛《诗》四始之义相合，史公不习毛《诗》，盖此乃诸家的通义，可知翼奉以"水始、木始、火始、金始"为四始，史公时尚未出现。乃有的清儒竟以此为齐《诗》的特征，可谓诬妄之甚。①

又细考辕固与黄生之争论，辕固或又通今文《尚书》学。徐复观又云："辕固在皇权鼎盛的皇帝面前，强调汤、武革命，可谓能把握儒家政治思想中的真精神，其所习者当不仅限于《诗》。《太平御览》卷八十三皇王部伏生假设为'汤曰'以发明汤放桀之义谓'夫天下者非一家之有也，唯有道者之有也'，他所传承的儒家'天下为公'的政治思想与辕固正同。"② 按：《尚书大传》："维十有四祀，钟石笙管变声乐，未罢，疾风发屋，天大雷雨。帝沉首而笑曰：'明哉！非一人之天下也，乃见于钟石。'"（据陈寿祺辑本）与辕固持论正同，实则与今文《尚书》家"三正"循环论暗合。此可驳清儒所谓"西汉儒生专治一经"不可成立之一证。申而论之，黄生为道家，其言"冠虽敝必加于首，履虽新必贯于足"，见于《吕氏春秋》与《穀梁》，是为儒家者言，何由专治一经之说？

翼奉

翼奉，字少君，习齐《诗》于后苍，自成一家，开齐《诗》翼氏学，名列儒林。《汉书·儒林传》云："（后苍）授翼奉、萧望之、匡衡。"《汉书》卷七十五有传。《汉书·翼奉传》曰："翼奉字少君，东海下邳人也。治《齐诗》，与萧望之、匡衡同师。三人经术皆明，衡为后进，望之施之政事，而奉惇学不仕，好律历阴阳之占。"其人生卒年不详，本传云："（翼）奉以中郎为博士、谏大夫，年老以寿终。"

翼奉事迹载于本传较为显著者，又有上元帝疏预言武帝白鹤馆灾，为

---

① 徐复观：《中国经学史的基础》，见《徐复观论经学史二种》，上海书店出版社2006年版，第116—117页。
② 徐复观：《中国经学史的基础》，见《徐复观论经学史二种》，上海书店出版社2006年版，第116页。

元帝初元年间事①；又谏言元帝迁都，《汉书》本传载奉上疏曰："迁都正本，如因丙子之孟夏，顺太阴以东行，到后七年之明岁，必有五年之余蓄，然后大行考室之礼，虽周之隆盛，亡以加此。"② 奉谏言元帝戒阴阳天变，省简为务，徙南北郊，本传言："贡禹亦言当定迭毁礼，上遂从之。及匡衡为丞相，奏徙南北郊，其议皆自奉发之。"

翼奉之学。翼氏齐《诗》学的特点主要在于所谓的"五际""六情"之说，今已不可得见全貌，只散见于《汉书·翼奉传》。本传载翼奉奏封事云："《易》有阴阳，《诗》有五际，《春秋》有灾异，皆列始终、推得失、考天心，以言王道之安危。"孟康注："《诗内传》云：'五际，卯、酉、午、戌、亥也。阴阳终始际会之岁，于此则有变改之政也。'"此当为《齐诗内传》，详见陈乔枞《齐诗翼氏学疏证》。清迮鹤寿《齐诗翼氏学》、陈乔枞《齐诗翼氏学疏证》辑有翼奉之齐《诗》学。按：《汉书·翼奉传》载其疏中云："臣闻之于师，治道要务，在知下之邪正。人诚乡正，虽愚为用；若乃怀邪，知益为害。知下之术，在于六情十二律而已。"又云："师法用辰不用日。辰为客，时为主人。"明翼奉之学来自其师后苍，考《汉志》诗类载有齐《后氏故》二十卷，齐《后氏传》三十九卷，孟康所引《诗内传》当为《后氏传》中文，后苍所作。然疏中又言："唯奉能用之，学者莫能行。"盖后氏之学开其五行阴阳之风气而翼奉独发扬光大，由此可知，翼氏学为齐《诗》之里程碑亦不为过。按：研读翼奉之上疏，其中也有齐《诗》未染阴阳五行说之前之古义。如疏云："如因丙子之孟夏，顺太阴以东行，到后七年之明岁，必有五年之余蓄，然后大行考室之礼，虽周之隆盛，亡以加此。"此用《小雅·斯干》义。《小雅·斯干》，《毛诗序》云："宣王考室也。"郑玄笺云："德行国富，人民殷众，而皆佼好，骨肉和亲，宣王于是筑宫庙群寝，既成而衅之，歌《斯干》之诗以落之。"与翼奉疏中义略同。而《汉书·刘向传》载向上成帝疏云："周德既衰而奢侈，宣王贤而中兴，更为俭宫室，小寝庙。诗人美之，《斯干》之诗是也，上章道宫室之如制，下章言子孙之众多也。"与翼奉说相反。大约诸家之义，所谓"大旨相同"。

翼奉亦通《春秋左传》及《礼记》。疏中曰："北方之情，好也；好行贪狼，申子主之。东方之情，怒也；怒行阴贼，亥卯主之。贪狼必待阴贼而后动，阴贼必待贪狼而后用，二阴并行，是以王者忌子卯也。《礼经》避

---

① 《汉书·元帝纪》初元三年（前46）："夏四月乙未晦，茂陵白鹤馆灾。"
② 刘汝霖《汉晋学术编年》将此事系于元帝初元五年（前44）。

之,《春秋》讳焉。"所谓"《礼经》避之,《春秋》讳焉"见《左传》昭公九年:"辰在子卯,谓之疾日。"杨伯峻《春秋左传注》曰:"甲子为商纣灭亡死日,见《汉书·律历志》引《武成》与《史记·商本纪》;乙卯为夏桀亡日,见孔疏。当时人因此以甲子、乙卯为疾日。疾日即忌日。《礼记·玉藻》谓于此二日食粗粮菜汤,亦可证甲子、乙卯为忌日。"又明《公羊》。疏中又云:"今异至不应,灾将随之。其法为大水,然极阴生阳,反为大旱,甚则将有火灾,《春秋》宋伯姬灾是也。"《汉书·五行传》曰:"(襄公)三十年'五月甲午,宋灾'。董仲舒以为伯姬如宋五年,宋恭公卒,伯姬幽居守节三十余年,又忧伤国家之患祸,积阴生阳,故火生灾也。刘向以为先是宋公听谗而杀大子座,应火不炎上之罚也。"考翼奉之说,与董仲舒之《公羊》说合与刘向之《穀梁》说不合。

《汉志》载有《孝经翼氏说》一篇。姚振宗《汉志条理》云:"奉为后氏弟子,其《孝经》之学亦受之后氏可知。"《孝经翼氏说》又有《后氏说》《杂传》。张舜徽《汉志通释》云:"按循前后叙次观之,《杂传》综合诸家,应在安昌侯说之后而后氏说又当列《翼氏说》之前,书经传写,易致颠倒。疑原文盖不如此。"按:《汉志》孝经类既有后氏又有翼氏,则翼氏说与后氏说绝非全同,翼氏必有变乱其师法之处,否则何烦两书?可见清儒所谓西汉传经最重师法,无一字背离云云乃是臆测。又,《汉志》排序而言,翼奉为弟子,《孝经翼氏说》反而列于其师之《后氏说》之前,明《汉志》书目排列并无章法,所谓今文在前古文在后云云,不见得有深意,或为作者随意而列。

《隋志》子部天文家有《翼氏占风》一卷,五行家录有《风角要候》十一卷,《风角杂占五音图》五卷、梁十三卷,《风角鸟情》一卷,均题翼奉撰。两《唐志》并载《风角要候》一卷,翼奉撰。惠栋《易汉学》:"南史曰:'梁大同中,同泰寺灾。帝召太史令虞㽔筮之,遇坤之履,曰:"无害。其系曰:西南得朋,东北丧朋,安贞吉。《文言》曰:东北丧朋,乃终有庆。"'帝曰:'斯魔也。西应见卯,金来克木,卯为阴贼(惠栋曰:"用翼奉语。")。鬼而带贼,非魔何也?'"可见齐梁时此书也颇流行,但宋人书目不见载,或亡于唐宋之际。其遗文见于唐人注疏,如《汉书》本传又载奉疏中有言:"上方之情,乐也;乐行奸邪,辰未主之。"师古注曰:"《翼氏风角》曰:'木落归本,水流归末。'"疏又言:"万事虽众,何闻而不谕。"孟康注引《翼氏风角》曰"金刚火强,各归其乡。"其余如《后汉书·郎𫖮列传》李贤注、《文选》李善注及《御览》《类聚》等书所引。又有翼奉《风角》,疑为后人假托,于京氏《风角》同理。

萧望之①

萧望之，字长倩，东海兰陵人，习齐《诗》于后苍，从夏侯胜问《论语》《礼服》，五经名儒，名列儒林传，《汉书》卷七十八有传。《汉书·萧望之传》曰："萧望之……治齐《诗》，事同县后苍且十年。……复事同学博士白奇，又从夏侯胜问《论语》《礼服》。"《汉书·萧望之传》载，昭帝时，丙吉举荐望之，望之以射策甲科为郎。后数年，望之弟犯法，牵连望之，而免归为郡吏。御史大夫魏相以望之为属②，察廉为大行治礼丞，此后望之历任谒者、谏大夫、丞相司直、平原太守、少府、左冯翊、大鸿胪，后代丙吉为御史大夫。任御史大夫时为丞相司直繁延寿所弹劾，左迁太子太傅，以《论语》《礼服》授元帝。宣帝病笃，选萧望之辅太子，拜其为前将军、光禄勋。元帝即位，初甚重之，稍后为郑朋、弘恭、石显等所谮，望之自杀。

萧望之生卒年。据本传萧望之自杀于元帝初元二年（前47），《汉书·元帝纪》初元二年"十二月，中书令弘恭、石显等潜望之，令自杀"，且自杀时自称年逾六十，则望之约生于武帝元封三年（前108）。

据《汉书》本传及他篇，考得萧望之事迹系年如下：

（1）宣帝地节三年（前67）夏，京师落雹，望之于是上疏，陈灾异。宣帝拜望之谒者，随即迁望之谏大夫、丞相司直。事见《汉书》本传。

（2）宣帝元康元年（前65）为少府。《汉书·百官表》宣帝元康元年："平原太守萧望之为少府，一年徙。"

（3）宣帝元康二年（前64）为左冯翊。《汉书·百官表》元康二年："少府萧望之为左冯翊，三年迁。"在任时逢西羌反，汉军征讨。京兆尹张敞上书言差入谷赎罪八郡，萧望之与少府李强对，以为输谷赎罪之计不可行。事见《汉书》本传。

（4）宣帝神爵元年（前61）为大鸿胪。《汉书·百官表》神爵元年："左冯翊萧望之为大鸿胪，二年迁。"《汉书·萧望之传》："望之为左冯翊三年，京师称之，迁大鸿胪。"

（5）宣帝神爵三年（前59）为御史大夫。《汉书·百官表》宣帝神爵

---

① 《新唐书·宰相世系表》言萧望之乃萧何八世孙。师古已驳之。
② 《汉书·儒林传》云："张禹与萧望之同时为御史，数为望之言《左氏》，望之善之。"盖在此时。

三年："七月甲子，大鸿胪萧望之为御史大夫，三年贬为太子太傅。"《汉书·萧望之传》："三年，代丙吉为御史大夫。"为御史大夫，奏言设常平仓非善，不宜增海租，事见《汉书·食货志》及《汉书》本传。为御史大夫官又见于《敦煌悬泉置汉简》："御史大夫望之谓高陵，以次为驾，当舍传舍，如律令。"

（6）宣帝五凤二年（前56），丞相司直繁延寿奏望之倨慢不逊，左迁太子太傅。《汉书·百官表》五凤二年："八月壬午，太子太傅黄霸为御史大夫，一年迁。"黄霸去太子太傅位，则望之代之。事又见本传："左迁君为太子太傅，授印。……望之既左迁，而黄霸代为御史大夫。"萧望之为太子太傅时，承诏问匡衡《诗》义，荐匡衡经学通明，见《汉书·匡衡传》；又承诏问张禹《易》学，荐张禹经学精习可试事，见《汉书·张禹传》；《汉纪》五凤二年："（秋八月）壬午，御史大夫萧望之贬为太子太傅，太傅黄霸为御史大夫。"

（7）宣帝甘露元年（前53）评《公羊》《穀梁》异同，见《汉书·儒林传》。

（8）宣帝甘露二年（前52），匈奴呼韩邪单于来朝，诏公卿议其仪，望之与丞相黄霸、御史大夫定国议礼，望之以为："以客礼待之，令单于位在诸侯王上，赞谒称臣而不名。"其建议为宣帝所采纳。事见本传及《汉书·匈奴传》。《汉书·百官表》甘露二年："五月己丑，廷尉于定国为御史大夫，一年迁。"甘露三年（前51）："三月己丑，丞相霸薨。五月甲午，御史大夫于定国为丞相。"则黄霸为丞相同时于定国为御史大夫唯有甘露二年。《汉书·匈奴传》亦言："是岁，甘露元年也。明年，呼韩邪单于款五原塞，愿朝三年正月。汉遣车骑都尉韩昌迎，发过所七郡郡二千骑，为陈道上。单于正月朝天子于甘泉宫，汉宠以殊礼，位在诸侯王上，赞谒称臣而不名。"

（9）宣帝甘露三年论石渠，评五经同异。今《通典》《毛诗正义》《礼记正义》所载《石渠礼论》有萧望之对。

（10）宣帝黄龙元年（前49），望之与乐陵侯史高、少傅周堪皆受遗诏辅政，领尚书事。望之拜为前将军光禄勋，事见本传。《汉书·百官表》黄龙元年："太子太傅萧望之为前将军，一年为光禄勋，二年免。"

（11）元帝初元二年（前47）冬赐爵关内侯，同年十二月自杀。《汉书·元帝纪》初元二年："冬，诏曰：'国之将兴，尊师而重傅。故前将军望之傅朕八年，道以经书，厥功茂焉。其赐爵关内侯，食邑八百户，朝朔望。'""十二月，中书令弘恭、石显等潜望之，令自杀。"

萧望之号五经名儒。本传言其师事后苍，又从夏侯胜问《论语》《礼服》，兼向同学白奇学习，所采非一家。《汉志》言："传《鲁论语》者，常山都尉龚奋、长信少府夏侯胜、丞相韦贤、鲁扶卿、前将军萧望之、安昌侯张禹，皆名家。"唐晏曰："汉人疏议皆可当作经义读。"望之之学今虽不传，但细品其疏奏，略可窥其学之一二，列于下。

萧望之习《公羊》。本传载："五凤中匈奴大乱，议者多曰匈奴为害日久，可因其坏乱举兵灭之。诏遣中朝大司马车骑将军韩增、诸吏富平侯张延寿、光禄勋杨恽、太仆戴长乐问望之计策，望之对曰：'春秋晋士匄帅师侵齐，闻齐侯卒，引师而还，君子大其不伐丧。'以为恩足以服孝子，谊足以动诸侯。"襄公十九年，齐侯环卒，《春秋公羊传》曰："晋士匄帅师侵齐，至谷，闻齐侯卒，乃还。还者何？善辞也，大其不伐丧也。"望之正是引《春秋公羊》义为说。

萧望之《诗》学。元康二年（前64）萧望之对张敞，以为输谷赎罪防边之法不可行，曰："古者臧于民，不足则取，有余则予。《诗》曰'爰及矜人，哀此鳏寡'，上惠下也。又曰'雨我公田，遂及我私'，下急上也。"引《诗》为说，王先谦以为是齐《诗》义，亦无不可。考其说《诗》，并无阴阳感应之说，与三家亦无截然之区别。

萧望之论《礼》。本传言："望之以为中书政本，宜以贤明之选，自武帝游宴后庭，故用宦者，非国旧制，又违古不近刑人之义，白欲更置士人，由是大与高、恭、显忤。"所谓"古不近刑人之义"乃《礼记》曰"刑人不在君侧"之义也。此亦可见望之通《礼》学，此义亦见于《公羊》。

萧望之又通今文《尚书》与《易》。本传载甘露二年（前52）议待单于来朝礼，望之以为"单于非正朔所加，故称敌国，宜待以不臣之礼，位在诸侯王上。外夷稽首称藩，中国让而不臣，此则羁縻之谊，谦亨之福也。《书》曰'戎狄荒服'……如使匈奴后嗣卒有鸟窜鼠伏，阙于朝享，不为畔臣"。"谦亨之福"，师古注曰："《易·谦》卦之辞曰'谦，亨，天道下济而光明，地道卑而上行'，言谦之为德，无所不通也。"此为望之《易》学之证。"戎狄荒服"，取"荒忽无常"之意，乃今文《尚书》说。"宜待以不臣之礼，位在诸侯王上"则取"王者三不臣"之义。《白虎通》云："王者所不臣者三，何也？谓二王之后，妻之父母，夷狄也。……《尚书大传》曰：'正朔所不加，即君子所不臣也。'"又，《毛诗·臣工》孔颖达疏引《大传》曰："周公谓越裳之译曰：'德泽不加焉，则君子不享其质；政令不施焉，则君子不臣。'"其义并同。又本传载宣帝地节三年（前67）京师大雨雹，萧望之对灾异曰："《春秋》鲁昭公三年大雨雹。是时季孙专权，卒逐昭公。向使鲁公察其变，宜无此害。"《汉书·五行志》云："昭公三年，'大雨雹'。是时季氏专权，胁君之象见。昭公不寤，后季氏卒逐昭公。"与望之说正合。萧望之当用夏侯家《洪范五行传》之说。

《汉志》辞赋类录有萧望之赋四篇，今佚。

白奇

治齐《诗》，萧望之同学，见《汉书·萧望之传》："（望之）复事同学博士白奇。"其他事迹不详。白奇既然与萧望之同学，则其《诗》学也当受于后苍。《汉书补注》引王先慎曰："是白奇亦从事后苍而《（儒林）传》不载。"

匡衡

匡衡，字稚圭，东海人，习齐《诗》于后苍，自成一家，名列儒林传，《汉书》卷八十一有传。

关于匡衡名字，后儒又有匡衡字鼎的异说。本传曰："诸儒为之语曰：'无说《诗》，匡鼎来；匡语《诗》，解人颐。'"师古注引张晏曰："匡衡少时字鼎，长乃易字稚圭。世所传衡与贡禹书，上言'衡敬报'，下言'匡鼎白'，知是字也。"师古曰："张氏之说盖穿凿矣。假有其书，乃是后人见此传云'匡鼎来'，不晓其意，妄作衡书云'鼎白'耳。字以表德，岂人之所自称乎？今有《西京杂记》者，其书浅俗，出于里巷，多有妄说，乃云匡衡小名鼎，盖绝知者之听。"

《汉书》本传云："后有司奏衡专地盗土，坐免为庶人，终于家。"匡衡生卒年已不可考，其他事迹系年如下：

（1）宣帝五凤二年（前56）之后甘露三年（前51）之前，匡衡射策甲科，不应令为太常掌故，补调平原文学，宣帝不任用儒者，遣衡归家。本传言："（衡）调补平原文学。后学者多上书荐衡经明，当世少双，令为文学就官京师；后进皆欲从衡平原，衡不宜在远方。事下太子太傅萧望之、少府梁丘贺问，衡对《诗》诸大义，其对深美。望之奏衡经学精习，说有师道，可观览。宣帝不甚用儒，遣衡归官。"按：《汉书·百官表》神爵三年（前59）"光禄大夫梁丘贺为少府"，《汉书·儒林传》言梁丘贺"至少府"，"年老终官"，甘露三年论石渠乃是其子梁丘临，说明彼时梁丘贺已死，萧望之于五凤二年为太子太傅。若两人俱在官，必是五凤二年之后甘露三年之前。

（2）元帝初元三年（前46），匡衡上疏言得失，迁光禄大夫、太子少傅。《汉书·元帝纪》初元二年（前47）"夏四月丁巳，立皇太子"。《汉书·百官表》初元元年（前48）："淮阳中尉韦玄成为少府，三年为太子太傅。"太子太傅与少傅通常同时立。《汉书·匡衡传》言："（史高）荐衡于上，上以为郎中，迁博士，给事中。是时，有日蚀地震之变，上问以政治得失，衡上疏曰：……上悦其言，迁衡为光禄大夫，太子少傅。"又考《汉书·元帝纪》初元二年所载两诏，均言地震、日蚀之灾异事，正合《汉书》匡衡本传。

（3）元帝建昭元年（前38）为光禄勋。《汉书·百官表》元帝建昭元年："太子少傅匡衡为光禄勋，一年迁。"匡衡为光禄勋，举王骏有专对才，见《汉书·王吉传》；举孔光方正，见《汉书·孔光传》。

（4）元帝建昭二年（前37）为御史大夫。《汉书·百官表》元帝建昭二年："八月癸亥，诸吏散骑光禄勋匡衡为御史大夫，一年迁。"

（5）元帝建昭三年（前36）代韦玄成为丞相，封乐安侯。《汉书·百官表》元帝建昭三年："六月甲辰，丞相玄成薨。七月癸亥，御史大夫匡衡为丞相。"本传："建昭三年，代韦玄成为丞相，封乐安侯，食邑六百户。"《汉书·外戚恩泽侯表》："乐安侯匡衡，以丞相侯，六百四十七户。建昭三年七月癸亥封，七年，建始四年，坐专地盗土，免。"为丞相时，言郅支单于首勿悬，甘延寿、陈汤不可封，事见《汉书·陈汤传》。

（6）成帝建始元年（前32）定诗改乐。《汉书·礼乐志》："建始元年，丞相匡衡奏罢'鸾路龙鳞'，更定诗曰'涓选休成'。""丞相匡衡奏罢'黼绣周张'，更定诗曰'肃若旧典'。"

（7）成帝建始元年至三年（前32—前30）奏迁南北郊、罢淫祀。见《汉书·郊祀志》《汉书·韦玄成传》。

（8）成帝建始四年（前29），免相归家，见前引《汉书·外戚恩泽侯表》。卒于家，但具体时间不详，约在成帝前期。

匡衡事迹又有儿时凿壁借光苦读之事，见于《西京杂记》。

匡衡之《诗》学，于其上疏中可窥见一二。如本传载其初元三年疏云："秦穆贵信，而士从多死；陈夫人好巫，而民淫祀。"师古注引应劭曰："秦穆公与群臣饮酒，酒酣，公曰：'生共此乐，死共此哀。'于是奄息、仲行、针虎许诺。及公薨，皆从死。黄鸟诗所为作也。"与匡衡说同。《毛诗·黄鸟·序》则曰："哀三良也。国人刺穆公以人从死，而作是诗也。"与齐《诗》义不同。《汉书·地理志》："陈本太昊之墟，周武王封舜后妫满于陈，是为胡公，妻以元女大姬。妇人尊贵，好祭祀，用史巫，故其俗巫鬼。"《诗·陈风》正义引郑玄《诗谱》云："大姬无子，好巫觋祷祈鬼神歌舞之乐，民俗化而为之。"后儒以为班固家学齐《诗》，而郑玄先习韩《诗》，后乃笺毛，则韩《诗》与匡衡所持齐《诗》义同。毛《诗》于《陈风·宛丘》《株林》诸篇皆刺好色，与齐《诗》、韩《诗》说不同。

除习齐《诗》外，《汉书·史丹传》载史丹进言元帝有云"则是陈惠、李微高于匡衡，可相国也"。则在汉人看来，匡衡学贯今古，有王佐之才，今考其学略。

匡衡之习礼乐。《汉书》除《礼乐志》载匡衡改诗定乐事外，《郊祀志》又载其论礼乐事："既定，衡言：'……臣闻郊柴飨帝之义，埽地而祭，上质也。歌《大吕》，舞《云门》，以竢天神，歌《太蔟》，舞《咸池》，以竢地祇。'"匡衡此议当据《周礼》。按：《周礼·大司乐》："乃奏黄钟，歌大吕，舞《云门》，以祀天神。乃奏大蔟，歌应钟，舞《咸池》，以祭地祇。"匡衡所引正与此同，从匡衡言"臣闻"一语来看，匡衡所闻乃当时《周礼·大司乐》章。

考察西汉《周礼》传习，《史记》《汉书》两儒林传只字未提，《后汉书·儒林列传》亦然。贾公彦《序周礼废兴》曰："《周官》，孝武之时始出，秘而不传。""故林孝存以为武帝知《周官》末世渎乱不验之书，故作《十论》《七难》以排弃之。"这说明汉武帝时《周礼》已传于世，只是没有立于学官而已。至王莽世，刘歆力荐而立博士，但《序周礼废兴》云："徒有里人河南缑氏杜子春尚在，永平之初，年且九十，家于南山，能通其读，颇识其说，郑众、贾逵往受业焉。"《序周礼废兴》此段文字可疑，王莽世《周官》既已立博士，传授者必不在少数，且王莽据《周官》改制，天下皆知，故"徒有"杜子春明习《周礼》令人费解，估计是诋毁王莽之文。

但是，《汉志》曰："六国之君，魏文侯最为好古，孝文时得其乐人窦公，献其书，乃《周官·大宗伯》之《大司乐》章也。武帝时，河间献王好儒，与毛生等共采《周官》及诸子言乐事者，以作《乐记》，献八佾之舞，与制氏不相远。"依《汉志》所载，匡衡所见乃言《乐》之《乐记》而不是《周礼》。但细核《汉书·郊祀志》，匡衡所议，不是言乐，而是议礼，所以其言论列于《郊祀志》而非《礼乐志》，因此，我们有理由相信，匡衡或亲见《周礼》之文。

《五经异义》又引有匡衡礼说。《诗·烈祖》正义引《异义》："诗鲁说，丞相匡衡以为殷中宗，周成、宣王皆以时毁。"《礼记·郊特牲》正义引《异义》:"又匡衡说,支庶不敢荐其祢,下土诸侯不敢专祖于王。"按:《汉书·韦玄成传》,韦玄成说与此同,匡衡说见于《汉书·韦玄成传》议宗庙。

匡衡通《公羊春秋》学。《汉书·陈汤传》曰:"御史大夫贡禹、博士匡衡以为《春秋》之义'许夷狄者不一而足'。"见《公羊》文公九年、襄公二十九年。《公羊》文公九年何休注:"嫌夷狄质薄,不可卒备,故且以渐。"《汉书·梅福传》云:"匡衡议:'《春秋》之义,诸侯有不能保其社稷者绝。'"见《公羊》昭公十一年:"诛君之子不立。"则匡衡之《春秋》学乃是《公羊》学。

匡衡又通今文《尚书》。《汉书·梅福传》云:"初,武帝时,始封周后姬嘉为周子南君,至元帝时,尊周子南君为周承休侯,位次诸侯王。使诸大夫博士求殷后,分散为十余姓,郡国往往得其大家,推求子孙,绝不能纪。时,匡衡议,以为'王者存二王后,所以尊其先王而通三统也'。"按:"三统"之义,为《尚书大传》之常见:"物有三变,故正色有三。天有三生三死,是故周人以日至为正,殷人以日至三十日为正,夏以日至六十日为正。天有三统,土有三王。三统者,所以序生也。三正者,所以统天下也。三统若循连环,周则又始,穷则反本也。"(据陈寿祺辑本)

实际上,匡衡之学极为宽泛,如《汉书》本传匡衡上疏:"《传》曰:审好恶,理情性,而王道毕矣。"此《传》见于《韩诗外传》卷二、《淮南子·诠言》和《文子·符言》。匡衡上疏又有:"能尽其性,然后能尽人物之性;能尽人物之性,然后可以赞天地之化。"见于《礼记·中庸》"唯天下至诚"云云。"《传》曰:君子慎始"见《大戴礼记·保傅》:"《易》曰:正其本,万物理,失之毫厘,差之千里,故君子慎始也。"

师丹

师丹,字仲公,习齐《诗》,师事匡衡,自成一家,名列儒林传,《汉书》卷八十六有传。《汉书·师丹传》曰:"师丹字仲公,琅邪东武人也。治《诗》,事匡衡。"本传言师丹哀帝时被封为高乐侯,平帝时改封为义阳侯,"月余薨"。《汉书·外戚恩泽侯表》载高乐侯师丹"绥和二年七月庚午封,一年。建平元年,坐漏泄免。元始三年二月癸巳更为义阳侯,二月薨"。则师丹卒于平帝元始三年(3),生年不可考。

据《汉书》得师丹数事如下:

(1) 元帝时,举孝廉为郎,元帝末年为博士,后免,见《汉书》本传。

（2）成帝建始年间（前32—前29），州举师丹茂才，又补博士，随即师丹为东平王太傅，见《汉书》本传。师丹补博士，议甘泉泰畤河东后土祠宜徙正阳太阴处，见《汉书·郊祀志》。

（3）成帝永始三年（前14）为光禄大夫、丞相司直、少府、光禄勋。《汉书·百官表》永始三年："少府师丹为光禄勋，二年迁侍中光禄大夫。"本传云："丞相方进、御史大夫孔光举丹论议深博、廉正守道，征入为光禄大夫、丞相司直。数月，复以光禄大夫给事中，由是为少府、光禄勋、侍中，甚见尊重。"

（4）成帝元延元年（前12）为侍中光禄大夫，见上所引《汉书·百官表》。

（5）成帝绥和元年（前8）为诸吏散骑光禄勋、太子太傅。《汉书》本传："成帝末年，立定陶王为皇太子，以丹为太子太傅。"《汉书·成帝纪》绥和元年："其立欣为皇太子。"又《汉书·百官表》绥和元年："侍中光禄大夫师丹为诸吏散骑光禄勋，十一月为太子太傅。"

（6）成帝绥和二年（前7）迁左将军、大司马、大司空，封为高乐侯。《汉书》本传云："哀帝即位，为左将军，赐爵关内侯，食邑，领尚书事，遂代王莽为大司马，封高乐侯。月余，徙为大司空。"《汉书·百官表》绥和二年："太子太傅师丹为左将军，五月迁。""庚午，左将军师丹为大司马，四月徙。""十月癸酉，大司马丹为大司空，一年免。"封高乐侯见《汉书·外戚恩泽侯表》。哀帝即位，师丹辅政，为左将军，师丹请限名田，又建言设井田，俱见《汉书·食货志》；哀帝建平元年（前6），为大司空，奏刘歆改乱旧章，非毁先帝所立，见《汉书·刘歆传》及《汉书·儒林传》；奏傅迁罪恶，见《汉书·孔光传》；议薛况伤人事，见《汉书·薛宣传》。

（7）哀帝建平元年，因反对哀帝母及傅太后上尊号而不合帝意，且泄露宫中语，免官及高乐侯爵，归于家。事见本传、《汉书·百官表》及《汉书·外戚恩泽侯表》。

（8）平帝即位，公车征师丹，元始三年（3）封为义阳侯，二月后卒。事见本传及《汉书·外戚恩泽侯表》。

《汉书》不载师丹齐《诗》学，也不见师丹引《诗》论事，可考者唯有师丹之《春秋》学。《汉书·师丹传》载博士申咸、炔钦言"丹经行无比"，考师丹不欲定陶哀后上尊号，当本之《穀梁》说。师丹议曰："尊卑者，所以正天地之位，不可乱也。今定陶共皇太后、共皇后以定陶共为号者，母从子、妻从夫之义也。欲立官置吏，车服与太皇太后并，非所以明尊卑亡二上之义也。定陶共皇号谥已前定，义不得复改。《礼》：'父为士，子为天子，祭以天子，其尸服以士服。'子亡爵父之义，尊父母也。"所引《礼》见《礼记·丧服小记》。《通典》引《五经异义》云："士庶起为人君，母不得称夫人，《穀梁》说虽妾子亦不得尊其母称夫人。《左氏》则为母以子贵。"《穀梁》说与师丹议所持义同。又师丹议曰："为人后者为之子。"见《公羊》。

按：《汉书·师丹传》载师丹上书有"臣闻天威不违颜咫尺"，见《左传》僖公九年。不知为何要排斥刘歆立《左传》。

师丹著述，《隋志》载有《师丹集》一卷、梁三卷、录一卷。两《唐志》并载《师丹集》五卷，今佚。严可均《全汉文》卷四十八辑有师丹文。

伏理

伏理，字斿君，伏生之后，习齐《诗》于匡衡，自成一家，见《汉书·儒林传》。伏理又以《诗》授成帝，事见《后汉书·伏湛列传》："伏湛……父理，为当世名儒，以《诗》授成帝，为高密太傅，别自名学。"李贤注："《前书·儒林传》曰，伏理字君游（案：与《汉书》记载不同，疑倒文），受《诗》于匡衡，由是齐《诗》有匡伏之学。故言'别自名学'也。"

所谓"别自名学"，自有章句传授。伏理《齐诗章句》见陆玑《毛诗草木鸟兽虫鱼疏》："伏黯传理家学，改定章句，作解说九篇，以授子恭。"《后汉书·儒林列传》："伏恭字叔齐，琅邪东武人，司徒湛之兄子也。湛弟黯，字稚文，以明《齐诗》，改定章句，作《解说》九篇，位至光禄勋，无子，以恭为后。"既改定章句，则此章句当来自伏理；但伏理《齐诗章句》今不可见。

满昌①

满昌，字君都，颍川人，习齐《诗》于匡衡，自成一家，事见《汉书·儒林传》。

满昌又以《诗》授马援。《后汉书·马援列传》曰"（援）尝受齐《诗》，意不能守章句。"李贤注引《东观汉纪》曰："受齐《诗》，师事颍

---

① 《风俗通·姓氏篇》云："满氏，荆蛮有瞒氏，音舛变为满，汉有满昌。"

川满昌。"陈乔枞《齐诗翼氏学疏证》云《东观汉纪》作"蒲昌"。二字形近而误，如《后汉书·王郎列传》云："乃留将军邓满。"李贤注："《续汉书》'满'作'蒲'。"《后汉书·光武纪》："受降未尽，而高湖、重连从东南来，与铜马余众合，光武复与大战于蒲阳，悉破降之，封其渠帅为列侯。"李贤注："《前书》音义曰'蒲阳山，蒲水所出'，在今定州北平县西北。本或作'满阳'。"

满昌《汉书》无传，其事迹有成帝时，黄河溃堤，流民万数，满昌与师丹等上书言赈灾救民，事见《汉书·沟洫志》："满昌、师丹等数言百姓可哀，上数遣使者处业振赡之。"又有哀帝初满昌为詹事议宗庙迭毁礼，事见《汉书·韦玄成传》："成帝崩，哀帝即位。……于是，光禄勋彭宣、詹事满昌、博士左咸等五十三人皆以为继祖宗以下，五庙而迭毁。"《汉书·王嘉传》又载王嘉哀帝初荐满昌事，则满昌为詹事或为王嘉所荐。王莽始建国三年（11）置六经祭酒，"颍川满昌为讲《诗》"，始建国五年（13）因反对小昆弥使节之礼重于大昆弥而被王莽免官，其后事迹不详。

张邯

张邯，九江人，受齐《诗》于满昌，见《汉书·儒林传》。张邯于新莽时为莽造井田，封明学男，后为大长秋、大司徒，又建言王莽建九庙，又为王莽说符命，事俱见《汉书·王莽传》。关于张邯卒年，《汉书·王莽传》地皇四年（23）云："十月戊申朔，兵从宣平城门入，民间所谓都门也。张邯行城门，逢兵见杀。"则张邯和唐尊一样殉于新莽。

皮容

皮容，琅琊人，受齐《诗》于满昌，见《汉书·儒林传》，其他事迹不详。

班伯

班伯，班固叔祖，习齐《诗》于师丹，习小夏侯《尚书》于郑宽中，又向许商问大夏侯学，习《论语》于张禹，事俱见《汉书·叙传》。《叙传》云："（班）伯少受《诗》于师丹。大将军王凤荐伯宜劝学，召见宴昵殿，容貌甚丽，诵说有法，拜为中常侍。时，上方乡学，郑宽中、张禹朝夕入说《尚书》《论语》于金华殿中，诏伯受焉。既通大义，又讲异同于许商，迁奉车都尉。"后奉成帝对，太后甚悦，迁班伯水衡都尉，时约在成帝永始三、四年间。《汉书·叙传》言迁水衡都尉"伯与少府许商、光禄大夫师丹并侍中"。《汉书·百官表》成帝永始三年（前14）："詹事许商为少府，二年为侍中光禄大夫。"后伯病卒，卒年不可考，年仅三十八。

班伯《诗》《书》之学不传，唯其对成帝所言尚存一二语。《汉书·叙传》载班伯对成帝曰："'沉湎于酒'，微子所以告去也；'式号式呼'，《大雅》所以流连也。《诗》《书》淫乱之戒，其原皆在于酒。"

孙氏

孙氏，传齐《诗》者，失其名。《汉志》诗类录有"《齐孙氏故》二十七卷""《齐孙氏传》二十八卷"。王应麟《汉志考证》云："《儒林传》齐诗有翼、匡、师、伏之学。孙氏未详其名。"关于孙氏学承，姚振宗《汉志条理》引马国翰《齐诗》辑本《序》曰："孙氏不知何人，按《汉志》《齐诗》之有《传》始于后苍，孙氏《故》《传》盖宗后氏也。"其流传，姚氏云："按吴陆玑《诗疏》卷后载四家诗源流，于《齐诗》中不及孙氏，知《孙氏故传》在三国已微。"

按：后氏乃后苍，孙氏紧随其后，则孙氏或是习齐《诗》而略后于后苍者，其人年岁约与大小戴等。尹海江推测或为公孙弘："《儒林传》于《齐诗》未言及孙氏，但有'公孙弘亦征，仄目而事固。固曰："公孙子务正学以言，无曲学以阿世。"'孙氏未知与公孙氏有关乎。"[①]

第三节　韩《诗》群儒考

西汉韩《诗》的首创经师为韩婴。对于韩《诗》在司马迁生前的传习情况，《史记·儒林列传》和《汉书·儒林传》的记载几乎一致。兹录《史记·儒林列传》文于下：

韩生者，燕人也。孝文帝时为博士，景帝时为常山王太傅。韩生

[①] 尹海江：《〈汉书·艺文志〉辑论》，西南交通大学出版社2013年版，第180页。

推《诗》之意而为《内外传》数万言，其语颇与齐鲁间殊，然其归一也。淮南贲生受之。自是之后，而燕赵间言《诗》者由韩生。韩生孙商为今上博士。

《汉书·儒林传》则对司马迁之后的韩《诗》传承情况予以补足，补充著录韩《诗》学者八人及其师承，其他典籍则不载传习韩《诗》者，又有涿郡韩生既通韩《诗》也通韩《易》，则西汉韩《诗》学者凡十三人：韩婴、贲生、韩商、赵子、蔡谊、食子公、王吉、栗丰、长孙顺、张就、发福、涿郡韩生、薛方丘。除涿郡韩生列于韩氏《易》外，其余诸家考述如下。

韩婴

韩婴作为西汉传韩《诗》的首位经师并创立韩氏《易》，在西汉经学史上具有重要地位，但限于文献的缺乏，其人事迹不多，且生卒年已不可确考。按：《汉书·夏侯始昌传》云："自董仲舒、韩婴死后，武帝得始昌，甚重之。始昌明于阴阳，先言柏梁台灾日，至期日果灾。"考《汉书·五行志》及《汉书·武帝纪》，柏梁台之灾在太初元年（前104）十一月乙酉，则据此可推定韩婴当卒于武帝太初元年之前。此外，《汉书·儒林传》载韩婴文帝时为博士，武帝时与董仲舒争论于帝前，则可推知韩婴年岁与申公、辕固略相当，则韩婴当经历高、惠、文、景、武五世，享高寿。

关于韩婴之师承，史无明文。严可均《铁桥漫稿》曰："《韩诗外传》引《荀子》以说《诗》者四十余事，是韩婴亦荀子私淑弟子也。"聊备一说。

韩婴仕履最显著者乃是景帝时担任常山王太傅，此常山王谓谁？《史记》裴骃《集解》引徐广曰："宪王舜也。"韩婴为常山宪王太傅约在景帝中元五年（前145），《汉书·景帝纪》中元"五年夏，立皇子舜为常山王"。

韩婴事迹除《史记·儒林列传》所载与董仲舒争论于武帝前外，尚有与儿宽交厚之事，见于《论衡·骨相》篇："韩太傅为诸生时，借相工五十钱，与之俱入璧雍之中，相璧雍弟子谁当贵者。相工指儿宽曰：'彼生当贵，秩至三公。'韩生谢遣相工，通刺儿宽，结胶漆之交，尽筋力之敬，徙舍从宽，深自附纳之。宽尝甚病，韩生养视如仆状，恩深逾于骨肉。后名闻于天下。儿宽位至御史大夫，州郡丞旨召请，擢用举在本朝，遂至太傅。"考武帝朝，无有韩氏为太傅者。《论衡》作于东汉，年代久远，恐有误记，然言与兒宽交厚，当非空穴来风。《汉书·儒林传》既言韩婴与董仲舒争论于武帝前，亦可推知韩婴非终太傅官于郡国，当有任职于武帝朝廷事，时约在兒宽官至御史大夫之后。兒宽为御史大夫在武帝元封元年至太初三年（前110—前102），韩婴亦约于此时居官汉廷，具体何职，已不可考。韩婴大约是在太初之前卒于官，因他官常山太傅日久，后人仍以原职称之。

韩《诗》及其流布。《汉志》有《诗经》二十八卷，鲁、齐、韩三家。《隋志》经部诗类著录有"韩《诗》二十二卷，汉常山太傅韩婴，薛氏章句"。又曰："韩《诗》虽存，无传之者。"《旧唐志》："《韩诗》二十二卷，韩婴撰，卜商序。"《新唐志》："《韩诗》卜商《序》韩婴《注》二十二卷。"陆德明《序录》及唐人注旧书如李贤注《后汉书》、李善注《文选》等屡引韩《诗》，但《宋志》不见载。《文献通考》引郑樵《诗辨妄·序》云："《齐诗》亡于魏，鲁诗亡于西晋，隋、唐之世，犹有《韩诗》可据，迨五代之后，《韩诗》亦亡。"然又《中兴艺文志》曰："《韩诗》虽亡阙，《外传》及章句犹存。"似有个别本传至宋代。

隋唐人所见韩《诗》大概有《序》。《隋志》云："孔子删《书》，别为之序，各陈作者所由。韩、毛二《诗》，亦皆相类。"但《隋志》不载有序，《唐志》所载之《序》恐怕是仿作。按《困学纪闻》卷三云："元城谓：《韩诗》有《雨无极篇》，序云：'《雨无极》，正大夫刺幽王也。'篇首多'雨无其极，伤我稼穑'八字。朱子曰：'第一、二章皆十句，增之则长短不齐。又此诗正大夫离居之后，御之臣所作。其曰"正大夫刺幽王者"，非是。'《解颐新语》亦云：'《韩诗》世罕有其书，或出于好事者之傅会。'"

《汉志》又有《韩内传》四卷、《韩外传》六卷。《隋志》载"《韩诗外传》十卷，梁有《韩诗谱》二卷"，两《唐志》并载《（韩诗）外传》十卷，宋人书目也载十卷。王先谦《汉书补注》曰："《儒林传》'婴推诗人之意而作《内外传》数万言，其语颇与齐鲁间殊，然归一也'，则《内外传》皆韩氏依经推演之辞。至南宋后，《韩诗》亦亡，独存《外传》。"故后人以为《内传》彼时已佚。杨树达《汉书窥管》则曰："王氏谓内外传皆韩氏依经推演之词，是也。至谓《韩诗》独存《外传》，则非。愚谓《内传》四卷实在今本《外传》之中。《班志》《内传》四卷，《外传》六卷，其合数恰与今本《外传》十卷相合。"① 杨树达先生的意见有一定的合理性。考诸家所散引《韩诗内传》《韩诗外传》之文，核其内容，实则内外传无别。如《白虎通·诛伐》篇引《韩诗内传》曰："孔子为鲁司寇，先诛少正卯。"按：诛杀少正卯见于《韩诗外传》。又如《文选·江赋》："感交甫之丧佩，愍神使之婴罗。"李善注引《韩诗内传》曰："郑交甫遵彼汉皋台下，遇二女，与言曰：原请子之佩。二女与交甫，交甫受而怀之，超然而去，十步循探之，即亡矣。回顾二女，亦即亡矣。"又《文选·南都赋》："圣皇之所逍遥，灵祇之所保绥。"李善注引《韩诗外传》曰："逍，遥也。灵祇，天地之神也。""长输远逝，漻泪减汨"，注引《韩诗外传》曰"漻，清貌也"等皆是其例。

今本《韩诗外传》恐亦非其旧。顾实《汉志讲疏》引梁章钜《退庵庐笔记》曰："今本非唐宋之旧。书中未引诗词者，凡二十八处，又《文选注》所引孔子升泰山观易姓而王者七十余家及汉皋二女事，《汉书·王吉传》注引曾子丧妻事，又曾慥《类说》卷三十八引东郭先生知宋将亡事，又闵子骞'母在一子寒，母去二子单'语，又颜回望见一疋练事，又孔子谓君子有三忧语，又'出则为宗族患，入则为乡里忧，小人之行也'云云。凡五条，皆今本所无，则阙文脱简，均所不免。汲古阁本尤多所窜改。近新安周雾原廷寀有校注本，多所订正。"

《韩诗外传》其书之名目内容。吴韦昭《国语解·序》曰："其文不主于《经》，故号曰《外传》。"《郡斋读书志》云："此书称《外传》，虽非其解经之深旨，然文辞清婉，有先秦风。"陈振孙亦云："盖多杂说，不专解《诗》。"大约《韩诗外传》非为专门解《诗》之作，《四库全书总目》曰："其书杂引古事古语，证以《诗》词，与《经》义不相比附，故曰《外传》。所采多与周秦诸子相出入。班固论三家之《诗》，称其'或取《春秋》、采杂说，咸非其本义'，殆即指此类欤？……精理名言，往往而有，不必尽以训诂绳也。"章学诚《校雠通义》内篇三"其文杂记春秋时事，与《诗》意相去甚远，与虞卿、铎椒之书相比次可也"。考《汉志》云汉代经师采《春秋》杂说论《诗》，或是。

《汉志》还载有《韩故》三十六卷，王先谦《汉书补注》言"此韩婴自为本经训诂，以别与《内外传》"。此说可信，韩氏训诂，犹如申公为《诗》训诂一理。按此，则后世所引《韩诗内传》中训诂之语（见前文），

---

① 沈钦韩《汉书疏证》亦曰："《隋志》'《韩诗外传》十卷'，今见行卷次同，或后人合内外《传》一也。"与杨树达说同。

或自《韩故》窜入也未可知。

《汉志》又有《韩说》四十一卷,王先谦《汉书补注》曰:"《韩诗》有王、食、长孙之学,此其徒众所传。"他认为是韩《诗》派弟子所作。杨树达《汉书窥管》以为《汉书·王吉传》所引"说曰"乃是《韩说》,王先谦《诗三家义集疏》以为是《韩诗内传》文。考《五经异义》所引《韩诗说》,其内容多论及训诂不明之处,如言爵制、罍制、版堵雉之别、辟雍、万舞之羽等皆是,其体例盖在训诂与外传之间,当为韩《诗》后学在训诂的基础上又做申论。杨树达又曰:"宋张端义《贵耳集》卷中云:'《韩诗》有四十一卷,庆历中将作簿李用章序之。'卷数相合,不知即此书否?"如此,则《韩诗说》似也传至宋代。

韩《诗》后儒有辑佚。关于韩《诗》经文,宋王应麟《韩鲁齐三家诗考》辑有《韩诗》(清卢文弨、丁晏有增补),清阮元《三家诗补遗》有韩诗补遗、范家相《三家诗拾遗》,蒋日豫《蒋侑石遗书》、龙璋《小学蒐佚》(下编)并有辑本。经文之异文,清冯登府《三家诗异文疏证》有《韩诗异文疏证》,陈乔枞有《诗经四家异文考》,江翰有《诗经四家异文考补》。《韩诗内传》,有清王谟《汉魏遗书钞》、黄奭《黄氏逸书考》、马国翰《玉函山房辑佚书》、邵晋涵《韩诗内传考》、宋绵初《韩诗内传征》诸辑本。《韩诗外传》,清赵怀玉辑有《韩诗外传补逸》一卷,清顾观光辑有《韩诗外传逸文》,清郝懿行辑有《韩诗外传补遗》《韩诗外传佚文》,王仁俊辑有《经籍佚文》。《韩诗故》,有马国翰《玉函山房辑佚书》辑本。《韩诗说》,除《玉函山房辑佚书》辑本外,臧庸《韩诗遗说》、陈乔枞《三家诗遗说考》之《韩诗遗说考》、顾震福《韩诗遗说续考》、陶方琦《韩诗遗说补》并有辑本,另王先谦《诗三家义集疏》、今儒台湾王礼卿先生《四家诗旨会归》尤为齐备。

贲生

贲生,淮南人,受《诗》于韩婴,见《史记·儒林列传》《汉书·儒林传》,其他事迹不详。

韩商

韩商,韩婴之孙,家学韩《诗》,为博士,见《史记·儒林列传》《汉书·儒林传》。《史记·儒林列传》言韩商为"今上博士",则当在武帝时,或即与董仲舒争论后不久。按：《汉书·朱云传》言朱云与五鹿充宗辩《易》，"折其角"，大挫五鹿，旋即被立为博士，乃其证。

赵子

赵子，河内人，习韩《诗》于韩生，授蔡谊，《汉书·儒林传》云：

> 赵子，河内人也。事燕韩生，授同郡蔡谊。谊至丞相，自有传。谊授同郡食子公与王吉。吉为昌邑王中尉，自有传。食生为博士，授泰山栗丰。吉授淄川长孙顺。顺为博士，丰部刺史。由是《韩诗》有王、食、长孙之学。丰授山阳张就，顺授东海发福，皆至大官，徒众尤盛。

授赵子韩《诗》之燕韩生，当是韩婴，朱睦㮮《授经图》将其视为传韩氏《易》之涿郡韩生。此说恐欠妥。《汉书·儒林传》言："孝宣时，涿郡韩生其后也，以《易》征，待诏殿中，曰：'所受《易》即先太傅所传也。尝受韩《诗》，不如韩氏《易》深，太傅故专传之。'"据《汉书·儒林传》，涿郡韩生乃宣帝世人，而作为韩生三传弟子的蔡谊昭帝时为丞相，卒于宣帝本始三年（前71），这在时序上是矛盾的。

蔡谊①

蔡谊，河内人，习韩《诗》于赵子，授王吉与食子公，位至丞相，见《汉书·儒林传》，《汉书》卷六十六有传。《汉书·蔡义传》言"义为丞相时年八十余"，"义为相四岁，薨"，则蔡谊卒时年约九十。《汉书·宣帝纪》本始三年："六月己丑，丞相义薨。"《汉书·百官表》同，但《汉书·外戚恩泽侯表》作本始四年（前70）。则蔡谊大约生于文帝后元四年（前160）左右。

据《汉书》考得蔡谊事迹数则，系年如下。

（1）武帝中世以明经为卫青幕府。《汉书》本传曰："蔡义，河内温人也。以明经给事大将军幕府。"《汉书·卫青传》："元光六年，拜为车骑将军，击匈奴，出上谷。"此年卫青始为将军，《汉书》本传言"元封五年，青薨"，则蔡谊以明经为大将军幕府必在元光六年（前129）至元封五年

---

① 《汉书》本传和《汉书·百官表》作"蔡义"，本书依据《汉书·儒林传》，除引文外均作"蔡谊"。

（前106）之间。

（2）约于武帝后世因明韩《诗》而待诏。《汉书》本传言："久之，诏求能为《韩诗》者，征义待诏，久不进见。……上召见义，说《诗》，甚说之，擢为光禄大夫给事中，进授昭帝。"昭帝立为太子在武帝崩前一月，从本传"久不进见"来看，当是武帝末年事，与所谓不立孔安国之古文《尚书》同义。考巫蛊事发生于征和元年（前92），则蔡谊待诏疑也在此时。

（3）武帝殁前之后元元年（前88）或二年（前87），拔擢为光禄大夫，以韩《诗》授昭帝。本传言："上召见义，说《诗》，甚说之，擢为光禄大夫给事中，进授昭帝。"按：昭帝即位才八岁，所以将此事系于武帝后元元年或二年较为合理。《后汉书·桓郁列传》载窦宪上疏云："孝昭皇帝八岁即位，大臣辅政，亦选名儒韦贤、蔡义、夏侯胜等入授于前，平成圣德。"似乎在昭帝即位之后，与《汉书》记载不同。

（4）昭帝元凤三年（前78）为少府。《汉书·百官表》元凤三年："光禄大夫蔡义为少府，三年迁。"《汉书》本传言："数岁，拜为少府。迁御史大夫，代杨敞为丞相，封阳平侯。又以定策安宗庙益封，加赐黄金二百斤。"

（5）昭帝元凤六年（前75）为御史大夫。《汉书·百官表》昭帝元凤六年："十一月，少府蔡义为御史大夫，一年迁。"本传言蔡谊为少府后"迁御史大夫"。荀悦《汉纪》元凤六年："少府蔡义为御史大夫。"

（6）昭帝元平元年（前74）由御史大夫参与霍光废昌邑王，立宣帝，迁为丞相，封阳平侯。宣帝本始元年（前73），以典枢立帝益封户。《汉书·百官表》元平元年："八月己巳，丞相敞薨。九月戊戌，御史大夫蔡义为丞相。"本传："代杨敞为丞相，封阳平侯。"《汉书·外戚恩泽侯表》："阳平节侯蔡义，以丞相侯，前为御史大夫与大将军光定策，益封，凡七百户。元平元年九月戊戌封，三年，本始四年薨，亡后。"蔡谊封侯事又见于《汉书·宣帝纪》本始元年诏。

蔡谊之韩《诗》学今不可考，《汉书》也不见其引《诗》论事之语。马国翰辑有《韩诗说》。其辑本序曰："按《蔡义传》'武帝时诏求能为《韩诗》者，征义待诏，上召义说《诗》，甚说之'。按义之《说》或当在此四十一卷中。"马氏所推测或是。

食子公

食子公，姓食，名子公，河内人，习韩《诗》于蔡谊，为博士，自成一家，见《汉书·儒林传》。食子公之《诗》学已不可考，《隶释》卷七

"冯绲碑"："治《春秋》严，韩《诗》食氏。"陈直言食子公当有《韩诗章句》①。

王吉（字子阳）

王吉，字子阳，时人称其为"王阳"，与贡禹交厚，时称"王贡"，琅琊人，习韩《诗》于蔡谊，授长孙顺，自成一家，见《汉书·儒林传》，《汉书》卷七十二有传。《汉书·王吉传》云："元帝初即位，遣使者征贡禹与吉。吉年老，道病卒，上悼之，复遣使者吊祠云。"则王吉卒于元帝即位之初元元年（前48）。《汉纪》初元元年亦云："遣使者征琅邪王吉、贡禹。吉年老，道病卒。禹至，拜谏议大夫。"

王吉事迹不多。据《汉书》本传，王吉武帝世从蔡谊习韩《诗》、举孝廉、为云阳县令，昭帝世举贤良，为昌邑王刘贺中尉。本传云："王吉字子阳，琅邪皋虞②人也。少好学明经，以郡吏举孝廉为郎，补若卢右丞，迁云阳令，举贤良为昌邑中尉。"《汉书》本传又言王吉为昌邑中尉时数次谏刘贺少游逸，刘贺不听，后刘贺被废，王吉与龚遂因忠谏而减死罪。刘贺之父昌邑王刘髆卒于武帝后元元年（前88），次年武帝崩，昭帝即位。考王吉仕途，则王吉约于武帝中世从蔡谊学韩《诗》，或在蔡谊为卫青幕府之后而待诏之前。宣帝世王吉曾为益州刺史，后为谏大夫，所建言宣帝不听，于是归故里，终宣帝世。本传言："宣帝即位，王阳为益州刺史，以病去官，后征为谏大夫，上书言得失，宣帝不听，吉遂谢病归琅邪。"后元帝即位，乃征王吉，吉因年老道中病卒。

关于王吉之学，本传云："吉兼通五经，能为驺氏《春秋》，以《诗》《论语》教授，好梁丘贺说《易》，令子骏受焉。"略考于下。

王吉习韩《诗》。可考者见其本传载王吉上刘贺书云："《诗》云：'匪风发兮，匪车揭兮，顾瞻周道，中心怛兮。'说曰：'是非古之风也，发发者，是非古之车也，揭揭者，盖伤之也。'"杨树达云："吉学《韩诗》，《艺文志》诗下有《韩说》四十一卷，此其遗文之仅存者。"王先谦以为是

---

① 陈直：《汉书新证》，天津人民出版社1979年版，第311页。
② 《新唐书·宰相世系表》："王离子元，避秦乱，迁于琅邪，后徙临沂。四世孙吉字子阳，始家皋虞，后迁临沂都乡南仁里。"《文选·王文宪集序》、1965年1月19日南京郊区新民门外人台山出土的东晋《王兴之夫妇墓志》（见郭沫若《由王谢墓志的出土论到兰亭序的真伪》，载《文物》1965年第6期）、洛阳出土的《王诵妻元氏墓志》《王绍墓志》等皆云临沂都乡南仁里人，则王吉当为临沂都乡王氏始祖。

《韩诗内传》文,见《三家诗义集疏》;今人王洲明则以为是《毛诗传》。考王吉学承,此为韩《诗》说较可信。《汉书·王吉传》又言:"吉意以为:世俗嫁娶太早,未知为人父母之道而有子,是以教化不明而民多夭。"此说本《韩诗外传》:"不肖者精化始具而生气感动,触情纵欲,反施乱化,是以年寿亟夭而性不长也。"

王吉习《驺氏春秋》。《汉志》:"及末世口说流行,故有《公羊》《穀梁》《驺》《夹》之《传》。四家之中,《公羊》《穀梁》立于学官,邹氏无师,夹氏未有书。"《汉志》又有《驺氏传》十一卷。《驺氏春秋》到底为何?今已不传。《汉书·王吉传》载其上宣帝书有曰:"《春秋》所以大一统者,六合同风,九州共贯也。"① 此为《公羊》家说。陈直言王阳《驺氏春秋》乃《公羊》之支流②。考应劭《风俗通》云:"《传》曰:'百里不同风,千里不同俗,户异政,人殊服。'"《汉书·王吉传》又载王吉上疏中语:"百里不同风,千里不同俗,户异政,人殊服。"与《风俗通》所载"《传》曰"合,盖《春秋驺氏传》。所以,清王绍兰将上述疏中语辑为王吉《驺氏春秋说》一卷,不为无见。

王吉之治《论语》事,一见于《汉志》:"传《齐论》者,昌邑中尉王吉、少府宋畸、御史大夫贡禹、尚书令五鹿充宗、胶东庸生,唯王阳名家。"《汉志》论语类有王阳之子王骏的《鲁王骏说》二十篇,无王阳说,只是统称:"《齐说》二十九篇。"王先谦《汉书补注》云:"下云'传《齐论》者惟王吉名家',《吉传》云'王阳说《论语》',即此《齐说》也。"《汉志》又有:"《议奏》十八篇。"班固自注:"石渠论。"姚振宗《汉志条理》云:"《论语》家与石渠者唯淮阳中尉韦玄成、太子太傅萧望之二人,皆治《鲁论语》者也。时黄门郎梁邱临奉使问诸儒,萧望之则平奏其议,可考见者唯此三人而已。又按《韦玄成传》:'玄成与萧望之及五经诸儒杂论同异于石渠阁。'考五经诸儒中唯琅邪王吉兼通《齐论》,意此《议奏》当有王吉一家在内,而《齐论·问王》《知道》二篇当日所以去留之故,亦必在此十八篇中,惜无由考见矣。"二见于《汉书·王吉传》,其载王吉上戒刘贺之书:"吉即奏书戒王曰:'臣闻高宗谅阴,三年不言。今大王以丧事征,宜日夜哭泣悲哀而已,慎毋有所发。且何独丧事,凡南面之君何言哉?天不言,四时行焉,百物生焉,愿大王察之。……臣愿大王事之敬之,

---

① 时为宣帝地节二年(前68)。《汉书·王吉传》未载上书时间,《汉纪》有,今从《汉纪》。
② 陈直《汉书新证》:"王吉传驺氏春秋,驺氏必为齐人,观其学说,与公羊相近,当为公羊之支流。"见《汉书新证》,天津人民出版社1979年版,第379页。

政事一听之,大王垂拱南面而已。'"此书化用《论语》凡三处。"高宗谅暗,三年不言"及"天不言,四时行焉,百物生焉""垂拱南面",均见《论语·宪问》:"子曰:'天何言哉?四时行焉,百物生焉,天何言哉?'""子张曰:'《书》云:高宗谅阴,三年不言。何谓也?'""臣愿大王事之敬之,政事一听之,大王垂拱南面而已。"见《论语·卫灵公》:"子曰:无为而治者,其舜也与?夫何为哉,恭己正南面而已。"又《论语·为政》:"子曰:为政以德,譬如北辰,居其所而众星拱之。"按:此句虽与《尚书·武成》"惇信明义,崇德报功,垂拱而天下治"字句相似,但从王吉引语的用意来看,当用《论语》而非《尚书》。

王吉又通《礼》《书》,《汉书·礼乐志》及本传俱载其上书宣帝,劝其制礼作乐:"孔子曰'安上治民,莫善于礼',非空言也。王者未制礼之时,引先王礼宜于今者而用之。臣愿陛下承天心,发大业,与公卿大臣延及儒生,述旧礼,明王制,驱一世之民济之仁寿之域,则俗何以不若成、康,寿何以不若高宗?"考王阳之论,于礼重在建设,或为庆氏《礼》先驱,于《尚书》则用《无逸》义。

栗丰

栗丰,泰山人,习韩《诗》于食子公,为部刺史,见前引《汉书·儒林传》,其他事迹不详。

长孙顺①

长孙顺,淄川人,习韩《诗》于王吉,为博士,韩《诗》名家,见前引《汉书·儒林传》,其他事迹不详。长孙顺又通《孝经》,《汉志》有《孝经长孙氏说》二篇。沈钦韩《汉书疏证》:"《儒林传》'《韩诗》学有长孙顺',疑此人也。"《隶释》载《孟璇碑》云:"通韩《诗》,兼《孝经》二卷。"陈直云:"当即长孙氏说。"陈直所言是:两者并举,作者一人,即此长孙顺也。

考长孙氏《孝经》篇章,《隋志》云:"长孙有《闺门》一章,孔安国《古文孝经》载二十二字。"按:《闺门》章"子曰:闺门之内具礼矣乎。严亲严兄,妻子臣妾,繇百姓徒役也",共二十四字,言二十二字者,或不

---

① 《广韵》:"复姓,齐大夫长孙修。"

数"子曰"。据《隋志》,《闺门》一章汉初河间颜芝所藏,十八章无之,而武帝时壁出之《古文孝经》或有之,而壁出本又多出三章,故古文为二十二章。据此,明汉人传经实由多途,章句各异,清儒强分今古,妄为多事。

马国翰《玉函山房辑佚书》有《孝经长孙氏说》一卷。马氏根据《隋志》"而长孙氏有《闺门》一章"从《古文孝经孔传》辑录出此章,明非长孙氏其旧。

张就

张就,山阳人,受韩《诗》于栗丰,见《汉书·儒林传》,其他事迹不详。

发福

发福,东海人,习韩《诗》于长孙顺,见《汉书·儒林传》,其他事迹不详。发(發)福或偶误作段福,盖字形近。《序录》:"(长孙)顺授东海发福。"陆氏自注:"一本作段福。"

薛方丘

薛方丘,薛汉之父,习韩《诗》,作《韩诗章句》。《后汉书·儒林列传·薛汉传》云:"薛汉字公子,淮阳人也。世习韩《诗》,父子以章句著名。"薛汉之父薛方丘,其名见于《新唐书·宰相世系表》:"(薛)广德生饶,长沙太守。饶生愿,为淮阳太守,因徙居焉。生方邱,字夫子。邱生汉,字公子,后汉千乘太守。"《隋志》有:"《韩诗》二十二卷,汉常山太傅韩婴,薛氏章句。"但云"薛氏"未明言具体人氏。关于《韩诗章句》的作者,惠栋《后汉书补注》云:"唐人所引《韩诗》,其称薛君者,汉也;称薛夫子者,乃方邱也。故《冯衍传》注有薛夫子《章句》是也。"(《后汉书集解》引)据惠栋意,《韩诗薛君章句》乃是薛汉父子合作,所论与《后汉书·儒林列传》同。按:《后汉书·冯衍列传》载冯氏《显志赋》:"美《关雎》之识微兮,愍王道之将崩;拔周唐之盛德兮,捃桓文之谲功。"李贤注引薛夫子《韩诗章句》曰:"诗人言雎鸠贞洁,以声相求,必于河之洲,蔽隐无人之处。故人君动静,退朝入于私宫,妃后御见,去留有度。

今人君内倾于色,大人见其萌,故咏《关雎》,说淑女,正容仪也。"《后汉书·明帝纪》载明帝诏曰:"昔应门失守,《关雎》刺世。"李贤注引薛君《韩诗章句》曰:"诗人言雎鸠贞洁慎匹,以声相求,隐蔽于无人之处。故人君退朝,入于私宫,后妃御见有度,应门击柝,鼓人上堂,退反宴处,体安志明。今时大人内倾于色,贤人见其萌,故咏关雎,说淑女,正容仪,以刺时。"两者正同,惠栋之说也未必为确论。或者父子俱作章句,后人不分。按:《后汉书·儒林列传》云:"(薛)汉少传父业,尤善说灾异谶纬,教授常数百人。建武初,为博士,受诏校定图谶。"薛汉既然"少传父业"且自己为东汉初年人,则薛方丘当为西汉人。薛汉又"尤善说灾异谶纬",明薛方丘不说或不善说灾异。今考《韩诗章句》遗文,皆明训诂、说诗义之文,基本无谶纬灾异之文,可见《韩诗章句》当大部分成于薛汉之父薛方丘之手。

第四节 毛《诗》群儒考

西汉《诗》学四家,齐、鲁、韩、毛,前三家,立于学官。毛《诗》传习于民间,名位不显,唯有河间献王立为博士[①]。《史记·儒林列传》未载毛公事迹,《汉书·儒林传》对毛《诗》的传习记载也较略:

> 毛公,赵人也。治《诗》,为河间献王博士,授同国贯长卿。长卿授解延年。延年为阿武令,授徐敖。敖授九江陈侠,为王莽讲学大夫。由是言毛《诗》者,本之徐敖。

毛公传《诗》又见于《汉志》:"又有毛公之学,自谓子夏所传,而河间献王好之,未得立。"《汉志》有"《毛诗故训传》三十卷",但毛公之事迹两汉文献载之甚少,乃至其人姓名、籍贯、何人作《毛诗故训传》,尚不能统一。如毛公名字,《汉书》只云毛公传《诗》,不言毛公谓谁。《诗·周南》孔颖达《正义》引郑玄《诗谱》云:"鲁人大毛公为《诂训传》于其家,河间献王得而献之,以小毛公为博士。"东汉时毛公又分大小,与

---

① 河间献王立为博士,《汉书新证》陈直引《金石索·金索·许氏镜铭》:"作吏高迁车生耳,郡举孝廉州博士。"则州也可立博士。陈说见《汉书新证》,天津人民出版社1979年版,第24页。

《礼》大小戴、《书》大小夏侯相仿，但郑玄也未言大小毛公名字。大小毛公具体姓名始见于晋陆玑《毛诗草木鸟兽虫鱼疏序》："毛亨作《诂训传》，以授赵国毛苌。时人谓亨'大毛公'，苌'小毛公'。"《后汉书·儒林列传》因袭之："赵人毛苌传《诗》，是为毛《诗》。"陆德明《序录》论及大小毛公传《诗》时，于小毛公自注："一云名苌。"

关于毛公籍贯，一说赵人，见《汉书·儒林传》，《后汉书·儒林列传》同；一说鲁人，见郑玄《诗谱》、陆玑《毛诗草木鸟兽虫鱼疏序》，陆德明《序录》折中作河间人。

据《汉书·儒林传》所载西汉传毛《诗》学者五人（其中毛公后儒虽分为大小二人，但观后儒所论，互相抵牾，实则不必细分，徒费翰墨），徐敖见于前文古文《尚书》群儒，其余四人分别考论如下。

毛公

《汉书·儒林传》言毛公是毛《诗》的首创经师，河间献王立毛《诗》博士。《汉书·河间献王传》亦曰："河间献王德以孝景前二年立，修学好古，实事求是。……其学举六艺，立毛氏《诗》、左氏《春秋》博士。"

关于河间献王立毛《诗》博士的时间，《汉书·景帝纪》中元二年（前148）："春三月，立皇子德为河间王，阏为临江王，余为淮阳王，非为汝南王，彭祖为广川王，发为长沙王。"又考《汉书·百官表》："景帝中五年令诸侯王不得复治国，天子为置吏，改丞相曰相，省御史大夫、廷尉、少府、宗正、博士官，大夫、谒者、郎诸官长丞皆损其员。"则毛公立为博士当在中元二年至中元五年（前148—前145）这三年间。

毛公事迹又见于《汉志》，言其与河间献王献乐："武帝时，河间献王与毛生等共采《周官》及诸子言乐事者，以作《乐记》，献八佾之舞，与制氏不相远。"具体为武帝何时，已不可考。张华《博物志·文籍考》载有毛公宦情："圣人制作曰经，贤者著述曰传，郑玄注《毛诗》曰笺，不解此意。或云毛公尝为北海郡守，玄是此郡人，故以为敬。"但此毛公之大小及名字，惜张华未言。

毛《诗》经文，《汉志》载二十九卷。关于《汉志》三家《诗》二十八卷，而《毛诗》二十九卷的问题，一说三家《诗》无诗序，毛《诗》有，见王引之《经义述闻》卷七"毛诗经二十九卷"条："经二十八卷，序一卷，是二十九卷也。"庄述祖《历代载籍足征录》亦有此说："谨按《诗》齐、鲁、韩三家皆二十八卷，毛二十九卷，较三家多一卷。今《毛诗》三十卷，乃《毛诗故训传》卷数也。盖《毛诗》经亦二十八卷，又《序》一卷，故二十九卷。"姚振宗《汉志条理》同。一说三家《诗》将序分置各篇之首，而《毛诗》总为一卷，见王先谦《汉书补注》："此三家全经并以《序》各冠其篇首，固皆二十八卷。十五《国风》十三卷（《邶》《鄘》《卫》共一卷），《小雅》七十四篇为七卷，《大雅》三十一篇为三卷，《周颂》三十一篇为三卷，《鲁（颂）》《商颂》各为一卷，共二十八卷也。"至于何人将序分别置于各篇之首，郑玄以为是毛公。《南陔》《白华》《华黍》三首有目有序但无辞，郑玄笺云："孔子论诗，《雅》《颂》各得其所。时俱在耳，篇第当在于此，遭战国及秦之世而亡之。其义则与众篇之义合，篇故存。至毛公为《故训传》，乃分众篇之义各置其篇端云。"按：郑玄之说不确。毛公既分置诗序，则毛《诗》当与三家卷数同为二十八卷，何来二十九卷之说？细思之，大约毛《诗》后学将序分置篇前，其人或贯长卿，或徐敖，或陈侠，或卫宏，抑或王莽时官家经师，不得而知，但绝非毛公所为，否则多出一卷已然分出，四家经文当无差别。

《汉志》又有《毛诗故训传》三十卷，《隋志》有"《毛诗》二十卷，汉河间太傅毛苌传，郑氏笺。梁有《毛诗》十卷，马融注，亡"。郑玄所笺毛《诗》今传于世，存于《十三经注疏》中。《汉志》所载《毛诗故训传》较之本经又多一卷。

孔颖达《毛诗正义》曰："汉初，为传训者皆与经别行，三《传》之文不与经连，故石经书《公羊传》皆无经文。《艺文志》云：《毛诗》经二十九卷，《毛诗故训传》三十卷。是毛为诂训亦与经别也。及马融为《周礼》之注，乃云：'欲省学者两读，故具载本文。'然则后汉以来，始就经为注，未审此《诗》引经附传是谁为之。"孔颖达是亲眼见到汉石经的，他的话不会有假。既然经传别行，则《毛诗故训传》当自有篇章。对此，后儒又有二说。一说《周颂》分为三篇，见王引之《经义述闻》卷七："毛公作传，分《周颂》为三卷。又以序置诸篇首，是三十卷也。"周寿昌《汉书注校补》同王氏说。一说《卫风》分为三卷，见王先谦《汉书补注》："鲁、齐、韩、毛四家《诗》，咸十五《国风》十三卷，《邶》《鄘》《卫》共一卷，毛作《诗传》，析《邶》《鄘》《卫风》为三卷，故为三十卷。"此外，庄述祖《历代载籍足征录》云："唯以《故训传》与经别行，各依卷目排比，其序义合篇者，已附于《毛诗》经卷，终为二十九卷。兹复分众篇之序置其篇端，凡三十卷，为治古文学者考焉。"按：庄氏此说既不明了也不可从。若传按经目编排，又将序分置诗前，也只有二十八卷。即便将序总为一卷，附于全书，才二十九卷，也少一卷。

其实，《汉志》所谓"《毛诗故训传》三十卷"，较之本经多出来的一卷也只是《毛诗故训传》篇目的自身分合不同而已。道理很简单，毛《诗》是民间之学，分合自有其法，况且同一种古籍的分合发生变化在文献学史上是常见的事。比如《汉志》载："《诗经》二十八卷，鲁、齐、韩三家。"《隋志》载："《韩诗》二十二卷，汉常山太傅韩婴，薛氏章句。"《汉志》载："《毛诗》二十九卷。《毛诗故训传》三十卷。"《隋志》："《毛诗》二十卷，汉河间太傅毛苌传，郑氏笺。梁有《毛诗》十卷，马融注，亡。"可见篇卷的分合并无微言大义，只是出于研习的实际需要。此外，考诸他经也是如此，并无经传篇卷一一对应的规律。如三家《诗》经文二十八卷，《汉志》载《鲁故》二十五卷、《鲁说》二十八卷、《齐后氏故》二十卷、《齐孙氏故》二十七卷、《齐后氏传》三十九卷、《齐孙氏传》二十八卷、《齐杂记》十八卷、《韩故》三十六卷、《韩内传》四卷、《韩外传》六卷、《韩说》四十一卷。分合无定，其原因只能是视字数多寡。

关于《毛诗故训传》为何人所作，郑玄、陆玑均认为作者为大毛公毛亨，见前引《诗谱》及《毛诗草木鸟兽虫鱼疏序》。孔颖达《毛诗正义》云："初，孔子授训卜商，商为之序，以授鲁人曾申，申授魏人李克，克授鲁人孟仲子，仲子授振牟子，振牟子授赵人荀卿，荀卿授汉人鲁国毛亨，作《诂训传》以授于赵国毛苌。时人谓亨为大毛公，苌为小毛公，以其所传，故名其诗曰《毛诗》。"陆德明《序录》亦曰："毛公为《诗故训传》于家，以授赵人小毛公。"则陆氏也以《故训传》为大毛公所作。唐成伯玙《毛诗指说》："鲁人毛公于其家作《诗诂训》，故曰毛《诗》，河间献王见而深好之。赵人毛苌传其业，号小毛公，为献王博士。"一说小毛公毛苌所作，如袁宏《后汉记》卷十二建初八年云："毛诗者，出于鲁人毛苌。自谓子夏所传，河间献王好之。"《隋志》云："汉初，又有赵人毛苌善《诗》，自云子夏所传。作《诂训传》，是为毛《诗》古学而未得立。"《通典·礼》三十三引《诗传》作"毛苌曰"。据此，则杜佑也以《诗传》为毛苌作。于是后儒又统言毛公，不强加区分。如《直斋书录解题》载有《毛诗》二十卷、《毛诗故训传》二十卷，云："汉河间王博士赵人毛公撰，后汉大司农郑康成笺。……毛公者，有大毛公、小毛公。案后汉《儒林传》称毛苌传《诗》，而孔氏《正义》据郑《谱》云，鲁人大毛公为《诂训传》于其家，河间献王得而献之，以小毛公为博士。则未知苌者大毛公欤？小毛公欤？"又有所谓大小毛公合作，如王国维《书毛诗故训传后》云："余谓二说（按：即大小毛公分别作）皆是也。盖《故训》者大毛公所作，而传小毛公所曾益也。汉初诗家故与传皆别行。"（《观堂别集》卷一）

关于《诗序》的作者，后儒又纷如聚讼，这里无意加入其中，只想发明一事：今本《诗序》最后成文的时限问题。其一，西汉末年的扬雄未见《诗序》。扬雄《法言·问神篇》云："或曰：《易》损其一也，虽蠢，知阙焉！至《书》之不备过半矣，而习者不知。惜乎《书》序之不如《易》也。曰：彼数也，可数焉故也。如《书》序，虽孔子未如之何矣。"《尚书序》为汉人所习见，《史记》《汉书》班班可考，扬雄所见不足为奇。这段话的意思很明显，是说《周易》篇目缺失不怕，因为数得出来，但是《尚书》篇目缺失就不行，因为只有《尚书序》还不能判断其具体内容。扬雄没有提到《诗序》。照理，王莽时期，古学大行，《毛诗》的六首"笙诗"有目无辞，即使有序，也不知道内容，恰恰符合扬雄所说的"虽蠢，知阙"的情况，而他没有提到，说明他没有看到《诗序》。其二，西汉末的刘歆也没有见到。考《汉志》言及《尚书序》："故《书》之所起远矣，至孔子纂焉，上断于尧，下讫于秦，凡百篇，而为之序，言其作意。"但没有提《诗序》："孔子纯取周诗，上采殷，下取鲁，凡三百五篇，遭秦而全者，以其讽诵，不独在竹帛故也。汉兴，鲁申公为《诗》训故，而齐辕固、燕韩生皆为之传。或取《春秋》，采杂说，咸非其本义。与不得已，鲁最为近之。三家皆列于学官。又有毛公之学，自谓子夏所传，而河间献王好之，未得立。"《汉书》虽是班固所作，但《汉志》却是在刘歆《七略》的基础上增删而成的。经传之中，最为明显者，莫过于《诗》《书》有序，假如刘歆校书时见到完整的《诗序》，照理当有所提及。但《汉志》中无只字片语谈及此事，因此刘歆作《七略》时基本没有看到今本模样的、置于每篇之前的或厘为完整一卷的《诗序》的推测是站得住脚的。

又考《诗序》，其中出现"有其说，无其文"的现象，属于望文生义。《汉书·王莽传》言王莽托古改制："今制礼作乐，实考周爵五等，地四等，有明文；殷爵三等，有其说，无其文。"殷商距离汉代久远，其爵等茫然不可考，可想而知王莽时代所谓的这个"说"就是汉人的臆说。再者，这六篇"笙诗"的序存在望文生义的特点，显得与其余诗序很不相类，而这恰恰不是注重训诂的古文家的做法而是今文学的典型现象。《小雅·鹿鸣之什》的三篇笙诗序曰："《南陔》，孝子相戒以养也。《白华》，孝子之洁白也。《华黍》，时和岁丰，宜黍稷也。有其义而亡其辞。"孔颖达《毛诗正义》曰："'有其义而亡其辞'，此二句，毛氏著之也。言有其诗篇之义，而亡其诗辞，故置其篇义于本次，后别著此语记之焉。"据孔氏所说，"有其义而亡其辞"是作序者的原话（当然，孔氏也认为《诗序》是毛公所作）。《小雅·南有嘉鱼之什》的三篇《诗序》曰："《由庚》，万物得由其道也。

《崇丘》，万物得极其高大也。《由仪》，万物之生各得其宜也。有其义而亡其辞。"孔颖达《毛诗正义》也说"有其义而亡其辞"，亦毛氏所著，于后行别记之，这与前三篇是一样的。我们注意到，这六篇序文与《诗经》中的其他序相比显得很另类，似乎是作序者在没有看到原有诗句的情况下，仅仅根据题目想当然地推出来的。其他的序文则是在参照全部诗句的基础上，作者所给出的对诗的解释。当然，这些解释也多少存在断章取义或者曲解诗义的地方，但至少不是作序者的凿空之论。如《诗经》首篇《周南·关雎》云："关关雎鸠，在河之洲；窈窕淑女，君子好逑。"《关雎序》曰："《关雎》，后妃之德也，是以《关雎》乐得淑女以配君子，忧在进贤，不淫其色。哀窈窕，思贤才，而无伤善之心焉，是《关雎》之义也。"《齐风·南山》曰："南山崔崔，雄狐绥绥。"其《序》曰："《南山》，刺襄公也。鸟兽之行，淫乎其妹，大夫遇是恶，作诗而去之。"这些序或言写作背景，或托论德行，但无一例外都是对全诗的解读而不是仅看到诗题就给出推论。对此现象，姚际恒说："既不见笙诗之辞，第据其名妄解其义，以示《序》存而诗亡。"① 这是说《毛诗序》对"笙诗"的解释，都是从篇题来推演的，王质对此说得很清楚："'有其义'者，以题推之也；'亡其辞'者，莫知其中谓何也。……《南陔》，南者，夏也，养也；陔者，戒也，遂以为'孝子之戒养'。《白华》，白者，洁也；华者，采也，遂以为'孝子之洁白'。《华黍》则以'时和岁丰，宜黍稷'言之，盖不时和岁丰，则黍无华也。……由庚者，道也，遂以为万物有道。崇者，高也；丘者，大也，遂以为万物极高大。仪者，宜也，遂以为万物得宜。……皆汉儒之学也。"② 另外，从《诗经》篇名上看，这六首诗似乎是对全诗内容的概括，主观性较强，而不像其他诗篇那样仅取篇首的文字成题。

综上所述，《诗序》的最后成文只能在今古学融合之时。按：诸汉代经学史，王莽时诸学皆立，东汉学术法家不分。因此，《诗序》成文于此时较为合理。

又按：毛《诗》虽号为古学，但不必与今文家势如冰火。据王先谦《诗三家义集疏》所载，《诗》三百零五篇中四家诗义相同者有过半之数。即如《毛传》，也有来源于今文家之说。如《诗·湛露》："厌厌夜饮，不醉无归。"《毛传》："宗子将有事，族人皆侍。"《仪礼》疏引《尚书大传》云："宗子将有事，宗人皆入侍也。"《白虎通·宗族》引《逸礼》云："宗

---

① 〔清〕姚际恒：《诗经通论》，中华书局1958年版，第258－259页。
② 〔宋〕王质：《诗总闻》，中华书局1985年版，"丛书集成初编"本，第169页。

人将有事，族人皆侍。"《白虎通》所引《礼》文实为礼纬之文。又《召南·驺虞》："于嗟乎驺虞！"《毛传》曰："驺虞，义兽也。白虎黑文，不食生物，有至信之德则应之。"鲁说则以驺为天子狩猎之苑。《文选·魏都赋》："迈梁驺之所著。"张载注："《鲁诗传》曰：'古有梁驺，梁驺者，天子猎之田也。'"贾谊《新书·礼》篇："驺者，天子之囿也。"与鲁说同，与毛传不同。此说虽鲁毛有别，但毛说同《逸周书》《尚书大传》《山海经》、纬书《元命苞》《演孔图》《河图》《括地象》《援神契》，皆以驺为兽。上二例可考见《毛传》来源之多元化。

此外，毛《诗》也并非专讲训诂，其中也杂有今文家法。如《驺虞》《麟之趾》《鹊巢》言瑞应，《瞻卬》篇《毛传》言"妇人无与外政"，又如《大序》云："雅者，正也，言王政之所由废兴也。"《白虎通·礼乐》篇："乐尚雅，雅者，古正也。"与《毛诗序》意思正同，崇论教化，皆今文家说。又如《魏风·汾沮洳·序》："刺俭也。其君俭以能勤，刺不得礼也。"通篇为美，序反以为刺，手法如同《公羊》家。《春秋》成公十七年："九月，辛丑，用郊。"《公羊》："用者何？用者，不宜用也。九月，非所用郊也。"即云《公羊》，《毛诗》又化用《公羊》句式。如《大序》云："故正得失，动天地，感鬼神，莫近于诗。"《公羊》说《春秋》功德云："拨乱世，反诸正，莫近诸《春秋》。"（《春秋公羊传》哀公十四年）又直接采《公羊》说。如庄公元年《公羊》云："夫人谮公于齐侯。公曰：'同非吾子，齐侯之子也。'齐侯怒。与之饮酒。于其出焉，使公子彭生送之，于其乘焉，拉干而杀之。"《猗嗟序》："刺鲁庄公也。齐人伤鲁庄公有威仪技艺，然而不能以礼防闲其母，失子之道，人以为齐侯之子焉。"按：三传之中唯有《公羊》记载了此事，则毛序用《公羊》成说。又《车攻序》："宣王复古也。宣王能内修政事，外攘夷狄，复文、武之境土。修车马，备器械，复会诸侯于东都，因田猎而选车徒焉。"按：《春秋》大复古，《公羊》义；内诸夏外夷狄，《公羊》义。又同今文《尚书》说。《鸡鸣序》："思贤妃也。哀公荒淫怠慢，故陈贤妃贞女夙夜警戒相成之道焉。"孔疏引《尚书大传》说夫人御于君所之礼云："太师奏《鸡鸣》于阶下，夫人鸣玉佩于房中，告去。"又《小星》孔疏引《尚书大传》曰："古者，后夫人将侍君，前息烛，后举烛，至于房中，释朝服，袭燕服，然后入御于君。鸡鸣，大师奏《鸡鸣》于阶下，然后夫人鸣佩玉于房中，告去。"全同《鸡鸣序》意。又用《礼》今文家说。《著序》："刺时也。时不亲迎也。"《著》三章言士、卿大夫及人君皆亲迎，则《毛诗》以为皆当亲迎。又《东门之杨序》："刺时也。昏姻失时，男女多违。亲迎，女犹有不至者也。"按：亲迎之义《仪礼·士昏礼》有明文。

关于《毛诗故训传》之体例，又有二说：其一以为"故""训""传"三体并存。马瑞辰《毛诗诂训传名义考》云："毛公传《诗》多古文，其释《诗》实兼诂、训、传三体，故名其书为《诂训传》。尝即《关雎》一诗言之，如'窈窕，幽闲也''淑，善；逑，匹也'之类，诂之体也。'关关，和声也'之类，训之体也。若'夫妇有别则父子亲，父子亲则君臣敬，君臣敬则朝廷正，朝廷正则王化成'，则传之体也。"杨树达《汉书窥管》、顾实《汉志讲疏》、今人冯浩菲《中国训诂学》说同。其二以为毛公"以训诂为传"。陆宗达《训诂简论》云："'传'是一种发明经典大义的体例。相传古代六经都有传。如《尚书》在孔丘以前就有传，孔丘为《周礼》作过传，孔丘弟子子夏为《礼记丧服》作过《丧服传》，《春秋》有左丘明的《左传》、公羊高的《公羊传》、谷梁赤的《谷梁传》。这些都是用来发挥经义的，有叙事、通论、序录、略例等体例。毛亨注《诗经》虽有叙事，但却以解释语言为主，所以叫《毛诗诂训传》。"按：核诸《毛传》之文，多以训诂为主，其余叙事，如《毛传·绵》言古公亶父避狄人事，《毛传·行苇》言孔子射箭于瞿相之圃事等皆占少数，与陆氏说较合，当以其说为上。

毛公又有作《乐记》事。《汉志》："武帝时，河间献王好儒，与毛生等共采周官及诸子言乐事者，以作《乐记》，献八佾之舞，与制氏不相远。"按：其事互见于《汉书·献王传》及《汉书·礼乐志》。

后儒又认为《汉志》当有《毛诗说》。沈钦韩《汉书疏证》以《五经异义》所引《毛诗说》如驾制、罍制、灵台、万舞、鸾制、盟制等为例，这些《毛诗说》均不在今《毛传》文中，认为："《后书·儒林传》：'九江谢曼卿善《毛诗》，乃为其训。'则《毛诗说》是谢曼卿也，卫宏从曼卿受学，乃西京人。刘歆《移书太常》云：'民间有赵国贯公之遗学，亦《毛诗》者。'盖《毛诗》不立学官，其诗说又不上秘府，故此《志》遗之。"

贯长卿[①]

贯长卿，赵人，受毛《诗》于毛公，授解延年，见《汉书·儒林传》，生平事迹不多，大约景、武之世人。孔颖达《毛诗正义·序》云："汉氏之初，《诗》分为四：申公腾芳于鄢郢，毛氏光价于河间，贯长卿传之于前，郑康成笺之于后。"依孔颖达说，则贯长卿乃是西汉传《毛诗》的重要

---

① 陆德明《序录》自注引徐整云作"长公"，以区别其父传《左传》之贯公。

学者。

此外，贯长卿又习《春秋左传》于其父贯公，为荡阴令，授《左传》于清河张禹，见《汉书·儒林传》。因为他兼治两经，所以有学者根据《毛诗序》与《左传》之间的关系，认为《毛诗序》为贯长卿所作①。

解延年

解延年，受毛《诗》于贯长卿，授徐敖，为阿武令，见《汉书·儒林传》，陆德明《序录》："长卿授解延年。"自注："《诗谱》云齐人。"此外，延年其他事迹不详，大约武、昭世人。

陈侠

陈侠，受毛《诗》于徐敖，王莽时为讲学大夫，见《汉书·儒林传》。《序录》曰："或云：侠授九江谢曼卿。元始五年，公车征说《诗》。"陆德明之说本之于《汉书·儒林传·赞》："平帝时，又立《左氏春秋》《毛诗》《逸礼》、古文《尚书》，所以罔罗遗失，兼而存之，是在其中矣。"《汉书·平帝纪》元始五年（5）记载此事云："征天下通知逸经、古记、天文、历算、钟律、小学、《史篇》、方术、《本草》及以五经、《论语》《孝经》《尔雅》教授者，在所为驾一封轺传，遣诣京师。至者数千人。"

依陆德明意，似乎陈侠乃是平帝时说毛《诗》第一人。陈侠后为王莽讲学大夫，王莽世，毛《诗》立博士，陈侠疑为毛《诗》首位博士。

第五节　家法不详之《诗》群儒考

西汉学《诗》、传《诗》者甚众，如《汉书·儒林传》言鲁《诗》祖师申公弟子千人，习《诗》见载于汉代典籍者不在少数。因三家《诗》"其归一也""大旨相同"，所以有的《诗》便不能确属哪一家。另外，西汉《诗》学分立家法也是一个漫长的过程，其中有学者对《诗经》经义进行过不同阐释，如《汉书》记载的"楚元王诗"即是一例。今考典籍未明载具

---

① 参见黄觉弘《〈毛诗序〉成于贯长卿考》，载《中华文化论坛》2009年第3期。

体家法的《诗经》学者有十四人，俱论如下。

刘交

刘交，刘邦同父弟①，通《诗》好学，封楚元王，号"文信君"。《汉书·楚元王传》："元王好《诗》，诸子皆读《诗》，申公始为《诗》传，号鲁诗。元王亦次之《诗》传，号曰《元王诗》，世或有之。"刘交于西汉《诗》学之地位，姚振宗《汉志拾补》云："《楚元王诗》在鲁、齐、韩三家未分之前，固与申培公同为鲁《诗》宗。"《经义考》亦云："交固汉儒林之首也。"刘交习《诗》之事又载于《金楼子》卷三《说蕃篇》。

刘交卒于文帝元年（前179），生年不详。《汉书·文帝纪》元年三月："楚元王交薨。"因楚元王《史记》《汉书》有传，所以事迹较多，列之如下。

（1）高帝六年（前201）封为文信君。《汉书·高帝纪》六年："春正月丙午，韩王信等奏请以故东阳郡、鄣郡、吴郡五十三县立刘贾为荆王，以砀郡、薛郡、郯郡三十六县立弟文信君交为楚王。"

（2）高帝八年（前199）从高祖刘邦行过洛阳。《汉书·高帝纪》八年："九月，行自洛阳至，淮南王、梁王、赵王、楚王皆从。"

（3）高帝十年（前197）与诸王来朝。《汉书·高帝纪》十年："十年冬十月，淮南王、燕王、荆王、梁王、楚王、齐王、长沙王来朝。"

（4）高帝十一年（前196），英布击刘交，交亡入薛。《汉书·高帝纪》十一年："秋七月，淮南王布反。上问诸将，滕公言故楚令尹薛公有筹策。上召见，薛公言布形势，上善之，封薛公千户。诏王、相国择可立为淮南王者，群臣请立子长为王。上乃发上郡、北地、陇西车骑，巴蜀材官及中尉卒三万人为皇太子卫，军霸上。布果如薛公言，东击杀荆王刘贾，劫其兵，度淮击楚，楚王交走入薛。"

（5）文帝元年，刘交卒。《汉书·文帝纪》元年三月："楚元王交薨。"

刘交之《诗》作，从班固"世或有之"之语来看，则东汉时《楚元王诗》仍有流传，但《汉志》《隋志》俱不见载。刘氏之《诗》学，传统上认为是鲁《诗》学。《汉志》载有《鲁说》二十八卷。王应麟《汉志考证》

---

① 《史记》作"同母少弟也"，徐广注："一作父。"《汉书》作"同父少弟也"。按：《汉书·文帝纪》称元王为叔且谦让以位，当以同父为正。《新唐书·宰相世系表》亦与高祖同父："（丰公）生煓，字执嘉。生四子：伯、仲、邦、交。邦，汉高祖也。"

云:"《荀卿子》、刘向《说苑》《新序》《列女传》间引《诗》以证其说,与《毛》义绝异。盖鲁诗出于浮丘伯,乃荀卿门人,荀卿之学,鲁诗之原也。刘向为楚元王交之孙,交亦受《诗》于浮丘伯,刘向之学,鲁诗之流也。"他认为刘交与刘向等刘氏家族皆习鲁诗。按:王氏之说有理亦不尽理。何则?楚元王《诗》虽源于鲁《诗》但也不会与彼尽同,若尽同,何必分立一家?明大旨相同,亦杂有楚元王自创之说。1973年安徽阜阳出土的汉简《诗经》,尚残留数字,夏传才认为是楚元王《诗》①,或是。

穆生

穆生,鲁人,年岁与申公、韦孟、白生略等,与楚元王刘交俱学《诗》于浮丘伯,事见《汉书·楚元王传》:"楚元王交……少时尝与鲁穆生、白生、申公俱受《诗》于浮丘伯。伯者,孙卿门人也。及秦焚书,各别去。"汉六年(前201),刘交为楚王,"元王既至楚,以穆生、白生、申公为中大夫"。后刘戊即位,礼数不周,穆生见微知著,引《易》曰:"知几其神乎!几者动之微,吉凶之先见者也。君子见几而作,不俟终日。""遂谢病去",而免于刘戊之祸,卒年不详。

长沙马王堆帛书有《缪和》一篇,以人名篇。此"缪和",王葆玹认为是荀子的再传弟子穆生②。非是。因穆生通《易》,治学相同,但《汉书》称他"遂谢病去",按常理,当回乡养病,不会去长沙。申公弟子倒是担任过长沙内史,但他年岁显然较晚,帛书抄于刘邦死后不久,与其年岁不合。因此,此缪生另为其人较妥。

白生

白生,鲁奄里人,《汉书》服虔注:"白生,鲁国奄里人。"年岁与申公、韦孟略等,与楚元王刘交俱学《诗》于浮丘伯,与穆生俱事楚元王,事迹见《汉书·楚元王传》。《汉书·楚元王传》又载穆生"遂谢病去。申公、白生独留。……王戊稍淫暴,二十年,为薄太后服私奸,削东海、薛郡,乃与吴通谋。二人谏,不听,胥靡之,衣之赭衣,使杵臼雅舂于市",终为刘戊所辱,卒年不详。

---

① 参见夏传才《〈诗经〉研究史概要》,中州书画社1982年版,第79页。
② 参见王葆玹《今古文经学新论》,中国社会科学出版社1997年版,第383页。

韦孟

韦孟，韦贤五世祖，楚元王太傅，通《诗》。不见《汉书·儒林传》，事迹见《汉书·韦贤传》："韦贤……其先韦孟，家本彭城，为楚元王傅，傅子夷王及孙王戊。戊荒淫不遵道，孟作诗风谏。后遂去位，徙家于邹，又作一篇。"从韦孟事迹来看，韦孟年岁与申公、白生、穆生略等。《汉书·韦贤传》载韦孟谏楚王刘戊与居家在邹诗各一，云晚年去楚王刘戊，卒于家。韦孟去楚归鲁约与申公同时，当在景帝二年（前155）或稍前。《楚元王传》："二十一年春，景帝之三年也，削书到，遂应吴王反。其相张尚、太傅赵夷吾谏，不听。"景帝三年（前154）刘戊反时，楚太傅已是赵夷吾。

陆贾

陆贾，汉高祖重要谋臣，《史记》卷九十七、《汉书》卷四十三有传。陆贾善说客，如《汉书·高帝纪》载秦二世三年与郦食其说秦将，汉四年受高祖之遣往说项羽请释太公，又曾两次出使南越，抚慰南越王赵佗，甚有功，事俱见本传。陆贾事迹又有樊哙问瑞应事，见《西京杂记》。陆贾于文帝元年（前179）二次使南越，归"以寿终"，卒年不可考，大约卒于文帝中世。

陆贾习《诗》之事及其著述见于《汉书》："贾时时前说称《诗》《书》。……贾凡著十二篇。每奏一篇，高帝未尝不称善，左右呼万岁，称其书曰《新语》。"陆贾《诗》说往往见于其《新语》，如《新语·道基篇》："鹿鸣以仁求其群，关雎以义鸣其雄。"《小雅·鹿鸣》："呦呦鹿鸣，食野之苹。"《毛传》："鹿得苹，呦呦然鸣而相呼，恳诚发乎中，以兴嘉乐宾客，当有恳诚相招呼以成礼也。"《毛诗序》："《鹿鸣》，燕群臣嘉宾也。"《毛诗正义》引郑玄《驳异义》解此诗之意云："君有酒食，欲与群臣嘉宾燕乐之，如鹿得苹草，以为美食，呦呦然鸣，相呼以款诚之意尽于此耳。"则毛《诗》以为上招下、君招臣相食。《毛诗正义》又云："或以为两鹿相呼，喻两臣相招，谓群臣相呼，以成君礼。"《北史·裴安祖传》："闻讲《鹿鸣》而兄弟同食。"此兄弟相招而宴说乃韩《诗》说。《隋志》云："齐《诗》，魏代已亡；鲁《诗》亡于西晋；韩《诗》虽存，无传之者。"孔颖达所见唯有《韩诗》，盖三家诗同。《淮南子·泰族训》："《鹿鸣》兴于兽，君子大之，取其见食而相呼也。"王利器先生云："陆氏以仁求群之说，亦汉人古诗说也。"① 《关雎》诗义，毛诗曰："咏后妃之德。"以为美，三家或以为刺，或以为谏。观陆贾引《诗》乃据以言《礼》，于鲁《诗》为近。如《御览》引蔡邕《琴操》："又曰：《鹿鸣操》者，周大臣之所作也。王道衰，君志倾，留心声色，内顾妃后，设旨酒嘉肴，不能厚养贤者，尽礼极欢，形见于色。大臣昭然独见，必知贤士幽隐，小人在位，周道陵迟。自以是始，故弹琴瑟以风谏，歌以感之，庶几可复。歌：'呦呦鹿鸣，食野之苹。我有嘉宾，鼓瑟吹笙。吹笙鼓簧，承筐是将。人之好我，示我周行。'此言禽兽得美甘之食，尚知相呼，伤时在位之人不能。乃援琴以刺之，故曰《鹿鸣》也。"

另外，《新语》也引《穀梁传》。《新语·道基》篇云："《穀梁传》曰：'仁者以治亲，义者以利尊。万世不乱，仁义之所治也。'"又《新语·至德》篇："故《春秋》穀（缺）。"但今本《穀梁传》不见陆贾所引两语，故《四库总目提要》云："又《穀梁传》至汉武帝时始出，而《道基》篇末乃引《穀梁传》曰，时代尤相牴牾。其殆后人依托，非贾原本欤？"严可均云："乃是穀梁旧传，故今传无此文。"② 于此旧义，戴彦生曰："陆生乃亲受之浮邱伯者，实穀梁先师。"唐晏《两汉三国学案》亦云："按《汉书儒林传》穀梁春秋以申公为始，不知尚有陆生也。陆氏《新语》凡引《春秋》者四，其二明出《穀梁》；其一引夹谷之会，未云何《传》，当是《穀梁》语。然则陆生者，固《穀梁》大师也。而其年岁应长于申公，今列之《春秋》之首云。"按：陆贾《新语》引《春秋》为说，其义多从《穀梁》，戴说或是。如《新语·道基》篇："伯姬以义建至贞。"按：《春秋》襄公三十年："五月，甲午，宋灾，伯姬卒。"《左传》不载伯姬因待姆不下堂以致殉身于火事，《穀梁》《公羊》俱载其事，《穀梁》更于叙事之后论曰："妇人以贞为行者也，伯姬之妇道尽矣。详其事，贤伯姬也。"义与《新语·道基》篇正合。

《新语》又引有《易》说。《新语·辨惑》篇："《易》曰：'二人同心，其义断金。'群党合意，以倾一君，孰不移哉？"又《新语·明诚》篇："易曰：'天垂象，见吉凶，圣人则之；天出善道，圣人得之。'言御占图历之变，下衰风化之失，以匡盛衰，纪物定世，后无不可行之政，无不可治之民，故曰：'则天之明，因地之利。'"陆贾所引《易》不见今本《易·系

---

① 王利器：《新语校注》，中华书局1986年版，第79页。
② 严可均：《铁桥漫稿》卷五《新语序》，上海古籍出版社，续修四库全书，第286册，第78页。

辞》，所以王利器云："实为天下之公言。"非专为解《易》①。

陆贾或也习《尚书》。徐复观云："陆贾《新语·道基》第一，以仁义概括五经六艺的内容，其中有一句是'《书》以仁叙九族'，这分明引用了《尧典》的'以亲九族'，则不可谓陆贾没有看到《书》。"② 其说可从。

陆贾著述今传世者有《新语》。《汉志》诸子略儒家："陆贾二十三篇。"未著录《新语》，《新语》之名见于《汉书》本传纪《史记·陆贾列传》："凡著十二篇……号其书曰《新语》。"司马贞《正义》："《七录》云：'《新语》二卷，陆贾撰也。'"《隋志》、两《唐志》及《意林》俱云："《新语》二卷，陆贾撰。"严可均《新语校录序》云："《崇文总目》《晁志》《陈录》皆不著。王伯厚云：'今存七篇。'盖宋时此书佚而复出，出亦不全，至明弘治间莆阳李廷梧得十二篇足本。""《论衡·本性篇》引陆贾曰'天地，生人也'一条，今十二篇无此文。《论衡》但云陆贾不云《新语》，或当在《汉志》之二十三篇中。"他认为今本《新语》或被包含在《汉志》陆贾二十三篇之中。其书内容，大约儒法兼论，既有陆贾自创之说又保留相当先秦之旧文旧说，大要如《四库全书总目》所云："今但据其书论之，则大旨皆崇王道，黜霸术，归本于修身用人。其称引《老子》者，惟思务篇引上德不德一语，余皆以孔氏为宗。所援据多《春秋》《论语》之文。汉儒自董仲舒外，未有如是之醇正也。流传既久，其真其赝，存而不论可矣。所载卫公子鱄奔晋一条，与三传皆不合，莫详所本。中多阙文，亦无可校补。所称文公种米、曾子驾羊诸事，刘昼《新论》、马总《意林》皆全句引之，知无讹误，然皆不知其何说。"

《汉志》六艺春秋类有《楚汉春秋》九篇，班固自注："陆贾所记。"《隋志》史部杂史类载有九卷，并述及其内容云："其后陆贾作《楚汉春秋》，以述诛锄秦、项之事。"《新唐志》同《隋志》，《旧唐志》载二十卷，司马迁自序云作《史记》有所采用。《汉书·司马迁传·赞》云："汉兴伐秦定天下，有《楚汉春秋》。"《后汉书·班彪列传》亦云："汉兴定天下，太中大夫陆贾记录时功，作《楚汉春秋》九篇。"其书宋人书目已不见著录，《经义考》曰："案：《楚汉春秋》颜师古《汉书注》、李善《文选注》皆引之，则唐时尚存。又《太平御览》亦引之，则宋初犹未亡也。"王利器《新语校注》进一步申之曰："《文献通考·经籍考》未见著录，盖其书已亡

---

① 王利器：《新语校注》，中华书局1986年版，第144页。
② 徐复观：《中国经学史的基础》，见《徐复观论经学史二种》，上海书店出版社2006年版，第89页。

于南宋矣。"此书清儒有辑本,如洪颐煊《经典集林》辑有《陆贾楚汉春秋》一卷,茆泮林《十种古逸书》辑有陆贾《楚汉春秋》一卷,黄奭《汉学堂丛书》有陆贾《楚汉春秋》一卷。

《汉志》辞赋类有陆贾赋三篇。《文心雕龙·诠赋》篇:"汉初词人,顺流而作。陆贾扣其端,贾谊振其绪,枚、马同其风,王、扬骋其势。"陆贾三篇赋早亡佚①。

姚振宗《汉志拾补》录有陆贾《南越行纪》。晋嵇含《南方草木状·杨梅》引陆贾《南越行纪》曰:"罗浮山顶有胡杨梅,山桃绕其际,海人时登采拾,止得于上饱啖,不得持下。"又,《耶悉茗》引陆贾《南越行纪》曰:"南越之境,五谷无味,百花不香,此二花特芳香者,缘自别国移至,不随水土而变,与夫橘北为枳异矣。彼之女子,以彩丝穿花心,以为首饰。"明杨慎《丹铅总录》云:"古书不知名者,如《水经(注)》引《南中行纪》,亦不出姓氏。考嵇含《南方草木状》,始知陆贾作《南中行纪》。"姚氏云:"按:陆大夫两使南越,宜有此作。嵇含生于魏末,距汉未远,所见当得其真。'南越',杨氏误为'南中',盖率由记忆,不求甚确,其所作往往如此。前人亦尝言之。"

刘郢

刘郢,又名郢客②,楚元王子,与申公同受《诗》于浮丘伯,《汉书·楚元王传》:"高后时,浮丘伯在长安,元王遣子郢客与申公俱卒业。"其事迹略载于《汉书》卷三十六《楚元王传》。

刘郢卒年。《汉书·诸侯王表》:"楚元王交:孝文二年,夷王郢客嗣,四年薨。"据此,刘郢文帝二年(前178)为楚夷王,卒于文帝六年(前174)。

刘辟强

刘辟强,字少卿,楚元王刘交孙,刘向祖父,传附于楚元王。《汉书·

---

① 张树国认为《楚辞·大招》的作者为陆贾,见张树国《〈楚辞·大招〉:汉高祖丧礼中的招魂文本》,载《文学评论》2017年第2期。
② 杨树达《汉书窥管》云:"王荣商云:汉书二名者多举其一字。如刘弃疾称刘弃,杜相夫称杜相,此类非一。盖史家便文称之,非脱也。"按:杨说是。扬雄《法言·重黎篇》:"或问贤,曰:为人所不能为。请人,曰:颜渊、黔娄、四皓、韦玄。""韦玄"乃"韦玄成"约名而成。

楚元王传》曰："辟强字少卿，亦好读《诗》，能属文。""清净少欲，常以书自娱，不肯仕。"《汉书·百官表》昭帝始元二年（前85）："光禄大夫刘辟强为宗正，数月卒。"《汉书·楚元王传》："昭帝即位……遂拜辟强为光禄大夫，守长乐卫尉，时年已八十矣。徙为宗正，数月卒。"刘辟强卒于昭帝始元二年时寿八十，则生于文帝十六年（前164）。

刘辟强又有赋作。《汉书·楚元王传》云刘辟强："能属文。"《汉志》："宗正刘辟强赋八篇。"今佚。

刘揖

刘揖，文帝第三子，通《诗》《书》。《汉书·文三王传》："梁怀王揖，文帝少子也。好《诗》《书》，帝爱之，异于他子。五年一朝，凡再入朝。因堕马死，立十年薨。无子，国除。明年，梁孝王武徙王梁。"其卒年，《汉书·文帝纪》十一年（前169）："夏六月，梁王揖薨。"贾谊为刘揖太傅，《汉书·贾谊传》："乃拜谊为梁怀王太傅。怀王，上少子，爱，而好书，故令谊傅之。"后刘揖坠马而死，贾谊伤感其事，自责己未尽职，也忧郁而死，事俱见《汉书·贾谊传》。刘揖其名《史记》作刘胜。《史记·梁孝王世家》云："初，武为淮阳王十年，而梁王胜卒，谥为梁怀王。"按：《史记》言梁怀王刘胜之名仅此一次，又无刘胜传，为孤例，或字讹，今从《汉书》作刘揖。

澓中翁

澓中翁，宣帝少时从其受《诗》，东海人。《汉书·宣帝纪》曰："（宣帝）受《诗》于东海澓中翁。"《汉书》言宣帝即位后褒奖丙吉、张安世、胡组、郭征卿等，不见澓中翁，估计彼时已死。澓中翁习哪家《诗》学，文献无征，但《汉书·儒林传》言齐《诗》学者后苍、萧望之、翼奉及匡衡都是东海人，《史记·儒林列传》云："自是之后，齐言《诗》皆本辕固生也。诸齐人以《诗》显贵，皆固之弟子也。"如此，则澓中翁疑是辕固弟子。

刘询（宣帝）

刘询，汉宣帝，通《诗》。《汉书·宣帝纪》："（宣帝）受《诗》于东海澨中翁，高材好学。"《汉书·宣帝纪》元平元年（前74）秋七月亦云："光奏议曰：'礼，人道亲亲故尊祖，尊祖故敬宗。大宗毋嗣，择支子孙贤者为嗣。孝武皇帝曾孙病已，有诏掖庭养视，至今年十八，师受《诗》《论语》《孝经》，操行节俭，慈仁爱人，可以嗣孝昭皇帝后，奉承祖宗，子万姓。'"则宣帝乃于民间时受《诗》于澓中翁。

宣帝生卒年。《汉书·宣帝纪》黄龙元年（前49）："冬十二月甲戌，帝崩于未央宫。"师古注引臣瓒曰："帝年十八即位，即位二十五年，寿四十三。"则宣帝生于武帝征和二年（前91）。

丙吉

丙吉，本小吏，曾护佑宣帝，后官至丞相，为人宽厚。《汉书》卷七十四有传。本传云："吉本起狱法小吏，后学《诗》《礼》，皆通大义。"丙吉卒年，《汉书·宣帝纪》五凤"三年春正月癸卯，丞相（丙）吉薨"。生年不详。

冯野王

冯野王，字君卿，冯奉世之子，《汉书·冯奉世传》云："野王字君卿，受业博士，通《诗》。"据《汉书·冯奉世传》，冯野王宣帝世为当阳长，栎阳令、夏阳令。元帝世官至陇西太守、左冯翊、大鸿胪。成帝世，野王外任为上郡太守，巡河堤，又迁琅琊太守，后免官终老于家，卒年不详。

班婕妤

班婕妤，班固祖姑，成帝初，选入后宫，拜婕妤，事迹见《汉书·外戚传》，《世说新语·贤媛》亦载其事迹，与《汉书》略同。

班婕妤之《诗》学，《汉书·外戚传》言："婕妤诵《诗》及《窈窕》《德象》《女师》之篇。"后失宠，婕妤作《自悼赋》，其中有云："哀褒阎之为邮。"师古曰："《小雅》刺幽王之诗曰'赫赫宗周，褒姒灭之'，'阎妻煽方处'，故云为邮。邮，过也。"又有："《绿衣》兮《白华》，自古今有之。"《毛诗序》："《绿衣》，《诗·邶风》刺妾上僭夫人失位。""《白华》，周人刺幽王黜申后也。"此数篇四家《诗》同。王先谦将班婕妤《诗》学列为齐《诗》，以为乃是家学。按：王氏之说或囿于家法成见，考班婕妤之作未必专治齐《诗》。如班氏《捣素赋》云："若乃窈窕姝妙之年，幽闲贞专之性，符皎日之心，甘首疾之病，歌《采绿》之章，发《东山》之咏。望明月而抚心，对秋风而掩镜。"（载于《类聚》卷八五）此数句用典《关雎》《大车》《伯兮》《小雅·采绿》《豳风·东山》，皆来自《诗经》，可证班婕妤最为通《诗》，与本传合。但细细研味诗义，或转益多家。"若乃窈窕姝妙之年，幽闲贞专之性"之"窈窕姝妙之年"与东汉边让《章华台赋》"尔乃携窈窕，从好仇"及班昭《女诫》"入则乱发坏形，出则窈窕作态"义同，意为美态。班婕妤是班昭祖姑，此用齐《诗》说。但"幽闲贞专之性"与《毛传》"窈窕，幽闲也"义同，以为女子之防，明班婕妤习《诗》也不主一家。此外，《自悼赋》中云："悲晨妇之作戒兮，哀褒阎之为邮。""晨妇之作戒"典见《尚书·牧誓》："牝鸡无晨。牝鸡之晨，惟家之索。"明班婕妤又习《尚书》。

班婕妤著述，《隋志》："汉成帝《班婕妤集》一卷。"两《唐志》不见载。冯惟讷《诗纪》、丁福保《全汉诗》、严可均《全汉文》卷十一辑有班婕妤诗。

吕叔玉

吕叔玉，通《诗》《乐》。《周礼·钟师》杜子春注引吕叔玉云："《肆夏》《繁遏》《渠》皆《周颂》也。《肆夏》，《时迈》也；《繁遏》，《执竞》也；《渠》，《思文》。"姚振宗《汉志拾补》据此录有《吕叔玉诗说》。《经义考》曰："按：吕氏于《诗》不知主何家之说，杜子春注《周官》引之。其说曰'肆夏'云云，颇见新义，惜乎其不传。"杜子春为刘歆弟子，东汉初已年九十，此吕叔玉年辈当在杜子春之前，应为西汉之儒。或曰，此文乃是吕叔玉论乐非言《诗》。按：考吕氏之说，以《诗经》三篇论乐，明其人通《诗》》。

第四章 西汉《礼》群儒考

今所谓三《礼》，即《周礼》《仪礼》《礼记》，在西汉称谓不同，轻重有别。《周礼》原称《周官》，陆德明《序录》云："王莽时，刘歆为国师，始建立《周官经》，以为《周礼》。"《汉志》六艺礼类有《周官经》六篇，班固自注："王莽时刘歆置博士。"终西汉世，《周礼》只是在新莽时短暂立为学官，旋之即废，该书大兴是在东汉。

《礼记》原称《记》，乃孔门后学所撰。《汉志》六艺礼类有《记》百三十一篇，班固自注："七十子后学者所记也。"刘向、大小戴对《礼记》都进行过编辑，谓之传记，与经别行。三国魏时，《礼记》才正式入经，立为博士。①

在西汉，《礼》只指《仪礼》。西汉《礼》学的研习与传承，实分两派：一派善为通经礼说，如《仪礼·丧服传》言五服之制，《汉书》载元帝永光四年（前40）韦玄成等群儒引礼经论庙制；一派为善礼容，即礼节形式的演示，如叔孙通于野外为汉高祖排练朝觐之礼。前者可以称为礼论派，名家如后苍、大小戴，其中有以善礼论而立为博士；后者可以称为礼容派，如徐生及其子孙与弟子等，以善演礼仪至大夫。此二者，西汉《礼》学最初交混并传，正如《困学纪闻》卷五云："朱文公从《汉书》臣瓒注，谓《仪礼》乃《经礼》也。《艺文志》谓之《礼》，古经未有《仪礼》之名。张淳云：'疑汉后学者见十七篇中有"仪"有"礼"，遂合而名之。'"按：张淳之语见其《仪礼识误·序》。

关于《礼》的传习，《史记·儒林列传》曰：

> 诸学者多言礼，而鲁高堂生最本。礼固自孔子时而其经不具，及至秦焚书，书散亡益多，于今独有士礼，高堂生能言之。而鲁徐生善

---

① 参见王鄂《东汉以来〈礼记〉的流传》（上），载《井冈山大学学报（社会科学版）》2010年第5期。

为容①。孝文帝时，徐生以容为礼官大夫。传子至孙徐延、徐襄。襄，其天姿善为容，不能通礼经；延颇能，未善也。襄以容为汉礼官大夫，至广陵内史。延及徐氏弟子公户满意、桓生、单次，皆尝为汉礼官大夫。而瑕丘萧奋以礼为淮阳太守。是后能言礼为容者，由徐氏焉。

《汉书·儒林传》述及礼学传承时文字只有两段：第一段因袭《史记》此段而成，除个别文字外基本相同；第二段述及礼论并将其首创经师归为孟卿，自孟卿以下详列各传习者。

　　孟卿，东海人也。事萧奋，以授后仓、鲁闾丘卿。仓说礼数万言，号曰《后氏曲台记》，授沛闻人通汉子方、梁戴德延君、戴圣次君、沛庆普孝公。孝公为东平太傅。德号大戴，为信都太傅；圣号小戴，以博士论石渠，至九江太守。由是礼有大戴、小戴、庆氏之学。通汉以太子舍人论石渠，至中山中尉。普授鲁夏侯敬，又传族子咸，为豫章太守。大戴授琅邪徐良斿卿，为博士、州牧、郡守，家世传业。小戴授梁人桥仁季卿、杨荣子孙。仁为大鸿胪，家世传业，荣琅邪太守。由是大戴有徐氏，小戴有桥、杨氏之学。

《汉书》将《礼经》学者区分为两派大体是合乎事实的，但存在对《史记》上述言《礼》文字的误读。实际上，《史记》明言："诸学者多言礼，而鲁高堂生最本。礼固自孔子时而其经不具，及至秦焚书，书散亡益多，于今独有士礼，高堂生能言之。"所谓"能言之"，正说明高堂生乃是礼论派首位经师，后接"而鲁徐生善为容"云云是转折论述礼容派的传承，末段又言"而瑕丘萧奋以礼为淮阳太守"，则文气又接回礼论派。据司马迁意，礼论派学者只有高堂生和萧奋两人。今人沈文倬先生也有此说②。

今据以上分析及《汉书·儒林传》所载，得两派《礼》学群儒三十二人，其中礼容派八人，礼论派二十四人。但是，班固的记载应该仅限于自己所知（或者还有其父班彪所知）的礼经学者及其传承顺序。实际上

---

① 司马贞《索隐》曰："汉书作'颂'，亦音容也。"《汉书·儒林传》作"鲁徐生善为颂"。师古注曰："颂读与容同。下皆类此。"并引苏林曰："《汉旧仪》有二郎为此颂貌威仪事。有徐氏，徐氏后有张氏，不知经，但能盘辟为礼容。天下郡国有容史，皆诣鲁学之。"

② 沈先生云："徐生、徐延、徐襄和徐氏弟子以及张氏都是传'容'的，而高堂生和萧奋是传《礼经》文本的，'以容'和'以礼'分道而行了。"见沈氏《从汉初今文经的形成说到两汉今文〈礼〉的传授》，见《宗周礼乐文明考论》，浙江大学出版社1999年版，第223页。

细核《史记》《汉书》及其他汉代典籍，西汉习礼言礼者实多于《史记》《汉书》两儒林传所载。如汉初张良至淮阳学《礼》，见两书《张良传》；武帝建元元年（前140）安车蒲壁征申公议立明堂，申公当明《礼》；又周霸武帝封禅时掌图封事，与御史大夫兒宽议武帝封禅之礼，所谓"掌图封事"即为封禅之礼容图，则周霸、兒宽当明《礼》，见《汉书·郊祀志》；"通五经"的董仲舒向张汤言郊事祭天之礼，见《春秋繁露·郊事对》，且董仲舒既通五经，五经之中必有《礼》经；夏侯始昌通五经，五经之中也必有《礼》经；夏侯胜既明《尚书》，也"善说《礼服》"；"五经名儒"萧望之善《礼》，其本传言其"事同郡后苍近十年"，"又从夏侯胜问《论语》《礼服》"；后苍明《礼》及《诗》，观萧望之行迹，其议匈奴来朝之礼，见于《汉书》本传及《汉书·匈奴传》，望之又论石渠，其言礼之论见于《通典》；韦玄成亦明《礼》，论石渠，《通典》所引《石渠礼论》有之；匡衡虽习齐《诗》，但议罢南北郊等，引《周礼》，皆有法度，当明《礼》，见《汉书·郊祀志》；刘向议南北郊，见《汉书·郊祀志》；刘歆杂定婚礼，见《汉书》本传及《汉书·王莽传》。此外，还有通群经的扬雄、谷永、杜邺等，按理也通《礼》经，至于王莽改制，多从《周礼》，自不待言。

  但是，对于上述《汉书·儒林传》失载的《礼》学者，不能因为其人有言礼之论，就将其列为西汉《礼》学经师，否则将失之过滥。何则？汉人言礼乃是常态，如永光四年（前40）参与议罢郡国庙者近百人。于此，我们论定有百人之议则可，若将这近百人视为《礼》学之儒则不可。所以，还须按照"明文有征"及"师承有绪"两个标准进行辑录补遗，即史籍有明文言某人曾学《礼》者，如张良等，或有言其传《礼》的具体师承，如授《礼》于王莽的陈参等视作《礼》学儒者。至于汉儒议及礼，如哀帝欲为其祖母傅太后加封号，下群臣议，师丹认为："礼：'父为士，子为天子，祭以天子，其尸服以士服。'子亡爵父之义，尊父母也。为人后者为之子，故为所后服斩衰三年，而降其父母期，明尊本祖而重正统也。"师丹虽习齐《诗》，此处议礼引《礼记·曲礼》为说，但师丹既已名列齐《诗》学者，所以仅将《礼》学作为他的一个经学领域，于其具体条目"学略"下补充而已。与此相类似的还有夏侯胜、萧望之、董仲舒、许生、刘向刘歆父子等。按此标准，辑录西汉礼学群儒三十二家，名列儒林传者列于前，不见儒林传者次于后，分礼容、礼论两派，胪列考论如下，以广备儒林。

第一节　西汉礼容派群儒考

按前所述,西汉礼容派善演礼而不通《礼》经,有徐生、徐延、徐襄、公户满意、桓生、单次、叔孙通、张生八人,考述如下。

徐生

徐生,姓徐,失其名,鲁人,汉初传《礼》,但不善为说,善为礼容,名列儒林传,但《史记》《汉书》无本传,故其人事迹不详。

《汉志》言:"《礼古经》者,出于鲁淹中及孔氏,与十七篇文相似,多三十九篇。"此处的"淹中"即"免中"。徐生既为免中人,其弟子又有桓生传《逸礼》,则徐生疑既习今文《仪礼》,又习古文《逸礼》。

徐公又从瑕丘江公受《鲁诗》《穀梁春秋》。《汉书·儒林传》曰:"申公卒以《诗》《春秋》授,而瑕丘江公尽能传之,徒众最盛。及鲁许生、免中徐公,皆守学教授。"

徐延

徐延,鲁徐生之孙,能为礼容,但不如徐襄之善,名列儒林传,其他事迹不详。

徐襄

徐襄,鲁徐生之孙,善为礼容,至礼官大夫,名列儒林传,其他事迹不详。

公户满意

公户满意,姓公户,名满意,传《礼》学之徐生弟子,为礼官大夫,名列儒林。公户满意武帝末至太中大夫。昭帝初立,燕王刘旦欲反,事发当诛,昭帝释之,命公户满意与宗正晓谕旨意,事见褚先生(少孙)补

《史记·三王世家》。

桓生

桓生，失其名，徐生弟子，善为礼容，官至礼官大夫，名列儒林传，但《史记》《汉书》无本传。桓生又传《逸礼》，见刘歆《移让太常博士书》：

> 及鲁恭王坏孔子宅，欲以为宫，而得古文于坏壁之中，《逸礼》有三十九篇，《书》十六篇，天汉之后，孔安国献之。遭巫蛊仓卒之难，未及施行。及《春秋》左氏丘明所修，皆古文旧书，多者二十余通，藏于秘府，伏而未发。孝成皇帝愍学残文缺，稍离其真，乃陈发秘藏，校理旧文，得此三事，以考学官所传经，或脱简，或脱编。博问人间，则有鲁国桓公、赵国贯公、胶东庸生之遗学与此同，抑而未施。此乃有识者之所叹愍，士君子之所嗟痛也。

从刘歆的文意来看，鲁桓公、赵贯公、胶东庸生之遗学刚好对应此"三事"：桓公习《逸礼》、贯公习《左传》、庸生习《古文尚书》。另刘歆《七略》曰："礼家先鲁有桓生，说经颇异。"（《文选》刘子骏《移让太常博士书》注引）所谓"说经颇异"，正可发明桓生习《逸礼》。姚振宗《汉志拾补》据刘歆《移让太常博士书》录有《礼桓生说》。

考《汉志》言"《礼古经》者，出于鲁淹中及孔氏，与十七篇文相似，多三十九篇"，可见西汉《逸礼》有两个来源：一为景帝末鲁恭王坏孔子宅，出自孔壁；二为鲁地淹中之学者所世习。孔壁书藏于孔安国家，后献于朝廷，刘向校书时称"中书"，一般学者不得见，否则张霸伪造《尚书百二篇》也不至于被朝廷识破。所以，桓生所习之《逸礼》当是淹中系统。《汉书·儒林传》虽未言桓生籍里，但他为鲁淹中人氏的可能性较大。

单次

单次，徐生弟子，善为礼容，名列儒林传，但《史记》《汉书》无本传，其他事迹不详。

叔孙通

叔孙通，鲁国薛人，名何①。他虽名不列儒林传，但汉初制度空乏，其人制礼作乐，厥功至伟。《史记》《汉书》均有本传，对其评价甚高，如司马迁《史记·叔孙通列传·赞》曰："叔孙通希世度务，制礼进退，与时变化，卒为汉家儒宗。"但沈文倬先生云："汉仪根据秦仪增删，既与齐鲁所传古礼没有因袭关系，就不应该把叔孙通当作传礼的学者，评述五经礼学的传授，绝不容许对他有任何的牵扯。"② 沈先生之说似容再议。考汉代制礼，《汉书·郊祀志》云："（文帝）而使博士诸生刺六经中作《王制》，谋议巡狩封禅事。"武帝封禅议礼，《史记·封禅书》言："而群儒采封禅《尚书》《周官》《王制》之望祀射牛事。"可知封禅议礼之多元化，封禅仪必杂有古学。若强以学派之分论之，汉代礼学似有一礼制派。此派以叔孙通为鼻祖，下启武帝封禅仪及王莽议立辟雍、明堂制，东汉张纯和曹充、曹褒父子制《汉仪》之事，实则为东汉庆氏《礼》家法之滥觞。如此，则叔孙通不能绕过。

叔孙通之卒年，《汉书·礼乐志》云："（惠帝）以通为奉常，遂定仪法，未尽备而通终。"叔孙通居奉常之位，制作宗庙礼仪未成而卒，必卒于官。考《汉书·百官表》惠帝七年（前188）："奉常免。"奉常免与叔孙通之间没有第三者担任此官，则可知叔孙通必卒于官而免代之。

据《史记》《汉书》本传及他篇，考得叔孙通事迹如下：

（1）秦时以文学征，待诏博士，事见本传。

（2）秦二世元年（前209），叔孙通曲己意奉秦二世对，受赐，拜为博士。通出，遂逃亡于薛，从项梁。后从怀王，徙长沙，又事项王。事见本传。

（3）高帝二年（前205），降汉王。叔孙通善识时务而与世进退。刘邦拜他为博士，号稷嗣君③。与诸侯、大臣共尊刘邦皇帝于定陶，通议高帝仪

---

① 《汉书》本传师古注引晋灼曰："《楚汉春秋》名何。"
② 沈文倬：《从汉初今文经的形成说到两汉今文〈礼〉的传授》，见《宗周礼乐文明考论》，浙江大学出版社1999年版，第222页。
③ 《汉书》本传颜师古注引张晏曰："后稷佐唐，欲令复如之。"孟康曰："稷嗣，邑名。"张、孟两说恐非其得名缘由。按：高祖时《尚书》未出，名通稷嗣君乃得名于战国稷下先生之故，令叔孙通如诸位稷下先生而佐己成大业。刘向《别录》："稷，齐城门名也，谈说之士，期会于稷门下，故曰稷下也。"（《史记·田敬仲世家·集解》《水经·淄水注》《太平寰宇记》卷一八引）

号。事见本传。

（4）高帝七年（前200），为高帝定上朝仪法，遂拜为奉常，赐金五百斤。事见《汉书》本传，又见《汉书·百官表》高帝七年："博士叔孙通为奉常，三年徙为太子太傅。"

（5）高帝九年（前198），高帝徙通为太子太傅。事见本传。

（6）高帝十二年（前195），高帝欲以赵王如意易太子，通苦谏，遂罢，惠帝得立。高帝崩，孝惠即位，复徙通为奉常，定宗庙仪法。《汉书·百官表》高帝十二年："太子太傅叔孙通复为奉常。"惠帝七年，未成而卒。

叔孙通礼学为制定汉初之礼仪品式，今所见有两种。一为《汉礼器制度》，散见于《周礼》《仪礼》《礼记》注疏中，凡七则，如《仪礼·士冠礼》："夙兴，设洗，直于东荣，南北以堂深。水在洗东。"郑玄《注》："夙，早也。兴，起也。洗，承盥洗者弃水器也，士用铁。荣，屋翼也。周制，自卿大夫以下，其室为夏屋。水器，尊卑皆用金罍，及大小异。"贾公彦《疏》："云'士用铁'者，案：《汉礼器制度》，洗之所用，士用铁，大夫用铜，诸侯用白银，天子用黄金也。""云'水器，尊卑皆用金罍，及大小异'者，此亦案：《汉礼器制度》，尊卑皆用金罍，及其大小异。"孔颖达《礼记·王制疏》亦有所引，说明该书唐时尚存，但此书不见于《汉志》《隋志》、两《唐志》著录，今已佚，清王谟《汉魏遗书钞》、孙星衍《汉官六种》、劳格《月河精舍丛钞·读书杂识》、黄奭《汉学堂知足斋丛书·子史钩沉》、王仁俊《玉函山房辑佚书续编》并有辑本。

二为仪法著作《傍章》。《论衡》言："高祖诏叔孙通制作《仪品》十六篇。"《后汉书·曹褒列传》："令小黄门持班固所上叔孙通《汉仪》十二篇。"这里的《仪品》《汉仪》据近人程树德《九朝律考·汉律考一·律名考》所言，实际上就是《傍章》。《傍章》之名见于《晋书·刑法志》："叔孙通益律所不及，《傍章》十八篇。"按《晋书》所说乃是法律著作，这与《汉书·礼乐志》所称"今叔孙通所撰礼仪，与律令同录，臧于理官，法家又复不传"之"理官""法家"正合。《傍章》今佚，近代法学家沈家本《历代刑法考》有辑本，凡十五条。

叔孙通又作乐。《汉书·礼乐志》："叔孙通因秦乐人制宗庙乐。"至于其具体奏乐之仪法，《汉书·礼乐志》接着记载曰："大祝迎神于庙门，奏《嘉至》，犹古降神之乐也。皇帝入庙门，奏《永至》，以为行步之节，犹古《采荠》《肆夏》也。乾豆上，奏《登歌》，独上歌，不以管弦乱人声，欲在位者遍闻之，犹古《清庙》之歌也。《登歌》再终，下奏《休成》之乐，美神明既飨也。皇帝就酒东厢，坐定，奏《永安》之乐，美礼已成也。"其《休成》

之乐,师古注引服虔曰"叔孙通所奏作也"。服虔乃汉人,其说当可信。

《尔雅》相传亦为叔孙通所作。王先谦《诗三家义集疏·序》云:"汉儒谓《尔雅》为叔孙通所传,叔孙通,鲁人也。"王氏所谓叔孙通作《尔雅》见于张辑《上广雅表》:"爰及帝刘,鲁人叔孙通撰置礼记,文不违左。今俗所传三篇《尔雅》,或言仲尼所增,或言子夏所益,或言叔孙通所补。"《序录》亦云:"《释言》以下或言仲尼所增,子夏所足,叔孙通所益,梁文所补。"叔孙通作《尔雅》只是后儒所传,文献依据不足。

叔孙通又明古文字。据《西京杂记》所记,叔孙通还识蝌蚪古文,与张敞略等。《西京杂记》云:"滕公驾至东都门,马鸣局不肯前,以足跑地久之。滕公使士卒掘马所跑地,入三尺所,得石椁。滕公以烛照之有铭焉,乃以水洗写其文,文字皆古异,左右莫能知,以问叔孙通。通曰:'科斗书也。以今文写之曰"佳城郁郁,三千年见白日,吁嗟滕公居此室"。'滕公曰:'嗟乎天也,吾死其即安此乎?'死遂葬焉。"

叔孙通又明《左传》。《御览》卷五二八《礼仪》七、《初学记》卷十三《礼部》、《类聚》卷三八引《五经异义》云:"古《春秋左氏》说,古者先王日祭于祖考,月荐于曾高,时享及二祧,岁祷于坛,禘及郊宗石室。谨案:叔孙通宗庙有日祭之礼,知而然也。"日祭之礼见《史记》《汉书》叔孙通本传,此为叔孙通习《左传》之证。叔孙通明习《左传》又见于《五经异义》,其载通为惠帝定婚礼,依《左传》而云天子亲迎。

张生

张生,鲁人,失其名,习礼容。《汉书·儒林传》苏林注引卫宏《汉旧仪》曰:"有二郎为此颂貌威仪事。有徐氏,徐氏后有张氏,不知经,但能盘辟为礼容。天下郡国有容史,皆诣鲁学之。"

第二节 西汉礼论派群儒考

西汉礼论派通《礼》经,自高堂生始,有高堂生、萧奋、孟卿、后苍、间丘卿、闻人通汉、戴德、戴圣、庆普、夏侯敬、庆咸、徐良、桥仁、杨荣、张良、淳于登、孔牢、金褒、宗伯凤、孔秉、陈咸、陈参、刘茂、王临二十四人,考述如下。

高堂生

高堂生,复姓高堂,失其名,鲁人,汉初传《仪礼》第一人,名列《史记》《汉书》两儒林传。《史记·儒林列传》:"言礼自鲁高堂生。"司马贞《索隐》:"谢承云'秦氏季代有鲁人高堂伯',则'伯'是其字。云'生'者,自汉已来儒者皆号'生',亦'先生'省字呼之耳。"《史记》《汉书》儒林传俱载高堂生传《礼》序列。《后汉书·儒林列传》亦云:"《前书》鲁高堂生,汉兴传《礼》十七篇。后瑕丘萧奋以授同郡后苍,苍授梁人戴德及德兄子圣、沛人庆普。于是德为《大戴礼》,圣为《小戴礼》,普为《庆氏礼》,三家皆立博士。"高堂生后人著名者有魏博士高堂隆。《三国志·魏书·高堂隆传》云:"泰山平阳人鲁高堂生后也。"范书《儒林传》注云:"高堂生名隆。"盖因此而误。

高堂生《史记》《汉书》无本传,其他事迹不详。陆德明《序录》云:"汉初,立高堂生《礼》博士,后又立大、小戴、庆氏三家,王莽又立《周礼》。"贾公彦《序周礼兴废》云:"汉兴至高堂生博士传十七篇。"据陆、贾二氏说,似高堂生曾被立为博士,但史籍无明文。

一般认为高堂生汉初传《仪礼》十七篇,但宋人张淳以为高堂生只传十七篇中的《士礼》。张淳《仪礼识误·序》云:"鲁人高堂生传《士礼》十七篇,其篇数与今《仪礼》同,陆德明、贾公彦皆以为今《仪礼》。考之西汉《艺文志》'高堂生之礼,后仓最明,仓以传大小戴。古经者,出鲁淹中,多天子诸侯卿大夫制,愈于仓等推《士礼》以致天子'。夫如是,则高堂生所传特《士礼》尔。今《仪礼》中所谓士礼有冠、昏、相见、丧、既夕、虞、特牲、馈食、七篇,他皆天子诸侯卿大夫礼,必非高堂生所传者。不知贾陆二子何据而云尔?"沈文倬先生因张氏之说又云高堂生起先只得《士礼》七篇,其余的十篇乃是他推演而成,即认为《汉志》所谓"及《明堂阴阳》《王史氏记》所见,多天子诸侯卿大夫之制,虽不能备,犹愈仓等推《士礼》而致天子之法"的看法是错误的,《士礼》乃是高堂氏所推而非后苍①。按:沈先生此说不确。何则?《汉志》云:"《礼》古经者,出

---

① 沈说见《从汉初今文经的形成说到两汉今文〈礼〉的传授》,见《宗周礼乐文明考论》,浙江大学出版社1999年版,第217页。唐晏《两汉三国学案》亦云:"以班氏此言考之,是高堂生之说《礼》,但本之《仪礼》十七篇,推《士礼》以至天子。后来曹褒《汉仪》、唐之《开元礼》咸不出此范围,而古礼遂终天沈秘矣。"又云:"故高堂、后仓仅能推《士礼》以至天子,而叔孙制作,半杂秦仪,曹褒次序,又入谶记。"误同。

于鲁淹及孔氏，与十七篇文相似，多三十九篇。"若《仪礼》其余十篇乃是高堂生或后苍等汉儒依《士礼》七篇而推定，如何能与他们所未见的六国古本"文相似"？实际上，《汉志》明言后苍等所推与《明堂阴阳》（班固自注：古明堂之遗事）、《王史氏记》（班固自注：七十子后学者）一样是礼说而非礼经（详见"后苍"条）。

关于后苍推礼，王葆玹在比较了戴圣、戴德及刘向三家《仪礼》篇目的不同之后说："戴圣本当中士礼在先、大夫礼在后、觐天子礼在最后的篇次，正合《汉志》对后仓《礼经》的说明：'推士礼而致于天子之说。'"① 据王说，所谓推礼，乃是对十七篇进行重新编排，但恐怕没有这么简单。《汉书·礼乐志》云："河间献王采礼乐古事，稍稍增辑，至五百余篇。今学者不能昭见，但推《士礼》以及天子，说义又颇谬异，故君臣长幼交接之道浸以不章。"显然不是重新编排《礼》经的篇目这么简单。当然，戴圣本《礼经》的编排次序确实是后苍《礼》学精神的反映。

萧奋

萧奋，瑕丘人，官至淮阳太守，名列儒林传，但《史记》《汉书》无本传，其他事迹不详。

武帝时置五经博士，礼经博士不知其人。《史记·儒林列传》言"瑕丘萧奋以《礼》至淮阳太守"，此语又疑是说萧奋为武帝时《礼》学博士。何则？徐生传礼容，徐生子孙及弟子皆以善演礼容而为礼官大夫。《汉书·儒林传》言后苍弟子著名者大小戴、庆普皆立博士，则可知后氏派乃礼说诵经为其专长，是故有大小戴、闻人通汉等论石渠之事。五经既立博士，必有其说，也即经义的阐发，《汉书·儒林传》明言徐生"善为颂"，徐生孙徐延、徐襄"不能通经"。另外，《史记》《汉书》两儒林传均将萧奋系之礼容派最后，恰为礼容、礼说两派之结合点。综合以上所述，可推知萧奋疑为武帝时礼经博士第一人。

又，贾公彦《序周礼废兴》云："郑云'五传弟子'，则高堂生、萧奋、孟卿、后仓、戴德、戴圣，是为五也。"《困学纪闻》卷五亦云："《六艺论》五传弟子，谓高堂生之学，萧奋、孟卿、后苍、戴德、戴圣也。"高堂生之后五人当皆为礼论派，也即通经善说之儒。以郑玄说，萧奋当为高堂

---

① 王葆玹：《今古文经学新论》，中国社会科学出版社1997年版，第303页。

生弟子①。马端临《文献通考》云："《礼》家之学五传弟子分曹教授,盖小戴最为后出,而今之言《礼》者,惟小戴为众所宗。"马氏所谓"五传弟子分曹教授",也当同于贾疏序列。

孟卿

孟卿,东海人,孟氏《易》首创经师孟喜之父,事萧奋,以《礼》授后苍,又以《春秋》授疏广。名列儒林传,《汉书》无本传。

孟卿虽为西汉重要学者,但其事迹、学术面貌已不可详考。孟卿受学萧奋,萧奋与桓生诸弟子如公户满意等为武帝末时人。孟卿弟子有后苍、疏广,后苍于宣帝本始二年(前72)为少府,疏广为太子太傅在宣帝地节三年(前67),宣帝元康四年(前62)辞官归家(详见"疏广"条),则可推知孟卿约为武帝中后世、昭帝世人。

《汉书·儒林传》没有说明孟卿的宦情,估计孟卿布衣终生。另外,《汉书·儒林传》言:"孟卿以《礼》经多、《春秋》烦杂,乃使喜从田王孙受《易》。"这也可侧面说明孟卿自己没有取得一官半职,乃使其子孟喜学《易》,学《易》只是因为较之《礼》《春秋》,《易》内容较少而已。后苍、疏广都是东海人,与孟卿同郡,可知孟卿以同郡之谊授此二人,私家教授而已。

另外,《后汉书·儒林列传》云:"后瑕丘萧奋以授同郡后苍,苍授梁人戴德及德兄子圣、沛人庆普。"如此,则孟卿似非萧奋弟子,与《汉书》记载不同。细考《后汉书》所述,"瑕丘萧奋以授同郡后苍"当为误记。萧奋为瑕丘人,属山阳郡,而后苍为东海郡人,明非同郡。所谓同郡者,乃是孟卿,此处误作瑕丘萧奋。

后苍②

后苍,字近君,东海郯人。后苍受《礼》于孟卿,授闻人通汉、大小戴、庆普,为西汉诸《礼》学名家之同师。后苍又通《诗》,开齐《诗》

---

① 沈文倬先生也有此说。见沈氏《从汉初今文经的形成说到两汉今文〈礼〉的传授》,见《宗周礼乐文明考论》,浙江大学出版社1999年版,第224页。
② 《汉书》中"苍""仓"两字后人常混用,如《汉书·高帝纪》"(汉)元年冬十月",如淳注曰:"《张仓传》云以高祖十月至霸上。"张仓,殿本作张苍。王先谦说作"苍"是。考今马王堆出土軑侯姓名作"利苍"。今以"张苍"为正字。

后氏学，授翼奉、匡衡、萧望之，两事俱见《汉书·儒林传》。

后苍事迹。后苍虽为西汉《诗》《礼》学大家，但因《汉书》无本传，故其人事迹除见于《汉书·儒林传》外，只有《汉书·百官表》记载的一条，即宣帝本始二年（前72）："博士后苍为少府，二年。"此处《汉书·百官表》当有缺文，按《汉书·百官表》一般写法，要么作"二年卒"，要么作"二年免"，具体情况已不得而知。要之，后苍当卒于宣帝前期，否则甘露三年（前51）论石渠《礼》当是后氏本人而非苍之弟子戴圣。

后苍《礼》学。《汉志》六艺礼部著录有《曲台后仓》九篇。王念孙《读书杂志》云："'后仓'下脱'记'字则文义不明，据如注云：'行礼射于曲台，后苍为记，故名曰《曲台记》。'则有记字明矣。《儒林传》云：'后苍说礼数万言，号曰《后氏曲台记》。'《初学记·起居部》《太平御览·居处部·五》引此并作《曲台后苍记》。"姚振宗《汉志条理》亦云："《明堂阴阳》《王史氏》《曲台后苍》三书皆蒙上文记字。"二人说是。

关于《曲台记》的内容，《汉志》师古注引如淳曰："行礼射于曲台，后苍为记，故名曰《曲台记》。《汉官》曰大射于曲台。"引晋灼曰："天子射宫也。西京无太学，于此行礼也。"刘歆《七略》亦言："宣皇帝时行射礼，博士后苍为之辞，至今记之曰《曲台记》。"（《文选·齐竟陵文宣王行状》注）依刘歆所说，似乎此《曲台记》主要是说射礼。此外，清儒毛奇龄《经问》以为《曲台礼》即为《容台礼》，也即《仪礼》之别称："今世但知《礼记》为曲台礼、容台礼，为戴记；而并不知曲台、容台与戴记之为《仪礼》。尝考曲台、容台所由名。汉初，鲁高堂生传《士礼》十七篇，即《仪礼》也。是时东海孟卿传《仪礼》之学，以授后苍，而后苍受礼。居于未央宫前之曲台殿，校书著记约数万言，因名其书为《后氏曲台记》。至孝文时，鲁有徐生善为颂，颂者，容也。徐生以容仪行礼，为礼官大夫。因又名习礼之处为容台。此皆以《仪礼》为名字者。"（《皇清经解》卷一六四）按：容台，《史记索隐》："商家乐官知容礼，所以礼署称容台。"《类聚》："礼部称南省，又曰礼闱，又曰容台，又曰春台。"聊备一说。又，今人任铭善认为《礼记·曲礼》就是《后氏曲台记》，见其《礼记目录后案》。① 范玉秋说："《后苍曲台记》是因后苍在曲台校书著记而得名，但其内容，却主要是由'士礼'而推补出'诸侯之礼''天子之礼'，是完备汉代之礼仪制度，解说《仪礼》十七篇的'记'。"② 范说大体可信。如此，

---

① 任铭善：《无受室文存》，浙江大学出版社2005年版，第178页。
② 范玉秋：《后苍经学探论》，载《东岳论丛》2012年第8期。

正可照应前"高堂生"条所言"仓等推《士礼》而致天子",实乃后氏《礼》学家法之确立过程。此外,"苍等"还应包括后苍弟子戴德等,因为戴德撰《孝昭冠辞》入《大戴礼记·公符》篇,此亦天子之礼①。

其书存佚。《汉书·儒林传》言"今之《疏氏春秋》《后氏礼》皆出于孟卿",可见班固时《曲台后仓》尚见,后世乃佚。

后苍《诗》学。后苍传齐《诗》学见于《汉书·儒林传》:

> 后苍字近君,东海郯人也。事夏侯始昌。始昌通《五经》,苍亦通《诗》《礼》,为博士,至少府,授翼奉、萧望之、匡衡。奉为谏大夫,望之前将军,衡丞相,皆有传。衡授琅邪师丹、伏理斿君、颍川满昌君都。君都为詹事,理高密太傅,家世传业。丹大司空,自有传。由是《齐诗》有翼、匡、师、伏之学。满昌授九江张邯、琅邪皮容,皆至大官,徒众尤盛。

关于后苍究竟是哪家博士,王国维《汉魏博士题名考》云:"在武帝时,《礼》之有博士,可考者始于后苍,在昭宣二帝之世,而苍又兼传齐《诗》,不知为齐《诗》博士欤?《礼》博士欤?疑武帝时,《礼》博士或阙而未补,或以它经博士兼之,未能详也。"王氏对此不能断。据《汉书·百官表》所载,后苍为博士在昭帝时,《汉书·儒林传》论齐《诗》传承序列时言后苍为博士,则苍当以《诗》立博士,而不是以《礼》。然而,《汉书·儒林传·赞》却明言:"初,《书》唯有欧阳,《礼》后,《易》杨,《春秋》公羊而已。"按《汉书·儒林传·赞》的说法,后苍是《礼》学博士。所以,沈文倬先生认为:"《传赞》述武帝所立今文经博士明记'礼后';而齐诗'夏侯始昌最明',又受武帝推重,尚且没有被立为博士,怎会反而立其弟子,由此可证后苍是礼博士。"②

考西汉经学家法如《书》欧阳、大小夏侯,《礼》后氏、大小戴等说法(即西汉五经家法的系统分类)乃是刘向首为。如此,则《汉书·儒林传·赞》所言"《礼》后氏"不是指后苍,而是指后氏学派,在写法上乃是后人追书。如果此处"后氏"确指为后苍氏,那么从武帝建元五年(前136)

---

① 从后苍等推衍礼仪的行为中尚能解读出研习《礼》经实际上与创新礼制并不能对立,否则不能反映汉代《礼》学的全貌。简言之,推故立新实乃庆氏《礼》之核心特征,由叔孙通扬其波,后苍助其澜,庆普立其规,东汉曹褒父子集大成。

② 沈文倬:《从汉初今文经的形成说到两汉今文〈礼〉的传授》,见《宗周礼乐文明考论》,浙江大学出版社1999年版,第225页。

立五经博士至宣帝本始二年（前72），时间长达64年，后苍怎么会做这么长时间的博士？再说后苍也不是武帝初年时人（详见"欧阳《尚书》群儒考"部分）。

《汉志》六艺诗类著录有"《诗经》二十八卷，鲁、齐、韩三家""《齐后氏故》二十卷""《齐后氏传》三十九卷""《齐杂记》十八卷"。关于这些齐《诗》著作的作者，后儒有不同意见。

《汉志》"《齐后氏传》三十九卷"此条，王先谦《汉书补注》曰："盖后氏弟子从受其学而为之传，如《易》周氏传、书伏生大传之例。"王氏以为是后苍弟子所作。杨树达《汉书窥管》则曰："树达按：《韩故》及《内外传》皆韩婴自著，毛公合故训与传为一，其为一人之作甚明。鲁诗则申公有《故》无《传》，故《儒林传》特记其为训故以教，无传。由此推论，《齐后氏故》及《齐后氏传》并出后苍，王云传为弟子从受其学者所为，非也。"杨氏则以为是后苍所作。此条师古注引应劭曰："申公作鲁《诗》，后苍作齐《诗》，韩婴作韩《诗》。"应劭乃汉人，依应劭的说法，似后苍于齐《诗》学之贡献当在辕固之上，作《齐诗传》者乃后苍而非辕固。关于《后氏故》的作者，朱一新《汉书管见》："《儒林传》'后苍，字近君。'所谓后氏故者，盖其徒所推说也。"

至于后苍对齐《诗》之影响，《经义考》引朱倬曰："鲁诗起于申公而盛于韦贤，《齐诗》始于辕固而盛于匡衡，《韩诗》始于韩婴而盛于王吉。"从学派影响力而言并无不妥，于学术贡献而言，后苍当在匡衡之上。但也有不同意见者，如王先谦《汉书补注》引齐召南曰："应（劭）说非是。后苍传《齐诗》者，非其始也。《齐诗》始于辕固。"

后苍《诗》学今佚，马国翰《玉函山房辑佚书》将后苍弟子匡衡上疏中《诗》说、班固《白虎通》所阐释《诗》义及孔颖达《正义》所引三家诗辑为《后氏故》一卷。

后苍又通《孝经》。《汉志》言："汉兴，长孙氏、博士江翁、少府后苍、谏大夫翼奉、安昌侯张禹传之，各自名家。"《汉志》六艺孝经类著录有《后氏说》一篇，即为后苍所作。后苍《孝经说》今佚，马国翰《玉函山房辑佚书》将后苍弟子匡衡上疏中论《孝经》语采为一卷，题《孝经后氏说》。

按：《汉志》六艺孝经类依次著录："《翼氏说》一篇，《后氏说》一篇，《杂传》四篇，《安昌侯说》一篇。"《孝经杂传》四篇，列于"《后氏说》一篇"之后而在"《安昌侯说》一篇"之前。王应麟《汉志考证》云："蔡邕《明堂论》引魏文侯《孝经传》，盖《杂传》之一也。"姚振宗《汉志条理》云:"《杂传》者不主一家,刘中垒哀录诸家之说,题以此名,其人皆在安昌侯张禹之前,故次之于此。"姚氏认为按照时间顺序著录,尚能理解。周予同也认为魏文侯的《孝经传》即在《杂传》四篇中①。试问:魏文侯乃先秦之人,其说当为古学,又杂列其间,照诸家之说,明《汉志》排列书目不分今古。翼奉是后苍弟子,其《翼氏说》反在《后氏说》之前,又是何故?姚振宗《汉志条理》云:"按后氏为翼氏之师,本《志》篇《叙》亦叙后仓于翼奉之前,而其书乃列翼氏之后,或后氏之弟子所录,成书在翼氏之后,或转写颠倒之误,无以详知。"虽不得详知,但有一点可知,即廖平等人所谓《汉志》录书杂有今古学之观念与皮锡瑞等所谓"汉人治经最重师法,无一字敢出入"云云乃夸大之词。

闾丘卿

闾丘卿,鲁人,受《礼》学于孟卿,见《汉书·儒林传》,但《汉书》无本传,其他事迹不详。

闻人通汉

闻人通汉,姓闻人②,名通汉,字子方,受《礼》学于后苍,官至太子舍人、中山中尉,论石渠,见《汉书·儒林传》。闻人子方《礼》学今不传,其议礼之说见《通典》所载《石渠礼论》。《经义考》曰:"后氏之礼分为四家,闻人通汉虽未立于学官,而《石渠礼论》其议奏独多。"又:贾公彦《序周礼废兴》云:"案:《儒林传》:'后苍说礼数万言,号曰《后氏曲台记》,授戴德、戴圣。'"贾氏所述后苍弟子无闻人通汉,盖见别本《汉书·儒林传》。

---

① 参见皮锡瑞著,周予同注释《经学历史》,中华书局1959年版,第42页。
② 师古注引如淳曰:"闻人,姓也,名通汉,字子方。"《风俗通·姓氏篇》曰:"少正卯,鲁之闻人,其后氏焉。"《后汉书·灵帝纪》有太尉闻人袭,谢承《后汉书》有闻人统,见周天游辑谢承《后汉书》卷七。

戴德

戴德，字延君①，梁人。受《礼》学于后苍，为西汉《大戴礼》开创者，见《汉书·儒林传》，但《汉书》无传。

关于戴德事迹，《汉书》除《儒林传》外无记载。关于戴氏世系，《新唐书·宰相世系表》："戴氏出自子姓，宋戴公之孙，以祖父谥为氏。至汉信都太傅戴德，世居魏郡斥丘。"

关于两戴之间的关系，《汉书·儒林传》只说两人是同学、同乡，《后汉书·儒林列传》言"（后）苍授梁人戴德及德兄子圣"，则两人是叔侄关系。《隋志》又说"苍授梁人戴德及从兄子圣"，则两人又成了从叔侄关系。究竟哪种关系较为确切已不可考。

戴德事迹中，后儒又常常将大戴与小戴混淆，以为戴德曾为博士，论石渠。如徐天麟《西汉会要》卷二六《讲论经义》："戴德号大戴，圣号小戴，以博士论石渠。"朱彝尊《经义考》卷二三九《汉石渠五经杂议》认为徐氏乃是"误读《孟卿传》"。沈钦韩《汉书疏证》也认为"戴德、戴圣论石渠在宣帝末年"，马国翰《玉函山房辑佚书·石渠礼论·序》也说"德号大戴，圣号小戴，以博士论石渠"，大约都是误读。王先谦《汉书补注》引钱大昭说："时与议石渠者，礼家梁戴圣、太子舍人沛闻人通汉。"姚振宗《隋志考证》云："石渠群儒，礼家则戴圣、闻人通汉。"吕友仁曰："钱、姚皆不言大戴，是也。再从辑本《石渠礼论》来看，小戴的议论不一而足，而大戴的议论只字不见，也从一个侧面证明了大戴的没有与会。"②钱玄《三礼通论》："戴德、戴圣的生卒年不详，但知曾参加宣帝时石渠之会（前49年），这时二戴已早为博士。"③钱玄认为戴德曾为博士，但考诸《汉书》并无其事。

戴德《礼》学成绩，一是编订《大戴礼记》八十五篇，二是研习《仪礼》并重新编排过《仪礼》，见《仪礼正义》卷一所引郑玄《三礼目录》，这也是戴德《礼》学被立于学官的主要依据。但大戴氏《礼》说今不传，仅见于许慎《五经异义》。另外，依《通典》所载戴德的《丧服变除》《丧

---

① 《后汉书·儒林列传》："苍授梁人戴德及德兄子圣、沛人庆普。"李贤注："德字近君。"与《汉书·儒林传》不同，恐字形近而误。
② 吕友仁：《〈礼记〉研究四题》，中华书局2014年版，第26页。
③ 钱玄：《三礼通论》，南京师范大学出版社1996年版，第39页。

服记》，可见戴德对丧礼有特别的研究，估计这也是戴德《礼》学自成一家的主要原因。

戴德著述。《隋志》录有"《大戴礼记》十三卷，汉信都王太傅戴德撰"，两《唐志》《郡斋读书志》《直斋书录解题》同载十三卷。至于《大戴礼记》的成书，后儒有删古文记之说。《直斋书录解题》云："汉初以来，迄于刘向校定中书，诸家所记，殆数百篇。戴德删其烦重，为八十五篇。圣又删为四十九篇。相传如此。"其书今存。

《隋志》又录有"《夏小正》一卷，戴德撰"，大约认为戴德从《礼记》中别出单行。宋傅崧卿《夏小正戴氏传序》认为乃是"隋重赏以求逸书，进书者遂多以邀赏帛，故离析篇目而为此"。《四库全书总目》则予以否认，以为戴德实有此书："然考吴陆玑《毛诗草木鸟兽虫鱼疏》曰：'《大戴礼·夏小正传》云：蘩，由胡。由胡，旁勃也。'则三国时已有《传》名。疑《大戴礼记》旧本但有《夏小正》之文，而无其《传》。戴德为之作《传》别行，遂自为一卷，故《隋志》分著于录。后卢辩作《大戴礼记注》，始采其《传》编入书中，故《唐志》遂不著录耳。又《隋志》根据《七录》，最为精核，不容不知《夏小正》为三代之书，漫题德撰。疑《夏小正》下当有'传'字，或'戴德撰'字当作'戴德传'字。今本讹脱一字，亦未可定。观《小尔雅》亦《孔丛》之一篇，因有李轨之《注》，遂别著录。是亦旁证矣。崧卿以为隋代误分，似不然也。惟是篇屡经传写，《传》与本文混淆为一。"按：《夏小正》经传合一确为不假，但戴德撰定，史籍无明文。对此，王聘珍《大戴礼记解诂目录》驳曰："后人遂相承以《夏小正》乃大戴自为，无分经传。不知大戴只就《古文记》删取成书，未尝自作。《隋志》所云'戴德撰'者，谓其书从《大戴礼记》中出，并非为其自作也。"

《隋志》又载："梁有《戴氏丧服五家要记图谱》，亡。"两《唐志》有戴德《丧服变除》一卷，《隋志》唯载有《要记图谱》，不载《丧服变除》。关于戴德《丧服变除》，沈钦韩《汉书疏证》曰："《通典·凶礼》引之。今采其有论说者附之《童子丧服议》。《戴德变除》曰：'童子当室，谓十五至十九，为父后持宗庙之重者，其服深衣，不裳，其余与成人同。'礼不为未成年人制服者，为用心不能一也。其能服者，亦不禁。绩经不以制度，惟其所能胜丧筋。戴德云：'七月以下至生三月，筋之。以日易月，生三月，哭之。朝夕即位葬于园，既葬止哭，不饮酒食肉，毕丧各如其日月。'此独谓父母为子及昆弟相为耳。《改葬服议》，汉（戴）德云：'制绍麻具而葬，葬而除，谓子为父，妻妾为夫，臣为君，孙为祖后也，无遗奠之礼，其余亲皆吊服。'"其内容颇似《礼记·曾子问》,乃集中论述丧服变制,与公羊经权之义为近。

《丧服变除》今佚。清人有多种辑本,均采自《通典》《礼记正义》,王谟《汉魏遗书钞》有戴德《丧服变除》一卷,洪颐煊《经典集林》有《戴德丧服变除》一卷,马国翰《玉函山房辑佚书》有《大戴丧服变除》一卷,丁晏有《汉戴德丧服变除》一卷(载《南菁书院丛书》第三集)。

戴圣

戴圣,字次君,梁人。受《礼》学于后苍,与论石渠,为西汉《小戴礼》开创者。

戴圣事迹。除载于《汉书·儒林传》外,还见于《汉书·何武传》:"九江太守戴圣,《礼经》号小戴者也,行治多不法,前刺史以其大儒,优容之。及武为刺史,行部录囚徒,有所举以属郡。圣曰:'后进生何知,乃欲乱人治!'皆无所决。武使从事廉得其罪,圣惧,自免,后为博士,毁武于朝廷。武闻之,终不扬其恶。"依《汉书·何武传》,似乎戴圣先官九江太守后论石渠,为博士,与《汉书·儒林传》记载矛盾。沈文倬先生认为也有可能戴圣两次为博士。他说:"戴圣与公孙弘在武帝建元中、师丹在元成之际先后两度担任博士一样,他在甘露中以其师后苍师法立为博士,至阳朔二年以后,别起小戴礼师法,复为博士。《汉书》叙事疏略,故有此失。"①《汉志》礼部载有《经》十七篇,班固自注:"后氏、戴氏。"吴承仕《序录疏证》云:"后儒考之,以为宣帝世戴氏实为后氏博士,尚未自名其家,后始立大小戴。"王国维《汉魏博士题名考》亦云:"宣帝于礼博士亦无所增置,《儒林传赞》乃谓'宣帝立大小戴礼',不知戴圣虽于宣帝时为博士,实为后氏礼博士,尚未自名其家与大戴分立也。"据吴、王、沈氏等人之意,戴圣论石渠为博士,乃是《礼》后氏博士,非戴氏也。如此,则戴圣为西汉后氏《礼》首位博士。

戴圣《礼》学。一是编订《小戴礼记》四十九篇。《隋志》载有《礼记》二十卷,题汉九江太守戴圣撰,郑玄注,两《唐志》并同,今存于《十三经注疏》中。

关于两戴记之关系,有小戴删大戴之说。陆德明《序录》云:"陈邵

---

① 沈文倬:《从汉初今文经的形成说到两汉今文〈礼〉的传授》,见《宗周礼乐文明考论》,浙江大学出版社1999年版,第232页。

《周礼论序》云：戴德删古《礼》二百四篇为八十五篇，谓之《大戴礼》；戴圣删《大戴礼》为四十九篇，是为《小戴礼》。"陆氏自注："汉刘向《别录》有四十九篇其篇次与今本《礼记》同，名为他家书拾撰所取，不可谓之《小戴礼》。"则陆德明不认同小戴删大戴之说。《隋志》云："至刘向考校经籍，检得一百三十篇，向因第而叙之。而又得《明堂阴阳记》三十三篇、《孔子三朝记》七篇、《王史氏记》二十一篇、《乐记》二十三篇，凡五种，合二百十四篇。戴德删其烦重，合而记之，为八十五篇，谓之《大戴记》。而戴圣又删大戴之书，为四十六篇，谓之《小戴记》。"关于此说，后儒多不尊信。如钱大昕曰："谓大戴删古礼，小戴又删大戴礼，其说始于陈邵，而陆德明引之，《隋志》又附益之，然《汉书》无其事，不足信也。"陈寿祺曰："《后汉书·曹褒列传》：'父充，持庆氏礼。褒又传礼记四十九篇，庆氏学遂行于世。'则褒所受于庆普之礼记亦四十九篇，二戴、庆氏皆后苍弟子，恶得谓小戴删大戴之书耶？"沈钦韩《汉书疏证》亦云："按：此俗说，不知《隋志》何所本。刘向校书在成帝时，戴德、戴圣论石渠在宣帝末年，只可二戴自删，刘向自合，不可云二戴承刘向之本。又大小戴并授一师，同议石渠各自名家，圣又何暇取大戴书而删之。现行《大戴记》与《礼记》重复甚多，则不出《大戴》明矣。"按：钱、陈、沈之说为是。《史记·五帝本纪》司马贞《索隐》曰："刘向《别录》云：'孔子见鲁哀公问政，比三朝，退而为此记，故曰三朝。凡七篇，并入大戴记。'"则《大戴礼记》在刘向生前即已编订，且已定名，但《艺文志》及郑玄《六艺论》均不言小戴删大戴之说，当无此事。

又有两戴记合并之说。《汉志》没有戴德、戴圣《礼记》，只有《记》百三十一篇，班固自注："七十子后学者所记也。"钱大昕曰："郑康成《六艺论》云：戴德传记八十五篇，戴圣传记四十九篇，此云百三十一篇，合大小戴所传而言。小戴记四十九篇，曲礼檀弓杂记皆以简策重多，分为上下，实止四十六篇。合大小戴之八十五篇正协百三十一之数。"对于此说，杨树达《汉书窥管》引姚振宗云："钱说非也。大小戴所取，合记百三十一篇，《明堂阴阳记》三十三篇，《孔子三朝记》七篇，《王氏史记》二十一篇，《乐记》二十三篇，合五种二百十五篇，非仅于百三十一篇内取也。""树达按：姚说是也。大戴之《盛德》及小戴之《月令明堂位》并出自《明堂阴阳》，《小戴》之《乐记》即本之《乐记》三十三篇，《大戴》之《千乘》《四代》《虞戴德》《诰志》《小辨》《用兵》《少间》即《孔子三朝记》之七篇，二戴所采不限于此百三十一篇之《记》明矣。又如《哀公问》《投壶》诸篇，二戴彼此皆加采录，钱氏欲合二戴之篇数为百三十一者，数不相合，其说不可通明矣。"据上所述，考之刘向《别录》所言，今大小《礼记》实为各自编订，故有重复者、有差异者。

二是研习《仪礼》并重新编排过《仪礼》，即所谓《礼经》号小戴之学，见《仪礼正义》卷一所引郑玄《三礼目录》。和戴德一样，小戴氏《礼》说今也不传，仅见于许慎《五经异义》。沈钦韩《汉书疏证》云："《五经异义》有二戴《礼说》，《志》与他经并载《解故》《章句》《说》三种，独于礼无之，非也。今于注疏所引补之。"按：沈氏不明《汉志》不载礼经"故""传""章句"诸书的原因，即西汉《礼》学之确立至于分立的标准不在于礼经自身的阐释，而在于对礼制的阐述或创制。对《礼经》文本进行注释那是东汉的事，如马融、郑玄诸人。所以，皮锡瑞《经学通论》云："汉礼经通行，有师授而无注释。"皮氏大约是看出了其中的端倪。

三是参与论石渠议经，撰有《石渠礼论》。《汉志》六艺礼部载《议奏》三十八篇，班固自注："石渠。"钱大昭《汉书辨疑》："《书》《春秋》《论语》'《议奏》石渠'下皆有'论'字，疑此脱'论'字。"按：钱说是，班固所注当作《石渠论》。《隋志》著录有《石渠礼论》四卷，注曰："戴圣撰。"沈钦韩《汉书疏证》："《隋志》：'《石渠礼论》四卷，戴圣撰。'按石渠议礼者戴圣、闻人通汉、韦玄成、萧望之等，专题戴圣，非也。梁有《群儒疑义》十二卷，戴圣撰，亦石渠之类与。"沈氏认为《石渠礼论》乃是集重家之说。以今遗文考之，甚是。其遗文，杜佑《通典》、《礼记正义》、《后汉书·礼仪志》刘昭注、《政和五礼新仪》中有载《石渠礼论》的部分内容，清人王谟《汉魏遗书钞》、马国翰《玉函山房辑佚书》、洪颐煊《经典集林》、宋翔凤《浮溪精舍丛书》、丁杰《拜经楼杂钞》、黄奭《汉魏丛书》、丁晏《南菁书院丛书》并有辑佚本。马国翰辑本《序》曰："《汉志》《议奏》三十八篇。《隋志》载《石渠礼论》四卷，戴圣撰者，即《汉志》之《议奏》。盖论出诸儒，而近君一人所手定也。《唐志》不著录，时已散佚。"

《隋志》又载录："梁有《群儒疑义》十二卷，戴圣撰。"但是两《唐志》已不见著录此《群儒疑义》。《旧唐志》有《礼义》二十卷，戴胜等撰。《新唐志》有《礼议》二十卷。姚振宗《汉志拾补》录有戴圣辑《群儒疑义》十二卷，云："《旧唐志》作《礼义》，《新志》作《礼议》。'义''议'古通。观《新志》叙次，似二十卷者为郑氏注本，《七录》十二卷或戴氏原编欤？"张舜徽《汉志通释》云："悉当时讨论竣事时，由大臣主其事者记其异同以上奏也。犹今世会议毕而有所谓汇报耳。《隋志》有《石渠礼论》四卷，题戴圣撰。论者谓即此《议奏》三十八篇，非也。考《儒林传），戴圣尝以博士论石渠，《礼论》四卷，盖戴圣自抒己见或辑录众家之言以为一书，与《议奏》固异物。"按：张氏说法当受《白虎议奏》的启发，即后儒以为《白虎通》与《白虎议奏》分为两书，于是也将《石渠礼论》与《石渠议奏》分为两书，自然内容有别。但《石渠议奏》早佚，其内容是否与《石渠礼论》不同，已不得而知。

庆普

庆普，字孝公，沛人。受《礼》学于后苍，自成一家，《礼》庆氏学开创者，见《汉书·儒林传》。

庆氏《礼》今不传，其面目已不可见。但《后汉书·曹褒列传》言曹充、曹褒父子习庆氏《礼》，且为东汉诸帝制礼：

> （曹褒）父充，持《庆氏礼》，建武中为博士，从巡狩岱宗，定封禅礼，还，受诏议立七郊、三雍、大射、养老礼仪。显宗即位，充上言："汉再受命，仍有封禅之事，而礼乐崩阙，不可为后嗣法。五帝不相沿乐，三王不相袭礼，大汉当自制礼，以示百世。"帝问："制礼乐云何？"充对曰："《河图括地象》曰：'有汉世礼乐文雅出。'《尚书璇机钤》曰：'有帝汉出，德洽作乐，名予。'"帝善之，下诏曰："今且改太乐官曰太予乐，歌诗曲操，以俟君子。"拜充侍中。作章句辩难，于是遂有庆氏学。

> 章和元年正月，乃召褒诣嘉德门，令小黄门持班固所上叔孙通《汉仪》十二篇，敕褒曰："此制散略，多不合经，今宜依礼条正，使可族行。于南宫、东观尽心集作。"褒既受命，及次序礼事，依准旧典，杂以《五经》谶记之文，撰次天子至于庶人冠婚吉凶终始制度，以为百五十篇，写以二尺四寸简。其年十二月奏上。帝以众论难一，故但纳之，不复令有司平奏。会帝崩，和帝即位，褒乃为作章句，帝遂以《新礼》二篇冠。

如此，庆氏《礼》重在制作，而大小戴《礼》重在议论。《汉书·礼乐志》曰："今学者不能昭见，但推士礼以及天子，说义又颇谬异，故君臣长幼交接之道浸以不章。"班固此处正是在说曹褒等庆氏《礼》家。这说明自后苍立家法开始，大小戴及庆氏《礼》的共同点都在推演。何则？据《汉志》所载录，除礼类之外的六艺经典或有章句，或有训诂，均按文本说经，而《礼》经独无。《汉志》礼类除有《曲台后仓》九篇外,也载有"《记》百三十一篇"。但这些记主要是先秦孔门七十子后学所记,而不是西汉礼家所撰。如此,则西汉礼学如何立家法?考《通典》所引《石渠礼论》,皆为诸儒来往议论而已。要之,礼学之分立家法,不在经典本身经义之分化,盖在于礼仪之论定。唐晏《两汉三国学案》论之曰:"右为《庆氏礼》派。后代如《开元礼》《政和五礼》及唐来诸家礼,大都本诸此,实三代礼之别派也。虽后来传人不盛,而董钧制礼于东溪之初,曹褒继之,于赴《礼经》一学遂行于时。然庆氏之学,本诸高堂生,依然班氏所谓推《士礼》以合于天子者也。其不合古礼也明矣,宜张酺等讥之也。然而褒之礼学受之庆氏,庆氏受之后仓,后仓得之高堂生,渊源有自,较之西汉初叔孙通之以意成之之礼,究为有本。酺等诋而废之,又不为改制,然则刘更生所谓敢于杀人,不敢于生人者,正酺等之谓也。于是炎汉一代,治法虽隆,究难免礼崩之叹矣。"按:唐氏之议,有合理处,也有不合理处。合理处在于看出庆氏《礼》分立家法之依据在于善制作,不合理之处在于以为庆氏《礼》与叔孙通为两流,其实非也。

1959 年,甘肃武威出土汉简《仪礼》,整理专家以为是庆氏《礼》[①]。对此,国内也有学者提出不同意见[②]。

夏侯敬

夏侯敬,鲁人,受庆氏《礼》于庆普,见《汉书·儒林传》,其他事迹不详。《汉书·龚胜传》有博士夏侯常,也善言《礼》:"后数日,复会议可复孝惠、孝景庙否,议者皆曰可复。胜曰:'当如礼。'常复谓胜:'礼有变。'"不知是一人否。

庆咸

庆咸,庆普族子,受《礼》于庆普。官至豫章太守,见《汉书·儒林

---

① 中国科学院考古研究所、甘肃省博物馆编《武威汉简》"仪礼的篇次、篇题、篇数及家法"云:"武威本既不是两戴本或《别录》本、郑注本,那末它最可能的只有是庆氏本了。"见《武威汉简》,文物出版社 1964 年版,第 14 页。

② 如沈文倬先生认为是《礼》经古文本,见沈老《武威出土礼汉简考辨四种》《汉简服传考》两文,载《文史》第 25、26 辑。台湾地区陈茂仁先生认为是小戴后出转精本,陈文《武威〈仪礼〉甲本为庆氏礼之商榷》,载《屏东师院学报》2003 年第 19 期,第 217–234 页。

传》，其他事迹不详。

徐良

徐良，字斿卿，受《礼》于戴德，为博士、州牧、郡守，见《汉书·儒林传》，其他事迹不详。沈文倬云："戴德生前未任博士。徐良任博士在何年，虽不可知，总不出哀、平之际。"沈又曰："至于戴德，自完成家法后，没有立于学官，到哀、平之际，其弟子徐良，用其师家法，立为大戴师法博士。"或是。

桥仁

桥仁，梁人，受《礼》于戴圣，为大鸿胪，有小戴桥氏学，见《汉书·儒林传》。桥仁为大鸿胪事见《汉书·百官表》平帝元始二年（2）："大鸿胪桥仁。"但《后汉书·桥玄列传》言："（桥玄）七世祖仁，从同郡戴德学，著《礼记章句》四十九篇，号曰'桥君学'。成帝时为大鸿胪。"[①]因桥仁著有《礼记章句》四十九篇，所以有后儒认为桥仁当学小戴《礼》，《后汉书》言从戴德学，恐是误记[②]。其实，这是对汉代《礼》学史的误读。按：《后汉书·曹褒列传》言褒"作《通义》十二篇，演经杂论百二十篇，又传《礼记》四十九篇，教授诸生千余人，庆氏学遂行于世"。曹褒习庆氏《礼》，也传小戴《礼》。原因何在？所谓后氏、大小戴、庆氏《礼》乃是指研习《仪礼》而言，而两戴记是据七十子后学而编定的记，并无家法之分。自郑玄注小戴《礼》后，《礼记》地位上升，习者日众，至三国魏时立为博士官。因此，汉代《礼》学者既学《礼》经（《仪礼》），又学《礼记》就不奇怪了，这也不能作为《礼》学家法的区分标准。因为如前所言，所谓大小戴及庆氏三家的区别在于各自的礼制体系而不是治《礼》经的文本阐述体系。《汉书·儒林传》"由是大戴有徐氏，小戴有桥、杨氏之学"，《汉书补注》引何焯曰"此所传戴氏礼皆谓仪礼十七篇"，说的也是这个意思。

[①] 蔡邕《太尉乔玄碑》亦云："汉兴，世以礼乐为业。高祖讳仁，位至大鸿胪，列名于儒林。"
[②] 黄侃《礼学略说》认为《后汉书·桥玄列传》的"戴德"当作"戴圣"，见陈其泰、郭伟川、周少川编《二十世纪中国礼学研究论集》，学苑出版社1998年版，第37页。

实际上，后儒往往在此问题上产生误解。如《白虎通·号》篇云："五帝无有天下之号何？五帝德大能禅，以民为子，成于天下，无为立号也。"陈立据《大戴礼·帝系》云："此用礼戴说也。"按：《通典》载《石渠礼论》中有闻人通汉问曰："《记》曰：'君（薨），赴于他国之君曰不禄。'大夫、士言卒、死，皆不能明。""戴圣对曰：'君死未葬曰不禄，既葬曰薨。"闻人通汉所称"《记》曰"见《礼记·杂记》："君薨，赴于他国之君曰寡君不禄。"大夫、士死之异称见《礼记·曲礼》："天子曰崩，诸侯曰薨，大夫曰卒，士曰不禄，庶人曰死。"又见《公羊》隐公三年："诸侯曰薨，大夫曰卒，士曰不禄。"诸儒论石渠乃是辩群经异同，若小戴《礼记》确为戴圣所编且定为小戴《礼》学经义之专利，通汉似不必专迎合小戴一人而已。对此，皮锡瑞《经学通论》"论汉立二戴博士是《仪礼》非《礼记》，后世说者多误，毛奇龄始辨正之"条曾予以驳正："汉立十四博士，礼大小戴，此所谓礼，是大小戴所受于后仓之《礼》十七篇，非谓《大戴礼记》八十五篇，与《小戴礼记》四十九篇，后世误以大小戴礼为大小戴《礼记》，并误以《后仓曲台记》为即今之《礼记》，近儒辨之，已家喻户晓矣。"

另外，桥仁既师事戴圣，戴圣是宣帝时人，仁为大鸿胪在成帝时较为合理，若在平帝时，已是西汉末，仁未必有如此高寿，有可能是《汉书·百官表》误记。

杨荣

杨荣，字子孙，梁人，受《礼》于戴圣，官至琅琊太守，有小戴杨氏学，见《汉书·儒林传》，其他事迹不详。

张良

张良，高祖功臣，《史记》《汉书》有本传。《汉书·张良传》云："良尝学《礼》淮阳，东见沧海君，得力士。"张良生卒年不详，其人事迹俱见《史记》《汉书》本传，世系见《新唐书·宰相世系表》。

《隋志》子部兵家："梁有《兵书》一卷，《张良经》与《三略》往往同，亡。"两《唐志》并载张良撰《张良经》一卷、《张氏》七篇七卷。姚振宗《汉志拾补》录有《张良经》一卷，《张氏》七篇七卷。其书早佚，《汉志》不载，恐也是后世托名。

淳于登

淳于登，讲学大夫。《礼记·玉藻》正义引《五经异义》："讲学大夫淳于登说：'明堂在国之阳，丙巳之地，三里之外，七里之内，而祀之就阳位，上圆下方，八窗四闼，布政之宫，周公祀文王于明堂，以配上帝。上帝，五帝之精，大微之庭，中有五帝座星。'"讲学大夫，平帝时王莽置，此议当在元始四年（4）议立明堂、辟雍时。然史游《急就篇》（又名《急就章》）云："淳于登，费通光。"《汉志》言史游为元帝时黄门侍郎，则淳于登或在元帝时即为《礼》学名家。

孔牢

孔牢，平帝时议立明堂。《旧唐书·礼仪志》载贞观十七年秘书监颜师古《明堂议》曰："平帝元始四年，大议营制。孔牢等乃以为明堂、辟雍、太学其实一也，而有三名。金褒等又称经传无文，不能分别同异。"孔牢说与马宫同，则议立明堂在元始四年。颜注《汉书》于此未言及，恐颜说本其他续《汉书》。

金褒

金褒，平帝时议立明堂，见上"孔牢"条。又《后汉书·张纯列传》云："（张）纯以圣王之建辟雍，所以崇尊礼义，既富而教者也。乃案七经谶、明堂图、河间《古辟雍记》、孝武太山明堂制度，及平帝时议，欲具奏之。"可知平帝时议立明堂有文本传世，东汉尚可见，但历代书目不载。

宗伯凤

宗伯凤，字君房，少府，明《礼》，王莽世为莽太子傅臣，见《汉书·王莽传》。宗伯凤为少府又载于《汉书·百官表》平帝元始元年（1）："少府宗伯凤君房。"宗伯凤讲《礼》事见《汉书·金日䃅传》："时，王莽新诛平帝外家卫氏，召明礼少府宗伯凤入说为人后之宜，白令公卿、将军、侍中、朝臣并听，欲以内厉平帝而外塞百姓之议。"又有参与王莽女纳彩，平帝崩，凤参与定丧礼等事，均见于《汉书·王莽传》。

孔秉

孔秉，王莽时讲《礼》大夫，王莽改制时掌天下图籍，事见《汉书·王莽传》："定诸国采邑之处，使侍中讲礼大夫孔秉等与州部众郡晓知地理图籍者，共校治于寿成朱鸟堂。"其余事迹不详。

陈咸①

陈咸，沛郡人，陈参之父，王莽时为莽讲《礼》祭酒，见《汉书·王莽传》："又置……《六经》祭酒各一人……沛郡陈咸为讲《礼》。"《后汉书·陈宠列传》云："陈宠字昭公，沛国洨人也。曾祖父咸，成哀间以律令为尚书。平帝时，王莽辅政，多改汉制，咸心非之。及莽因吕宽事诛不附己者何武、鲍宣等，咸乃叹曰……即乞骸骨去职。及莽篡位，召咸以为掌寇大夫，谢病不肯应。时三子参、丰、钦皆在位，乃悉令解官，父子相与归乡里，闭门不出入，犹用汉家祖腊。"按此所述，陈氏父子去官当在王莽始建国元年（9）。

两下相较，《汉书》较确，《后汉书》有讳之嫌。依《后汉书·陈宠列传》则陈咸为王莽掌寇大夫，而非讲《礼》大夫。陈咸通律，王莽召其为讲《礼》大夫，亦可见王莽时《礼》学之流变。（按：《书钞》卷五十五引谢承《后汉书》，言陈咸为廷尉监，可证。）

陈参

陈参，沛人，以《礼》授王莽。《汉书·王莽传》曰："（莽）受《礼经》，师事沛郡陈参。"陈参乃陈咸之子，见上"陈咸"条。陈参既是陈咸之子，可见陈氏《礼》学乃是家学②。

---

① 《书钞》卷五十五引谢承《后汉书》云："陈咸字子成。"《御览》卷二三一引作"字子威"，盖字形近而误，今不得其真。

② 王继训认为王莽依古经改制，陈参所授为《礼》古经。按：王莽学《礼》在其青年时期，王继训说值得商榷。王说见其《王莽与汉代今古文经学之辨析》，载《齐鲁学刊》1999年第5期。

刘茂

刘茂，字子卫，习《礼》。《后汉书·独行列传·刘茂传》云："刘茂字子卫，太原晋阳人也。少孤，独侍母居。家贫，以筋力致养，孝行著于乡里。及长，能习《礼经》，教授常数百人。哀帝时，察孝廉，再迁五原属国候，遭母忧去官。服竟后为沮阳令。会王莽篡位，茂弃官，避世弘农山中教授。"据《后汉书》所载，刘茂习《礼》授徒等主要事迹都在西汉，故亦为西汉《礼》学群儒之一。

王临

王临，大鸿胪。《后汉书·儒林列传》云："董钧字文伯，犍为资中人也。习庆氏《礼》，事大鸿胪王临。元始中举明经。"按：西汉无担任大鸿胪名为王临者，其人事迹不详。

第五章 西汉《春秋》群儒考

据《史记》《汉书》及他籍所载,西汉传习公羊、穀梁、左氏三家及家法不明的《春秋》经师七十余人。今按如上顺序对各学者具体学行加以考辨。

第一节 公羊《春秋》群儒考

《公羊春秋》之名首见于《史记·儒林列传》:"唯董仲舒名为明于《春秋》,其传公羊氏也。"但司马迁未言公羊氏为何人。《汉志》六艺春秋部类著录有"经,十一卷",班固自注:"公羊、穀梁二家。"又有"《公羊传》十一卷",班固自注:"公羊子,齐人。"也未确指公羊子为何人。颜师古注"名高",系袭自汉儒旧说。何休《春秋公羊解诂序》言:"传《春秋》者非一。"徐彦《疏》引纬书《春秋说题辞》云:"传我书者,公羊高也。"桓谭《新论》也说:"齐人公羊高缘经文作传。"唐人杨士勋《春秋穀梁传注疏》云:"公羊子名高,齐人,受经于子夏,故《孝经说》云'《春秋》属商'是也;为经作传,故曰《公羊传》。"

西汉《春秋》学之主流是《公羊春秋》,但该书在汉以前至汉初的传授情况,西汉诸儒均未明言,直到东汉的戴宏《春秋序》才给出传承序列:"子夏传与公羊高,高传与其子平,平传与其子地,地传与其子敢,敢传与其子寿。至汉景帝时,寿乃(与)其弟子齐人胡毋子都著于竹帛,与董仲舒皆见于图谶。"(徐彦《公羊疏》引)当然这个传承次序并不一定很可靠,崔适《春秋复始》就曾加以怀疑。他说:"子夏少孔子四十四岁,孔子生于襄公二十一年,则子夏生于定公二年,下迄景帝之初,三百四十余年。自子夏至公羊寿,甫及五传,则公羊氏世世相去六十余年,又必父享髦年,子皆夙慧,乃能及之,其可信乎?"① 但是把胡毋生和董仲舒视为汉初传

---

① 崔适:《春秋复始》卷一,《续修四库全书》经部春秋类,第381页。

《公羊春秋》的两位首创经师，地位等同于《易》之田何、《礼》之高堂生，汉儒对此意见较为一致。如《史记·儒林列传》言："及今上即位，赵绾、王臧之属明儒学，而上亦乡之，于是招方正贤良文学之士。……言《春秋》于齐鲁自胡毋生，于赵自董仲舒。"《汉书·儒林传》与此小异："言《春秋》，于齐则胡毋生，于赵则董仲舒。"赵伯雄认为原因是班固明确区分齐学、鲁学，将《穀梁》定为鲁学，所以在文字上做了一点修正①，但这并不影响汉儒把董仲舒和胡毋生作为西汉传《公羊春秋》的两个源头的基本判断。

但是细考《史记》《汉书》所载，在此之前，汉人以《公羊》为说者远不止此二人。如《汉书·高帝纪》言："三月，诏曰：'吾立为天子，帝有天下，十二年于今矣。……而重臣之亲，或为列侯，皆令自置吏，得赋敛。女子公主。'""女子公主"师古注引如淳曰："《公羊传》曰'天子嫁女于诸侯，必使诸侯同姓者主之'，故谓之公主。百官表'列侯所食曰国，皇后、公主所食曰邑'。帝姊妹曰长公主，诸王女曰翁主。"师古曰："如说得之。天子不亲主婚，故谓之公主。"则高帝诏依《公羊》为说。

又《汉书·邹阳传》载景帝七年（前150）梁孝王僭越汉制，又欲为汉嗣，事败，孝王使邹阳脱罪。邹阳说王长君曰："鲁公子庆父使仆人杀子般，狱有所归，季友不探其情而诛焉；庆父亲杀闵公，季子缓追免贼，《春秋》以为亲亲之道也。"师古注曰："《公羊》之说也，言季友亲其兄也。"按：邹阳之说见于《公羊》闵公元年："庆父弑君，何以不诛？将而不免遏恶也，既而不可及，因狱有所归，不探其情而诛焉，亲亲之道也。"及闵公二年："庆父弑二君何以不诛？将而不免遏恶也。既而不可及，缓追逸贼，亲亲之道也。"邹阳乃齐人，汉籍未见记载他与胡毋生的师承关系，可知在西汉习《公羊》的齐地学者不少。

对于胡毋生与董仲舒之后的《公羊》学的传承情况，《史记·儒林列传》和《汉书·儒林传》也基本相同。《史记·儒林列传》曰：

> 胡毋生，齐人也。孝景时为博士，以老归教授。齐之言《春秋》者多受胡毋生，公孙弘亦颇受焉。仲舒弟子遂者：兰陵褚大，广川殷忠，温吕步舒。褚大至梁相。步舒至长史，持节使决淮南狱，于诸侯擅专断，不报，以《春秋》之义正之，天子皆以为是。弟子通者，至于命大夫；

---

① 赵伯雄《春秋学史》："两者（指齐学、鲁学）泾渭分明，本不相混。此种事实，汉人不容不知。""班固的修正不为无见。"见山东教育出版社2004年版，第163页。

为郎、谒者、掌故者以百数。而董仲舒子及孙皆以学至大官。

由于司马迁所处的年代早于班固，所以这个《公羊》传习顺序反映的是司马迁生前的《公羊》传承情况。而对之后的传承者，《汉书·儒林传》给予了补充：

> 胡毋生字子都，齐人也。治《公羊春秋》，为景帝博士。与董仲舒同业，仲舒著书称其德。年老，归教于齐，齐之言《春秋》者宗事之，公孙弘亦颇受焉。而董生为江都相，自有传。弟子遂之者，兰陵褚大、东平嬴公、广川段仲、温吕步舒。大至梁相，步舒丞相长史，唯嬴公守学不失师法，为昭帝谏大夫，授东海孟卿、鲁眭孟。孟为符节令，坐说灾异诛，自有传。

《汉书》此段文字系约《史记》文而成，很容易引起误读：读史者往往会将褚大、嬴公、段仲、吕步舒四人看作胡毋生的弟子，而非董仲舒的弟子。如《后汉书·儒林列传》曰："前书胡毋子都传《公羊春秋》，授东平嬴公，嬴公授东海孟卿，孟卿授鲁人眭孟。"其实《汉书·董仲舒传》和《汉书·五行志》都说吕步舒是董氏的弟子。何休《春秋公羊解诂序》徐彦疏引郑玄《六艺论》亦云："治《公羊》者，胡毋生、董仲舒，董仲舒弟子嬴公，嬴公弟子眭孟，眭孟弟子庄彭祖及颜安乐，安乐弟子阴丰、刘向、王彦。"《汉书·儒林传》在此段之后，依师承顺序，详列至新莽各经师，《隋志》及《释文序录》袭之。

关于《春秋公羊传》及其阐释文本，《汉志》六艺春秋类除著录有《公羊传》十一卷外①，又有《公羊章句》三十八篇、《公羊外传》五十篇、《公羊杂记》八十三篇，均不题撰人。《隋志》除有"《春秋公羊传》十二卷，严彭祖撰"外，余皆不见著录，其内容恐已散于各家注疏中。

据汉籍所载，西汉《公羊》经师三十二人：胡毋生、公孙弘、董仲舒、褚大、嬴公、段仲、吕步舒、眭弘、严彭祖、王中、公孙文、东门云、颜安乐、泠丰、任公、贡禹、堂溪惠、冥都、疏广、管路、孙宝、马宫、左咸、吾丘寿王、桓宽、申挽、伊推、宋显、许广、孔骧、虞俊、冯君，俱考述于下。

---

① 《四库全书总目》曰："《公羊传》中有'子沈子曰''子司马子曰''子女子曰''子北宫子曰'，又有'高子曰''鲁子曰'，盖皆传授之经师，不尽出于公羊。"按此，则《公羊》实开《春秋》集解体之先河。

胡毋生

胡毋生，字子都，齐人，西汉儒林著录为传公羊《春秋》的首位经师。《史记·儒林列传》："言春秋于齐鲁自胡毋生。"《索隐》曰："毋音无。胡毋，姓。字子都。"后世亦有写作"胡母生"，形近而误。此类例子甚多，如"商山四皓"之"甪里先生"，多写作"角里先生"。当以胡毋为正，如秦有太史令胡毋敬，东汉有胡毋班。陈直《汉书新证》说《十六金符斋印存》和《续百家姓印谱》录有"胡毋通印"。

胡毋生之生卒年已不可考，其事迹见于前引《汉书·儒林传》及《史记·儒林列传》。胡毋生为博士及老归史籍亦失载。考《汉书·公孙弘传》言公孙弘"年四十余，乃学《春秋》杂说"，公孙弘年四十余时当在前160—前155年之间（公孙弘生平详下），而景帝元年为前156年，若公孙弘向胡毋生学《春秋》在胡毋生老归教授之时，则胡毋生为博士当在景帝即位一二年之内。

胡毋生于《公羊》学之贡献。何休《春秋公羊传解诂序》曰："依胡毋生条例。"可见《公羊解诂》中的条例如"张三世""存三统"等按照何休的意见乃是胡毋生所创。但吴承仕《序录疏证》说："子都之书，今不可见，而何休所隐括使就绳墨者，实略依胡毋生条例，则五始、三科、九旨、七等、六辅、二类、七阙之义盖本之胡毋生，而寻其归趣，往往与《繁露》相参。"他认为胡毋生条例和董仲舒是一致的。皮锡瑞《经学通论》"论存三统明见董子书并不始于何休"也认为两者实为相同论。而徐彦《公羊疏》则云："胡毋生本虽以公羊经传授董氏，犹自别作条例。"依徐彦意，胡毋生条例与董仲舒不同。

这就涉及胡毋生和董仲舒的关系问题。有人认为两人是师徒关系。徐彦疏何休《春秋公羊传注序》云："胡毋生本虽以《公羊》经、传传授董氏。"凌曙《春秋繁露注序》云公羊寿"一传而为胡毋生，再传而为董仲舒"。两人均认为董仲舒是胡毋生的弟子，但未见汉儒有此说，也不见载于两汉文献。徐复观《中国经学史的基础》云："徐彦从而诬附董为胡之弟子，其违反历史事实更为明显。"今人钟肇鹏也认为二人没有师徒关系①。实际上，董仲舒出生较胡毋生要晚许多。《汉书·董仲舒传》云"少治《春秋》，孝景时为博士"，而胡毋生景帝初年已老归教授。《汉书·儒林传》又

---

① 参见钟肇鹏《董仲舒与胡毋生》，载《河北学刊》2001年第5期。

云"（胡毋生）与董仲舒同业，仲舒著书称其德"，可知胡毋生当为《春秋》学的前辈，条例的首创权亦当属于他。董仲舒很有可能沿袭了胡毋生所作条例，否则他不可能"著书称其德"①；董仲舒也有可能曾向胡毋生问学，但二人未必是师徒关系。

除了为《公羊》作条例之外，胡毋生的另一重大贡献是在景帝时和公羊寿一起将《公羊》形成文本。关于他把传著诸竹帛的时间，据段熙仲先生研究，最晚不超过景帝六年（前151）②。但胡毋生既为博士，当有《公羊》文本，前文已提及他在景帝一二年间已归齐教授，所以《公羊》定本的时间恐怕要早到文帝时期。《文馆词林》卷六九九有李固《祀胡毋先生教》，其中云："太守以不材，尝学《春秋》胡毋章句，每读其书，思睹其人。"又云："然胡毋子都禀天淳和，沉沦大道，深演圣人之旨，始为《春秋》制造章句，是故严、颜有所祖述征微，后生得以光启，斯所谓法施于人者也。"按照东汉人的说法，胡毋生曾撰有《春秋章句》。如此，则《汉志》所著录的三十八篇《公羊章句》的作者或许就是他，但李固的说法未必可靠。李固的说法不可靠，一则因为东汉时间遥远，难免记忆有误；二则有佐证。袁宏《后汉记》卷十八载李固上书曰："文帝遣冯唐即赦魏尚（为）云中太守，就拜龚舍为泰山太守。"按：李固说不可信。龚舍是王莽时人，文帝如何能拜龚舍为官？明为误记。李固说胡毋生作《公羊章句》或是先师传言，若作者真是他，《汉志》不会不记载。较为可信的看法是，《公羊章句》的作者非止一人，且非作于一时，胡毋生或许也是其中之一（详见下"尹更始"条）。

公孙弘

公孙弘，淄川人，《史记》《汉书》均有传。《汉书·公孙弘传》言弘"年四十余，乃学《春秋》杂说"，未言师从何人。根据前引《汉书·儒林传》"公孙弘亦颇受（于胡毋生）焉"句，可知他是胡毋生的弟子之一。但也有说法认为他曾受学辕固。《汉书·儒林传》："公孙弘亦征，仄目而事固。"陆玑《毛诗草木鸟兽虫鱼疏》云："公孙弘亦事固。"但这只是根据《汉书·儒林传》得出的推论，且此说不可靠：二人只是同时被朝廷征辟，

---

① 董仲舒"著书称其德"见于东汉李固引《董子》说："胡毋子都贱为布衣，贫为匹夫，然而乐义好礼，正行至死，故天下尊其身而俗慕其声，甚可荣也。"
② 详见段熙仲《春秋公羊学讲疏》，南京师范大学出版社2002年版，第9-10页。

辕固仅以年长者劝告而已,哪有师生之谊?但公孙弘既学"《春秋》杂说",可知所受非止一师。

公孙弘生卒年。《汉书·武帝纪》元狩二年(前121)云:"春三月戊寅,丞相弘薨。"本传言弘年八十,则公孙弘生于高帝七年(前200)。公孙弘既四十余岁才学《春秋》,则时间当在景帝初年左右(即前156年左右)。细核典籍,尚有如下事迹:

(1)武帝建元元年(前140),弘年六十一,以贤良征博士,使匈奴,因不称武帝意,弘乃托病归家。《汉书》本传云:"武帝初即位,招贤良文学士,是时弘年六十,以贤良征为博士。使匈奴,还报,不合意,上怒,以为不能,弘乃移病免归。"

(2)武帝元光五年(前130),弘年七十一,再征贤良,对武帝诏,武帝定为第一,为博士。任博士之后,武帝使公孙弘巡视巴蜀,因有功,公孙弘官至左内史。事见《汉书》本传、《汉书·百官表》元光五年。

(3)武帝元朔三年(前126),弘年七十五,迁御史大夫。为御史大夫时,公孙弘谏罢朔方郡,为朱买臣所难,汲黯诉弘诈为布被,事见《汉书》本传、《汉书·百官表》;又止武帝勿以宁成为郡守,事见《酷吏传·义纵传》;又议杀郭解,事见《汉书·游侠传》。

(4)武帝元朔五年(前124),弘年七十七,为丞相,封平津侯,事见《汉书》本传、《汉书·百官表》《汉书·外戚恩泽侯表》。弘为丞相时,请为博士广置弟子员,学者益众,事见《汉书·武帝纪》元朔五年、《史记》《汉书》两《儒林传》;又起客馆,开东阁延贤人,事见于《汉书》本传、《西京杂记》;又请禁民挟弓弩,事见《汉书·吾丘寿王传》;数称张汤之美,事见《汉书·张汤传》;杀主父偃,事见《汉书·主父偃传》;迁董仲舒胶东相,事见《汉书·董仲舒传》。

(5)武帝元狩二年(前121),弘卒,年八十。事见《汉书·百官表》及《汉书》本传。荀悦《汉纪》:"(元狩)二年冬十月。行幸雍。祠五畤。春三月戊寅。丞相公孙弘薨。"

公孙弘学《公羊春秋》,《汉书》本传载其争诛主父偃云:"齐王自杀,无后,国除为郡入汉。偃本首恶,非诛偃,无以谢天下。"诛首恶事见《公羊》僖公二年,此可略见公孙弘之《公羊》学。

但本传既然言弘学"《春秋》杂说",此"杂说"究竟是何种学说?后儒又有几种意见。第一疑为阴阳术数。《汉志》子部兵家有《风后》十三篇,王应麟《汉志考证》引《馆阁书目》云:"《风后握机》一卷,晋马隆略序。卷首言本有三,其一三百六十字;其二三百八十字,吕望所增;其一行间有公孙弘等语。"但此说如吕望、公孙弘等当是托名,不足信。第二以为即《汉志》著录之《公羊杂记》。《汉志》载有"《公羊杂记》八十三篇",朱彝尊《经义考》曰:"《汉书·公孙弘传》'学《春秋杂说》',度即《公羊杂记》也。"姚振宗《汉志条理》、沈钦韩《汉书疏证》皆有此说。但细考诸家之说,前后矛盾,不可信。如姚氏又云:"朱氏以为即此《春秋杂记》,若是则是书汉初已有之,由来旧矣。《艺文志》诗家云:'齐辕固、燕韩生皆为之《传》,或取《春秋杂说》,咸非其本意。'似亦即此《杂记》也。"沈钦韩云:"公孙弘学《春秋杂说》。《诗·烈祖·正义》《异义》引《春秋公羊》御史大夫贡禹说。"按:以沈氏之意,大约《公羊杂记》有二人说,然贡禹乃元帝时人,如何能作汉初《春秋杂说》?此为明清儒臆说。第三,以为驳杂之学。如张舜徽《汉志通释》云:"传文称'学春秋杂说',乃言其所学博杂,不主一家《汉志》著录之《杂记》乃书名,非一事也。此书既名杂记,又有八十三篇之多,盖亦经师会萃群言之作,故不著其名氏。"按:考《西京杂记》云"公孙弘著《公孙子》,言刑名事",则本传所谓"杂说"乃是指刑名之学。《汉志》子部儒家类有《公孙弘》十篇当为此《公孙子》,但不归为"法家"或"名家",疑公孙弘以儒术饰之。《公孙弘》其书今佚,马国翰《玉函山房辑佚书》、严可均《全汉文》并有辑佚本,两辑本大体采《汉书》公孙弘议奏成书,恐非其旧。

董仲舒

董仲舒,赵人,传《公羊春秋》,景帝时为博士,武帝即位,上"天人三策",为江都相、胶西相,后辞官,寿终于家。董仲舒名列《史记》《汉书》两儒林传,《汉书》有本传,《风俗通·怪神》、干宝《搜神记》亦载有董仲舒的怪异之事。

关于董仲舒的名字,汉代典籍要么称"董仲舒",要么称"董生",光绪十一年(1885)所修《故城县志》始云董仲舒字宽夫[①]。按照这种说法,则仲舒是名,宽夫是字。但细考汉代典籍所载姓名称呼例,《故城县志》所言不足据,疑仲舒是字,名失考,或名宽,字仲舒。实际上,董生或董仲舒都是汉人对他的尊称,而尊称当从字。《汉书·眭弘传》言"先师董仲舒",既称先师,必然是字。况且,从"仲舒"二字来看,字仲舒的可能性较大。又,《白虎通·王者不臣》云:"盛德之士不名,尊贤也。"引《春

---

① 详见周桂钿《董学探微》附录《董子年谱考略》,北京师范大学出版社1989年版,第395页。

秋》曰："王礼者何？无长之称也。不名盛德之士者，不可屈爵禄也。"按：胡毋生、董仲舒失其名之原因盖在于尊贤。

关于董仲舒生卒年，因限于文献资料的缺乏，学者间争议较大。苏舆《董子年表》认为董仲舒卒于太初元年（前104），同于周桂钿《董仲舒考》；杨树达《汉书窥管》认为当在元鼎二年（前115）之前①；章权才则认为董仲舒卒于武帝元狩末年（前117）或元鼎元年（前116）。比较众家说法，杨树达先生据《汉书》立论，其说可从。对于董仲舒的生年，学术界同样也有争议，但据《汉书·匈奴传·赞》"仲舒亲见四世之事"一语来推算，董仲舒历经了惠、文、景、武之世，即约生于惠帝元年（前194），卒于武帝元鼎二年（前115），寿约八十。

今据《史记》《汉书》等史籍记载考董仲舒事迹，系年如下。

（1）武帝建元六年（前135），对武帝辽东高庙灾。《汉书·武帝纪》："（建元）六年春二月乙未，辽东高庙灾。夏四月壬子，高园便殿火。"《汉书·五行志》："武帝建元六年六月丁酉，辽东高庙灾。四月壬子，高园便殿火。董仲舒对曰……"按：荀悦《汉纪》："（建元）六年春三月乙未，辽东高庙灾。"辽东高庙火灾时间，三者所记小异。

（2）武帝元光元年（前134），对武帝"天人三策"。《汉书·武帝纪》元光元年："五月，诏贤良曰……于是董仲舒、公孙弘等出焉。"按：《汉书·公孙弘传》言弘复征为博士在永光五年（前39），所以后代学者对董仲舒对"天人三策"的时间有不同意见②。考《汉书·董仲舒传》有言："对（三策）既毕，天子以仲舒为江都相，事易王。……久之，王问仲舒曰：'粤王勾践与大夫泄庸、种、蠡谋伐吴，遂灭之。孔子称殷有三仁，寡人亦以为粤有三仁。桓公决疑于管仲，寡人决疑于君。'仲舒对曰：'……由此言之，粤本无一仁。夫仁人者，正其谊不谋其利，明其道不计其功。是以

---

① 杨树达《汉书窥管》据《汉书·武帝纪》考得《汉书·食货志》所言"仲舒死后，功费愈甚，天下虚耗，人复相食"事在元鼎三年（前114）。又据《汉书·夏侯始昌传》，云："计董生死而帝始得始昌，始昌先言柏梁台当灾，而后柏梁台始灾，期间为时自当不少。然则董生不得卒于太初元年，又甚明也。"

② 历代学者对董仲舒对"天人三策"的时间颇有争议。如《资治通鉴》认为是建元元年（前140），洪迈《容斋随笔》认为非是。周桂钿《董学探微》对此有详考，认为事在元光元年（前134）。周说见《董学探微》，北京师范大学出版社1989年版，第120页。施丁《董仲舒天人三策作于元光元年辨——兼谈董仲舒不是"罢黜百家，独尊儒术"的创始人》，载《社会科学辑刊》1980年第3期，也认为在元光元年。苏诚鉴《董仲舒对策在元朔五年议》（载《中国史研究》1984年第3期）和王葆玹《今古文经学新论》也认为事在元朔五年（前124），见书"天人三策之年的问题"。《汉书补注》引齐召南说，认为在建元五年（前136）。

仲尼之门，五尺之童羞称五伯，为其先诈力而后仁谊也。苟为诈而已，故不足称于大君子之门也。五伯比于他诸侯为贤，其比三王，犹武夫之与美玉也。'"考《汉书·武帝纪》元朔元年（前128）："十二月，江都王非薨。"从"久之"一语来推测，董生是在担任江都相很久之后江都易王才问春秋事的，而武帝元光五年（前130）距江都王薨不过两年，若董仲舒是在永光五年对三策后才为江都相，则本传不当言"久之"，所以，董生对策时间以系于元光元年为宜（荀悦《汉纪》将此事系年于元光元年冬）。

（3）武帝元光元年至元朔元年（前134—前128）迁江都相，推阴阳灾变以求止雨，事见《汉书·董仲舒传》。

（4）元朔元年至元朔五年（前128—前124）为中大夫。《汉书·董仲舒传》言："仲舒治国……中废为中大夫。"江都王薨，仲舒为中大夫。

（5）元朔五年（前124），与瑕丘江公论《春秋》于武帝前，江公讷于口，不敌董生，公孙弘为丞相，荐董仲舒为胶西相。

董生从胶西相托病免官后，本传言："仲舒在家，朝廷如有大议，使使者及廷尉张汤就其家而问之，其对皆有明法。"董仲舒居家之对有《春秋繁露·郊事对》对张汤、《汉书·匈奴传》议事、《汉书·食货志》请令关中民种宿麦及限民名田。

董仲舒非师承胡毋生，严可均认为其遥述荀子，近及陆贾。《论衡·案书篇》云："《新语》，陆贾所造，盖董仲舒相被服焉。"严可均《新语叙》云："汉代子书，《新语》最纯最早，贵仁义，贱刑威，述《诗》《书》《春秋》《论语》绍孟、荀而开贾、董。"[1] 可备一说。

董仲舒之学。《史记·儒林列传》及《汉书·儒林传》均言"仲舒通五经"。于《春秋》，为《公羊》大师，但后儒以为董生或亦习《穀梁》。杨树达《积微居小学述林》卷六举证八例，认为《春秋繁露》杂有《穀梁》义。其中《顺命》篇大段抄录《穀梁》两节文字：其一见于《穀梁》庄公元年："人之于天也，以道受命；于人也，以言受命。不若于道者，天绝之也。不若于言者，人绝之也。臣子大受命。"其二见于《穀梁》庄公三年："独阴不生，独阳不生，独天不生，三合然后生。故曰母之子也可，天之子也可。尊者取尊称焉，卑者取卑称焉。"王葆玹认为"《顺命》为误掺入《繁露》的《穀梁》一派的著作，是可以成立的"[2]。此外，又如《春秋》庄公四年"纪侯大去其国"。《公羊》："大去者何？灭也。孰灭之？齐灭之。

---

[1] 见严可均《铁桥漫稿》卷八。
[2] 王葆玹《今古文经学新论》，中国社会科学出版社1997年版，第253页。

曷为不言齐灭之？为襄公讳也。《春秋》为贤者。讳何贤乎襄公？复仇也。"《穀梁》："大去者，不遗一人之辞也。言民之从者，四年而后毕也。纪侯贤而齐侯灭之，不言灭而曰大去其国者，不使小人加乎君子。"义与《公羊》相反。董仲舒《春秋繁露·玉英》也不同意《公羊》九世复仇说。他说："纪侯率一国之众以卫九世之主，襄公逐之不去，求之弗予，上下同心而俱死之，故谓之大去。《春秋》贤死义，且得众心也，故为讳灭。"董氏不采《公羊》，贤纪侯之义从《穀梁》，但所谓大去也不同于《穀梁》，《穀梁》去谓离开，董氏以为殉难。

汉儒对董仲舒的《春秋》学又有所谓"董仲舒，乱我书"之说（见《春秋纬·元命苞》），后儒以为其窜乱《春秋》，其实不然。《后汉书·钟离意列传》言钟离意"出为鲁相"，李贤注引《钟离意别传》曰："意为鲁相，到官，出私钱万三千文，付户曹孔欣修夫子车，身入庙，拭几席剑履。男子张伯除堂下草，土中得玉璧七枚，伯怀其一，以六枚白意。意令主簿安置几前。孔子教授堂下床首有悬瓮，意召孔欣问：'此何瓮也？'对曰：'夫子瓮也，背有丹书，人莫敢发也。'意曰：'夫子圣人，所以遗瓮，欲以悬示后贤。'因发之，中得素书，文曰：'后世修吾书，董仲舒。护吾车，拭吾履，发吾笥，会稽钟离意。璧有七，张伯藏其一。'意即召问伯，果服焉。"从《钟离意别传》所言意之修夫子车、拭几席剑履的行为来看，当为建设而非破坏，与董仲舒发《公羊》大义正同。

论《易》，见于《春秋繁露·基义》《春秋繁露·玉英》等篇，王仁俊将其辑为《周易董氏义》一卷。又《春秋繁露·精华》："以所任贤，谓之主尊国安，所任非其人，谓之主卑国危，万世必然，无所疑也。其在《易》曰：'鼎折足，覆公餗。'夫鼎折足者，任非其人也，覆公餗者，国家倾也。是故任非其人，而国家不倾者，自古至今，未尝闻也。"大约是古义，同彭宣等人说。又见于本传对策引《易·系辞》"负也者，小人之事也"云云，大约也是深切人事。按：此外，董仲舒阴阳学说也来自《周易》，如《天地之行》，篇意全同《易·系辞》。又，《春秋繁露·重政》："元者为万物之本，而人之元在焉。安在乎？乃在乎天地之间。"《汉书·董仲舒传》载其对策云："臣谨案：《春秋》谓一元之意，一者万物之所从始也，元者辞之所谓大也。谓一元者，视大始而欲正本也。"实际上是对公羊《春秋》说的《易》学化。又，《释文》载虞翻逸象云："震：为乐。"《春秋繁露·王道通》："阳始于春，春之为言犹偆偆也，偆偆者，喜乐之貌也。"按诸《说卦传》，震为东方之卦，为雷，为木，《春秋繁露》与虞翻逸象实则乃是《易传》之生发。又，《士不遇赋》（载《古文苑》、《类聚》卷三〇）："昭

《同人》而《大有》兮，明谦光而务展。遵幽昧于默足兮，岂舒采而蕲显。"按：此用《周易》"同人""大有""谦"卦象辞为说，同费氏家法。

论《书》，见《对策》引今文《太誓》："《书》曰'白鱼入于王舟，有火复于王屋，流为乌'，此盖受命之符也。"又《春秋繁露·三代改制质文》，据《春秋》论三统，言三皇五帝名号所以不同，乃在于其德薄厚差异，又言尧、舜、禹、汤、文王等圣人之异象，其实是受今文《尚书》说的影响。《春秋繁露·官制象天》言"王者制官：三公、九卿、二十七大夫、八十一元士，凡百二十人"，依天文节气而定，其理全同《尚书大传》。《春秋繁露·同类相动》："《尚书传》言：'周将兴之时，有大赤鸟衔谷之种，而集王屋之上者，武王喜，诸大夫皆喜。周公曰：茂哉！茂哉！天之见此以劝之也。'"此《尚书传》为《尚书大传》。《春秋繁露·考功名》："考试之法：大者缓，小者急；贵者舒，而贱者促。诸侯月试其国，州伯时试其部，四试而一考，天子岁试天下，三试而一考，前后三考而绌陟，命之曰计。"此论实乃《尚书大传》考功绩之申论。又见《春秋繁露·五行之义》《春秋繁露·五行相生》《春秋繁露·五行相胜》《春秋繁露·五行顺逆》《春秋繁露·治乱五行》《春秋繁露·五行五救》《春秋繁露·五行五事》，尤其是《春秋繁露·五行五事》"五事：一曰貌，二曰言，三曰视，四曰听，五曰思"，明显是在阐发《洪范》五行说。《春秋繁露·三代改制质文》中言三统，实发自今文《尚书》说。《白虎通·三正》曰："正朔有三何？本天有三统，谓三微之月也。明王者当奉顺而成之，故受命各统一正也，敬始重本也。"引《尚书大传》曰："夏以孟春月为正，殷以季冬月为正，周以仲冬月为正。夏以十三月为正，色尚黑，以平旦为朔。殷以十二月为正，色尚白，以鸡鸣为朔。周以十一月为正，色尚赤，以夜半为朔。"又，《士不遇赋》（载《古文苑》《类聚》卷三〇）："彼寔繁之有徒兮，指其白以为黑。"按：此用《尚书·仲虺之诰》"简贤附势，寔繁有徒"，说明《古文尚书》早有流布。

董生言《诗》，后儒多以为齐《诗》。《春秋繁露·竹林》："夫目惊而体失其容，心惊而事有所忘，人之情也；通于惊之情者，取其一美，不尽其失。诗云：'采葑采菲，无以下体。'此之谓也。"王先谦《诗三家义集疏》："愚案：左传三十三年传引诗，云：'君取节焉可也。'谓取其一节也。《坊记》注：'言人之交当如采葑采菲，取一善而已。'《春秋繁露·竹林篇》云：'取其一美，不尽其失。'引诗二语。《制度篇》亦引之。董用齐

《诗》,其义并同。"①《春秋繁露·深察名号》:"是故事各顺于名,名各顺于天,天人之际,合而为一。同而通理,动而相益,顺而相受,谓之德道。诗曰:'维号斯言,有伦有迹。'此之谓也。"按:今本《毛诗·小雅·正月》"迹"作"脊","维号"之"号",《郑笺》作"呼号",而《春秋繁露》作"名号",显然有别。

董仲舒论《礼》见《春秋繁露·郊事对》。此文虽是后人辑佚之作,但从董仲舒答张汤所问郊事(祭天)的内容来看,涉及郊事祭物、鲁郊事是否合乎礼等礼学基本问题,非明《礼》者不能言。又《春秋繁露·度制》言天子、诸侯、大夫、士及庶人服制,《春秋繁露·爵国》论天子及诸侯方国大小、三军数量、官吏配员、后夫人形制等事,《春秋繁露·基义》言君臣、父子、夫妻三纲,《春秋繁露·郊义》《春秋繁露·郊祭》《春秋繁露·郊祀》言郊天之礼,《春秋繁露·四祭》言"春曰祠,夏曰礿,秋曰尝,冬曰烝"之别,又言文王受命而郊祭。《春秋繁露·执贽》言天子、诸侯、卿、大夫执贽之等级,《春秋繁露·祭义》言四时祭物之别,皆论《礼》。

《春秋繁露·五行对》又有董仲舒答献王刘德问《孝经》义,王仁俊《玉函山房辑佚书续编》据此辑有《孝经董氏义》一卷。

董仲舒著作。《汉书》本传言:"仲舒所著,皆明经术之意,及上疏条教,凡百二十三篇。而说《春秋》事得失,《闻举》《玉杯》《蕃露》《清明》《竹林》之属,复数十篇,十余万言,皆传于后世。"荀悦《汉纪》也说:"(董仲舒)以修学著书为事。所著凡百三十篇,而说《春秋》事复数十篇。"

《汉志》六艺春秋类有《公羊董仲舒治狱》十六篇,《隋志》有董仲舒"《春秋决事》十卷",两《唐志》并作《春秋决狱》十卷,董仲舒撰。《崇文总目》:"《春秋决事比》,书久佚。"《后汉书·应劭列传》云:"故胶西相董仲舒,老病致仕,朝廷每有政议,数遣廷尉张汤,亲至陋巷,问其得失,于是作《春秋决狱》二百三十二事,动以经对,言之详矣。"应劭是将《汉志》子部儒家类著录的《董仲舒》百二十三篇与《春秋决狱》混为一书。王应麟又将《春秋繁露》与《董仲舒》百二十三篇混而为一。王应麟《汉志考证》:"后汉明德马皇后尤善董仲舒书,其见于传注者,有《救日食》《祝止雨书》《雨雹对》。"姚振宗《汉志条理》云:"按:王氏以《春秋繁露》归之此书。"此书早佚,《通典》《御览》、王楙《野客丛书》卷一"董仲舒决狱事"略载有其事。

---

① 〔清〕王先谦撰,吴格点校:《诗三家义集疏》,中华书局1987年版,第171—172页。

《隋志》又有董仲舒"《春秋繁露》十七卷",但不见载于《汉志》。两《唐志》并作十七卷,同《隋志》,《郡斋读书志》亦同。按:《汉书》本传言董仲舒著书"《闻举》《玉杯》《蕃露》《清明》《竹林》之属,复数十篇,十余万言,皆传于后世",而《竹林》《玉杯》等反而成《春秋繁露》中之一篇。于是《春秋繁露》书之真伪后儒颇怀疑,如《崇文总目》及程大昌《演繁露》等就对此表示怀疑。《四库全书总目》云:"今观其文,虽未必全出仲舒,然中多根极理要之言,非后人所能依托也。"

董仲舒又著有《灾异之记》。《史记·儒林列传》:"(董仲舒)中废为中大夫,居舍,著《灾异之记》。"事也见于《汉书·楚元王传》:"董仲舒坐私为灾异书,主父偃取奏之。"按:该书散见于《汉书·五行志》,《汉志》不录。姚振宗《汉志拾补》据此录有董仲舒《春秋灾异占》。王充《论衡·对作篇》云:"董仲舒作道术之书,颇言灾异政治得失。书成文具,表在汉室。主父偃嫉之,诬奏其书。"按:《日本国见在书目录》异说家《春秋》灾异《董仲舒占》一卷。姚振宗云:"见在之书有此一卷,疑即主父偃奏上之书。自主父偃奏之后,不敢复为,故止一卷。《汉(书)·五行志》引董仲舒灾异说凡六十余条,又引高庙高园灾异对。《开元占经》亦引董仲舒灾异占,又引董仲舒对灾异傥亦有取于此书。(又似后人录存本,然实为董氏书无可疑也。)"

又有托名董仲舒作的《李少君家录》。《抱朴子·内篇》引董仲舒所撰《李少君家录》云:"少君有不死之方,而家贫无以市其药物,故出于汉,以假途求其财,道成而去。"王应麟认为是假托之书,《困学纪闻》卷十曰:"《抱朴子·论仙篇》:按董仲舒所撰《李少君家录》。仲舒,儒者,岂肯为方士家录?盖依托也。"此外,《隋志》又有"《董仲舒请祷图》三卷,亡",大约也是托名之作。

董仲舒文集。《隋志》:"汉胶西相《董仲舒集》一卷,梁二卷。亡。"两《唐志》并载《董仲舒集》二卷,《宋志》载一卷。《直斋书录解题》:"《董仲舒集》一卷,汉胶西相广川董仲舒撰。"《隋志》又有:"《董仲舒请祷图》三卷,亡。"董仲舒文后世辑本,《汉魏六朝诸家文集》有《董仲舒集》一卷,明张燮《七十二家集》有《董胶西集》二卷,明张溥《汉魏六朝百三名家集》有《董胶西集》一卷,明李宾《八代文钞》有《董仲舒文钞》一卷,严可均《全汉文》卷二三、二四辑有董仲舒文。

褚大

褚大，董仲舒弟子，明《公羊春秋》，见《汉书·儒林传》。关于褚大本名，《盐铁论·刺复篇》："博士褚泰、徐偃等承明诏，建节弛传，巡省郡国，举孝廉，劝元元，而流俗不改。"则褚大本作褚泰，省作太，俗作大。因其通五经，两字上下连读，所以有时致误"大通"。荀悦《汉纪》云："初梁相有褚大通，通五经。为博士时，兒宽为弟子。及御史大夫缺，上征大通。"

褚大其人事迹不多，见载于《汉书》者有受遣循行天下事，凡两次，一为元狩六年（前117）。《汉书·武帝纪》元狩六年："六月，诏曰：'今遣博士大等六人分循行天下，存问鳏寡废疾，无以自振业者贷与之。'"事又见《汉书·五行志》。

二为元鼎三年（前114），与徐偃同循行。《汉书·食货志》："自造白金、五铢钱后五岁，而赦吏民之坐盗铸金钱死者数十万人。其不发觉相杀者，不可胜计。赦自出者百余万人。然不能半自出，天下大氐无虑皆铸金钱矣犯法者众，吏不能尽诛，于是遣博士褚大、徐偃等分行郡国，举并兼之徒守相为利者。"《汉书·武帝纪》元狩五年（前118）："罢半两钱，行五铢钱。"后五岁为元鼎三年，武帝元鼎年号共六年，与《汉书·终军传》"元鼎中，博士徐偃使行风俗"正合。

褚大事迹又见于《汉书·兒宽传》："初，梁相褚大通《五经》，为博士，时宽为弟子。及御史大夫缺，征褚大，大自以为得御史大夫。至洛阳，闻兒宽为之，褚大笑。及至，与宽议封禅于上前，大不能及，退而服曰：'上诚知人。'"沈文倬《黄龙十二博士的定员和太学郡国学校的设置》云，元狩五年置博士弟子员之后，首任《公羊》博士即为褚大①。按沈氏所言，褚大武帝元狩五年为博士，时兒宽为弟子。次年褚大首次受武帝遣而循行天下，元封元年（前110）武帝欲封禅，须议礼，乃招褚大。褚大议论不及兒宽，不复拜官，估计以梁相官终，但卒年不详。

---

① 沈文倬：《黄龙十二博士的定员和太学郡国学校的设置》，见《宗周礼乐文明考论》，浙江大学出版社1999年版，第477页。

嬴公

嬴公，东平人，董仲舒弟子，守师法，授《公羊》于孟卿、眭孟，昭帝时为谏议大夫，见《汉书·儒林传》。由于嬴公"守学不失师法"，所以《后汉书·儒林列传》不仅将其作为胡毋生的弟子，而且认为嬴公受胡毋生的嫡传。《汉书·儒林传》言贡禹"事嬴公，成于眭孟"，赵伯雄认为"大约是在嬴公死后，又以眭弘为师，故亦可目为眭弘的弟子"①。据《汉书·眭弘传》，眭弘被杀于昭帝元凤三年（前78），如此，则嬴公当卒于昭帝初期。另外，《史记·儒林列传》说董生弟子"遂之者"为褚大、殷仲、吕步舒三人，《汉书·儒林传》则增加了嬴公。可见嬴公不但年岁在四人当中最小，在武帝太初之前（即司马迁《史记》完稿之前），学术名声也最低，否则"闻于董生"的司马迁不可能不知②。所以，"嬴公"之"公"非指年纪老，而是指其学术地位高，很有可能是严彭祖、颜安乐等后学弟子对他的尊称。

段仲

段仲，姓段名仲，广川人，习《公羊》于董仲舒，见《汉书·儒林传》及《史记·儒林列传》，其他事迹不详。《史记·儒林列传》："仲舒弟子遂者：兰陵褚大，广川殷忠。"裴骃《集解》引徐广曰："殷，一作'段'，又作'瑕'也。"按："殷""段""瑕"三字形近而误，如京房弟子，京房本传作"殷嘉"，《汉书·艺文志》作"段嘉"。

吕步舒

吕步舒，董仲舒弟子，官至丞相长史，治淮南王刘安狱，见《汉书·儒林传》。

吕步舒事迹有二：一以《春秋》义杂治淮南狱。事见于前引《史记·

---

① 赵伯雄：《春秋学史》，山东教育出版社2004年版，第166页。
② 陈桐生《司马迁师承董仲舒说质疑》云两人之间未必有师承关系，但即便如此，司马迁对董仲舒弟子的著录情况是了解的，否则也不会列举出除嬴公之外的另外三人。陈文载《山西师范大学学报（社会科学版）》，1994年第4期。

儒林列传》，又见于《汉书·五行志》："至元朔六年，（刘安谋反）乃发觉而伏辜。时田蚡已死，不及诛。上思仲舒前言，使仲舒弟子吕步舒持斧钺治淮南狱，以《春秋》义专断于外，不请。既还奏事，上皆是之。"二误下其师于狱。事见于《汉书·董仲舒传》，言建元六年（前135）辽东高庙灾，董仲舒居家言灾异，"仲舒弟子吕步舒不知其师书，以为大愚。于是下仲舒吏，当死，诏赦之，仲舒遂不敢复言灾异"。

眭弘

眭孟，名弘，字孟，以字行，鲁人，嬴公弟子，董仲舒再传弟子，受《公羊春秋》，见前引《汉书·儒林传》，《汉书》有本传。《汉书·眭孟传》言："眭弘字孟，鲁国蕃人也。……从嬴公受《春秋》。以明经为议郎，至符节令。"昭帝元凤三年（前78），泰山、莱芜山南大石自立，昌邑、上林苑有枯社木起死回生，又有虫食树叶成文字曰"公孙病已立"等异象。"孟意亦不知其所在，即说曰：'先师董仲舒有言，虽有继体守文之君，不害圣人之受命。汉家尧后，有传国之运。汉帝宜谁差天下，求索贤人，禅以帝位，而退自封百里，如殷、周二王后，以承顺天命。'"眭孟认为贤者当出，于是上书朝廷，宜禅以帝位。书上，大将军霍光以为其妖言惑众，诛之。

眭弘事迹，除见于《汉书》本传外，《宋书·符瑞志》称"博士眭孟"，但不见载于本传及其他汉代典籍，或为后人误传，不足信。

关于眭孟的师承，《汉书·儒林传》言受学嬴公，同本传，《后汉书·儒林列传》云"嬴公授东海孟卿，孟卿授鲁人眭孟"，与此不同，疑《后汉书》误。《汉书》本传言眭孟受《公羊》于嬴公，又称董仲舒为先师，并引董生阴阳灾异之说。但眭孟既受《公羊》于嬴公，当为嬴公之学生，如何又称董生为"先师"呢？考《诗·燕燕》正义引《郑志》答炅模云："为《记》注时，就卢君先师亦然。后乃得毛公传，既古书义又且然。《记》注已行，不复改之。"按：郑玄与卢植俱学于马融，两人乃是师兄弟关系。炅模为郑玄弟子，郑玄称卢植为先师当是以炅模口吻称之，如此，则弟子称本师及其同辈已死者皆为先师。又如王符《潜夫论》称京房"先师京君"，其理同上。又，《唐会要》卷七十七、《文苑英华》卷七六六引宋均《诗纬论序》："我先师北海郑司农，《春秋》《孝经》唯有评论。"郑珍曰："刘知几《议宋均诗纬序》云：'先师北海郑司农。'则均是玄传业弟子也。"以郑珍意推嬴公、董仲舒及眭孟三者之关系，则眭孟本师当为嬴公，然又曾从董仲舒学，为董仲舒传业弟子。大约武帝时《公羊》严氏、颜氏未出，师法不严，眭孟得以转益多师。与孟类似的董仲舒受业弟子又有牛亨、程雅、孙兴公等（见崔豹《古今注》，详见下"牛亨"等条）。核董仲舒事迹，孟从仲舒受业或在元朔五年（前124）董生辞胶西相居家之时。

《汉书·儒林传》称眭孟为《公羊》大师（见《儒林传·瑕丘江公》言《穀梁》于西汉传承），可见眭孟的《春秋》学既是董氏学，也是武帝世继董仲舒之后重要的《公羊》学者。考本传眭孟所论，《汉书补注》引齐召南曰："以汉为尧后，始见此文，然则弘虽习《公羊》，亦兼通《左氏》矣。"《汉书补注》引叶德辉曰："退封百里如二王后，亦《公羊》家'新周故宋'之说。"按："继体守文之君"，《穀梁》曰："承明继体，则守文之君也。"（见《后汉书·章帝纪》注）今本《穀梁》无此语，或为穀梁说。则眭孟既是《公羊》大师，又通《左传》《穀梁》。

《汉志》有眭弘赋三篇，今佚。

王仁俊《玉函山房辑佚书续编》将《汉书·眭孟传》中孟此段《公羊》论及《通典》卷八十"大鸿胪眭生说：'诸侯逾年即位，乃奔天子丧。《春秋》之义，未逾年，君死，不成以人君礼。言王者未加其礼，故诸侯亦不得供其礼于王者，相报也。'"（按：又见于许慎《五经异义》）辑为《春秋公羊眭生义》一卷。

严彭祖

严彭祖，字公子，东海人，酷吏严延年次弟（见《汉书·酷吏·严延年传》），眭孟弟子，董仲舒三传弟子，《公羊》严氏学的创立者。《汉书·儒林传》对他有介绍，曰：

> 严彭祖字公子，东海下邳人也。与颜安乐俱事眭孟。孟弟子百余人，唯彭祖、安乐为明，质问疑谊，各持所见。孟曰："《春秋》之意，在二子矣！"孟死，彭祖、安乐各颛门教授。由是《公羊春秋》有颜、严之学。彭祖为宣帝博士，至河南郡太守。以高第入为左冯翊，迁太子太傅，廉直不事权贵。或说曰："天时不胜人事，君以不修小礼曲意，亡贵人左右之助，经谊虽高，不至宰相。愿少自勉强！"彭祖曰："凡通经术，固当修行先王之道，何可委曲从俗，苟求富贵乎！"彭祖竟以太傅官终。授琅邪王中，为元帝少府，家世传业。中授同郡公孙文、东门云。云为荆州刺史，文东平太傅，徒众尤盛。云坐为江贼拜辱命，下狱诛。

严彭祖或本姓庄,《汉书》避明帝刘庄讳而改。《公羊序疏》引郑玄《六艺论》"治《公羊》者眭孟弟子庄彭祖及颜安乐",说明严彭祖本姓庄,避讳而改严氏。

严彭祖《汉书》无传,其人事迹不多,仅散见于他篇,今考得以下数事。

(1) 宣帝甘露元年(前53)之前为博士。《汉书·儒林传》载《穀梁春秋》传习过程曰:"自元康中始讲,至甘露元年,积十余岁,皆明习。乃召五经名儒太子太傅萧望之等大议殿中,平《公羊》《穀梁》同异,各以经处是非。时,《公羊》博士严彭祖、侍郎申挽、伊推、宋显,《穀梁》议郎尹更始,待诏刘向、周庆、丁姓并论。"可知宣帝甘露元年之前,严彭祖已为《公羊》博士。

(2) 宣帝甘露元年至元帝初元五年(前53—前44)为河南太守。元帝初元五年至元帝永光元年(前44—前43)为左冯翊。《汉书·百官表》初元五年:"河南太守刘彭祖为左冯翊,二年迁太子太傅。"(按:对比事迹,此刘彭祖当为严彭祖,《汉书·百官表》字误①。)

(3) 元帝永光元年至元帝建昭三年(前43—前36)为太子太傅。前引《汉书·百官表》初元五年言:"河南太守刘彭祖为左冯翊,二年迁太子太傅。"可知严彭祖为太子太傅时在元帝初元五年的第二年永光元年。《汉书·百官表》元帝永光元年:"七月辛亥,太子太傅韦玄成为御史大夫,一年迁。"又知韦玄成之后太子太傅官职由严彭祖继任。又考《汉书·韦玄成传》:"永光四年,乃下诏先议罢郡国庙。"有"丞相玄成、御史大夫郑弘、太子太傅严彭祖、少府欧阳地馀、谏大夫尹更始等七十人"参与议论,又可知元帝永光四年(前40)彭祖还任太子太傅,至于他何时卸任,《汉书·百官表》未载。但《汉书·百官表》元帝永光四年云:"光禄大夫琅邪张谭仲叔为京兆尹,四年不胜任免。"《汉书·百官表》竟宁元年(前33):"太子太傅张谭为御史大夫,三年坐选举不实免。"可知张谭于永光元年为京兆尹,四年后建昭三年因不胜任京兆尹而免为太子太傅。据此,严彭祖官至太子太傅在元帝永光元年至建昭三年。彭祖以太傅官终,则卒年亦当为建昭三年。

---

① 《汉书·儒林传》曰:"彭祖为宣帝博士,至河南郡太守。以高第入为左冯翊,迁太子太傅,廉直不事权贵。"杨树达《汉书窥管》引王先谦注认为"刘"是"严"之误。参见杨树达《汉书窥管》,上海古籍出版社1984年版,第600页。

严彭祖治《公羊》，自不待言。《公羊》严氏学今不传，仅散见于《公羊注疏》及《白虎通》中，如《白虎通》卷五《诛伐》："弑者何谓也？弑者，试也。欲言臣子杀其君父，不敢卒，候间伺事，可稍稍弑之。《易》曰：'臣弑其君，子弑其父，非一朝一夕之故也。'"《隶续》载石经《公羊春秋》隐公十一年："何隐尔？试。"陈立认为是严氏《春秋》之文①。如此，"弑者，试也。欲言臣子杀其君父，不敢卒，候间伺事，可稍稍弑之"则是取《公羊》严氏义。又，《春秋左传正义序》疏："沈氏云：《严氏春秋》引《观周》篇云：'孔子将修《春秋》，与左丘明乘如周，观书于周史，归而修《春秋》之经，丘明为之传，共为表里。'"如此，则严彭祖也治《左传》。

严彭祖著述。《汉志》六艺春秋类有《公羊章句》三十八篇，不题撰作者。《隋志》有"《春秋公羊传》十二卷，严彭祖撰"，不见著录于《公羊章句》。但《隋志》将《春秋公羊传》题为严彭祖撰是不准确的。《旧唐志》有"《春秋公羊传》五卷"，题"公羊高传，严彭祖述"。《新唐志》著录"《春秋公羊传》五卷"，题"严彭祖述"。两《唐志》与《隋志》所载的其实是同一部书，是严氏为《公羊》作的章句。何则？《汉书·儒林传》云："《公羊春秋》有颜、严之学。"彭祖既有专门之学，当有章句传授。《后汉书·儒林列传》云："（钟兴）少从少府丁恭受《严氏春秋》。恭荐兴学行高明，光武召见，问以经义，应对甚明。帝善之，拜郎中，稍迁左中郎将。诏令定《春秋》章句，去其复重，以授皇太子。"钟兴所改《春秋》章句的底本即为此《严氏章句》。

《春秋章句》的作者又有胡毋生说，见《文馆词林》卷六九九李固的《祀胡毋先生教》。其中云："太守以不材，尝学《春秋》胡毋章句，每读其书，思睹其人。"又云："然胡毋子都禀天淳和，沉沦大道，深演圣人之旨，始为《春秋》制造章句，是故严、颜有所祖述征微，后生得以光启，斯所谓法施于人者也。"按：李固乃是东汉人，李氏其实是将章句视为一般意义上的注。胡毋生对《公羊传》的文本写定有过贡献。徐彦《公羊疏》引戴宏《春秋序》云："子夏传与公羊高，高传与其子平，平传与其子地，地传与其子敢，敢传与其子寿。至汉景帝时，寿乃（与）其弟子齐人胡毋子都著于竹帛，与董仲舒皆见于图谶。"又拟定过《春秋》条例。何休《春秋公羊传解诂序》曰："依胡毋生条例。"可见何氏《公羊解诂》中的条例如"张三世""存三统"等乃是胡毋生所创。但胡毋生作《公羊章句》的可能

---

① 陈立撰，吴则虞点校：《白虎通疏证》，中华书局1994年版，第223页。

性不大。再者，从阐释学发展的角度看，胡毋生时代只有传而没有章句。分析上文《后汉书·儒林列传》所述，可知钟兴只是定《春秋》章句，非自作。而钟兴受《公羊严氏》于丁恭，既称"严氏"，则此未盖定前的《春秋》章句当来自严彭祖。要之，《公羊严氏章句》正是严彭祖在胡毋生所作条例的基础上，加以改善，成《公羊》严氏学家法。当然，《公羊章句》不著作者姓名，也当有他人参与，其理同《尚书欧阳章句》，大约也是累积而成。如姚振宗《汉志条理》云："则此《章句》似董生为之也，不即其弟子嬴公下及颜严诸人所作。以其出自众人，故不著名氏。"按：姚氏说有一定道理但也前后矛盾，既然出自众人，何来董生为之？只能说董生等（不妨也有胡毋生）与之，严彭祖成之。

《公羊严氏章句》，清儒马国翰《玉函山房辑佚书》有辑本一卷，题为《春秋公羊严氏春秋》。

《隋志》又载："梁有汉太子太傅严彭祖《古今春秋盟会地图》一卷，亡。"两《唐志》并载《春秋图》七卷，严彭祖撰。宋人书目不见载，今散见于《路史》诸书。王谟《汉魏遗书钞》辑有严彭祖《春秋会盟图》一卷，黄奭《汉学堂丛书》辑有《严彭祖春秋会盟图》一卷。

王中

王中，琅琊人，严彭祖弟子，见《汉书·儒林传》。王中为《公羊》严氏学首传弟子，但其《春秋》说不见著录，恐当时仅守师说而已。《汉书·儒林传》言王中为元帝少府，考《汉书·百官表》终元帝世，无以王中为少府者。疑为《汉书·儒林传》误记，或为长信少府①，王先谦《汉书补注》亦云："或为他宫少府。"

公孙文

公孙文，琅琊人，王中弟子，严彭祖再传弟子，官至东平太傅，见《汉书·儒林传》，其他事迹不详。周桂钿说：

在《汉书·儒林传》中，严氏学传王中，再传东门云与公孙文。东门云下狱诛，公孙文任东平太傅，"徒众尤盛"。那么，东汉治《春

---

① 详见拙文《〈汉书·儒林传〉辨误三则》，载《学术研究》2015年第2期。

秋严氏学》的学者应该都是公孙文的弟子或再传弟子。班固写《汉书》时，已经知道东门云之死，又见公孙文"徒众尤盛"，而这些徒众有的还是莘莘学子，有的也许已崭露头角尚未成名成家，因此不能载于史书。由此考察东门云、公孙文或与班固同龄，或稍长。同样道理，《汉书》于颜安乐传授也写到再传弟子马宫、左咸、孙宝，这些人大约也与班固是同时代的人。①

周桂钿言东汉传公羊严氏《春秋》者大多是公孙文的弟子或再传弟子，或是。但周先生又言东门云、公孙文及习颜氏《春秋》的马宫、左咸、孙宝等与班固同龄，此说不确。孙宝等人约卒于平帝、王莽世（详见下各人条目），班固乃东汉人，怎能和班固同龄？实际上，孙宝等数人不但不是班固的同龄人，而且还年长班固之父班彪许多。《后汉书·班彪列传》言彪："建武三十年，年五十二，卒官。"则班彪生于平帝元始三年（3）。此数人卒年不详，原因只有一个，那就是莽末年大乱，史料缺乏所致，不必深究其因。

东门云

东门云，琅琊人，姓东门，名云，王中弟子，严彭祖再传弟子，官至荆州刺史，见《汉书·儒林传》，其他事迹不详。东门云之死，《汉书·儒林传》曰："（东门）云坐为江贼拜辱命，下狱诛。"师古注："逢见贼而拜也。"《汉书补注》引周寿昌曰："江贼即《汉书·尹赏传》所云'江湖中多盗贼，以赏为江夏太守，捕格江贼'。荆州与江夏接壤也。"按《尹赏传》，尹赏为江夏太守时约在成帝元延（前12—前9）年间，则东门云也约卒于彼时。

颜安乐

颜安乐，字公孙，鲁人，习《公羊春秋》，为《公羊》颜氏学开创者。《汉书·儒林传》详细叙述了《公羊》颜氏派的传习：

颜安乐字公孙，鲁国薛人，眭孟姊子也。家贫，为学精力，官至

---

① 周桂钿：《汉代公羊学传授考》，载《史学史研究》1996年第2期。

齐郡太守丞，后为仇家所杀。安乐授淮阳泠丰次君、淄川任公。公为少府，丰淄川太守。由是颜家有泠、任之学。始贡禹事嬴公，成于眭孟，至御史大夫，疏广事孟卿，至太子太傅，皆自有传。广授琅邪管路，路为御史中丞。禹授颍川堂溪惠，惠授泰山冥都，都为丞相史。都与路又事颜安乐，故颜氏复有管、冥之学。路授孙宝，为大司农，自有传。丰授马宫、琅邪左咸。咸为郡守九卿，徒众尤盛。宫至大司徒，自有传。

颜安乐事迹除上述记载外，其他不详。《公羊疏》引郑玄《六艺论》云："安乐弟子阴丰、刘向、王彦。"依郑玄意，刘向等三人都向颜安乐学过《公羊》。

《汉志》"春秋类"有《公羊颜氏记》十一篇，但《隋志》不见著录，恐其时已佚，其说散见于《公羊注疏》中，马国翰《玉函山房辑佚书》有辑本一卷。

泠丰

泠丰，颜安乐弟子，自成一家，见《汉书·儒林传》。但郑玄《六艺论》言颜安乐弟子阴丰，与此不同，不知是否为两人。阮元《十三经注疏附校勘记》云："此阴丰疑即《儒林传》之泠丰。《六艺论》言刘向、王彦，《汉书》言任公，则郑玄与班固所见未必相同也。"《汉书补注》引沈钦韩曰："《公羊疏》误作阴丰。"则沈氏将泠、阴二人视为一人。

任公

任公，颜安乐弟子，自成一家，见《汉书·儒林传》，其他事迹不详。

贡禹

贡禹，字少翁，琅琊人，习《公羊春秋》，师事嬴公、眭孟，官至御史大夫，见《汉书·儒林传》，《汉书》卷七十二有传。

《汉书·贡禹传》曰："贡禹字少翁，琅琊人也。以明经洁行著闻，征为博士、凉州刺史，病去官。复举贤良为河南令。"岁余，去官。与王吉友善，世称"王阳在位，贡公弹冠"。元帝即位，征禹为谏大夫，数问以政事。禹多有所奏，持正议。元帝纳之，迁禹为光禄大夫。稍后禹上书辞官，上不许。月余，以禹为长信少府，迁御史大夫，卒于官，时为元帝初元五年（前44）。《汉书·百官表》元帝初元五年："六月辛酉，长信少府贡禹为御史大夫，十二月丁未卒。"《汉书·元帝纪》初元五年："冬十二月丁未，御史大夫贡禹卒。"本传载贡禹辞官上书有言"臣禹犬马之齿八十一"，则贡禹当生于武帝元朔五年（前124）。

贡禹为谏大夫，数次上书劝元帝省后宫，务节俭，迟算民口钱，罢郡国庙，定汉迭毁之礼，减省卫戍等务节俭之事，议罢盐铁官。贡禹为御史大夫时以诸葛丰及郑崇为属，见《汉书·诸葛丰传》《汉书·郑崇传》；议送郅支单于子，但以为仅送至塞，见《汉书·陈汤传》；数驳议丞相于定国，见《汉书·于定国传》。

贡禹之《春秋》学见于本传载禹奏言："今大夫僭诸侯，诸侯僭天子，天子过天道，其日久矣。"杨树达《汉书窥管》曰："《周礼·考工记》郑注引子家驹曰：'天子僭天。'贾疏引《公羊》昭公二十五年传文为证。今本《公羊传》云：'诸侯僭于天子，大夫僭于诸侯，久矣。'无天子僭天语。孙志祖《读书脞录》以为脱文，是也。禹本学《公羊春秋》，此语全用《公羊》文，亦有天子过天道语，足证孙脱文之证为确。"又见于许慎《五经异义》："谨案：《春秋公羊》御史大夫贡禹说，王者宗有德，庙不毁。宗而复毁，非尊德之义。"（《诗·烈祖》正义引）考《汉书·韦玄成传》《汉书·郊祀志》及贡禹本传，贡禹言宗庙迭毁，与此议异。陈寿祺认为贡禹言古者天子七庙之法，故《汉书》不载。① 清王仁俊《玉函山房辑佚书续编》将《五经异义》所引贡禹宗庙迭毁之说辑为《公羊贡氏义》一卷。

堂溪惠

堂溪惠，姓堂溪，名惠。《风俗通·姓氏篇》曰："吴王奔楚，封堂溪，因以为氏。"（按：《韩非子·问田》有堂溪公）颍川人，贡禹弟子，习《公羊春秋》，见《汉书·儒林传》，其他事迹不详。东汉有颍川堂溪典，习《左传》，疑为惠之后人。

---

① 参见陈寿祺撰，曹建墩点校《五经异义疏证》，上海古籍出版社2012年版，第59页。

冥都

冥都，泰山人，习《公羊春秋》于堂溪惠，又师事颜安乐，自成一家，见《汉书·儒林传》，其他事迹不详。《汉书补注》引宋祁曰："萧该案：《周礼》冥氏，郑司农云：读如《冥氏春秋》之冥。"冥都治《公羊春秋》，以郑众所言，则冥都有《冥氏春秋》传于世。按：《后汉书·儒林列传》言张玄："会《颜氏》博士缺，玄试策第一，拜为博士。居数月，诸生上言玄兼说《严氏》《冥氏》，不宜专为《颜氏》博士。"此段话可证冥都确有《冥氏春秋》。

姚振宗《汉志拾补》据此著录有冥都《春秋公羊传》。余嘉锡《古书通例》则云："《冥氏春秋》公羊家，皆东汉以后人所称引，未必果出于西汉，是否《汉志》失收，未可知。"

疏广

疏广，字仲翁，东海人，习《公羊春秋》于孟卿，自成一家，为《疏氏春秋》，名列儒林传，《汉书》有本传。

疏广之"疏"本或作"疎"，后世简为"束"。《晋书·束晳传》言己乃疏广后人，此为证。又《御览》卷三六二引《文士传》曰："束晳字广微，疏广后也。王莽末广曾孙孟达，自东海避难，徙居元城，改姓去疎之足为束氏。"陈直《汉书新证》曰："盖在两汉时期，疏字隶体多写作疎，如《汉晋西陲木简汇编》二编，二页，《急就章》'疏比'之作'疎比'，居延汉简释文三九二页，'器疏'之作'器疎'皆可证，故去足成束。"

疏广事迹最显著者乃是担任宣帝太子太傅。《汉书·疏广传》曰："地节三年，立皇太子，选丙吉为太傅，广为少傅，数月，吉迁御史大夫，广徙为太傅。……在位五岁，皇太子年十二，通《论语》《孝经》。……即日父子俱移病。满三月赐告，广遂称笃，上疏乞骸骨。上以其年笃老，皆许之。"疏广为太子太傅在地节三年（前67），五年之后辞官归家则为元康四年（前62）。

疏广所撰《疏氏春秋》今不传，然《汉书·儒林传》言"今之《疏氏春秋》《后氏礼》皆出于孟卿"，似乎班固时《疏氏春秋》尚存。考疏广本传："太子外祖父特进平恩侯许伯以为太子少，白使其弟中郎将舜监护太子家。上以问广，广对曰：'太子国储副君，师友必于天下英俊，不宜独亲外家许氏。且太子自有太傅、少傅。官属已备,今复使舜护太子家,视陋,非所以广太子德于天下也。'上善其言,以语丞相魏相,相免冠谢曰:'此非臣等所能及。'广由是见器重,数受赏赐。"疏广大抵以《春秋》一统为说,旨在维护皇权,则《疏氏春秋》亦《公羊》之支流也。

管路

管路,受《春秋》于疏广,又从颜安乐学,授孙宝,自成一家,见《汉书·儒林传》。其他事迹不详。管路姓或作莞。《风俗通·姓氏篇》云:"莞苏,楚大夫,见《吕氏春秋》,汉有莞路,为御史中丞。"

孙宝

孙宝,字子严,颍川人,受《公羊春秋》于管路,为大司农,见《汉书·儒林传》,《汉书》卷七十七有传。

孙宝事迹,本传言宝"以明经为郡吏",御史大夫张忠辟宝为属,欲令授子经,宝对以"礼有来学,义无往教"(按:文见《礼记·曲礼上》)之义,忠上书荐宝经明质直,为议郎,迁谏大夫。时在建始四年至阳朔二年(前29—前23)之间。《汉书·百官表》成帝建始四年:"十一月壬戌,少府张忠为御史大夫,六年卒。"六年之后为阳朔二年,则孙宝辟宝为属,以受子经且荐于成帝,为议郎也在此六年间。鸿嘉(前20—前17)中,为益州刺史。后为王音所排,免。吏民上书,成帝复其为冀州刺史,迁丞相司直,征为京兆尹。哀帝即位,征宝为谏大夫,迁司隶。稍后,郑崇下狱,宝上书请释之,哀帝不悦,免其为庶人。哀帝崩,王莽秉政,征宝为光禄大夫,与王舜等俱迎中山王。平帝立,宝为大司农。时为平帝元始二年(2),《汉书·百官表》元始二年:"光禄大夫孙宝为大司农,数月免。"数月后孙宝反对太师孔光、大司徒马宫等称颂王莽功德堪比周公,因而得罪权贵而免官,寿终于家。《汉书·孙宝传》曰:"司直陈崇以奏宝,事下三公即讯。宝对曰:'年七十悖眊,恩衰共养,营妻子,如章。'宝坐免,终于家。"孙宝免官时自称年七十,则宝生于宣帝地节二年(前68),卒于平帝世,七十余。

孙宝之《春秋》学见《汉书》本传:"鸿嘉中,广汉群盗起,选为益州刺史。广汉太守扈商者,大司马车骑将军王音姊子,软弱不任职。宝到部,亲入山谷,谕告群盗,非本造意。渠率皆得悔过自出,遣归田里。自劾矫制，奏商为乱首，《春秋》之义，诛首恶而已。商亦奏宝所纵或有渠率当坐者。商征下狱，宝坐失死罪免。益州吏民多陈宝功效，言为车骑将军所排。上复拜宝为冀州刺史，迁丞相司直。"① 此为其引《公羊春秋》为说的唯一记载。

此外，本传又言："平帝立，宝为大司农。会越巂郡上黄龙游江中，太师孔光、大司徒马宫等咸称莽功德比周公，宜告祠宗庙。宝曰：'周公上圣，召公大贤，尚犹有不相说，著于经典，两不相损。今风雨未时，百姓不足，每有一事，群臣同声，得无非其美者。'时，大臣皆失色，侍中奉车都尉甄邯即时承制罢议者。"孙宝所谓"著于经典，两不相损"者，见《尚书·君奭·序》："召公为保，周公为师，相成王为左右，召公不说，周公作《君奭》。"则孙宝亦习《尚书》。

马宫

马宫，字游卿，受颜氏《春秋》于泠丰，见《汉书·儒林传》。《汉书》卷八十一有传，然本传言："马宫字游卿，东海戚人也，治《春秋》严氏。"与《汉书·儒林传》所载治颜氏《春秋》不同，不知孰是。原姓马矢（屎），嫌其陋，改姓马，事见本传。陈直《汉书新证》言汉代泥封"马矢"姓常见。《汉书·昭帝纪》有执金吾马适建，《元和姓纂》有马矢、马适两姓。

关于马宫事迹，《汉书·马宫传》曰："（马宫）以射策甲科为郎，迁楚长史，免官。后为丞相史司直。师丹荐宫行能高洁，迁廷尉平，青州刺史，汝南、九江太守，所在见称。征为詹事，光禄勋，右将军，代孔光为大司徒，封扶德侯。光为太师薨，宫复代光为太师，兼司徒官。"后辞官，王莽篡位，宫为太子师，卒于官。系年如下：

（1）哀帝元寿元年（前2）迁光禄勋。《汉书·百官表》哀帝元寿元年："詹事马宫为光禄勋，二年迁。"宫为光禄勋，议劾王嘉迷国罔上，见《汉书·王嘉传》。

（2）哀帝元寿二年（前1）为右将军、大司徒。《汉书·百官表》哀帝元寿二年："光禄勋马宫为右将军，三月迁。""右将军马宫为大司徒。"宫

---

① 萧绎《金楼子·著书》引其自著《〈丹阳尹传〉序》曰："传曰大夫受郡，《汉书》曰：'尹者，正也。'及其用人，实难斯授。广汉和颜接下，子高自辅经术。孙宝行严霜之诛，袁宏留冬日之爱。"

为大司徒，议定地祇名及五帝兆居，见《汉书·郊祀志》；优士荐陈遵，见《汉书·游侠传》；辟胡刚，见《后汉书·胡广列传》。

（3）平帝元始五年（5）由大司徒兼任大司马。《汉书·百官表》平帝元始五年："四月乙未，太师光薨。大司徒宫为大司马，八月壬午免。"

（4）王莽始建国三年（11）为太子师。《汉书·王莽传》始建国三年："为太子置师友各四人，秩以大夫。以故大司徒马宫为师疑。"但马宫何年卒已不可考。

马宫之《春秋》学已不可见。后世文献可见其学者唯有议明堂事，见于《隋书·牛弘传》。《牛弘传》云弘请依古制立明堂，且引汉大司徒马宫据《周礼·考工记》论曰："夏后氏世室，室显于堂，故命以室。殷人重屋，屋显于堂，故命以屋。周人明堂，堂大于夏室，故命以堂。夏后氏益其堂之广百四十四尺，周人明堂，以为两序间大夏后氏七十二尺。"① 牛弘又云："案刘向《别录》，及马宫、蔡邕等所见，当时有古文《明堂礼》《王居明堂礼》《明堂图》《明堂大图》《明堂阴阳》《太山通义》、魏文侯《孝经传》等，并说古明堂之事，其书皆亡，莫得而正。"考《汉书·平帝纪》元始四年（4）："安汉公奏立明堂、辟雍。"可知元始四年马宫据《周礼》等古经参与了治明堂、辟雍事。按：明堂之制，古今议论纷纭。于马宫此论，清儒陈寿祺赞曰："明堂之制，马宫据《考工记》解释最为明通。夏益其堂之广为百四十四尺者，盖法坤之策也。以明堂、辟雍为同实，亦自宫始发之。"②

左咸

左咸，泠丰弟子，受颜氏《春秋》，见《汉书·儒林传》。左咸官至大鸿胪，位立九卿，但《汉书》无本传。

左咸散见于《汉书》他篇的事迹有：哀帝初即位以博士议宗庙迭毁，迁大司农、左冯翊、复土将军，后以大鸿胪持节迎中山王，与立平帝，赐关内侯。王莽时，为讲《春秋》祭酒，卒年不详，大约死于莽乱。系年如下：

（1）成帝绥和二年（前7）以博士议宗庙迭毁。《汉书·韦玄成传》：

---

① 马宫议明堂论又见于《隋书·宇文恺传》，文与《牛弘传》略同。又见于《文选·东京赋》注引《黄图》："大司徒马宫奏曰：'明堂、辟雍，其实一也。'"
② 陈寿祺撰，曹建墩点校：《五经异义疏证》，上海古籍出版社2012年版，第90页。

"成帝崩，哀帝即位。……于是，光禄勋彭宣、詹事满昌、博士左咸等五十三人皆以为。"

（2）哀帝建平元年（前6）为大司农。《汉书·百官表》孝哀建平元年："大司农左咸，一年迁。"

（3）建平三年（前4）为左冯翊，元寿二年（前1）为复土将军。《汉书·百官表》哀帝建平三年："大司农左咸为左冯翊，三年为复土将军。"又与王莽等议复长安南北郊，见《汉书·郊祀志》。

（4）哀帝元寿二年（前1）为大鸿胪。《汉书·百官表》哀帝元寿二年："复土将军左咸为大鸿胪。"《汉书·平帝纪》（哀帝）元寿二年："秋七月，遣车骑将军王舜、大鸿胪左咸使持节迎中山王。"左咸为大鸿胪凡两次，前次从哀帝元寿二年至平帝元始二年（前1—后2），之后由桥仁接任——《汉书·百官表》平帝元始二年："大鸿胪桥仁。"后至平帝元始五年（5）接桥仁再次为大鸿胪——《汉书·百官表》平帝元始五年："大鸿胪左咸。"

（5）王莽始建国三年（11）为讲《春秋》祭酒。《汉书·王莽传》始建国三年："《六经》祭酒各一人……琅邪左咸为讲《春秋》。"

左咸事迹又有元始元年（1）荐举谯玄事，见《后汉书·独行列传·谯玄传》："平帝元始元年，日食，又诏公卿举敦朴直言。大鸿胪左咸举玄诣公车对策，复拜议郎。"

吾丘寿王

吾丘寿王，字子赣，赵人，董仲舒弟子。《汉书》卷六十四有传。《汉书·吾丘寿王传》言其"年少，以善格五召待诏。诏使从中大夫董仲舒受《春秋》，高才通明"。《汉书·董仲舒传》言仲舒"江都王薨，废为中大夫"，江都王刘非薨于元朔元年（前128），元朔五年（前124）董仲舒与瑕丘江公论《春秋》于武帝前，江公因讷于口而不敌董生，公孙弘为丞相，谏董仲舒为胶东相。则吾丘寿王从中大夫董仲舒学《春秋》当在元朔元年至元朔五年（前128—前124）这四五年间。

据本传，其人事迹有二：一为诘难丞相公孙弘禁民挟弓弩，二为颂武帝得宝鼎。本传言其"后坐事诛"，其生卒年不可考。此外，荀悦《汉纪》建元三年（前138）九月又载有武帝使太中大夫吾丘寿王举图籍定皇家林苑范围之事，此事不见载于《汉书》。

《汉志》辞赋类录有吾丘寿王赋十五篇，子部儒家类有《吾丘寿王》六篇、《虞丘说》一篇，王先谦《补注》云："虞、吾字同，虞丘即吾丘也。此寿王所著杂说。"马国翰有辑佚本，其《序》也将两者视为一人。马氏云："《汉志》儒家有《吾丘寿王》六篇、《虞丘说》一篇，'虞''吾'古字通用，皆寿王所撰也。"郦道元《水经注》卷十九引《汉书》正作"大中大夫虞丘寿王"。又，《东观汉纪》："三辅豪杰入长安，攻未央宫。庚戌，杜虞杀莽于渐台，东海公宾就得其首，传诣宛，封滑侯。"（《类聚》卷五十一引《东观汉纪》）《汉书·王莽传》："商人杜吴杀莽，取其绶。""虞""吴"二字通用，盖马、王说为是。但杨树达《汉书窥管》云："若如马说，则《志》当合计之云《吾丘寿王》七篇，不必别为二事矣。"杨氏认为此系二人。今存两说。

关于吾丘寿王文集，《隋志》集部有"梁有汉光禄大夫《吾丘寿王集》二卷，亡"。两《唐志》不复见载。严可均《全汉文》卷二十七辑有《吾丘寿王文》。

桓宽

桓宽，字次公，治《公羊春秋》，撰《盐铁论》，事见《汉书》卷六十六赞语："至宣帝时，汝南桓宽次公治《公羊春秋》，举为郎，至庐江太守丞，博通善属文，推衍盐铁之议，增广条目，极其论难，著数万言，亦欲以究治乱，成一家之法焉。"

因桓宽治《公羊》，而《公羊》乃齐学，所以王先谦《诗三家义集疏》将《盐铁论》中所引诗说皆作为《齐诗》[①]，恐不妥。一则《盐铁论》中也有《穀梁》说，如《周秦》篇："闻兄弟缓追以免贼，未闻兄弟之相坐也。"兄弟缓追、亲亲之道见于《穀梁》[②]。二则《盐铁论》乃是昭帝时众大夫、贤良如鲁之白生等的议政言论，桓宽本人并未参与其事，桓宽只是集结编排成书而已，不能将两者混为一谈。又，唐晏《两汉三国学案》将《盐铁论》中引《易》之说归为桓宽明《易》亦欠妥，理同前。

---

① 参见吴格《诗三家义集疏序》，中华书局1994年版，第8页。
② 《穀梁》隐公元年："缓追逸贼，亲亲之道也。"陈苏镇《汉代政治与〈春秋〉学》认为有两例引《春秋》出自《穀梁》，文廷海认为有三例。详见文廷海《清代春秋穀梁学研究》，巴蜀书社2006年版，第21页。

申挽

申挽，侍郎，通《公羊》。《汉书·儒林传》言宣帝甘露元年（前53）"平《公羊》《穀梁》同异，各以经处是非。时《公羊》博士严彭祖，侍郎申挽、伊推、宋显，《穀梁》议郎尹更始，待诏刘向、周庆、丁姓并论。《公羊》家多不见从，愿请内侍郎许广，使者亦并内《穀梁》家中郎王亥，各五人，议三十余事。望之等十一人各以经谊对，多从《穀梁》。由是《穀梁》之学大盛。庆、姓皆为博士"。可见申挽通《公羊》，但不是专经博士。

伊推

伊推，侍郎，通《公羊》，甘露元年参与评《公羊》《穀梁》异同，见"申挽"条引《汉书·儒林传》，其他事迹不详。

宋显

宋显，侍郎，通《公羊》，甘露元年参与评《公羊》《穀梁》异同，见"申挽"条引《汉书·儒林传》，其他事迹不详。

许广

许广，侍郎，通《公羊》，甘露元年参与评《公羊》《穀梁》异同，见"申挽"条引《汉书·儒林传》，其他事迹不详。

孔骧

孔骧，孔安国孙，《史记·孔子世家》："安国生卬，卬生骧。"

孔骧习《春秋》三传。孔继汾《阙里文献考》云："安国孙骧举博士，官至弘农太守，精《春秋》三传，著《公羊训诂》《穀梁训诂》。"《阙里著述考》曰："骧有《公羊训诂》《穀梁训诂》，卷并佚。"《曲阜志》所载同。姚振宗《汉志拾补》据此著录有孔骧《公羊训诂》与《穀梁训诂》。姚氏考论孔骧其人云："按：太史公尝从孔安国问古文《尚书》而《世家》叙其世系至其孙骧而止，是骧与史公同时而稍后者。"但姚氏又云："《隋志》于孔衍《（穀梁传）集解》之外别有《春秋穀梁传》五卷，注云：'孔君指训，残缺。梁十四卷。'次汉人段肃之后，晋人范宁之前，疑即骘书。"按：姚氏论孔骘年岁大抵可从，而言《隋志》所载《春秋穀梁传》之作者疑似孔骘则非。何则？段肃乃是东汉人，孔骘为西汉武帝时人，何来排次于段肃之后。《史通·正史》篇云："其后刘向、向子歆及诸好事者若冯商、卫衡、扬雄、史岑、梁审、肆仁、晋冯、段肃、金丹、冯衍、韦融、萧奋、刘恂等相次撰续，迄于哀平间，犹名《史记》。"《后汉书·班固列传》载班固奏记东平王云："弘农功曹史殷肃，达学洽闻，才能绝伦。"李贤注："《固集》殷作段。"二字形近而误。

虞俊

虞俊，西汉末人，习《公羊春秋》及《左传》，事迹见《重修毗陵志》卷十六"人物·无锡"："虞俊字仲卿，明《春秋公羊》《左氏传》，哀帝时为御史，稍迁丞相司直。王莽秉政左迁新陂令，寻召为司徒，俊欲遁归遂见胁迫，仰天叹曰：'吾汉人也，愿为汉鬼不能事二姓。'饮药而死。光武即位高其节，行与二龚比。"王莽公元9年始建国，以《重修毗陵志》所载，虞俊约卒于公元10年。

冯君

《汉书·儒林传》云"由是公羊《春秋》有严颜之学"，《汉书补注》引周寿昌曰："汉严䜣碑，宋政和中出于下邳，云：'䜣字少通，治严氏《冯君章句》。'《通典》引《公羊说》有高堂隆曰'昔冯君八万言章句'云云，足征严氏有书，并冯君为之章句，而志不录冯君名。"

第二节　穀梁《春秋》群儒考

穀梁《春秋》之名首见于《史记·儒林列传》[①]："瑕丘江生为穀梁

[①] 沈玉成先生言"《穀梁传》或《穀梁春秋》之名不见于《史记》，最早见于《汉书·儒林传》"，恐非。沈说见其《春秋左传学史稿》，江苏古籍出版社1992年版，第66页。

《春秋》。自公孙弘得用，尝集比其义，卒用董仲舒。"《汉志》六艺春秋部类著录有"经，十一卷"，班固自注："公羊、穀梁二家。"又有"《穀梁传》十一卷"，班固自注："穀梁子，鲁人。"未言穀梁氏之名。师古注："名喜。"《论衡·案书》篇云"穀梁寘"，后世多写作"穀梁赤"，如桓谭《新论》、蔡邕《正交论》、应劭《风俗通》、陆德明《序录》并作"穀梁赤"，杨士勋《春秋穀梁传集解序疏》："穀梁子名淑，字元始，鲁人，一名赤，受经于子夏，为经作传，故曰《穀梁传》。"阮元《十三经注疏附校勘记》云："作'俶'是也。齐召南云：《尔雅》俶训始，故字元始。"各家说都是后起，穀梁子的真实姓名已不可确考。《元和姓纂》云："今下邱有穀梁氏。"此穀梁氏实则由穀梁家而后起，不足据。按：《水经注》卷十一"博水又东南经穀梁亭南，又东经阳城县，散为泽渚"。似乎《穀梁》得之于地名，如《易下邱传甘氏义》《诗鲁说》《诗齐杂记》等，但此穀梁亭位于今河北保定境内，于《穀梁》乃鲁学又不合。所以，《穀梁》之得名无文献可征，暂付阙如。

穀梁《春秋》在西汉的传承，《史记·儒林列传》没有详细记录，只是简单记载了西汉首位《穀梁》经师瑕丘江公的事迹。《汉书·儒林传》则载有穀梁《春秋》如何立于学官的过程：

> 宣帝即位，闻卫太子好穀梁《春秋》，以问丞相韦贤、长信少府夏侯胜及侍中乐陵侯史高，皆鲁人也，言穀梁子本鲁学，公羊氏乃齐学也，宜兴《穀梁》。时千秋为郎，召见，与《公羊》家并说，上善《穀梁》说，擢千秋为谏大夫给事中，后有过，左迁平陵令。复求能为《穀梁》者，莫及千秋。上愍其学且绝，乃以千秋为郎中户将，选郎十人从受。汝南尹更始翁君本自事千秋，能说矣，会千秋病死，征江公孙为博士。刘向以故谏大夫通达待诏，受《穀梁》，欲令助之。江博士复死，乃征周庆、丁姓待诏保宫，使卒授十人。自元康中始讲，至甘露元年，积十余岁，皆明习。乃召五经名儒太子太傅萧望之等大议殿中，平《公羊》《穀梁》同异，各以经处是非。时，《公羊》博士严彭祖、侍郎申挽、伊推、宋显，《穀梁》议郎尹更始、待诏刘向、周庆、丁姓并论。《公羊》家多不见从，愿请内侍郎许广，使者亦并内《穀梁》家中郎王亥，各五人，议三十余事。望之等十一人各以经谊对，多从《穀梁》。由是《穀梁》之学大盛。

对于此评议《穀梁》《公羊》异同的时间，后代学者多将此事与石渠评五经异同合为一事，系于甘露三年（前51）。如《后汉书·党锢列传》："自武帝以后，崇尚儒学，怀经协术，所在雾会，至有石渠分争之论，党同伐异之说，守文之徒，盛于时矣。"李贤注云："宣帝时，集诸儒于石渠阁，讲论六艺。召五经名儒太子太傅萧望之等大议殿中，平《公羊》《穀梁》同异，同己者朋党之，异己者攻伐之。"《汉志》春秋类有《议奏》三十九篇，班固自注："石渠论。"杨树达《汉书窥管》评此"石渠论"云："按议三十余事，事为一篇，故为三十九篇也。"缘杨先生意，评《公羊》《穀梁》异同也在论石渠时。段熙仲先生也持此论①，钱穆《刘向歆父子年谱》亦同②。但刘汝霖《汉晋学术编年》将此事系于甘露元年（前53），细考之，当在甘露元年，刘意较长。何则？一则《汉书·儒林传》明言"自元康中始讲，至甘露元年，积十余岁，皆明习。乃召五经名儒太子太傅萧望之等大议殿中，平《公羊》《穀梁》同异，各以经处是非"。二则《诗·麟趾》正义引《五经异义》曰："《公羊说》：'哀十四年获麟，此受命之瑞，周亡失天下之异。'《左氏》说：'麟是中央轩辕大角兽，孔子备（作）《春秋》者，礼修以致其子，故麟来为孔子瑞。'陈钦说：'麟，西方毛虫。孔子作《春秋》，有立言，西方兑，兑为口，故麟来。'许慎谨案云：'议郎尹更始、待诏刘更生等议，以为吉凶不并，瑞灾不兼。今麟为周亡天下之异，则不得为瑞以应孔子矣。'"以上正是评议《春秋》经义，尹更始、刘向二人并名出现与此事正合，与甘露三年石渠论五经异同实为二事。细考许慎所见，则评议《公羊》《穀梁》亦有文字之著录，但《汉志》不载，疑与《石渠议奏》合为一编。或正因合为一编，李贤注《后汉书》引唐时尚存的《石渠议奏》才将二事误为一事。

《汉书·儒林传》又载录自瑕丘江公开始穀梁在西汉的传承序列：

> 瑕丘江公，受穀梁《春秋》及《诗》于鲁申公，传子至孙为博士。……其后浸微，唯鲁荣广王孙、皓星公二人受焉。广尽能传其《诗》《春秋》，高材捷敏，与《公羊》大师眭孟等论，数困之，故好学者颇复受《穀梁》。沛蔡千秋少君、梁周庆幼君、丁姓子孙皆从广受。千秋又事皓星公，为学最笃。……（公穀评议后）庆、姓皆为博士。姓至中山太傅，授楚申章昌曼君，为博士，至长沙太傅，徒众尤盛。尹更始为谏大夫、长乐户将，又受《左氏传》，取其变理合者以为

---

① 参见段熙仲《春秋公羊学讲疏》，南京师范大学出版社2002年版，第40页。
② 参见钱穆《刘向歆父子年谱》，商务印书馆2001年版，第76页。

章句，传子咸及翟方进、琅邪房凤。咸至大司农，方进丞相，自有传。

对西汉穀梁《春秋》的传承序列，《隋志》未言，陆德明《序录》则是照录《汉书·儒林传》文，杨士勋《春秋穀梁传集解序疏》认为穀梁子传子夏，"（子夏）传孙卿，孙卿传鲁人申公，申公传博士江翁。其后鲁人荣广大善《穀梁》，又传蔡千秋，汉宣帝好《穀梁》，擢千秋为郎，由是穀梁之《传》大行于世"。于西汉世之传承，也是照录《汉书》。对此序列，后儒多有怀疑，如唐晏《两汉三国学案》据陆贾《新语·道基》篇："《穀梁传》曰：'仁者以治亲，义者以利尊，万世不乱，仁义之所治也。'"《新语·至德》篇末句"故春秋穀（下缺文）"认为陆贾习《穀梁》，但《汉书·儒林传》未载。刘汝霖亦同[①]。但《新语》所引《传》语不见今本《穀梁传》，所以《四库全书总目》云"其殆后人依托，非贾原本欤"。

考《汉书·邹阳传》载景帝七年（前150）齐人公孙玃欲脱济北王于七国之乱中所犯之罪而说梁王曰："昔者郑祭仲许宋人立公子突以活其君，非义也，《春秋》记之，为其以生易死，以存易亡也。"按：公孙玃之说见于《穀梁》桓公十一年："九月，宋人执郑祭仲。祭，氏。仲，名。"《疏》云："知仲名者，以仲立恶黜正，无善可褒，故知仲名也。""祭仲易其事，权在祭仲也。死君难，臣道也。今立恶而黜正，恶祭仲也。"《公羊》云："九月，宋人执郑祭仲，祭仲者何？郑相也。何以不名？贤也。何贤乎祭仲？以为知权也。其为知权奈何？古者郑国处于留。先郑伯有善于邻公者，通乎夫人以取其国，而迁郑焉，而野留。庄公死已葬，祭仲将往省于留，涂出于宋，宋人执之。谓之曰：'为我出忽而立突。'祭仲不从其言，则君必死，国必亡。从其言，则君可以生易死，国可以存易亡。少辽缓之，则突可故出，而忽可故反，是不可得则病，然后有郑国。古人之有权者，祭仲之权是也。权者何？权者反于经，然后有善者也。权之所设，舍死亡无所设。行权有道，自贬损以行权，不害人以行权，杀人以自生，亡人以自存，君子不为也。"于祭仲胁而立君，《穀梁》以为贬，《公羊》以为其知乎权变，故褒。细研味公孙玃称引经说之意，似兼用《公羊》《穀梁》两义。如果此说可信，则《穀梁》在景帝初年即有传习者，或在《汉书·儒林传》所述传承路线之外别有家法，这样，陆贾《新语》中引有《穀梁》也是合理的。此外，如公孙乘（公元前140年前后在世）《月赋》："月出皦兮，君子之光。鹍鸡舞于兰渚，蟋蟀鸣于西堂。君有礼乐，我有衣裳。"（《初学

[①] 见刘汝霖《汉晋学术编年》，华东师范大学出版社2010年版，第25页。

记》卷一引）按："衣裳之会"为《穀梁》用语，意为和乐之会，《穀梁》："衣裳之会十有一，未尝有歃血之盟也，信厚也。"公孙乘《月赋》中语当化用《穀梁》义。此亦为宣帝之前汉儒习《穀梁》之又一证。

关于《穀梁》文本是何人写定，杨士勋《春秋穀梁传集解序疏》云："穀梁子名淑，字元始，鲁人，一名赤，受经于子夏，为经作传，故曰《穀梁传》。"以《穀梁》的写定者为穀梁赤。徐复观《原史》（载《两汉思想史》卷三）认为它产生于战国中期且在《公羊》之后。金建德推测为瑕丘江公所作①，吴涛认为是浮丘伯所作②。实际上，《穀梁》的具体作者及写定时间因文献缺乏，已不可确考。

据汉籍所载，西汉《穀梁春秋》经师十九人：申公、瑕丘江公、刘据、小瑕丘江公、荣广、皓星公、蔡千秋、周庆、丁姓、刘向、王亥、申章昌、尹更始、尹咸、胡常、翟方进、房凤、萧秉、梅福。十九人中，除申公已列入"鲁《诗》"群儒而不再重复外，其余十八名学者考述于下。

瑕丘江公

瑕丘江公，瑕丘人，姓江③，西汉传《穀梁春秋》的首位经师。《汉书·儒林传》云：

> 瑕丘江公，受《穀梁春秋》及《诗》于鲁申公，传子至孙为博士。武帝时，江公与董仲舒并。仲舒通五经，能持论，善属文。江公呐于口，上使与仲舒议，不如仲舒。而丞相公孙弘本为《公羊》学，比辑其议，卒用董生。于是上因尊《公羊》家，诏太子受《公羊春秋》，由

---

① 参见金建德《瑕丘江公作〈穀梁传〉的推测》，载《人文杂志》1957年第3期。另外，金氏在《司马迁所见书考》中也说："试看《史记·儒林列传》便曾这样说过：'瑕丘江生为《谷梁春秋》。'这句话本身很容易明了，'为'字应该当'作'字解释，所谓《谷梁春秋》自然就是《谷梁传》了。这就明白地说《谷梁传》这部书是瑕丘江公所作。"上海人民出版社1963年版，第145页。

② 参见吴涛《论西汉的〈穀梁〉学——兼论〈穀梁〉与〈公羊〉之间的升降关系》，复旦大学博士学位论文，2007年。

③ 瑕丘，地名，具体考证见《汉书·高帝纪》，"瑕丘申阳下河南"服虔曰："瑕丘，县名。申，姓；阳，名也。"文颖曰："姓瑕丘，字申阳。"臣瓒曰："项羽传瑕丘申阳，是瑕丘县公也。"师古曰："文说非也。此申阳即项羽所封河南王者耳，何云姓瑕丘乎？"陈直《汉书新证》："《史记秦楚之际月表》：'义帝元年，河南王申阳始，故楚将。'所叙其他楚汉诸侯，皆直称名，无连称籍贯者，此条材料，甚为重要，可根据决定姓申名阳，瑕丘人，服说是而文说非也。"

是《公羊》大兴。太子既通，复私问《穀梁》而善之。其后浸微，唯鲁荣广王孙、皓星公二人受焉。

从《汉书·儒林传》的记载来看，江公《穀梁》学及鲁《诗》受之于鲁申公，《汉书·儒林传》言及鲁《诗》传承时也说："申公卒以《诗》《春秋》授，而瑕丘江公尽能传之，徒众最盛。"大江公鲁《诗》弟子著名者有韦贤，见《汉书·儒林传》。至于申公《穀梁》学受之何人，杨士勋《春秋穀梁传集解序疏》云："（《穀梁传》）传孙卿，孙卿传鲁人申公，申公传博士江翁。"以申公受之荀子。《汉书补注》引沈钦韩曰："案申公之年不能逮事荀卿，而其师浮丘伯（事荀卿）也。盖荀卿传浮丘伯，浮丘伯传申公。"细核年序，沈钦韩说是。如浮丘伯传申公，当在文帝初年申公二次受学时。（详见"申公"条）

因江公是西汉《穀梁》学的首位经师，地位略等于《公羊》之胡毋生，所以，今人金建德推测将口耳相传的《穀梁》写定文本者也是江公，沈文倬亦有此论①。江公事迹较少，史籍记载唯有一条，谓与董仲舒议春秋于武帝前，江公因不善言，最后公孙弘谏用董仲舒，武帝用董而黜江公。此事当发生在武帝元朔五年（前124），因为公孙弘为丞相是在元朔五年。是年，武帝下求贤诏，时公孙弘为丞相，请为博士广置弟子员，学者益众。此事与诏书并见《史记·儒林列传》《汉书·武帝纪》《汉书·儒林传》。所谓卒用董仲舒，乃是谏董生为胶东相，考见"公孙弘"及"董仲舒"两条。

《春秋穀梁传》的阐释文本，《汉志》春秋类著录有《穀梁传》十一卷，班固自注："穀梁子，鲁人。"又有《穀梁外传》二十篇、《穀梁章句》三十三篇。

刘据

刘据，武帝之子，立为太子，称卫太子，宣帝祖父，后遭江充巫蛊事而谋反，事败自杀。刘据习《穀梁》事见《汉书·儒林传》："宣帝即位，闻卫太子好穀梁《春秋》。"关于刘据自杀之年，《汉书·武帝纪》征和二年（前91）："八月辛亥，太子自杀于湖。"

---

① 沈文倬《宗周礼乐文明考论》云："《穀梁传》是江公采用当时经师口头相传的一些经义，并参照《公羊传》而编写的一部仿作。"见《宗周礼乐文明考论》，浙江大学出版社1999年版，第208页。

小瑕丘江公

小瑕丘江公，瑕丘江公之孙，据《汉书·儒林传》所载，小江公传家学，明习鲁《诗》、穀梁《春秋》，宣帝时，欲兴《穀梁》，元康二年（前64）诏蔡千秋授十郎《穀梁》，后千秋死，乃征小江公，为博士，诏刘向等受，时为宣帝五凤三年（前55）（考见下"蔡千秋""刘向"条）。小江公至不久，朝廷征王式为鲁《诗》博士，式至，止舍中，诸大夫、博士宴请王式时，小江公心妒式，乃辱之。后不久，"江博士复死"，后二年即为甘露元年（前53）评《公羊》《穀梁》异同。据上可知小江公卒于五凤四年（前54）较为合理。

小江公为博士事又见于《后汉书·卓茂列传》："卓茂字子康，南阳宛人也。父祖皆至郡守。茂，元帝时学于长安，事博士江生，习《诗》《礼》及历算，究极师法，称为通儒。""博士江生"，李贤注曰："江生，鲁人江翁也。昭帝时为博士，号鲁《诗》宗。见《前书》。"据《汉书·儒林传》小江公当卒于宣帝五凤四年，而《后汉书》言卓茂元帝时事江公，恐不确。李贤言小江公昭帝时为博士，也是误记。

《汉书·儒林传》云："瑕丘江公，受穀梁《春秋》及《诗》于鲁申公，传子至孙为博士。"及《后汉书·卓茂列传》不详言小江公为何家博士，后儒往往误以为小江公为鲁《诗》博士①。细考前《汉书·儒林传》所述小江公为博士，是在叙述《穀梁》的授受源流中讲的，所以宣帝五凤三年（前55）当征小江公为穀梁《春秋》博士，而非鲁《诗》博士。又据《汉书·儒林传》，千秋死，乃诏小江公，为博士，稍后乃征王式。《汉书·儒林传》言："皆素闻其（王式）贤，共荐（王）式。诏除下为博士。"王式应征前来，即和小江公在群博士宴会席间发生不快之事，时约五凤三、四年间。如果此前征小江公而立其为鲁《诗》博士则为重复所立，而且是在短短一二年内重复，鲁《诗》并非孤学，宣帝无须如此。另外，《汉书·儒林传》明言宣帝征小瑕丘江公的目的是兴《穀梁》，于是使刘向等受学。由此我们推断，宣帝五凤三年小江公被征，即立为《穀梁》博士②，盖先立

---

① 徐兴无有此说，见徐所撰《石渠阁会议与汉代经学的变局》一文，见《古典文献研究》第六辑，江苏古籍出版社2003年版。

② 沈文倬先生也认为"'世为鲁诗宗'的江公是大江公之孙，宣帝时特征为穀梁博士，世称博士江公"。见沈文《从汉初今文经的形成说到两汉今文〈礼〉的传授》，见《宗周礼乐文明考论》，浙江大学出版社1999年版，第201页。

博士，然后诏刘向等从其受学。后小江公死，朝廷因失《穀梁》之宗师而没有即时补，而是待评《公羊》《穀梁》异同后选优异者丁姓、周庆为博士。

小江公为博士事又常与大江公混淆。《汉书·儒林传》："韦贤治诗，事博士大江公及许生。"师古注引晋灼曰："大江公即瑕丘江公也。以异小博士江公，故称大。"《汉书补注》引王念孙曰："案：景祐本无'博士'二字是也。据晋注，此文但有'大江公'而无'博士'二字明矣。今本有者，即涉注内'博士江公'而误。《释文序录》云'韦贤受《诗》于江公及许生'即本此传，而亦无'博士'二字。"前引杨士勋《春秋穀梁传集解序疏》"（《穀梁传》）传孙卿，孙卿传鲁人申公，申公传博士江翁"，也误以为大江公是博士。

小江公之《鲁诗》《穀梁》学今不传，《汉书·儒林传》言其小江公著有《孝经说》。《汉志》述及西汉《孝经》的传习云："汉兴，长孙氏、博士江翁、少府后仓、谏大夫翼奉、安昌侯张禹传之，各自名家。"《汉志》孝经类："《孝经》一篇。"班固注："十八章。长孙氏、江氏、后氏、翼氏四家。"《汉志》又著录"江氏说一篇"。沈钦韩《汉书疏证》云："其说见《五经异义》中。《郊特牲·疏》'今《孝经说》曰：社者，土地之主，土地广博，不可遍敬，封五土以为社稷者，五谷之长，谷众多不可遍敬，故立稷而祭之'。"以为《五经异义》所引《孝经说》为其所撰。按：据班固注，《孝经说》有四家，亦不能确指。

荣广

荣广，鲁人，字王孙，受穀梁《春秋》与《诗》于瑕丘江公，见《汉书·儒林传》。据《汉书·儒林传》荣广数次与《公羊》大师眭孟辩论，"数困之"，从而"好学者颇复受《穀梁》"，说明荣广在《穀梁》学的传承中是极为重要的一环。眭孟被诛于昭帝元凤三年（前78），所谓"其后浸微"，乃是指太子失势。考卫太子因巫蛊事私自发兵，战于江充，败，事在武帝征和二年（前91）。荣广从江公受《诗》与穀梁《春秋》且和眭孟数次辩论当也在武帝末昭帝初这十余年间。

皓星公

皓星公，姓皓星，公或为名，或为尊称。《汉书补注》引钱大昭曰：

"皓星，姓也，亦作浩星，《赵充国传》有浩星赐。"皓星公乃是鲁人，与荣广受穀梁《春秋》于瑕丘江公，见《汉书·儒林传》，其他事迹不详。

蔡千秋①

蔡千秋，沛人，字少君，受穀梁《春秋》于荣广与皓星公，属于瑕丘江公的再传弟子，见《汉书·儒林传》。蔡千秋受《穀梁》于两师，所以《汉书·儒林传》称其"为学最笃"。蔡千秋事迹除见于《汉书·儒林传》所载外，其他不详。千秋和其师荣广都是鲁人，说明在武帝末时《穀梁》还只是地方之学，而蔡氏为沛人，可见鲁学《穀梁》对外传播的重要一环正是千秋。

宣帝召见千秋与诸《公羊》家评说，后拔擢其为谏大夫给事中为何时？按：《汉书·儒林传》言乃是宣帝即位问丞相韦贤、长信少府夏侯胜及侍中乐陵侯史高可否兴《穀梁》。考《汉书·百官表》，韦贤本始三年（前71）为丞相，夏侯胜本始四年（前70）出狱复为长信少府，史高封乐陵侯在本始四年八月。若三人同官，必在本始四年。

以千秋为郎中户将，选郎十人从其受《穀梁》为何时？《汉书·儒林传》言"自元康中始讲，至甘露元年，积十余岁，皆明习"，则千秋在元康中（前64）授十郎《穀梁》，至甘露元年（前53），恰十余年。

蔡千秋卒于何年？按：《汉书·儒林传》载，千秋病死，乃征小江公，并诏刘向受《穀梁》。考《汉书·刘向传》，刘向在五凤三年（前55）待诏从小江公受《穀梁》，则蔡千秋当卒于此年。

周庆

周庆，梁人，字幼君，习穀梁《春秋》于荣广，甘露元年（前53）评《穀梁》《公羊》异同，《穀梁》大兴，为博士。按：据《汉书·儒林传》，周庆从皓星公受《穀梁》当在昭帝时，时周庆为少年。从《汉书·儒林传》言"刘向以故谏大夫通达待诏，受《穀梁》，欲令助之。江博士复死，乃征周庆、丁姓待诏保宫，使卒授十人"一语推之，小江公死后，似有刘向代其授周庆、丁姓等事。

---

① 袁宏《后汉记》卷十二建初八年述及西汉穀梁《春秋》传习之事，作"蔡子秋"，当是误记。

丁姓

丁姓，姓丁，名姓①，荣广弟子，事迹仅见于前引《汉书·儒林传》。甘露元年（前53）评《穀梁》《公羊》异同，《穀梁》大兴，为博士，至中山太傅。

按：《后汉书·贾逵列传》云："逵虽为古学，兼通五家《穀梁》之说。"李贤注云："尹更始、刘向、周庆、丁姓、王彦也。"李贤以丁姓为五家之一，则丁姓亦为《穀梁》名家也。

刘向

刘向，字子政，原名更生，《穀梁》名家，《汉书》卷三十六有传，附于楚元王之后。

刘向生卒年。本传言："（向）居列大夫官前后三十余年，年七十二卒。卒后十三岁而王氏代汉。"按：《汉书》所载西汉史于平帝世尽，明王莽居摄则为代汉（依钱穆说）。平帝元始五年（5）西汉尽，则刘向卒于成帝绥和元年（前8），生于昭帝元凤二年（前79）。刘向为楚元王五世孙，仕途历经宣、元、成帝，又校书中秘，为西汉重要学者，事迹较多，系年如下。

（1）宣帝地节二年（前68）为郎。本传言："（向）年十二，以父德任为辇郎。"

（2）宣帝神爵二年（前60），年二十，为谏大夫。本传："既冠，以行修饬擢为谏大夫。"

（3）宣帝神爵末五凤初，献辞赋。本传："更生以通达能属文辞，与王褒、张子侨等并进对，献赋颂凡数十篇。"《汉书·王褒传》："益召高材刘向、张子侨、华龙、柳褒等侍诏金马门。神爵、五凤之间，天下殷富，数有嘉应。上颇作歌诗，欲兴协律之事，丞相魏相奏言知音善鼓雅琴者渤海赵定、梁国龚德，皆召见待诏。"

（4）宣帝五凤二年（前56），刘向炼金不成，下狱当死，兄安民赎向罪乃免死。《汉书·刘向传》："上复兴神仙方术之事，而淮南有《枕中鸿宝苑秘书》。……而更生父德武帝时治淮南狱得其书。更生幼而读诵，以为

---

① 姓丁，名姓。西汉有以姓为名者，如《汉书·律历志》："遂诏卿、遂、迁与侍郎尊、大典星射姓等议造汉历。"

奇，献之，言黄金可成。上令典尚方铸作事，费甚多，方不验。上乃下更生吏，吏劾更生铸伪黄金，系当死。更生兄阳城侯安民上书，入国户半，赎更生罪。上亦奇其材，得逾冬减死论。"按：《汉书·外戚恩泽侯表》阳城缪侯刘德："（本始）四年三月甲辰封，十年薨。五凤二年，节侯安民嗣。"《汉书·刘向传》："（刘德）立十一年，子向坐铸伪黄金，当伏法，德上书讼罪。"

（5）宣帝五凤三年（前55）待诏从小江公受《穀梁春秋》。《汉书·刘向传》："会初立《穀梁春秋》，征更生受《穀梁》，讲论五经于石渠。复拜为郎中给事黄门，迁散骑、谏大夫、给事中。"刘向从小江公习《穀梁》事见《汉书·儒林传》。五凤二年刘向下狱，有系狱一年，故在五凤三年诏受《穀梁》。清梅毓将此事系于甘露三年论石渠之年，非。

（6）宣帝甘露元年（前53）与论《公羊》《穀梁》异同。考见前《汉书·儒林传》所言评《公羊》《穀梁》异同。

（7）宣帝甘露三年（前51）论石渠，评五经异同。论石渠后为郎中给事黄门，迁散骑、谏大夫、给事中。事见本传。

（8）宣帝黄龙元年（前49）为散骑、宗正给事中。本传："元帝初即位，太傅萧望之为前将军，少傅周堪为诸吏光禄大夫，皆领尚书事，甚见尊任，更生年少于望之、堪，然二人重之，荐更生宗室忠直，明经有行，擢为散骑、宗正给事中，与侍中金敞拾遗于左右。"

（9）元帝初元二年（前47），刘向上书言灾异、讼石显等，反为石显等所劾，被免为庶人。本传言："更生坐免为庶人。而望之亦坐使子上书自冤前事，恭、显白令诣狱置对。望之自杀。"

（10）元帝永光三年（前41）著《疾谗》《世颂》等八篇。本传："后三岁余，孝宣庙阙灾，其晦，日有蚀之。于是上召诸前言日变在堪、猛者责问，皆稽首谢。……拜为光禄大夫，秩中二千石，领尚书事。猛复为太中大夫给事中。显干尚书事，尚书五人，皆其党也。……会堪疾瘖，不能言而卒。显谮谮猛，令自杀于公车。更生伤之，乃著《疾谗》《摘要》《救危》及《世颂》，凡八篇，依兴古事，悼己及同类。遂废十余年。"《汉书·元帝纪》永光四年（前40）"夏六月甲戌，孝宣园东阙灾"。

（11）成帝建始元年（前32），改名为向，为光禄大夫。《汉书·刘向传》："成帝即位，显等伏辜，更生乃复进用，更名向。向以故九卿召拜为中郎，使领护三辅都水。数奏封事，迁光禄大夫。"

（12）成帝河平三年（前26），校书中秘，始作《洪范五行传》。《汉书·刘向传》："而上方精于《诗》《书》，观古文，诏向领校中五经秘书。

向见《尚书·洪范》，箕子为武王陈五行阴阳休咎之应。向乃集合上古以来历春秋六国至秦、汉符瑞灾异之记，推迹行事，连传祸福，著其占验，比类相从，各有条目，凡十一篇，号曰《洪范五行传论》，奏之。"《汉书·成帝纪》河平三年（前26）："光禄大夫刘向校中秘书。谒者陈农使，使求遗书于天下。"

（13）永始元年（前16）始作《列女传》《说苑》《新序》等书。本传："向睹俗弥奢淫，而赵、卫之属起微贱，逾礼制。向以为王教由内及外，自近者始。故采取《诗》《书》所载贤妃贞妇，兴国显家可法则，及孽嬖乱亡者，序次为《列女传》，凡八篇，以戒天子。及采传记行事，著《新序》《说苑》凡五十篇奏之。"《汉书·成帝纪》鸿嘉三年（前18）："冬十一曰甲寅，皇后许氏废。"永始元年："六月丙寅，立皇后赵氏。大赦天下。"

（14）元延二年（前11）为中垒校尉至绥和元年（前8）卒。本传："时上无继嗣，政由王氏出，灾异浸甚。……向遂上封事极谏曰：……书奏，天子召见向，叹息悲伤其意，谓曰：'君且休矣，吾将思之。'以向为中垒校尉。"《汉书·扬雄传》："孝成帝时……上方郊祠甘泉泰畤、汾阴后土，以求继嗣，召雄待诏承明之庭。"《汉书·成帝纪》："（元延）二年春正月，行幸甘泉，郊泰畤。三月，行幸河东，祠后土。"又，成帝改元"元延"即为广继嗣之意。

刘向之学。本传言刘向"讲论五经于石渠"，则刘向通五经，俱考述如下：

刘向《春秋》学，《穀梁》是其看家之学。《刘歆传》云："宣帝时，诏向受《穀梁春秋》，十余年，大明习。及歆校秘书，见古文《春秋左氏传》，歆大好之。……歆数以难向，向不能非间也，然犹自持其《穀梁》义。"依此，则刘向仅维护《穀梁》家法，但考诸刘向所著《说苑》《新序》等书及刘氏的上疏，刘向似乎兼修《春秋》三传。

刘向习《左传》。桓谭《新论·识通篇》云："刘子政、子骏、子骏兄伯玉，三人俱是通人，尤珍重《左氏》，教授子孙，下至妇女，无不诵读，此亦弊也。"《论衡·案书》篇也说："刘子政玩弄《左氏》，童仆妻子，皆呻吟之。"考刘向所述，亦有此证，如刘向《别录》："《世本》古史官明于古事者之所记也。录黄帝以来帝王诸侯及卿大夫系谥名号，凡十五篇，与《左氏》合也。"（《史记集解·序·索隐》）按：明刘向治《左传》。《汉书》本传载其疏中又杂有《左传》，如疏云"郑伤桓王"，师古曰："事在桓五年秋。"仅见《左传》，《公羊》《穀梁》未载此事。刘向与《左传》学之关系，详见章太炎《刘子政左氏说》。

刘向又习《公羊》。郑玄《六艺论》也说刘向是颜安乐弟子，则刘向亦通《公羊》。姚振宗《汉志条理》云："按《六艺论》言颜氏弟子有刘向，为《汉书》所未言，盖其初为《公羊学》，故惠定宇氏谓向《封事》多公羊说。然则《七略》录《颜氏记》者，以其师说也，不及《严氏春秋》者有所略也。"诚如惠栋所言，《汉书》本传载其疏中又杂有《公羊》。如疏云："周大夫祭伯乖离不和，出奔于鲁，而《春秋》为讳不言来奔，伤其祸殃自此始也。"《公羊》言王者无外，故不言奔，《穀梁》同。又，《汉书·陈汤传》载刘向上疏，中有引《易》，言"言美诛首恶之人"云云，诛首恶乃《公羊》义。此外，《说苑》中也多用《公羊》《左传》，亦不专为《穀梁》，《说苑疏证》多发明之。唐晏《两汉三国学案》亦云："按：向《传》固云宣帝初立《穀梁春秋》，征更生受《穀梁》，讲论五经于石渠。是向为《穀梁》专家矣。乃今考《说苑》所引《春秋》说，多同于《公羊》，其用《穀梁》者无几，抑又何也？然即其说以考之，《公羊传》则语加详，或且数倍。"

刘向《穀梁》学今不传，其说散见于《汉书·五行志》，如："（哀公）四年'六月辛丑，亳社灾'。董仲舒、刘向以为亡国之社，所以为戒也。"范宁注《穀梁》引刘向云："亳社灾，戒人君纵恣不能警戒之相。"与《汉书·五行志》说同。也散见于杨士勋疏及《晋书·五行志》中，后儒乃据此辑佚。马国翰《玉函山房辑佚书》有刘向《春秋穀梁传说》一卷。王仁俊《玉函山房辑佚书续编》有《春秋穀梁刘更生义》一卷。马国翰辑本序曰："刘向《穀梁传》，《汉（书）·儒林传》不言撰作，隋唐《志》皆不著录，惟《晋书·五行志》引刘向《春秋说》，范注、杨疏亦并引刘向，则刘氏实有书矣。"姚振宗《汉志拾补》著录有刘向《春秋穀梁传》。按：考刘向《穀梁》佚文，大多言灾异，或为《洪范五行传论》中语，刘向未必有《穀梁》学专书。

刘向《尚书》学。考刘向《尚书》学，当为夏侯家法。《隋志》云："济南伏生之《传》，唯刘向父子所著《五行传》，是其本法，而又多乖戾。"刘向所著《洪范五行传论》，正是发挥夏侯学的《洪范》五行说。《汉书·刘向传》："凡十一篇，号曰《洪范五行传论》，奏之。"《汉志》六艺尚书类有刘向《五行传记》十一卷，《汉书·五行志》曰："汉兴，承秦灭学之后，景、武之世，董仲舒治公羊春秋，始推阴阳，为儒者宗。宣、元之后，刘向治《穀梁春秋》，数其祸福，传以《洪范》。"其五行说除《汉书·五行志》所载外，又散见于《御览》等书，如《御览》卷八八引向《洪范五行传论》曰："凡有所害谓之灾，无所害而异于常谓之异。害为已至，异为方来。"《隋志》也载有《尚书洪范五行传论》十一卷，汉光禄大夫刘向注。《后汉书·卢植列传》载卢植光和元年（178）上疏曰："臣闻《五行传》'日晦而月见谓之朓，王侯其舒'。此谓君政舒缓，故日食晦也。"李贤注："《五行传》，刘向所著。朓者，月行速在日前，故早见。刘向以为君舒缓则臣骄慢，故日行迟而月行速也。"则刘向此书唐初尚见，两《唐书》不见载，大约亡于唐末。清人王谟《汉魏遗书钞》有辑佚本一卷。然有不当之处，如将《汉书·五行志》中的《穀梁说》也误认为《五行传论》而收入。此外，黄奭《黄氏逸书考》有《刘向洪范五行传》辑本一卷，陈寿祺《左海全集》亦辑有刘向《洪范五行传》三卷。

考刘向《洪范五行传论》的内容，《晋书·天文志》云："其后中垒校尉刘向，广《洪范》灾条，作《皇极论》，以参往之行事。"则其中有《皇极论》。《汉志》："刘向《五行传记》十一卷。""入刘向《稽疑》一篇"，则其中有《稽疑论》。《汉书·律历志》："刘向总六历，列是非，作《五纪论》。"司马彪《续汉书·律历志》："黄帝造历，元起辛卯。《洪范五纪论》曰：'民间亦有黄帝诸历，不如史官记之明也。'"按：《宋书·历志》及《唐书·律历志》皆引《洪范五纪论》，则其中有《洪范五纪论》，言律法。如《宋书·历志》载刘向论九道云："青道二出黄道东，白道二出黄道西，黑道二出北，赤道二出南。"又云："立春、春分，东从青道；立夏、夏至，南从赤道。秋白冬黑，各随其方。"《隋书·历志》："时有古历六家，学者疑其纰漏。刘向父子咸加讨论，班固因之，采以为《志》。"姚振宗《汉志条理》："按：刘向父子咸加讨论者，谓《五纪论》及《三统历》也。"《毛诗正义》亦云："刘向《五纪论》载殷历之法，惟有气朔而已。"《晋书·陆喜传》载陆喜自叙："观子政《洪范》而作《古今历》。"则《洪范》中必有历书。按：《续汉书·律历志》载贾逵论历、安帝延光论历、顺帝汉安论历均引有《洪范五纪论》，其内容无一不是言历法。按此，则《洪范五纪论》中有历法，非刘向有历法专书。姚振宗《汉志拾补》于子部历法类载有刘向《五纪论》，以为单独历书。姚氏云："《开元占经·日影晷篇》于'冬至''春分''夏至''秋分'引刘向言晷影尺寸，当是《五纪论》中文。"姚氏说非是。《洪范五纪论》中又言五德终始，言五行与帝王五德之关系。《宋书·历志》云："且五德更王，唯有二家之说。邹衍以相胜立体，刘向相生为义。"余篇不可考。

刘向《洪范五行传论》之《尚书》学成就。《金楼子》卷四《立言篇》云"董仲舒刘子政深精《洪范》，妙达《公羊》，鄙夫之所以希也……及仲舒之学术，子政之探微"，几与董仲舒之于《春秋公羊》之成就，评价甚高。刘向创制其过程，多有小说家言，如王嘉《拾遗记》云："刘向于成帝之末，校书天禄阁，专精覃思。夜有老人，着黄衣，植青藜杖，登阁而进，见向暗中独坐诵书。老父乃吹杖端，烟燃，因以见向，说开辟已前。向因受《洪范五行》之文，恐辞说繁广忘之，乃裂裳及绅，以记其言。至曙而去，向请问姓名。云：'我是太一之精，天帝闻金卯之子有博学者，下而观焉。'乃出怀中竹牒，有天文地图之书，'余略授子焉'。至向子歆，从向受其术，向亦不悟此人焉。"大约以为《洪范五行传论》言阴阳庶征灾异有不测之义，殆由天授。刘向此书多为《汉书·五行志》所采获。李慈铭《越缦堂读书记》云："读《汉书·五行志》，加朱二卷。此志多用刘向《五行传记》而兼采董仲舒刘歆京房之说。中垒以《易》《书》《春秋》推验阴阳，归本人事，虽间有附会支离，而学阐天人，明体达用，直逼江都。近儒王体堂谓刘向不通经，未免高论骇世。"

  刘向《易》学。本传言"歆及向始皆治《易》"，不言具体家法。刘向《易》说今不传。考刘向《易》学，一为刘向上疏中引《易》说明志，如："夫执狐疑之心者，来谗贼之口；持不断之意者，开群枉之门。义邪进则众贤退，群枉盛则正士消。故《易》有'否、泰'。小人道长，君子道消，君子道消，则政日乱，故为'否'。否者，闭而乱也。君子道长，小人道消，小人道消，则政日治，故为'泰'。泰者，通而治也。"一为《汉书》诸篇所引刘向《易》说，如《汉书·高祖纪·赞》及《汉书·五行志》等。一为《列女传》《说苑》等书中《易》说，大抵以事见义。如《列女传·母仪篇》："孟母曰：'故有闺内之修，而无境外之志。《易》曰："在中馈，无攸遂。"《诗》曰："无非无仪，惟酒食是议。"以言妇人无擅制之义，而有三从之道也。'"一为刘向《易》学专说，如《礼疏》引刘向《易系词义》云："蓍之为言耆，龟之为言久。龟千岁而灵，蓍百年而神，以其长久，故能辨吉凶也。"《礼记·曲礼上》："龟为卜，筴为筮。"《疏》引师说云："卜，覆也。以覆审凶吉。筮，决也。"引刘向《易》说云："卜，赴也。赴来者之心。"

  刘向《易》学到底属于哪一家法？考其《易》说，有孟氏。《汉书·五行志》曰："定公元年'十月，陨霜杀菽'。刘向以为，周十月，今八月也，消卦为'观'，阴气未至君位而杀，诛罚不由君出，在臣下之象也。"惠栋《易汉学》论孟氏《易》六十卦执事之月，观卦为八月之卦。按：刘向说用孟氏《易》消息说，又以春秋纪年为周正，似乎也不用《穀梁》，而用《左传》。又，《汉书·五行志》曰："僖公三十三年'十二月，陨霜不杀草'。……刘向以为今十月，周十二月，于《易》，五为天位，君位。九月阴气至，五通于天位，其卦为'剥'，剥落万物，始大杀矣，明阴从阳命，臣受君令而后杀也。今十月陨霜而不能杀草，此君诛不行，舒缓之应也。"《乾凿度》曰："阴消阳言剥，当九月之时，阳气衰消，而阴终不能尽阳，小人不能决君子也，谓之剥，言不安而已。"皆用孟氏卦气说。

又有费氏《易》法。本传载刘向疏中云："故贤人在上位，则引其类而聚之于朝，《易》曰：'飞龙在天，大人聚也。'"按：刘向此句用《文言》说："九五曰'飞龙在天，利见大人'，何谓也？子曰：'同声相应，同气相求。水流湿，火就燥，云从龙，风从虎，圣人作而万物睹。本乎天者亲上，本乎地者亲下，则各从其类也。'"按：《汉书·五行志》："《京房易传》曰潜龙勿用，众逆同志，至德乃潜，厥异风。"此处"同志"之说正合《文言》及刘向"大人聚"之意，但不必论刘向习京氏《易》，实乃京氏《易》学亦从《易传》生发而成。又上文言泰否二卦"君子道长，小人道消"云云皆彖辞之文，明从费氏家法。《汉书·五行志》曰："刘向以为周三月，今正月也，当雨水，雪杂雨，雷电未可以发也。既已发也，则雪不当复降。皆失节，故谓之异。于《易》，雷以二月出，其卦曰'豫'，言万物随雷出地，皆逸豫也。以八月入，其卦曰'归妹'，言雷复归。入地则孕毓根核，保藏蛰虫，避盛阴之害；出地则养长华实，发扬隐伏，宣盛阳之德。入能除害，出能兴利，人君之象也。"按：刘向《易》学既有费氏《易》家法，又杂以孟京卦气说，实则不主一家。

但刘向间或又自创其法。《说卦传》云"帝出乎震""震为雷"，《汉纪·高祖纪》："及至刘向父子，乃推五行之运，以子承母，始自伏羲，以迄于汉，宜为火德。其序之也，以为《易》称'帝出乎震'，故太皞始出乎震，为木德，号曰伏羲氏。"按："帝出乎震"云云用《易传》，《释文》载虞翻逸象，中有"震为帝"，即此。此外，刘向又用太皞等五帝配五行，以黄帝之外四帝配四方及四辟卦，此为孟氏学所无，但其理相同，也是时代风气所致（如京房、李寻、翼奉等）。要之，大约也是孟氏《易》之流亚也。

王仁俊《玉函山房辑佚书续编》将《释文》中刘向、刘歆父子《易》说及刘向上疏、《说苑》《列女传》等著作载《易》说，辑为《周易刘氏义》一卷，题汉刘向撰。黄奭《黄氏逸书考》同，但题为《刘向歆易注》。

刘向《诗》学。后人一般认为刘向是习鲁《诗》，如王应麟《困学纪闻》："鲁《诗》出于浮丘伯，以授楚元王交，刘向乃交之孙，其说盖本鲁《诗》。"沈钦韩《汉书疏证》："刘向之书所说亦鲁诗也。"《汉志》载有

《鲁说》二十八卷。王应麟《汉志考证》云:"《荀卿子》、刘向《说苑》《新序》《列女传》间引《诗》以证其说,与《毛》义绝异。盖鲁诗出于浮丘伯,乃荀卿门人,荀卿之学,鲁诗之原也。刘向为楚元王交之孙,交亦受诗于浮丘伯,刘向之学,鲁诗之流也。"王氏认为刘交与刘向等刘氏家族皆习《鲁》诗。姚振宗《汉志条理》:"楚元王受《诗》于浮邱伯,刘向元王之孙(按为元王四世),实为鲁诗,所撰《新序》以《二子乘舟》为伋之傅母作,《黍离》为寿闵其兄作。"陈乔枞《三家诗遗说考》、王先谦《三家诗义集疏》也都将《说苑》《新序》中之《诗》说作为鲁《诗》遗说而辑佚。按:《诗·大雅·文王》:"殷士肤敏,裸将于京。厥作裸将,常服黼冔。"《毛传》:"殷士,殷侯也。"郑笺云:"殷之臣壮美而敏,来助周祭。"均不言殷士为何人。《白虎通·三正》篇:"《诗》云:'厥作裸将,常服黼冔。'言微子服周之冠,助祭于周也。"《汉书·刘向传》载刘向上疏云:"孔子论《诗》,至于'殷士肤敏,裸将于京',喟然叹曰:'大哉天命!'善不可不传于子孙,是以富贵无常;不如是,则王公其何以戒慎,民萌何以劝勉?盖伤微子之事周,而痛殷之亡也。"与《白虎通》正合,《白虎通》多鲁《诗》,此为刘向持鲁《诗》之一证。又,《白虎通·姓名》篇:"文王十子。《诗传》曰:'伯邑考、武王发、周公旦、管叔鲜、蔡叔度、曹叔振铎、成叔处、霍叔武、康叔封、南季载。'"陈立认为是《鲁诗传》,《列女传·母仪》篇名称与顺序皆同。《史记·管蔡世家》以周公为弟,管叔为兄,或为古文说,与《列女传》不同,此为二证。

但后儒对此也有不同说法,如王引之《经义述闻》"刘向述韩诗"则认为"向所述者乃韩诗也"①,马瑞辰说同。王先谦认为刘向既习鲁《诗》,也习《楚元王诗》。王氏《汉书艺文志补注》曰:"王先慎曰:《艺文志》不载元王《诗传》,《志》本《七略》,刘歆不应数典忘祖,当是次而未成。"今人刘毓庆也说:"汉人重家学,刘向为元王之孙,所传当为'元王诗',故与韩、鲁间有异同。"②全祖望、余嘉锡及吴正岚则认为刘向众说兼采,不据一家③。实际上,西汉学者学一经多家的现象也不是没有,如:王式习鲁《诗》,为昌邑王刘贺师;王吉习韩《诗》,为昌邑中尉,以韩《诗》谏刘贺;夏侯始昌习齐《诗》,为刘贺父刘髆太傅,则刘贺也当习齐《诗》。所以,刘向《诗》学不主一家也并不奇怪。

---

① 〔清〕王引之:《经义述闻》卷七"刘向述韩诗"条。
② 刘毓庆:《历代诗经著述考(先秦—元代)》,中华书局2002年版,第73页。
③ 详见吴正岚《论刘向诗经学之家法》,载《福州大学学报(哲学社会科学版)》2000年第2期。

按：考刘向《诗》学遗文，或自成一家。《诗》："雨雪瀌瀌，见晛曰消。"《释文》："晛，乃见反。曰音越。下同。《韩诗》作'聿'，刘向同。始见，贤遍反，又如字。"如此，则陆德明也见刘向《诗经》本，但其《序录》不见载。言刘向同《韩诗》，明言刘氏所习非《韩诗》，或为《楚元王诗》。

刘向礼乐之学。刘向于《礼》除本传所言曾经论五经于石渠外，不见其专门《礼》学言论，《通典》也不见载刘向《礼》论。今所见有《礼》疏所载《别录》对《仪礼》十七篇的编排，从中可以窥见刘向的《礼》学思想。又编《礼记》，裁定其篇目，见刘向《别录》。

刘向经义总论。刘向于经学又有所谓《五经通义》及《五经要义》。两书不见载于《汉志》。《隋志》载有《五经通义》八卷，但不题撰作者，仅注："梁九卷，亡。"又有《五经要义》五卷，注云："梁十七卷，雷氏撰。"两《唐志》并载有"《五经杂义》七卷，刘向撰；《五经通义》九卷，刘向撰；《五经要义》五卷，刘向撰"。考后世诸书引《五经通义》及《五经要义》均不言撰作者，如《旧唐书·礼仪志》开元二十七年（739），太常议曰："《白虎通》及《五经通义》、许慎《异义》、何休《春秋》、贺循《祭义》并云三年一禘。"未提刘向。《隋书·牛弘传》载弘引《五经通义》论明堂之制，也未提及刘向，只言刘向《别录》。《御览》《通典》诸书引《五经要义》也是如此，则两书为刘向作恐是后人附会。按：今所见《五经通义》《五经要义》中杂有大量谶纬说，而刘向时代纬书未占据经学主流，所以朱彝尊《经义考》认为是东汉时的曹褒所作。刘师培《刘向撰〈五经通义〉〈五经要义〉〈五经杂义〉辨》云："考群籍所援引，惟《杂义》罕见謇撷。《通义》《要义》佚文孔缤。掇《通义》者，肇于刘昭注《续志》；捃《要义》者，基于刘峻注《世说》。则二书之出，前于宋、齐。"又考订《通典》所引《五经通义》之体例，结语云："出汉魏之间，说与今文为近，《隋志》不载作者姓名，是其慎也。"

但后儒亦有信其为刘向所作者，如王应麟《玉海·艺文·拟序》曰："刘向辨章旧闻，则有《五经通义》。"姚振宗《汉志拾补》录有刘向《五经通义》九卷、《五经要义》五卷。姚氏云："按：《通义》《要义》似皆刘中垒撰集诸家之说。《隋志》载《五经要义》五卷，注云'梁十七卷，雷氏撰'。两《唐志》分析甚明，知十七卷者雷氏书，五卷者刘氏书也。"

三书之中，《五经通义》《五经要义》和陶宗仪《说郛》、朱彝尊《经义考》、马国翰《玉函山房辑佚书》、王仁俊《玉函山房辑佚书续编》、吴骞《拜经楼杂钞》、黄奭《汉学堂丛书》、王谟《汉魏遗书钞》、宋翔凤《浮溪精舍丛书》、洪颐煊《经典集林》均有辑佚本。

刘向于史学尝续《史记》。刘知几《史通·古今正史》云:"《史记》所书年止汉武太初,已后阙而不录。其后刘向、向子歆及诸好事者,若冯商、卫衡、扬雄、史岑、梁审、肆仁、晋冯、段肃、金丹、冯衍、韦融、萧奋、刘恂等,相继撰续,迄于哀平间,犹名《史记》。"又,《史通·史官》篇:"司马迁既殁之后之续《史记》者,若褚先生、刘向、冯商、扬雄之徒,并以别职来知史务。"《汉书·楚元王传》:"楚元王交,字游。"杨树达《汉书窥管》曰:"汉诸王传未有记字者,此独记字。盖向歆父子皆尝续撰《史记》,于其先世必有记述,疑班此《传》即承用其文也。"又,《汉书·地理志》云:"成帝时刘向略言其地分,丞相张禹使属颍川朱赣条其风俗,犹未宣究,故辑而论之,终其本末著于篇。"刘向言地分当为《汉书·地理志》之雏形。钱大昕《汉书考异》曰:"《地理志》末论十二国分域,盖出于刘向。"《隋志》亦云:"武帝时,计书既上太史,郡国地志,固亦在焉。而史迁所记,但述河渠而已。其后刘向略言地域,丞相张禹使属朱贡条记风俗,班固因之作《地理志》。"

刘向目录学。刘向目录学成就是指其校书时所作的《别录》。《汉志》云:"至成帝时,以书颇散亡,使谒者陈农求遗书于天下。诏光禄大夫刘向校经传诸子诗赋,步兵校尉任宏校兵书,太史令尹咸校数术,侍医李柱国校方技。每一书已,向辄条其篇目,撮其指意,录而奏之。会向卒,哀帝复使向子侍中奉车都尉歆卒父业。歆于是总群书而奏其《七略》,故有《辑略》,有《六艺略》,有《诸子略》,有《诗赋略》,有《兵书略》,有《术数略》,有《方技略》。"梁阮孝绪《七录序》:"昔刘向校书,辄为一录,论其指归,辨其讹谬,随竟奏上,皆载在本书。时有别集众录,谓之《别录》,即今之《别录》是也。子歆撮其指要,著为《七略》。"(《广弘明集》卷三)刘向《别录》、刘歆《七略》二书汉唐人并不明确区分。《隋志》及两《唐志》并载有刘向《七略别录》二十卷,但晁公武《郡斋读书志》及陈振孙《直斋书录解题》不见载,约亡于唐宋之间。洪颐煊《经典集林》、严可均《全汉文》卷三八、顾观光《古书逸文》、马国翰《玉函山房辑佚书》、王仁俊《玉函山房辑佚书续编》、姚振宗《快阁师石山房丛书》辑有刘向《别录》。

刘向著述。作《世颂》等八篇。本传言:"更生伤之,乃著《疾谗》《摘要》《救危》及《世颂》,凡八篇,依兴古事,悼己及同类也。"所列诸篇今不传。《汉书·高帝纪·赞》有"(刘向)是以颂高祖云'汉帝本系,出自唐帝'",大约是《世颂》遗文。

作《说苑》《新序》。本传又言："(向)故采取《诗》《书》所载贤妃贞妇，兴国显家可法则，及孽嬖乱亡者，序次为《列女传》，凡八篇，以戒天子。及采传记行事，著《新序》《说苑》凡五十篇奏之。"《汉志》子部儒家类有："刘向所序六十七篇。"班固自注："《新序》《说苑》《世说》《列女传》《经图》也。"《隋志》有《说苑》二十卷，刘向撰；《新序》三十卷，录一卷。两《唐志》载《新序》三十卷、《说苑》三十卷。《宋志》载《新序》十卷、《说苑》二十卷。《郡斋读书志》亦载有《新序》十卷，云："(刘)向当成帝时，典校书，因采传记、行事、百家之言，删取正辞美义可劝戒者，为《新序》《说苑》，共五十篇。《新序》阳朔元年上。世传本多亡阙，皇朝曾子固在馆中，日校正其讹舛而缀缉其放逸，久之，《新序》始复全。"又有《说苑》二十卷，云："鸿嘉四年上之。阙第二十卷。曾子固校书，自谓得十五篇于士大夫家，与崇文旧书五篇合为二十篇，又叙之。然止是析十九卷，作《修文》上、下篇耳。"按："《新序》阳朔元年上""(《说苑》)鸿嘉四年上之"当是刘向《别录》中语。二书经曾巩校补，也非其旧，今存。考两书内容，有异有同。《四库全书简明目录标注》云："唐以前本皆三十卷，宋以后本皆十卷，盖不知为合并为残缺也。"又云："《说苑》与《新序》体例相同，大旨亦复相类，其所以分为两书之故，莫之能详。中有一事而两书异词者，盖采撷群书各据其所见，既莫定其孰是，宁传疑而两存也。"《晋书·陆喜传》曰："少有声名，好学有才思。尝为自叙，其略曰：'刘向省《新语》而作《新序》，桓谭咏《新序》而作《新论》。'"姚振宗《汉志条理》云："则旧有《新语》之书，(刘向)省其复重，别编为《新序》。喜所言必得之于《别录》也。是《新序》本于《新语》审矣。唯《世说》则终无确证。"

卢文弨《群书拾补初编》辑有《说苑》《新序》佚篇，严可均《全汉文》卷三九有《说苑》《新序》佚文，顾观光《古书逸文》及王仁俊《经籍佚文》均有《说苑》《新序》佚文。

作《世说》。《汉志》子部儒家类有："刘向所序六十七篇。"班固自注："《新序》《说苑》《世说》《列女传》《经图》也。"王应麟《汉志考证》云："未详。本传：'著《疾谗》《擿要》《救危》及《世颂》凡八篇，古事悼己及同类也。'今其书不传。"据王氏说，则此书宋时已不可见。

作《说老子》四篇。《汉书》本传载有刘向喜道术炼金之事："上复兴神仙方术之事，而淮南有《枕中鸿宝苑秘书》。书言神仙使鬼物为金之术，及邹衍重道延命方，世人莫见，而更生父德武帝时治淮南狱得其书。更生幼而读诵，以为奇，献之，言黄金可成。上令典尚方铸作事，费甚多，方不验。上乃下更生吏，吏劾更生铸伪黄金，系当死。"《汉志》道家类有刘向《说老子》四篇。宋董思靖《道德经集解序》："说曰：《老子》刘向定著二篇八十一章。上经三十四章，下经四十七章。葛洪等又加损益，乃云：天以四时成，故上经四九三十六章；第以五行成，故下经五九四十五章，通应九九之数而从此分章，遂失中垒旧制矣。"姚振宗《汉志条理》云："董思靖或及见《别录》，故能言分篇上下及章次数目。如此，中垒是书大抵与《五行传记》《琴颂》《新国语》《新序》《说苑》《世说》《列女传》《颂图》赋诸篇，皆当时奏御之书，故《七略》备载其目。他如《稽疑论》《春秋穀梁传》《五经通义》《五经要义》《孝子图传》《列士传》《列仙传》《楚辞天问解》《五纪论》等皆私家撰述，故《七略》皆不及之。"

有赋作。《汉志》辞赋类曰："刘向赋三十三篇。"刘向《别录》云："（刘）向有《芳松枕赋》《合赋》《骐麟角杖赋》《行过江上弋雁赋》《行弋赋》《弋雌得雄赋》。"本传云刘向与王褒等献赋："是时，宣帝循武帝故事，招选名儒俊材置左右。更生以通达能属文辞，与王褒、张子侨等并进对，献赋颂凡数十篇。"其事也见于《汉书·王褒传》。《后汉书·班彪列传》亦云："及至中宗，亦令刘向、王褒、萧望之、周堪之徒，以文章儒学保训东宫以下。"李贤注："中宗，宣帝也。时元帝为太子，宣帝使王褒、刘向、张子侨等之太子宫，娱侍太子朝夕读诵，萧望之为太傅，周堪为少傅。并见《前书》。"今所见刘向赋在王逸《楚辞章句》中。

注《天问》。王逸《天问后叙》云："昔屈原所作，凡二十五篇。世相教传，而莫能说。《天问》以文义不次，又多奇怪之事。自太史公口论道之，多所不逮。至于刘向、杨雄，援引传记以解说之，亦不能详悉，所阙者众，多无闻矣。"刘向《天问注》今佚。

作《列女传》。《汉志》班固自注刘向有《列女传颂图》，其书体例大约由传、颂、图三部分组成。《隋志》："《列女传》十五卷，曹大家注。"《旧唐志》载二卷，《新唐志》载十五卷，曹大家注。《宋志》载《古列女传》九卷。今本《列女传》有班昭增益的部分，宋曾巩《列女传叙录》云："曹大家注《列女传》，离其七篇为十四，与颂义凡十五篇而益以陈婴母及东汉以来凡十六事非向书本然也。"孙志祖《读书脞录》辑有刘向《列女传阙文》，王仁俊《经籍佚文》亦辑有刘向《列女传佚文》一卷。

作《列仙传》。《隋志》史部杂史类序曰："又汉时，阮仓作《列仙图》，刘向典校经籍，始作《列仙》《列士》《列女》之传，皆因其志尚，率尔而作，不在正史。"《隋志》史部杂传类录有："《列仙传赞》三卷，刘向撰，鬷续，孙绰赞。《列仙传赞》二卷，刘向撰，晋郭元祖赞。"《旧唐志》:"《列仙传赞》二卷,刘向撰。"《新唐志》:"刘向《列仙传》二卷。"《宋志》载三卷。《玉海·艺文》:"《史记正义》:'《七略》(按:当为《七录》)云:《列仙传》二卷,刘向撰。'《崇文总目》同。凡七十二人。"

今本《列仙传赞》云:"余尝得秦大夫阮仓撰《仙图》,自六代迄今,有七百余人。始皇好游仙之事,庶几有获,故方士雾集,祈祀弥布。"《抱朴子·论仙》篇:"世人以刘向作金不成,便谓索隐行怪,好传虚无,所撰列仙,皆复妄作。悲夫!……至于撰《列仙传》,自删秦大夫阮仓书中出之,或所亲见,然后记之,非妄言也。"以为刘向为作者。然《颜氏家训·书证》篇云:"《列仙传》,刘向所造,而《赞》云'七十四人出佛经',由后人所羼,非本文也。"按:今本《赞》文中无此语,颜之推盖见别本。今本赞语中又引有《孝经·援神契》,明非刘向所作,疑后代方士家所伪托,孙志祖《读书脞录》卷四、王仁俊《玉函山房辑佚书续编》和《经籍佚文》有刘向《列仙传》辑本。

考《列仙传》体例,或有序。《御览》卷六七二刘向《列仙传序》曰:"《列仙传》,汉光禄大夫刘向所撰也。初,武帝好方士,淮南王安亦招宾客,有枕中鸿宝之书。先是安谋叛伏诛,向父德为武帝治淮南狱,得其书。向幼而读之,以为奇。及宣帝即位,修武帝故事,向与王褒等以通博有俊才,进侍左右。向又见淮南铸金之术,上言黄金可成。上使向与典尚方铸金,费多不验,下吏当死。兄安阳成侯安民乞入国户半赎向罪,上亦奇其材,得减死论,诏为黄门侍郎,讲五经于石渠。至成帝时,向既司典籍,见上颇修神仙事,遂修上古以来及三代秦汉博彩诸技涸神仙事。"姚振宗云:"按:晋郭元祖有《列仙传赞序》一卷,见《隋·经籍志》,此序疑即郭元祖撰。"

《列士传》。《隋志》史部杂史类:"又汉时,阮仓作《列仙图》,刘向典校经籍,始作《列仙》《列士》《列女》之传,皆因其志尚,率尔而作,不在正史。"《隋志》《旧唐志》并载刘向《列士传》二卷。宋人书目不见载,其书散见于《后汉书》李贤注、《文选》注、《书钞》《御览》《初学记》等。按:《论衡·须颂》篇曰:"宣帝之时,图画汉列士或不在于画上者,子孙耻之。"《初学记·职官部》引蔡质《汉官典职》曰:"尚书奏事于明光殿,省中画古列士,重行画赞。"姚振宗《汉志拾补》录有刘向《列士传》二卷,且引《初学记》前文,云:"或因此画图而为之传未可知也。"按此,则刘向《列士传》之体例似乎也图文并有,一如其《孝子传》。

刘向又有《孝子传》,但历代史志不载此书,仅散见于《太平御览》《法苑珠林》等书中,清儒茆泮林《十种古逸书》、黄奭《黄氏逸书考》、王仁俊《玉函山房辑佚书续编》并有刘向《孝子传》辑本。章宗源《隋志考证》曰："《文苑英华》许南容、李令琛对策并言刘向修《孝子图法》，《法苑珠林·忠孝》篇郭巨、丁兰、董永、大舜四事，并云刘向《孝子传》，《太平御览·人事部》引郭巨、董永二事，作刘向《孝子图》，洪氏《隶续》载武梁祠画像中有董永事。"据章氏说，似乎此书文图兼有，类似于《山海经图》。所以，姚振宗《汉志拾补》著录为刘向《孝子传图》。

《琴颂》。《汉志》："凡《乐》六家，百六十五篇。出淮南刘向等《琴颂》七篇。"

又编《新国语》。《汉志》："《新国语》五十四篇。"班固自注："刘向分《国语》。"姚振宗《汉志条理》："此殆以类分，如吕东莱《左传国语类编》，程伯刚《春秋分纪》之体。并详见《书录解题》。东汉之初《左氏》盛行，而《国语》亦大显于世，自郑、贾解注，皆用古本。诸家转相祖述，传至于今。此为《国语》之别本，故为讲古学者所不取，而其后遂微，诸书亦罕有言及者。"顾实《汉志讲疏》："本旧有《国语》而分之，故曰《新国语》，即重行编定之书也。"

又注《世本》。《汉志》："《世本》十五篇。"班固自注："古史官记黄帝以来讫春秋时诸侯大夫。"刘向《别录》："《世本》古史官明于古事者所记，录黄帝以来帝王诸侯及卿大夫系谥名号，凡十五篇。"《隋志》："《世本王侯谱》二卷。""《世本》二卷，刘向撰。""《世本》四卷，宋衷撰。"沈钦韩《汉书疏证》："盖（刘）向等所注也。"

后儒又误以为刘向作谶书。《隋志》："梁有《刘向谶》二卷，亡。"姚振宗《汉志拾补》："按：刘中垒有《洪范五行传记》十一卷，见《汉志》《尚书》家。《隋志》言谶纬诸书有《五行传》，疑即中垒书，谶纬家趋时又改题为《刘向谶》欤？"按：《汉书·李寻传》言刘向、刘歆反对甘忠可及解光等人的《天官历》等邪说，明其不言谶纬。

刘向文集。《隋志》："汉谏议大夫《刘向集》六卷。"两《唐志》并载《刘向集》五卷。《宋志》《直斋书录解题》亦载五卷。《直斋书录解题》云："《刘中垒集》五卷。汉中垒校尉刘向子政撰。前四卷，《封事》并见《汉书》，《九叹》见《楚辞》，末《请雨华山赋》见《古文苑》。"《玉海·艺文》云："《中兴书目》（载）《刘向集》六卷。集者云晋八卷，隋本六卷，今所有十八篇。"明张溥《汉魏六朝百三名家集》有《汉刘中垒集》一卷，严可均《全汉文》卷三十五至三十七辑有刘向文。

王亥

王亥，中郎，习《穀梁春秋》，助《穀梁》派与《公羊》家议三十余事，见《汉书·儒林传》，其他事迹不详。郑玄《六艺论》云："治《公羊》者……安乐弟子阴丰、刘向、王彦。"《后汉书·贾逵列传》："逵虽为古学，兼通五家《穀梁》之说。"李贤注云："尹更始、刘向、周庆、丁姓、王彦也。"《汉书补注》引王先慎曰："王亥，《后汉书·贾逵列传》作王彦。"王亥与王彦恐为一人，字形近而误。

申章昌

申章昌，姓申章，名昌，字曼君，楚人，受《穀梁》于丁姓，为博士，至长沙太傅，见《汉书·儒林传》，其他事迹不详。

按：申章昌或姓由章，字形近而误。《风俗通·姓氏篇》云："由章氏，由余，秦相也，见《史记》，汉有由章至，长沙太傅。"应劭乃汉人，其说可从。王利器《风俗通义校注》亦云："《汉书·儒林瑕丘江公传》：'丁姓至中山太傅，授楚申章昌曼君，为博士，至长沙太傅。'李奇曰：'姓申章，名昌，字曼君。'宋祁曰：'萧该音义曰：晋灼作由章。'予案……'申'当为'由'之误。"

尹更始

尹更始，汝南人，受《穀梁》于蔡千秋，为议郎，参与《公羊》比义论争，后为谏大夫、长乐户将，又从张禹受《左传》，著有《穀梁章句》，传子尹咸及翟方进、琅琊房凤，见《汉书·儒林传》。尹更始还曾于永光四年（前40）以议郎参与庙议，见《汉书·韦玄成传》："永光四年，乃下诏先议罢郡国庙……丞相玄成、御史大夫郑弘、太子太傅严彭祖、少府欧阳地馀、谏大夫尹更始等七十人皆曰：'……《春秋》之义，父不祭于支庶之宅，君不祭于臣仆之家，王不祭于下土诸侯。'""谏大夫尹更始等十八人以为，皇考庙上序于昭穆，非正礼，宜毁。"

按：《汉书·儒林传》"尹更始为谏大夫、长乐户将，又受《左氏传》，取其变理合者以为章句，传子咸及翟方进、琅邪房凤"等语往往为人所误读为尹更始曾作《左传》章句，而传诸尹咸、翟方进、房凤，其实尹更始所作的只是《穀梁章句》，传子尹咸等①。实际上，《汉志》及《隋志》只有尹更始《穀梁章句》而无《左氏章句》。从《汉书·儒林传》此处记载来看，所谓"取其变合理者以为章句"就是取甘露元年（前53）《公羊》《穀梁》论比经义之各家论述，以此为基础作章句，传于尹咸、翟方进和房凤。

《汉志》春秋类录有《穀梁章句》三十三篇，不题作者。《汉书补注》载沈钦韩引范宁序云："释者近十家。"不言作者，言外之意即尹更始不是《穀梁章句》的作者。《汉书·儒林传》"汝南尹更始翁君"，《汉书补注》引周寿昌曰："是更始之书至晋犹存，而班氏未录。"也即《汉志》所载的三十三篇《穀梁章句》的作者不是尹更始。此外，其他如姚振宗《汉志条理》云："《穀梁》之学传自申公，其后名家则江公、荣广、皓星公、蔡千秋、周庆、丁姓、尹更始、刘向、江公孙凡九人，稍后又有胡常、申章昌、房凤三人。此《章句》大抵皆出此诸人。当宣帝立《穀梁》，刘向身亲其事，其后校书乃定著为是帙，亦以出自众人，不名一家，故不著姓名。"姚氏认为是西汉《穀梁》家集体著述。杨士勋《春秋穀梁传集解序疏》则云："尹更始则汉时始为章句者也。"杨氏说是根据《隋志》载"梁有《春秋穀梁传》十三卷，汉谏议大夫尹更始撰，亡"，明确作者为尹更始。此后《序录》著录有尹更始《穀梁章句》十五卷。《旧唐志》："《春秋穀梁章句》十五卷，穀梁俶解，尹更始注。"《新唐志》："《春秋穀梁传》十五卷，尹更始注。"并题尹更始作。此书今散见于魏唐人疏中，如《文选·魏都赋》注引尹更始《章句》"天子以千里为寰"一条，杨疏引有"所者侠之氏"一条。清儒马国翰《玉函山房辑佚书》有尹更始《穀梁章句》一卷。

尹咸

尹咸，尹更始之子，从其父受《穀梁》《左传》，授《左传》于刘歆，事见《汉书·儒林传》。尹咸除平帝元始五年（5）为大司农外②，又曾与刘向、刘歆父子同校秘书。《汉志》："至成帝时，以书颇散亡，使谒者陈农求遗书于天下。诏光禄大夫刘向校经传诸子诗赋，步兵校尉任宏校兵书，

---

① 如段熙仲先生论及此段就认为："据此，始为《左氏》章句者，治《穀梁》之尹更始也。"段说见《春秋公羊学讲疏》，南京师范大学出版社2002年版，第41页。

② 《汉书·百官表》平帝元始五年："大司农尹咸。"《汉书补注》引朱一新曰："公卿表不载。"说误。

太史令尹咸校数术，侍医李柱国校方技。每一书已，向辄条其篇目，撮其指意，录而奏之。"

刘向校书在成帝河平三年（前26），则那时尹咸为太史令，校数术，说明彼时尹咸尚未从其父受《左传》或其学尚未精熟。而《汉书·刘歆传》云："时丞相史尹咸以能治《左氏》与歆共校经传。歆略从咸及丞相翟方进受，质问大义。"待刘歆校书时，尹咸已是丞相史，且已精通《左传》。钱穆《刘向歆父子年谱》云："《七略》数术，本咸所修。其论杂占云：'《春秋》之说，妖由人兴。'此咸述《左氏》之证。"据《汉书·刘歆传》，刘歆校书已是哀帝初，据钱穆说，则尹咸从尹更始受《左传》当在成帝中后世。

又，《崇文总目》云："汉张苍、贾谊、尹咸皆为《春秋》训诂。"姚振宗《汉志拾补》据此且证以《汉书·刘歆传》所述，认为尹咸有《春秋训诂》并著录之，其实较为牵强。

胡常

胡常，字少子，清河人，为博士、青州刺史。受《榖梁》于瑕丘江公孙，《榖梁》名家。《汉书·儒林传》云："始，江博士授胡常，常授梁萧秉君房，王莽时为讲学大夫。由是《榖梁春秋》有尹、胡、申章、房氏之学。"宣帝五凤三年（前55）诏江博士授《榖梁》，江博士未及甘露元年（前53）评《公羊》《榖梁》异同就去世。则小江公授胡常当在五凤三年至甘露元年大约两年之间。胡常又从胶东庸生受《古文尚书》，从尹更始受《左传》，均见《汉书·儒林传》。

胡常事迹又见于《汉书·翟方进传》，言胡常乃"青河宿儒"，"常为先进"，然"名誉出方进下，心害其能，议论不右方进"，后与方进释怀相亲。翟方进为京兆尹时［鸿嘉三年至永始二年（前18—前15），见"翟方进"条］，胡常以青州刺史致书方进不宜威严过甚。此外，《汉书·杜钦传》言杜钦"救解冯野王、王尊、胡常之罪过"，胡常似犯有罪，但犯罪于何时，所犯何罪，俱已不可考。

翟方进

翟方进，受《榖梁》于尹更始，见《汉书·儒林传》，成帝时位至丞相，封高陵侯，《汉书》卷八十四有传。方进生年不可考，自杀于成帝绥和二年（前7），《汉书·成帝纪》绥和二年："二月壬子，丞相翟方进薨。"《汉书》本传："方进即日自杀。"参合本传与《汉书》他篇，得翟方进如下事迹。

（1）河平中，为博士。数年迁朔方刺史，有威名，迁丞相司直。事见本传。

（2）成帝鸿嘉元年至三年（前20—前18）为丞相司直。本传不言方进何时为司直，但方进为丞相司直时弹劾司隶校尉涓勋，涓勋言丞相薛宣不师受经术。考薛宣为丞相在鸿嘉元年，《汉书·百官表》云："四月庚辰，御史大夫薛宣为丞相。"而鸿嘉三年翟方进就由丞相司直迁为京兆尹。所以，方进为丞相司直当在这首尾三年间。

（3）鸿嘉三年（前18）为京兆尹。《汉书·百官表》成帝鸿嘉三年："都尉丞相司直翟方进为京兆尹，三年迁。"

（4）永始二年（前15）三月为御史大夫，八月为执金吾，十一月为丞相，封高陵侯。《汉书·百官表》成帝永始二年："三月丁酉，京兆尹翟方进为御史大夫，八月贬为执金吾。""十一月壬子，执金吾翟方进为丞相。"《汉书·外戚恩泽侯表》："高陵共侯翟方进，永始二年十一月壬子封，八千户，八年薨。"

翟方进之《穀梁》学，大体引经义议事，如《汉书·朱博传》："（何武）又与翟方进共奏言：《春秋》之义，用贵治贱，不以卑临尊。刺史位下大夫，面临二千石，轻重不相准，失位次之序。""用贵治贱，不以卑临尊"见《穀梁》昭公四年。《汉书》本传翟方进弹劾涓勋上书中有云："《春秋》之义，尊上公谓之宰，海内无不统焉。"见《穀梁》僖公九年："天子之宰，通于四海。"

《汉书·儒林传》言翟方进又从尹更始受《左传》，授刘歆。本传载方进奏劾红阳侯王立，云："昔季孙行父有言曰：'见有善于君者，爱之若孝子之养父母也。见不善者，诛之若鹰鹯之逐鸟爵也。'"师古注："事见《左氏传》。"此可发明翟方进习《左传》。

房凤

房凤，字子元，从尹更始受《穀梁》，自成一家，《汉书·儒林传》言："由是《穀梁春秋》有尹、胡、申章、房氏之学。"哀帝时助刘歆争立《左传》，与刘歆共移书太常博士，《左传》终不得立，后贬官九江太守，至青州牧，事在哀帝即位之初（见"刘歆"条）。房凤事迹除见于《汉书·儒林传》外，其他不详。

房氏之学今不传。房凤弟子，有东汉侯霸。《后汉书·侯霸列传》云："霸师事九江太守房元，治《穀梁春秋》，为元都讲。"

萧秉

萧秉，梁人，字君房，受《穀梁》于胡常，王莽时为讲学大夫，见《汉书·儒林传》："始，江博士授胡常，常授梁萧秉君房，王莽时为讲学大夫。由是《穀梁春秋》有尹、胡、申章、房氏之学。"其他事迹不详。

梅福

梅福，字子真，九江寿春人，名不列儒林传，《汉书》卷六十七有传，言梅福"明《尚书》《穀梁春秋》"，为郡文学，补南昌尉。后去官归寿春，数次上书言政事，不为采纳，后王莽专政，梅福一朝去妻子，离九江，人传他已成仙，故梅福事迹又见于《神仙传》。

梅福引《穀梁》说见其上成帝书，以为当封孔子之世以为殷后，其中曰："《春秋经》曰：'宋杀其大夫。'《穀梁传》曰：'其不称名姓，以其在祖位，尊之也。'此言孔子故殷之后也，虽不正统，封其子孙以为殷后，礼亦宜之。"

梅福明《尚书》也见本传梅福上成帝书："昔成王以诸侯礼葬周公，而皇天动威，雷风著灾。"此今文家说。事见《尚书·金縢》，《后汉书·周举列传》注引《洪范五行传》与之同。古文家以为启金縢在周公本楚时，与此不同。本传又言："成帝久亡继嗣，福以为宜建三统，封孔子之世以为殷后。"按：三统之说见于《尚书大传》。按此二例，明梅福之《尚书》学乃是今文《尚书》，其具体家法已不可考。

第三节　左氏《春秋》群儒考

《左传》在西汉的传习情况，《史记·儒林列传》没有提及，但《汉书·儒林传》有较为详细的记载：

汉兴，北平侯张苍及梁太傅贾谊、京兆尹张敞、太中大夫刘公子皆修《春秋左氏传》。谊为《左氏传》训故，授赵人贯公，为河间献王博士，子长卿为荡阴令，授清河张禹长子。禹与萧望之同时为御史，数为望之言《左氏》，望之善之，上书数以称说。后望之为太子太傅，荐禹于宣帝，征禹待诏，未及问，会疾死。授尹更始，更始传子咸及翟方进、胡常。常授黎阳贾护季君，哀帝时待诏为郎，授苍梧陈钦子佚，以《左氏》授王莽，至将军。而刘歆从尹咸及翟方进受。由是言《左氏》者本之贾护、刘歆。

陆德明《序录》也载有《左传》的传习过程："左丘明作《传》以授曾申，申传魏人吴起，起传其子期，期传楚人铎椒。椒传赵人虞卿，卿传同郡荀卿名况；况传武威张苍。苍传洛阳贾谊，谊传至其孙嘉，嘉传赵人贯公，贯公传其少子长卿，长卿传京兆尹张敞，及侍御史张禹。"此序列先秦部分来自刘向《别录》（见下"张苍"条），西汉部分袭自《汉书·儒林传》。

对于这样的传承序列，后世多有怀疑者，如《隋志》言西汉《左传》传承不言具体师承："而《左氏》汉初出于张苍之家，本无传者。至文帝时，梁太傅贾谊为训诂，授赵人贯公。其后刘歆典校经籍，考而正之，欲立于学，诸儒莫应。"《五经异义》云："《礼》戴说天子亲迎。《春秋公羊》说自天子至庶人皆亲迎。《左氏》说天子至尊无敌，故无亲迎之礼，诸侯有故若疾病，则使上大夫迎，上卿临之。许氏谨案：高祖时，皇太子纳妃，叔孙通制礼，以为天子无亲迎，从《左氏》义也。"（《礼记·曲礼下》正义引）刘师培《论西汉初年学者多治古文学》对《五经异义》此条做如下议论："当高祖时，不独河间之书未出也，即北平之书亦未献，而《左氏》之书已为叔孙通所称述，则西汉之初，学者非不治《左氏》也。"刘氏又作《左氏学行于西汉考》，详细考察了《左传》在西汉的传习，认为西汉传《左传》学者众多，绝非限于《汉书·儒林传》所载的这几人。考察西汉经学史，刘师培的观点有一定的正确性，如《史记》世家多袭自《左传》，则司马迁也应算作传《左传》的学者之一，《史记·十二诸侯年表序》曾言及《左传》在西汉以前的传习顺序，恐怕是来自师说。但刘师培将所有言及《左传》的人都视为《左传》经师，则失之过滥。

实际上，《左传》以事见长，汉儒多不以其为传经。《新论·正经篇》曰："《左氏传》于经，犹衣之表里，相待而成。经而无传，使圣人闭门思之，十年不能知也。"所以汉人言事往往引用之，如韩信。《汉书·韩信传》

云："信曰：'仆闻之，百里奚居虞而虞亡，之秦而秦霸，非愚于虞而智于秦也，用与不用，听与不听耳。'"百里奚事见于《左传》，韩信乃武将，当不治《左传》，此所谓引事明义。此种情况习见于汉儒言事。事义之辨，不能不知。因此，汉儒大体犹信此传承序列，故班固采之为《汉书·儒林传》。

据《汉书·儒林传》及其他典籍所载西汉传《左传》经师共有十八位：张苍、贾谊、张敞、刘公子、贯公、贯长卿、张禹、尹更始、尹咸、翟方进、胡常、刘歆、贾护、陈钦、王莽、虞俊、刘伯玉、金子严。虞俊兼通《公羊》《左传》，列于《公羊》群儒，尹更始、尹咸、翟方进、胡常兼通《穀梁》《左传》，列于《穀梁》群儒，贯长卿列于毛《诗》群儒，其余十二人考述于下。

张苍[①]

张苍，阳武人，《汉书·儒林传》所称西汉传《左传》的第一位学者，为高祖功臣，《史记》《汉书》均有传。《汉书》本传言张苍"孝景五年薨，谥曰文侯"，"年百余岁乃卒"，景帝五年为前152年，则张苍至少生于公元前252年之前。据本传，张苍"秦时为御史"，后"有罪，亡归"，但时间已不可考。细核《史记》《汉书》，张苍事迹可考者有如下数事。

（1）秦二世三年（前207），张苍拒汉，战败归降，随刘邦入咸阳。《汉书》本传云："及沛公略地过阳武，苍以客从攻南阳。苍当斩，解衣伏质，身长大，肥白如瓠，时王陵见而怪其美士，乃言沛公，赦勿斩。遂西入武关，至咸阳。"《汉书·高帝纪》秦二世三年"六月，与南阳守齮战犨东，破之"，"七月，南阳守齮降，封为殷侯，封陈恢千户"，"八月，沛公攻武关，入秦"。

（2）高帝二年（前205）为常山守。《汉书》本传云："沛公立为汉王，入汉中，还定三秦。陈馀击走常山王张耳，耳归汉。汉以苍为常山守。"《汉书·高帝纪》："（汉）二年冬十月，项羽使九江王布杀义帝于郴。陈馀亦怨羽独不王己，从田荣借助兵，以击常山王张耳。耳败走降汉，汉王厚遇之。"

（3）高帝三年（前204）为代相。本传云："（张苍）从韩信击赵，苍

---

① 苍，一作仓。《汉书·高帝纪》："元年冬十月"，如淳注曰："《张仓传》云以高祖十月至霸上，故因秦以十月为岁首。""张仓传云"殿本作"苍"。王先谦说作"苍"是。

得陈馀。赵地已平,汉王以苍为代相,备边寇。"《汉书·高帝纪》:"三年冬十月,韩信、张耳东下井陉击赵,斩陈馀,获赵王歇。"《汉书·张耳陈馀传》:"汉遣耳与韩信击破赵井陉,斩馀泜水上,追杀赵王歇襄国。"本传言张苍得陈馀,与其他记载不同。《汉书》屡言成安君陈馀是"儒者","好儒术",所谓"苍得陈馀",有可能是张苍利用同道之谊设计赚之。

(4) 高帝四年(前203)为赵相,相张耳,复相代,击臧荼有功,封北平侯。《汉书》本传云:"赵地已平,汉王以苍为代相,备边寇。已而徙为赵相,相赵王耳。耳卒,相其子敖。复徙相代。燕王臧荼反,苍以代相从攻荼有功,封为北平侯,食邑千二百户。"《汉书·异姓诸侯王表》高帝四年九月:"(燕)反。汉诛荼。"《汉书·张耳陈馀传》:"(汉)四年夏,立耳为赵王。五年秋,耳薨,谥曰景王。子敖嗣立为王。"

(5) 高帝五年至高帝六年(前202—前201)为赵相,相张敖。《汉书·异姓诸侯王表》高帝五年"十二月乙丑,耳薨",六年"子敖嗣为王"。

(6) 高帝七年至高帝十一年(前200—前196)为计相凡四年。本传:"迁为计相,一月,更以列侯为主计四岁。"《汉书·张耳陈馀传》言高帝七年赵相贯高说张敖杀高帝,张敖不从,说明此时张苍已不是赵相,已迁为计相。

(7) 高帝十一年(前196)为淮南相,相淮南厉王刘长。本传:"黥布反,汉立皇子长为淮南王,而苍相之。十四年迁为御史大夫。"《汉书·诸侯王表》:"淮南厉王长,高帝子。十一年庚午立。"

(8) 高后八年(前180)为御史大夫,参与立文帝。《汉书·百官表》高后八年:"淮南丞相张苍为御史大夫,四年迁。"《汉书·文帝纪》:"闰月己酉,入代邸。群臣从至,上议曰:'丞相臣平、太尉臣勃、大将军臣武、御史大夫臣苍、宗正臣郢、朱虚侯臣章、东牟侯臣兴居、典客臣揭再拜言大王足下:子弘等皆非孝惠皇帝子,不当奉宗庙。臣谨请阴安侯、顷王后、琅琊王、列侯、吏二千石议,大王高皇帝子,宜为嗣,愿大王即天子位。'"

(9) 文帝四年(前176)代灌婴为丞相,《汉书·百官表》文帝四年:"十二月乙巳,丞相婴薨。正月甲午,御史大夫张苍为丞相。"

(10) 文帝十三年(前167)议除肉刑。《汉书·刑法志》:"丞相张仓、御史大夫冯敬奏言:'肉刑所以禁奸,所由来者久矣。陛下下明诏,怜万民之一有过被刑者终身不息,及罪人欲改行为善而道亡繇至,于盛德,臣等所不及也。臣谨议请定律曰:诸当完者,完为城旦舂。'"《汉书·文帝纪》十三年"五月,除肉刑法,语在《刑法志》"。

(11) 文帝十五年(前165),鲁人公孙臣言五德终始,上书认为汉土德，色尚黄，当改正朔。而张苍"推五德之运，以为汉当水德，上黑如故"。事见本传及《汉书·文帝纪》《汉书·郊祀志》。

（12）文帝后元二年（前162）免丞相，为相凡十四年。《汉书·百官表》文帝后元二年："八月戊戌，丞相苍免。"鲁人公孙臣上书言汉宜改正朔，易服色。《汉书·张苍传》云："事下苍，苍以为非是，罢之。其后黄龙见成纪，于是文帝召公孙臣以为博士，草立土德时历制度，更元年。苍由此自绌，谢病称老。"

张苍受《左传》的序列，《汉书·儒林传》无明文，见刘向的《别录》："左丘明授曾申，申授吴起，起授其子期，期授楚人铎椒，铎椒作《钞撮》八卷授虞卿，虞卿作《钞撮》九卷授荀卿，荀卿授张苍。"（《春秋左氏传序》正义引）史载苍有献《左传》事，见许慎《说文解字序》："北平侯张苍献《春秋左氏传》。"段玉裁注曰："孝惠三年乃除挟书之律，张仓当于三年后献之。然则汉之献书张仓最先，汉之得书首《春秋左传》。"后儒多因袭之，如《魏书·江式传》载式上字书表，云："北平侯张苍献《春秋左氏传》，书体与孔氏相类，即前代之古文矣。"

张苍著述。姚振宗《汉志拾补》据《汉书·儒林传》著录张苍《春秋左氏传训诂》。按：张苍为《左传》训诂乃是《汉书·儒林传》一家之言，汉儒也不见称引其文，此事当疑。

张苍著有律历书。除治《左传》外，张苍又治律历，事见《汉书·律历志》及本传。本传言苍"著书十八篇，言阴阳律历"。本传又云："苍为计相时，绪正律历。以高祖十月始至霸上，故因秦时本十月为岁首，不革。推五德之运，以为汉当水德之时，上黑如故。吹律调乐，入之音声，及以比定律令。若百工，天下作程品。至于为丞相，卒就之。故汉家言律历者本张苍。苍尤好书，无所不观，无所不通，而尤邃律历。"《汉志》子部阴阳家有《张苍》十六篇，班固自注"丞相北平侯"。王应麟《汉志考证》："本传著书十八篇与《志》篇数不同。"姚振宗《汉志条理》云："按：其余两篇疑在历谱家律历数法三卷中。"

又著《终始五德传》。因本传与《汉书·律历志》记载不够清晰，史籍述张苍著书往往有差。如《史记·十二诸侯年表序》言："汉相张苍历谱五德。"司马贞《索隐》云："张苍著《终始五德传》也。"据司马贞之说，张苍有《终始五德传》，但《汉志》未见著录。此书其实也在《张苍》十六篇之中。

姚振宗《汉志拾补》录有张苍《程品》。《史记·太史公自序》："于是汉兴，萧何次律令，韩信申军法，张苍为章程。"《集解》引如淳曰："章，历数之章术也。程者，权衡丈尺斛斗之平法也。"引臣瓒曰："《茂陵书》'丞相为工用程数其中'，言百工用材多少之量及制度之程品者是也。"《隋志》："汉时，萧何定律令，张苍制章程，叔孙通定仪法，条流派别，制度渐广。"郑樵《通志·校雠略》："按：萧何《律令》、张苍《章程》，汉之大典也。刘氏《七略》、班固《汉志》全不收。兵家一类，任宏所编，有韩信《军法》三篇、广武一篇，岂有韩信《军法》犹在而萧何《律令》、张苍《章程》则无之？此刘氏、班氏之过也。"考诸《汉书》，姚氏所据当来自《汉书·张苍传》"天下作程品"之语。

此外，因张苍善律算，因此后人也将《九章算术》归为张苍所作。刘徽《九章算术注序》云："汉北平侯张苍、大司农中丞耿寿昌皆以善算命世。苍等因旧文之遗残，各称删补，故校其目则与古或异，而所论者多近语也。"

《汉志》又有"《张氏微》十篇"。沈钦韩《汉书疏证》云："疑张苍。按此等皆一字无传。《盐铁论》引《春秋》曰：'算不及蛮，夷则不行。'又曰：'其政恢卓，恢卓可以为卿相；其政察察，察察可以为匹夫。'又曰：'士守一不移，遁礼不外援，共其职而已。'又曰：'山有虎豹，葵蕾为之不采；国有贤士，边境为之不害也。'又曰：'冬浚沫，修地理也。'皆不知其家所传，故附著之。"姚振宗《汉志条理》云："按张氏疑即张仓，仓为铎氏三传弟子，容有是作。或铎氏之后别有张氏，佚其姓名字。"

贾谊

贾谊，为史称西汉传《左传》者之一，见前引《汉书·儒林传》，《史记》《汉书》均有传。贾谊之卒年，《汉书·贾谊传》言："（文帝）乃拜谊为梁怀王太傅。怀王，上少子，爱，而好书，故令谊傅之，数问以得失。""梁王胜坠马死，谊自伤为傅无状，常哭泣，后岁余，亦死。贾生之死，年三十三矣。"按：梁怀王刘辑就是刘胜，《汉书》字误，见颜师古注。《汉书·文帝纪》十一年"夏六月，梁王辑薨"。《汉书·诸侯王表》："梁怀王辑，文帝子。二年二月乙卯立，十年薨，无后。"刘辑死于文帝十一年（前169），则贾谊死于文帝十二年（前168），生于公元前200年。

据《史记》《汉书》本传，录得贾谊如下主要事迹。

（1）文帝元年（前179）为博士。《汉书》本传："文帝初立，闻河南守吴公治平为天下第一，故与李斯同邑，而尝学事焉，征以为廷尉。廷尉乃言谊年少，颇通诸家之书。文帝召以为博士。"《汉书·百官表》文帝元年:"河南守吴公为廷尉。"三年(前177):"中郎将张释之为廷尉。"则吴公为廷尉两年,兹定于元年荐贾谊,为博士。

(2)文帝元年至三年(前179—前177),迁太中大夫,言当改正朔,色尚黄。本传言:"文帝说之,超迁,岁中至太中大夫。""谊以为汉兴二十余年,天下和洽,宜当改正朔,易服色制度,定官名,兴礼乐。乃草具其仪法,色上黄,数用五,为官名悉更,奏之。"但是文帝"不用其议,以谊为长沙王太傅"。贾谊上书改正朔服色事又见《汉书·礼乐志》。

(3)文帝三年(前177)为长沙王太傅。贾谊过湘水,作《吊屈原赋》,事见本传。刘汝霖云:"按《汉书》载谊之《鵩鸟赋》,称谊为长沙傅三年作,又称其年为单阏之岁。单阏,卯年也,时在文帝六年。则初为长沙傅必在文帝三年,故志其事于此。"①

(4)文帝六年(前174)作《鵩鸟赋》。本传:"谊为长沙傅三年,有鵩飞入谊舍,止于坐隅。鵩似鸮,不祥鸟也。谊既以適居长沙,长沙卑湿,谊自伤悼,以为寿不得长,乃为赋以自广。"

(5)文帝八年(前172)为梁怀王太傅。本传云:"(作《鵩鸟赋》)后岁余,文帝思谊,征之。……乃拜谊为梁怀王太傅。"为怀王太傅三年,怀王坠马死,贾谊常自责哭泣而卒。

贾谊之学,本传言"颇通诸家之书",其学疏泛,实际贾谊已开汉代学者研习群经之先河。

贾谊《左传》学。《汉书·儒林传》只说贾谊治《左传》,但不详其师承。《序录》叙《左传》流传云:"张苍传贾谊。"赵伯雄《春秋学史》言两人五行观念及服色看法不同,恐怕没有师承关系。另外,韦昭《国语解·序》云:"遭秦之乱,幽而复光,贾生史迁,颇综述焉。"据韦昭此说,似乎贾谊还传《国语》。

《汉书·儒林传》言贾谊曾为《左传》训诂,《后汉书·儒林列传》亦云:"梁太傅贾谊为《春秋左氏传训诂》,授赵人贯公。"《隋志》:"至文帝时,梁太傅贾谊为训诂,授赵人贯公。其后刘歆典校经籍,考而正之,欲立于学,诸儒莫应。"皆因袭《汉书》之说。《左传》确有古文本需要训诂,如《汉志》春秋类有《春秋》古经十二篇,钱大昕曰:"谓《左氏经》也。"《汉书·刘歆传》:"及歆校秘书,见古文《春秋左氏传》,歆大好之。""初,《左氏传》多古字古言,学者传训诂而已。"杨树达《汉书窥管》:"树达按:襄公十七年邾子牼卒,《左氏经》作牼,公羊穀梁二家经皆

---

① 刘汝霖:《汉晋学术编年》,华东师范大学出版社2010年版,第32页。

作瞷。又襄公十三年取邿，《左氏经》作邿，而《公羊经》作诗。考彝器有郑公䤧钟及邿伯鼎，字作䤧作邿，与《左氏经》合，知古经可信胜于今文经也。"但是除《汉书·儒林传》外，其余史籍无明文载贾谊为《左传》训诂事。所以，今人段熙仲先生认为，《左传》兴于后汉贾逵，贾逵乃贾谊八世孙，所谓贾谊为《左传》训诂事恐为贾逵托以自重。可备一说。

《新书·容经》篇云："夫有威而可畏谓之威，有仪而可象谓之文。富不可为量，多不可为数。故《诗》曰：'威仪棣棣，不可选也。'棣棣，富也。不可选，众也。言接君臣、上下、父子、兄弟、内外、大小品事之各有容志也。"按：《左传》襄公三十一年："《卫诗》曰：'威仪棣棣，不可选也。'言君臣、上下、父子、兄弟、内外、大小皆有威仪也。《周诗》曰：'朋友攸摄，摄以威仪。'言朋友之道，必相教训以威仪也。……故君子在位可畏，施舍可爱，进退可度，周旋可则，容止可观，作事可法，德行可象，声气可乐，动作有文，言语有章，以临其下，谓之有威仪也。"观此段议论，贾谊似依《左传》立说，此或为汉儒言贾谊治《左传》之根据①。

贾谊《礼》学。《汉书·礼乐志》曰："至文帝时，贾谊以为：'……夫立君臣，等上下，使纲纪有序，六亲和睦，此非天之所为，人之所设也。人之所设，不为不立，不修则坏。汉兴至今二十余年，宜定制度，兴礼乐，然后诸侯轨道，百姓素朴，狱讼衰息。'乃草具其仪，天子说焉。而大臣绛、灌之属害之，故其议遂寝。"师古注引如淳曰："六亲，贾谊书以为父也，子也，从父昆弟也，从祖昆弟也，曾祖昆弟也，族昆弟也。"观贾谊此段议论，一则为汉家定制度，上承张苍；一则述六亲九族之义，下接《尚书大传》及古文"九族"之说。此外，贾谊《新书·保傅》篇同《大戴礼记》，其文有引《学礼》；贾谊本传载其疏有"故古者礼不及庶人，刑不上大夫，所以厉宠臣之节也"，同《大戴礼记》。更重要的是，汉代善习礼容者如徐生、桓生等没有专著，但贾谊《新书》有《容经》《礼容语》，言"志色""容""言""视""立"等"容"的要求。如《新书·容经》篇言"伏容"曰："坐乘以经坐之容，手抚式，视五旅，欲无顾，顾不过毂。小礼动，中礼式，大礼下。"徐生等礼容内容，大约与此相似，因此华友根认为"贾谊可能从徐生学过礼容"②。《汉书》注苏林引《汉旧仪》曰"天下

---

① 杨德春在《论贾谊思想与〈春秋左氏传〉思想的一致性》一文中说贾谊重礼轻仁，他的礼法思想与《左传》有诸多相似之处，这也是贾谊治《左传》的间接证据。杨文载《安康学院学报》2011年第5期。

② 华友根：《西汉礼学新论》，上海社会科学院出版社1998年版，第32页。

郡国有容史,皆诣鲁学之",可备贾谊《礼》学于鲁一说。

贾谊《易》学。《汉书·贾谊传》载谊上疏引《学礼》曰:"帝入东学,上亲而贵仁,则亲疏有序而恩相及矣;帝入南学,上齿而贵信,则长幼有差而民不诬矣;帝入西学,上贤而贵德,则圣智在位而功不遗矣;帝入北学,上贵而尊爵,则贵贱有等而下不逾矣;帝入太学,承师问道,退习而考于太傅,太傅罚其不则而匡其不及,则德智长而治道得矣。此五学者既成于上,则百姓黎民化辑于下矣。"

一同于蔡邕《明堂月令论》引《易传·太初》篇:"太子旦入东学,昼入南学,暮入西学①。在中央曰太学,天子之所自学也。"又同于《大戴礼记·保傅》:"帝入东学,上亲而贵仁;入西学,上贤而贵德;入南学,上贤而贵信;入北学,上贵而尊爵;入太学,承师而问道。"其说明贾谊《易》学乃是西汉初之古《易》学,略同于田王孙。又,《新书·胎教》篇:"《易》曰:'正其本,万物理,失之毫厘,差之千里。'故君子慎始。"贾谊引《易》同《大戴礼记·保傅》及《礼记·经解》。此《易》说当为古《易》说,详见《易》类"司马谈"条②。清王仁俊《玉函山房辑佚书续编》将贾谊《新书》之《荣经》《春秋》《君道》三篇之中贾氏论《易》之说辑为《周易贾氏义》一卷。

贾谊《诗》学。《新书·礼》篇云:"礼者,臣下所以承其上也。故诗云:'一发五豝,吁嗟乎驺虞。'驺者,天子之囿也;虞者,囿之司兽者也。天子佐舆十乘,以明贵也;二牲而食,以优饱也。虞人翼五豝以待一发,所以复中也。人臣于是所尊敬,不敢以节待,敬之至也。甚尊其主,敬慎其所掌职,而志厚尽矣。作此诗者,以其事深见良臣顺上之志也。良臣顺上之志者,可以义矣,故其叹之也长,曰'吁嗟乎'。虽古之善为人臣者,亦若此而已。"《周礼·钟师》疏引《五经异义》:"今《诗》韩鲁说,驺虞,天子掌鸟兽官。古《毛诗》说,驺虞,义兽,白虎黑文,食自死之肉,不食生物,人君有至信之德则应之。"《文选·魏都赋》:"迈梁驺之所著。"张载注:"《鲁诗传》曰:'古有梁驺,梁驺者,天子猎之田也。'"陈乔枞和王先谦都认为贾谊习鲁《诗》。王先谦《诗三家义集疏》言:"引此诗以明臣下承上之义。贾时惟有鲁诗,所引鲁训也。"考贾谊引诗多为论礼,可

---

① 陈寿祺云:"'西学'下当有'夕入北学'句,文脱耳。"见陈寿祺撰,曹建墩点校《五经异义疏证》,上海古籍出版社2012年版,第92页。

② 王应麟《困学纪闻》:"《盐铁论》:文学引《易》曰:'小人处盛位,虽高必崩。不盈其道,不恒其德,而能以善终身,未之有也。是以初登于天,后入于地。'《说文》引《易》曰:'地可观者,莫可观于木。'今《易》无之,疑《易传》及《易纬》。"与此意同。

见贾谊之《诗》学乃是鲁《诗》的早期形态，重视礼，近于鲁《诗》韦氏学，但在阐述诗义上与鲁《诗》略有出入，有时是韩鲁兼采，大抵不出三家。

贾谊《尚书》学。《后汉书·班彪列传》载班彪上书言："汉兴，太宗使晁错导太子以法术，贾谊教梁王以《诗》《书》。"徐复观以为贾谊当习《尚书》，为西汉《尚书》学之先驱：

> 可是贾谊《新书》卷五《保傅》篇引"《书》曰：一人有庆，兆民赖之"，此系引用《吕刑》（一称《甫刑》）。又卷七《君道》篇引"《书》曰：大道亶亶，其去身不远。人皆有之，舜独以之"，这可能是出自今日看不到的逸《书》①。并且他把传统的"《诗》《书》"的序列，改变为"《书》《诗》"的序列，把《书》的地位安放于《诗》之上，这不能不怀疑他曾看到了《书》或《书》的一部分。②

贾谊上疏中有"汤有七年之旱"之语，其事见《尚书大传》："汤伐桀之后，大旱七年。史卜曰：'当以人为祷。'汤乃剪发断爪，自以为牲，而祷于桑林之社，而雨大至，方数千里。"（《左传》襄公十年正义引《大传》）按：贾谊之孙贾嘉习《尚书》，不知与贾谊有关系否。贾谊《尚书》遗说，王仁俊《玉函山房辑佚书续编》将贾谊《新书·君道》所引《书》辑出，题《书贾氏义》。

贾谊著述。本传载其著《新书》五十八篇及所上疏七篇，《汉志》子部儒家类："贾谊五十八篇。"《隋志》："《贾子》十卷，录一卷。汉梁王太傅贾谊撰。"《旧唐志》："《贾子》九卷，贾谊撰。"《新唐志》："贾谊《新书》十卷。"《宋志》："贾谊《新书》十卷。"《崇文总目》："《贾子》九卷，汉贾谊撰。传本七十二篇，刘向删定为五十八篇。隋唐皆九卷，今别本或为十卷。"《郡斋读书志》载《新书》十卷。陈振孙《直斋书录解题》："《贾子》十一卷。汉长沙王太傅洛阳贾谊撰。《汉志》五十八篇，今书首载《过秦论》，末为《吊湘赋》，余皆录《汉书》语，且略节谊本传于第十一卷中。其非《汉书》所有者，辄浅驳不足观，决非谊本书也。"卢文弨《新

---

① 孙启治、陈建华《中国古佚书辑本目录解题》曰："疑此是古志书之文，古人引'书曰'者非皆指《尚书》。"见《中国古佚书辑本目录解题》，上海古籍出版社2017年版，第36页。按：此与贾谊引"《易》曰"云云意同，也未必是《易》文。

② 徐复观：《中国经学史的基础》，见《徐复观论经学史二种》，上海书店出版社2006年版，第89页。

书校勘序》："此书必出于其徒之所纂集。篇中称怀王问于贾君，又《劝学》一篇，语其门人，皆可为明证。"刘师培辑有《贾子新书斠补》，将唐宋类书中所引贾谊《新书》三节辑为一卷。

《汉志》子部阴阳家有《五曹官制》五篇，班固自注："汉制，似贾谊所条。"《汉书·贾谊传》云："谊以为宜当改正朔，易服色制度……悉令奏之。"章学诚《校雠通义》云："《五曹官制》五篇，列阴阳家，其书不可考。然观班固注云'汉制，似贾谊所条'，则当入官礼。今附入阴阳家言，岂有当耶？大约此类皆因终始五德之意故附于阴阳。"姚振宗《汉志条理》引《汉书·魏相传》言相以阴阳五行论事而认定曰："此《五曹官制》本阴阳五行以为言而羲和官守所有事，故《七略》入之此门。"

贾谊赋作。《汉志》："贾谊赋七篇。"

贾谊文集。《隋志》载梁有《贾谊集》四卷，录一卷，亡。两《唐志》及《崇文总目》并载《贾谊集》二卷，严可均《全汉文》卷十五、十六辑有贾谊文。此外，明张溥《汉魏六朝百三名家集》辑有《贾长沙集》。

张敞

张敞，字子高，传《左传》，见《汉书·儒林传》。张敞乃西汉能臣，《汉书》有传。

张敞生年已不可考。关于其卒年，本传云："元帝初即位，待诏郑朋荐敞先帝名臣，宜傅辅皇太子。上以问前将军萧望之，望之以为敞能吏，任治烦乱，材轻，非师傅之器。天子使使者征敞，欲以为左冯翊。会病卒。"《汉书·元帝纪》初元二年（前47）："夏四月丁卯，立皇太子。"则张敞卒于元帝初元二年①，生年不详。

张敞事迹。细核《汉书》，得其如下事迹，系年如下：

（1）昭帝元平元年（前74）谏昌邑王刘贺，见《汉书·张敞传》。

（2）宣帝地节三年（前67）任山阳太守，宣帝使其监视废帝刘贺。本传云："宣帝初即位，废王贺在昌邑，上心惮之，徙敞为山阳太守。"《汉书·武五子传》载张敞汇报宣帝曰："臣敞地节三年五月视事，故昌邑王居故宫。"

（3）宣帝元康二年至元康四年（前64—前62），由山阳太守自请为胶

---

① 钱穆《刘向歆父子年谱》将此事系于初元元年，认为据《汉书·张敞传》，言敞卒于萧望之自杀前，而萧望之正于初元二年冬自杀。宜先立皇太子，再有师傅，初元二年较确。

东相。本传言张敞见渤海、胶东盗贼并起,"乃上书自请治之","书奏,天子征敞,拜胶东相,赐黄金三十斤",但不云何时为胶东相。考《汉书·武五子传》,元康二年宣帝秘信于张敞要求报告废帝刘贺行踪,张敞如实回复,宣帝接报,"由此知贺不足忌"。第二年下诏封刘贺海昏侯,可见张敞此时监视任务已完成,于是上书请为胶东相。本传又言张敞为胶东相时,"颍川太守黄霸以治行第一入守京兆尹。霸视事数月,不称,罢归颍川。于是制诏御史:'其以胶东相敞守京兆尹。'"。考《汉书·百官表》宣帝元康三年(前63):"守京兆尹颍川太守黄霸,数月还故官。"而张敞为京兆尹接替黄霸是在甘露元年(前53),可见黄霸为京兆尹当在元康三年末,数月之后的元康四年(前62)初,复归颍川。之后,张敞接任京兆尹。张敞为胶东相时谏请斥远方士,见《汉书·郊祀志》;谏大司农朱邑进贤,见《汉书·循吏传·朱邑传》。

(4)宣帝神爵元年至甘露二年(前61—前52)为京兆尹。《汉书·百官表》神爵元年:"胶东相张敞为京兆尹,八年免。"张敞为京兆尹,奏丞相黄霸,见《汉书·循吏传·黄霸传》;书戒严延年,见《汉书·酷吏传·严延年传》;上书请入谷陇西八郡赎罪,见《汉书·萧望之传》;议美阳鼎不宜荐宗庙,见《汉书·郊祀志》。

(5)宣帝甘露二年(前52)为冀州刺史。本传言:"数月,京师吏民解弛,枹鼓数起,而冀州部中有大贼。天子思敞功效,使使者即家在所召敞。""天子引见敞,拜为冀州刺史。"

(6)宣帝甘露四年(前50)为太原太守。本传云:"敞居部岁余,冀州盗贼禁止。守太原太守,满岁为真,太原郡清。"

《汉书·儒林传》言张敞治《左传》,而本传言"敞本治《春秋》",未言何家。但本传载张敞见霍光及其子婿坐势乃"上封事曰:'臣闻公子季友有功于鲁,大夫赵衰有功于晋,大夫田完有功于齐,皆畴其庸,延及子孙,终后田氏篡齐,赵氏分晋,季氏颛鲁。故仲尼作《春秋》,迹盛衰,讥世卿最甚。'"。按:讥世卿见《公羊》隐公三年,但公子季友、赵衰、田完等人事迹均见《左传》,故周寿昌《汉书注校补》曰:"敞盖治《左氏春秋》,前封事所引公子季友、晋赵衰、齐田完事皆与《左传》合。"这说明张敞既治《左传》又治《公羊》。《汉书·张敞传》又载张敞为胶东相,王太后数次出猎,敞上谏书曰:"礼,君母出门则乘辎辀,下堂则从傅姆。"《白虎通·嫁娶》篇:"女必有傅姆何?尊之也。《春秋传》曰:'傅至矣,姆未至。'"《公羊》襄公三十年:"伯姬曰:'吾闻之也,妇人夜出,不见傅姆不下堂,傅至矣,姆未至。'逮火而死。"盖张敞所本。

张敞除治《春秋》外，犹好古文字，见《汉书·郊祀志》之议美阳鼎；又见于《汉志》小学类："《仓颉》多古字，俗师失其读。宣帝时，征齐人能正读者，张敞从受之。"又见《汉书·杜钦传》《后汉书·杜林列传》《颜氏家训·书证》《说文解字序》。张敞将出土铭文与传世文献对比，实乃践行两重证据法第一人。

张敞著述。《隋志》言梁有《张敞集》一卷，录一卷，亡。两《唐志》并载《张敞集》二卷。严可均《全汉文》卷三十二辑有张敞文。

刘公子

刘公子，姓刘，名公子①，太中大夫，习《左传》，见《汉书·儒林传》。刘公子生平事迹不详，大约是宣、元世人。

姚振宗《汉志拾补》据《汉书·儒林传》"汉兴，北平侯张苍及梁太傅贾谊、京兆尹张敞、太中大夫刘公子皆修《春秋左氏传》"，认为张敞、刘公子皆有《左传》著述，故而列目其中。但《汉书·儒林传》接下来说："谊为《左氏传》训故，授赵人贯公，为河间献王博士。"四人之中，为点出贾谊，明其余三人无《左传》著作专书，姚氏说非是。

贯公

贯公，赵人，生卒年不详，大约文、景、武世人。贯公习《左传》于贾谊，河间献王立为博士，见《汉书·儒林传》。但陆德明《序录》言及西汉《左传》的传承则说："（贾）谊传至其孙嘉，嘉传赵人贯公。"与今《汉书·儒林传》记载不同。从史籍记载来看，为献王刘德所立《左传》博士的贯公恐怕为西汉第一位《左传》博士。时间当在景帝中元二年至中元五年（前148—前145）之间，详见诗类"毛公"条。刘劭《人物志》云："能传圣人之业，而不能干事施政，是谓儒学，毛公、贯公是也。"将毛公、贯公并称，亦可为河间献王博士之证。

贯公习《左传》之事又见刘歆《移让太常博士书》："博问人间，则有鲁国桓公、赵国贯公、胶东庸生之遗学与此同，抑而未施。"细推敲刘歆文意，似贯公乃是《左传》中阐发经义之语（如隐公元年："书曰：'郑伯克

---

① 姚振宗《汉书艺文志拾补》云："刘公子，史佚其名，不详其始末。"但汉人有以公子为字者，如锦绣使者暴胜之，字公子。见《汉书·隽不疑传》。

段于鄢。'段不弟，故不言弟；如二君，故曰克；称郑伯，讥失教也：谓之郑志。不言出奔，难之也。"）之作者。何则？西汉传《左传》者众，刘歆独标贯公，当有所因。按《左传》本言史事，与《国语》类似，前汉人多以为史（按：刘师培《左氏学行于西汉考》之短正在于他将《左传》经史之性混为一谈）。刘歆要争立为经，必须发明《左传》解经大义。贯公乃河间博士，博士当传经，绝非以史传弟子。又：《御览》卷六一八、六二〇引颖容《春秋左氏条例》云："汉兴，博物洽闻著述之士，前有司马迁、扬雄、刘歆，后有郑众、贾逵、班固，近即马融、郑玄，其所著作，违正义者，迁尤多阙略。"所谓"（司马）迁尤多阙略"即为《史记》中载春秋事乃袭《左传》成文，《史记》是史书，当然据《左传》言事。而后汉时，《左传》已上升为经，所谓经，当发明经义，故后汉《左传》家如颖子严等有此说。

张禹（字长子）

张禹，字长子，清河人，受《左传》于贯长卿，其事迹仅见前引《汉书·儒林传》数语。按：《汉书·萧望之传》："御史大夫魏相除望之为属。"御史正是御史大夫属官，《汉书·百官表》宣帝本始三年（前71）："六月甲辰，大司农魏相为御史大夫，四年迁。"四年之后的宣帝地节三年（前67）："六月壬辰，御史大夫魏相为丞相。"则张禹与萧望之同为御史，且向望之言《左传》即在这四年间。考萧望之为太子太傅在宣帝五凤二年（前56），所以张禹暴卒大约也在此时不久。张禹授尹更始《左传》当也在宣帝五凤二年之前。

刘歆

刘歆，刘向少子，字子骏，哀帝时为避讳而改名秀，字颖叔。刘歆自杀于王莽地皇四年（23），生年不详，大约与王莽相近，习《左传》于尹咸和翟方进，见《汉书·儒林传》，《汉书》有传，附于《汉书·楚元王传》内刘向之后。

据《汉书·刘歆传》及其他籍所载，刘歆有如下主要事迹。

（1）成帝河平二年（前27）为黄门郎，终成帝世。刘歆为黄门郎时与王莽、扬雄是同僚。《汉书·刘歆传》："歆字子骏，少以通《诗》《书》能属文召见成帝，待诏宦者署，为黄门郎。"不云何时为郎，刘汝霖先生考证为河平二年，先生持论有据，当可从①。《汉书·刘歆传》又云："王莽持政，莽少时与歆俱为黄门郎，重之。"王莽为黄门郎时为成帝阳朔三年（前22，详见"王莽"条），又《汉书·扬雄传》云："（雄）除为郎，给事黄门，与王莽、刘歆并。"扬雄为黄门郎在元延二年（前11，详见"扬雄"条），则此三人为黄门郎而同僚之先后顺序为刘歆、王莽、扬雄。

（2）成帝河平三年（前26）与父刘向同校五经。《汉书·刘歆传》："河平中，受诏与父向领校秘书，讲六艺传记，诸子、诗赋、数术、方技，无所不究。向死后，歆复为中垒校尉。"校书期间发得古文《左传》和《周礼》。

（3）成帝绥和元年（前8），刘向卒，刘歆为中垒校尉，见上。

（4）成帝绥和二年（前7），成帝薨，哀帝即位，刘歆官为侍中太中大夫、骑都尉、奉车光禄大夫，续成父业，作《七略》。《汉书·刘歆传》："哀帝初即位，大司马王莽举歆宗室有材行，为侍中太中大夫，迁骑都尉、奉车光禄大夫，贵幸。复领五经，卒父前业。歆乃集六艺群书，种别为《七略》。"

（5）成帝绥和二年，哀帝即位后，争立古文经博士，不成，歆乃作《移让太常博士书》责让太常博士。本传言："（刘歆）欲建立《左氏春秋》及《毛诗》《逸礼》《古文尚书》皆列于学官。"官方的今文家不肯，刘歆移书让之，因此挑起了经学史上影响深远的今古文经学之争。上《移让太常博士书》为何年，史无明文。《汉书·刘歆传》言《移让太常博士书》"言甚切，诸儒皆怨恨"，时"师丹为大司空，亦大怒"。师丹为大司空在哀帝绥和二年十月，考见"师丹"条。刘汝霖、钱穆均将此事系于建平元年（前6）。但《汉书·刘歆传》又言："名儒光禄大夫龚胜以歆移书，上疏深自罪责，愿乞骸骨罢。"据《汉书·龚胜传》及《汉书·百官表》，建平元年龚胜为谏大夫，建平三年（前4）迁光禄大夫，与此事记载不合。又《后汉书·贾逵列传》言："建平中，侍中刘歆欲立《左氏》，不先暴论大义，而轻移太常，恃其义长，诋挫诸儒，诸儒内怀不服，相与排之。"建平年号凡四年，则建平中约在建平二年（前5）。但据《汉书·韦玄成传》，刘歆争立古文《左传》是议礼的需要（详见下）。《汉书·韦玄成传》言："成帝崩，哀帝即位。……太仆王舜、中垒校尉刘歆议曰……"《汉书·百官表》绥和元年："驸马都尉王舜为太仆，二年病免。"绥和二年，王舜正官

---

① 详见刘汝霖《汉晋学术编年》，华东师范大学出版社2010年版，第182页。

为太仆。刘歆为中垒校尉当在奉车光禄大夫之后①。

(6) 成帝绥和二年终哀帝世（前7—前1），刘歆外历任河内、五原、涿郡太守，安定都尉。《汉书·刘歆传》言"移书"后，"歆由是忤执政大臣，为众儒所讪，惧诛，求出补吏，为河内太守。以宗室不宜典三河，徙守五原，后复转在涿郡，历三郡守。数年，以病免官，起家复为安定属国都尉"。

(7) 哀帝建平元年（前6），刘歆改名为秀，字颖叔，《汉书·刘歆传》："初，歆以建平元年改名秀，字颖叔云。"

(8) 哀帝元寿二年（前1），刘歆为右曹太中大夫；平帝元始元年（1）再为中垒校尉、羲和、京兆尹；元始三年（3）为光禄大夫，定婚礼，治明堂辟雍；元始五年（5）封红休侯。《汉书·刘歆传》："会哀帝崩，王莽持政，莽少与歆俱为黄门郎，重之，白太后。太后留歆为右曹太中大夫，迁中垒校尉、羲和、京兆尹，使治明堂辟雍，封红休侯。典儒林史卜之官，考定律历，著《三统历谱》。"《汉书·平帝纪》元始元年："二月，置羲和官，秩二千石。""三年春……又诏光禄大夫刘歆等杂定婚礼。……五年春正月，袷祭明堂。……羲和刘歆等四人使治明堂、辟雍，令汉与文王灵台、周公作洛同符。……皆封为列侯。"《汉书·外戚恩泽侯表》言红休侯刘歆"以侍中羲和与平宴同功封"，事又见于《汉书·王莽传》。

(9) 孺子婴居摄三年（8），刘歆为少阿，同年王莽母卒，刘歆与诸博士议其丧礼，引《周礼》为说，事见《汉书·王莽传》。《汉书·王莽传》云："（居摄三年）九月，莽母功显君死，意不在哀，令太后诏议其服。少阿、羲和刘歆与博士诸儒七十八人皆曰：'居摄之义，所以统立天功，兴崇帝道，成就法度，安辑海内也。……《周礼》曰"王为诸侯缌缞"，"弁而加环绖"，同姓则麻，异姓则葛。'"按：此时刘歆已称《周官》为《周礼》，则《周官》被立为学官当在平帝元始四年（4）。《汉书·儒林传·赞》："王莽时，诸学皆立。"《汉志》载《周官经》六篇，班固自注："王莽时刘歆置博士。"《汉书·王莽传》云："是岁（元始四年），莽奏起明堂、辟雍、灵台，为学者筑舍万区，作市、常满仓，制度甚盛。立《乐经》，益博士员，经各五人。征天下通一艺教授十一人以上，及有《逸礼》、古《书》、《毛诗》《周官》《尔雅》、天文、图谶、钟律、月令、兵法、《史

---

① 邬锡非《刘歆争立古文经学官时间质疑》[《文史》第35辑（1992年6月）]认为当在绥和二年（前7）哀帝即位后之七八月间。则刘歆接替刘向校书中秘之后，得以睹《左传》，即争立学官，不待作章句、起家法，正应贾逵所言"不先暴论大义，而轻移太常"。

篇》文字，通知其意者，皆诣公车。"

（10）王莽始建国元年（9），刘歆为国师、嘉新公，后改为祁烈伯。《汉书·刘歆传》："及王莽篡位，歆为国师，后事皆在《莽传》。"《汉书·王莽传》始建国元年"少阿、羲和、京兆尹、红休侯刘歆为国师、嘉新公"。"刘歆为祁烈伯，奉颛顼后。"新莽世由"嘉新公"改称"嘉信公"。《汉书·王莽传》地皇二年（21）左将军公孙禄曰："国师嘉信公颠倒五经，毁师法，令学士疑惑。"

（11）王莽地皇四年（23），刘歆谋反兵败自杀，事见《汉书·王莽传》。

刘歆之学，本传言"少以通《诗》《书》"，"歆及向始皆治《易》"，又说他代替刘向"复领五经"，大约也是五经兼修。

刘歆《春秋》学，以《左传》为主。关于刘歆《左传》的师承，《汉书·儒林传》载为尹咸和翟方进。王葆玹《今古文经学新论》则云："中秘《左氏》：刘向→刘歆→郑兴。"① 他将刘歆《左传》学受自刘向，于文献无据，不可从。

刘歆于《左传》凡有三功：一为校书中秘时，发得古文《左传》，事见本传："及歆校秘书，见古文《春秋左氏传》，歆大好之。"二为引《左传》解《春秋》。本传云："初《左氏传》多古字古言，学者传训故而已，及歆治《左氏》，引传文以解经，转相发明，由是章句义理备焉。"实则为《左传》建立包括训诂、章句、条例等在内的全面的学术体系。其事又见于《后汉书·郑兴列传》："（郑兴）晚善《左氏传》，遂积精深思，通达其旨，同学者皆师之。天凤中，将门人从刘歆讲正大义，歆美兴才，使撰条例、章句、传诂，及校《三统历》。"依《后汉书》所言，则是郑兴等按刘歆指示所为。按：据《汉书》刘歆本传，郑兴训诂的《左传》文本当为刘歆所发得的古文本。因为西汉通行的今文本《左传》已有贾谊等为之训诂完毕，无须西汉末刘歆、郑兴等人来作，而且西汉《左传》传习已久，当无文字障碍。又，《三国志·蜀书·尹默传》云："尹默……专精《左氏春秋》，自刘歆'条例'，郑众、贾逵父子、陈元方、服虔注说，略皆诵述，不复案本。"可见刘歆所撰《左氏条例》至东汉仍盛行。

关于刘歆《左氏条例》的内容，杜预《春秋左传集解序》云："古今言《左氏春秋》者多矣，今其遗文可见者十数家……然刘子骏创通大义，贾景伯父子、许惠卿，皆先儒之美者也，末有颖子严者，虽浅近亦复名家，故

---

① 王葆玹：《今古文经学新论》，中国社会科学出版社1997年版，第143页。

特举刘、贾、许、颖之违，以见同异。"东汉传《左传》虽然有陈元、郑众、贾逵等十数人，但杜预《春秋左传注》中只采用了刘歆、贾逵、许淑及颖容四人的注说。马国翰《玉函山房辑佚书》从《释文》《左传正义》辑得刘歆《春秋左氏传章句》一卷，其文与贾逵诸人同，其实已不能分辨。马氏辑本序云："左氏之有章句，自歆始也。隋、唐志皆不著录，佚已久。从《释文》《正义》辑二十节，其说多与贾逵、颖容、许淑并引，三家皆祖述刘氏也。"今杜注及《正义》所引诸家说往往杂糅，因此，杜预所引诸家说，也可视作刘歆之说。如昭公三十年《经》"齐人降鄣"，《正义》引《释例》曰："刘、贾依二传，以为鄣，纪之遗邑也。"但此经文《左传》无传，《汉书·儒林传》言尹更始"取其变理合者以为（《穀梁》）章句，传子咸及翟方进、琅邪房凤"，"而刘歆从尹咸及翟方进受（《左传》）"。可见刘歆正是在尹更始《穀梁章句》的基础上为《左传》作《条例》的①，从引述的部分内容来看，刘歆作此条例旨在探求《左传》的微言大义②，使三传比肩而立，为争立《左传》张本。如《初学记》卷二十一引刘歆《七略》："《春秋》两家文，或具四时，或不。于古文，无事不必具四时。"刘歆将三传书法比义，目的正在于此。又如昭公八年《春秋》经"搜于红"，刘歆认为："不言大者，言公大失权在三家也。"昭公十一年《经》"大搜于比蒲"，刘歆言："书大者，言大众尽在三家。"其目的当在争《左传》学之官方地位。

三为在前二者的基础上提高《左传》的学术地位，欲建立《左传》博士，但此事未成。据前所述，疑刘歆所争立博士的《左传》文本应包含西汉通行的今文及出自大内的古文本，和《论语》的"张侯论"本类似。《汉书·儒林传》云："由是言《左氏》者本之贾护、刘歆。"考两汉《左传》学史，于贾护一系，贾护传陈钦，陈钦传王莽。东汉陈元为陈钦子，《后汉书·陈元列传》云"元少传父业，为之训诂"。于刘歆一系，郑兴为《左

---

① 沈玉成、刘宁也有此说，详见《春秋左传学史稿》，江苏古籍出版社1992年版，第108页。
② 《汉志》："左氏微二篇。"师古曰："微谓释其微指。"章太炎引刘（逢禄）曰："此书盖非《左氏》之旧，或欲所造书法凡例之类也。"章氏云："此书惜不传，然子骏之说盖多取此，若云伪造，则《公羊传》亦可云胡毋生、董仲舒所伪造。"［《春秋左传读叙录》，见《章太炎全集》（二），上海人民出版社1985年版，第823页］以刘逢禄及章太炎说，刘歆注《左传》或采自此书。按：二人说非是。《汉志》又有《铎氏微》三篇。班固自注："楚太傅铎椒也。"《史记·十二诸侯年表》云："铎椒为楚威王太傅，为王不能尽观《春秋》，采取成败，卒四十章，为《铎氏微》。"王应麟《汉志考证》引刘向《别录》云："左丘明授曾申，申授吴起，起授其子期，期授楚人铎椒，铎椒作《钞撮》八卷。"如此，则《铎氏微》乃是《左传》的节略本，非阐述微言大义，是故沈钦韩《汉书疏证》驳师古注云："微者，《春秋》之别支，与《铎氏微》同，颜说非。"

传》训诂，传子郑众；又后汉贾徽从刘歆受《左传》，传子贾逵，贾逵有《左传解诂》。两系都有训诂之作，若贾谊训诂本行于西汉近两百年，两汉之际治《左传》学者仅须作条例而已，何烦如此费墨为之训诂？

刘歆《易》学。刘歆之《易》学散见于《汉书·五行志》《汉书·律历志》诸篇。考刘歆《易》学，貌似治费氏学，其实不然。如《汉书·律历志》曰："十一月，'乾'之初九，阳气伏于地下，始著为一，万物萌动，钟于太阴，故黄钟为天统，律长九寸。九者，所以究极中和，为万物元也。《易》曰：'立天之道，曰阴与阳。'六月，'坤'之初六，阴气受任于太阳，继养化柔，万物生长，茂之于未，令种刚强大，故林钟为地统，律长六寸。"惠栋《易汉学》言虞翻《易》学云："乾位六、坤位六，主一岁之消息。"又云："宫以九唱六，变动不居，周流六虚，始于子，终于亥，而乾坤六位毕矣。（十一月黄锺干初九至十月应锺坤六，三而一岁终矣。）"按：虞翻五世习孟氏《易》，其言乾坤十二爻以配十二律与刘歆合；乾坤十二爻配十二月与马（融）郑（玄）暗合，刘歆在马郑之前，二人习费氏《易》，其说当来自刘歆。又考刘歆此说，实则孟喜卦气说之变形，也不能简单归为今古何家。

刘歆《尚书》学。《汉书·五行志》云："孝武时，夏侯始昌通五经，善推《五行传》，以传族子夏侯胜，下及许商，皆以教所贤弟子。其传与刘向同，唯刘歆传独异。"可见刘歆也像刘向一样作有《洪范五行传论》，其家法或为夏侯学。王嘉《拾遗记》云："刘向于成帝之末，校书天禄阁，专精覃思。夜有老人，着黄衣，植青藜杖，登阁而进，见向暗中独坐诵书。……向因受《洪范五行》之文，恐辞说繁广忘之，乃裂裳及绅，以记其言。……至向子歆，从向受其术，向亦不悟此人焉。"此虽为小说家语，也可略见刘歆《洪范五行传论》或受之刘向。刘歆的《洪范五行传论》虽已佚，但《汉书·五行志》载有"刘歆《传》曰"云云是其遗文。如："貌之不恭，是谓不肃。肃，敬也。内曰恭，外曰敬。……刘歆《貌传》曰有鳞虫之孽，羊祸，鼻痾。说以为于天文东方辰为龙星，故为鳞虫；于易兑为羊，木为金所病，故致羊祸，与常雨同应。此说非是。""刘歆《视传》曰有羽虫之孽，鸡祸。说以为于天文南方喙为鸟星，故为羽虫；祸亦从羽，故为鸡；鸡于《易》自在巽。说非是。"又，《洪范五行传论》："厥咎瞀。"《文献通考·郊社考》引郑玄注云："瞀与思心之咎同耳，故子骏《传》曰：瞀，眊；眊，乱也。君臣不立，则上下乱矣。"明刘歆有其书。此外，《汉书·五行志》言："至向子歆治《左氏传》，其春秋意亦已乖矣；言五行传，又颇不同。"按：《汉书·五行志》言历代灾异将董仲舒说、刘向说及刘歆

《左传》说三者并列,可见东汉之初,这个体系已经建立,而且根据班固的意思,其建立者正是刘歆。又,《隋志》:"济南伏生之《传》,唯刘向父子所著《五行传》是其本法而又多乖戾。"其书不见历代史志书目著录,姚振宗《汉志拾补》据此录有刘歆《洪范五行传记》。另外,从《汉书·五行志》所引刘歆部分《洪范五行传论》文来看,似为专说《洪范五行传论》,但据杨权《新五德理论与两汉政治——"尧后火德"说考论》的研究,刘歆此传论或推演五德终始之说,客观上为王莽篡汉提供了一定的理论依据。另外,刘歆也治古文《尚书》,见第二章第五节"古文《尚书》群儒考"。

刘歆《诗》学。《汉书·律历志》:"春,蠢也,物蠢生,乃动运。"《毛传》:"蠢,动也。蛮荆,荆州之蛮也。"《尔雅·释训》:"蠢,不逊也。"王逸《楚辞·九叹》注:"蠢蠢,无礼义貌。《诗》曰:'蠢尔蛮荆。'"刘歆以"蠢"为"动",与毛《诗》义合。如此,则刘歆习《诗》或不主一家。

刘歆《礼》学。刘歆之《礼》学,可总括为三议一立。三议,一为议庙制,见《汉书·韦玄成传》。《汉书·韦玄成传》云元帝永光四年(前40),韦玄成等据《礼记·王制》及《春秋穀梁传》"天子七庙,诸侯五,大夫三,士二",以为汉庙数过制,当罢。哀帝即位,太仆王舜与刘歆议曰:"《春秋左氏传》曰:'名位不同,礼亦异数。'自上以下,降杀以两,礼也。七者,其正法数,可常数者也。宗不在此数中。宗,变也,苟有功德则宗之,不可预为设数。……《诗》云:'蔽芾甘棠,勿剪勿伐,邵伯所茇。'思其人犹爱其树,况宗其道而毁其庙乎?迭毁之礼自有常法,无殊功异德,固以亲疏相推及。至祖宗之序,多少之数,经传无明文,至尊至重,难以疑文虚说定也。……臣愚以为孝武皇帝功烈如彼,孝宣皇帝崇立之如此,不宜毁。"哀帝从其议。刘歆所议,从《左传》立论,以为庙数无定,以功德立庙。

此议庙制事可发明二事。其一,刘歆哀帝初争立《左传》或为议庙制之副产品。何则?刘歆《移让太常博士书》将《逸礼》、古文《尚书》和《左传》三者并举,都是着眼于其有助于议礼。《移让太常博士书》末明言:"至于国家将有大事,若立辟雍、封禅、巡狩之仪,则幽冥而莫知其原。犹欲保残守缺,挟恐见破之私意,而无从善服义之公心,或怀妒嫉,不考情实,雷同相从,随声是非,抑此三学,以《尚书》为备,谓左氏为不传《春秋》,岂不哀哉!"立《左传》为经从本质上讲也是为立典制找寻依据而已,从上述刘歆以《左传》议庙制可见一斑。其二,可推论王莽立九庙(按:庙数过制甚)也必从《左传》之说,发明《汉书·儒林传·赞》所言"王莽时,诸学皆立"之语不虚。

二为平帝元始三年(3)杂定婚礼,治明堂、辟雍,封红休侯,见《汉书·王莽传》《汉书·平帝纪》。《汉书·平帝纪》云:"(元始)三年春,诏有司为皇帝纳采安汉公莽女。语在《莽传》。又诏光禄大夫刘歆等杂定婚礼。四辅、公卿、大夫、博士、郎、吏家属皆以礼娶,亲迎立轺并马。"所谓杂定婚礼,就是将诸婚礼取其合理者定为一编。以女子出闺离家之礼为例,《仪礼·士昏礼》云:"父醴女而俟迎者,母南面于房外。女出于母左,父西面戒之,必有正焉。若衣,若笄,母戒诸西阶上,不降。""妇从,降自西阶。主人不降送。婿御妇车,授绥,姆辞不受。妇乘以几,姆加景,乃驱。御者代。婿乘其车先,俟于门外。"《春秋》桓公三年:"公子翚如齐逆女。"《穀梁》云:"礼,送女,父不下堂,母不出祭门,诸母兄弟不出阙门。"《公羊》于此无传文,何休注曰:"礼,女父母不下堂,姑姊妹不出门。"与《穀梁》意同。刘歆等杂定之文今不可见,但《说苑·修文》篇云:

> "夏,公如齐逆女。""何以书?亲迎礼也。"其礼奈何?曰:诸侯以屦二两加琮,大夫、庶人以屦二两加束脩二。曰:"某国寡小君,使寡人奉不珍之琮,不珍之屦,礼夫人贞女。"夫人曰:"有幽室数辱之产,未谕于傅母之教,得承执衣裳之事,敢不敬拜祝?"祝答拜。夫人受琮,取一两屦以履女,正笄、衣裳而命之曰:"往矣,善事尔舅姑,以顺为宫室,无二尔心,无敢回也。"女拜,乃亲引其手,授夫乎户。夫引手出户。夫行,女从,拜辞父于堂,拜诸母于大门。夫先升与执辔,女乃升舆。毂三转,然后夫下,先行。大夫、士、庶人,称其父,曰:"某之父,某之师友,使其执不珍之屦,不珍之束脩,敢不敬礼某氏贞女。"母曰:"有草茅之产,未习于织纴纺绩之事,得奉执箕帚之事,敢不敬拜。"

据此段所述女子出闺之礼仪,与《仪礼》不同,且此文所言礼上及公侯下及庶人,正合《汉书·平帝纪》所言"四辅、公卿、大夫、博士、郎、吏家属皆以礼娶",盖刘歆杂定婚礼之遗文乎?若此,则《说苑》中有篇第乃为刘歆所作欤?

三为平帝元始四年(4)"安汉公奏立明堂、辟雍","五年春正月,祫祭明堂",刘歆与议禘、祫之礼。《通典·礼九》引有贾逵、刘歆曰:"禘、祫一祭二名,礼无差降。"

姚振宗《汉志拾补》著录有王莽元始婚礼（事见《汉书·平帝纪》元始三年令刘歆等杂定婚礼及《汉书·王莽传》）、元始车服制度（事见《汉书·平帝纪》元始三年及《汉书·王莽传》）、元始南北郊群祀（事见《汉书·平帝纪》元始五年及司马彪《续汉书·祭祀志》）、元始明堂制度（见《汉书·平帝纪》元始四年及《后汉书·张纯列传》）。姚振宗云："按：元始诸仪皆刘歆等典领，考论经义、审定从违至为详尽，故中兴郊祭群祀皆采以从事。"按：刘歆本传言其因此受封红休侯。又，考刘歆所为礼，多论建设，与庆氏学较近。

一立，为王莽立《周礼》博士，助莽改制。《汉志》六艺礼部有《周官经》六篇，班固注："王莽时刘歆置博士。"贾公彦《序周礼废兴》引马融《周官传》云莽末"（刘歆）弟子死丧。徒有里人河南缑氏杜子春尚在，永平之初，年且九十，家于南山，能通其读，颇识其说，郑众、贾逵往受业焉"。

刘歆《尔雅》及《论语》学。刘歆又注《尔雅》，但此说不见于《汉书》本传。《隋志》和《释文序录》都载有刘歆《尔雅注》三卷，今佚。《释文·尔雅》引有刘歆注，如："角，触也。物触地而出，戴芒角也。"陆德明自注云："与李巡注正同，疑非歆注。"《册府元龟》卷六〇五"学校部·注释"云："刘歆注《尔雅》三卷（与李巡注正同，疑非歆注）后为京兆尹。"乃是袭自《序录》。吴承仕《序录疏证》曰："此谓刘李注同。今散见诸书，则不悉相应。疑旧题刘注者，乃后人缀集刘义易释《尔雅》，非子骏自有注本也。"《尔雅疏》、陆玑《毛诗草木鸟兽虫鱼疏》《古逸丛书·玉烛宝典》等引有其说。马国翰《玉函山房辑佚书》及黄奭《汉学堂丛书》均辑有《尔雅刘氏注》一卷。

后世又有刘歆《论语》说。陆德明《序录》录有江熙《论语集解》十二卷，集汉至晋十三家《论语》之说，皇侃《论语义疏发题》俱载其姓名，内有刘歆。《论语·先进》"颜渊死子曰噫"章引有刘歆说。按：刘歆此说见于《汉书·董仲舒传·赞》："至向子歆以为：'伊、吕乃圣人之耦，王者不得则不兴。故颜渊死，孔子曰："噫！天丧余。"唯此一人为能当之，自宰我、子赣、子游、子夏不与焉。'"细核皇侃义疏载刘歆此说实为个案，刘歆未必有《论语》著述。

刘歆律学。刘歆治律，著有《钟律书》，其说散见于《汉书·律历志》《续汉书·律历志》等篇。《汉书·律历志上》云："至元始中王莽秉政，欲耀名誉，征天下通知钟律者百余人，使羲和刘歆等典领条奏，言之最详。故删其伪辞，取正义，著于篇。"师古注曰："班氏自云作《志》取刘歆之义也。自此以下讫于'用竹为引者，事之宜也'，则其辞焉。"此外，《风俗通》引刘歆《钟律书》云："徵者，祉也。物盛大而繁祉。"《汉书·律历志》："徵，祉也。"《隋书·牛弘传》亦有引刘歆《钟律书》之文，有不见今《汉书·律历志》之文句，或乃班固删余之言。清儒王谟《汉魏遗书钞》、黄奭《汉学堂丛书》、严可均《全汉文》卷四一有刘歆《钟律书》辑本。王谟辑本序云："《隋书·牛弘传》又别引刘歆《钟律书》，疑此书虽逸然其遗文必尚有流传于世者，不仅如班《志》所采也。"

刘歆历学。刘歆作有《三统历》，又有《三统历谱》，其《三统历谱》在《汉书·律历志》中尚存梗概。《汉书·刘歆传·赞》云："《三统历谱》考步日月五星之度，有意其推本之也。"姚振宗《汉志拾补》载有刘歆《三统历谱》三卷。《隋志》子部历数家："梁又有《三统历法》三卷，刘歆撰。"两《唐志》并载一卷，宋人书目不见载。姚氏引杜预《长历说》曰："自古论春秋者或造家术，或用黄帝诸历，此即家术之类也。或以为王莽用《三统历》，非是。"又伪造《世经》，也载于《汉书·律历志》，以五德理论言古帝王替代顺序。章炳麟《国故论衡·原经》云："庖牺以来，帝王代禅，号曰世经。"刘歆客观上为王莽代汉张本。

刘歆又有《曜历》。《文选·齐敬皇后哀策文》李善注引《淮南子》曰："轩辕者，帝妃之舍。"引高诱注曰："轩辕，星也。刘歆有《曜历》。"姚振宗《汉志拾补》据此录有此书。姚氏云："按：《淮南子》此语见《天文训》，今本无高诱此注。'刘歆有《曜历》'当是李善语。善在唐初，多见古书，所言当得其实，因据以著录。《曜历》即《七曜历》之类。"姚氏又佐证云："又按《刘向传》云：'向夜观星宿，或不寐达旦。'《王莽传》：'歆为王涉言天文人事，东方必成，乃谋共劫持莽东降南阳天子，歆曰：当待太白星出乃可。'又，'莽子临妻愔，国师公女，能为星语。临宫中且有白衣会'，是刘氏父子并善天文，歆女亦知星，盖得之于父。歆有《七曜历》之书于是乎益信。"

刘歆史学。刘歆续作《史记》。《史通·古今正史》云："其后刘向、向子歆及诸好事者，若冯商、卫衡、扬雄、史岑、梁审、肆仁、晋冯、段肃、金丹、冯衍、韦融、萧奋、刘恂等，相继撰续，迄于哀平间，犹名《史记》。"晋葛洪《西京杂记序》："洪家世有刘子骏《汉书》一百卷，无首尾题目，但以甲乙丙丁纪其卷数。先公传云：歆欲撰《汉书》，编录汉事未得缔构而亡，故书无宗本，只杂记而已。失前后之次，无事类之辨。"《后汉书·班彪列传》："武帝时，司马迁著《史记》，自太初以后，阙而不录，后好事者颇或缀集时事，然多鄙俗，不足以踵继其书。"李贤注："好事者谓杨雄、刘歆、阳城衡、褚少孙、史孝山之徒也。"姚振宗《汉志拾补》著录有刘歆《续太史公书》。姚振宗《汉志条理》认为刘向、刘歆父子作史："按：《地理志》言'成帝时刘向略言其域分'，此向欲撰《地理志》之权舆也。《史记·匈奴列传》末《索隐》引张晏云：'自狐鹿姑单于已下皆刘向、褚先生所录。'此向作《匈奴传》之明证也。向、歆本传虽未有作史明文，而范书《班彪传》注及《史通》所言章章若此，非向歆父子作史之确据乎？"

刘歆弟子史籍有明文者，《左传》则孔奋（见《后汉书·孔奋列传》）、贾徽（《后汉书·贾逵列传》），《周礼》则杜子春（贾公彦《序周礼废兴》），不知经者丁隆（见《汉书·王莽传》）、李守（东汉李通父，好星历谶记，初事刘歆，见《后汉书·李通列传》）。同学二：王莽及扬雄。

刘歆著述，有《列女传颂》。《隋志》史部杂传类："《列女传颂》一卷，刘歆撰。"《日本国见在书目录》与郑樵《通志·艺文略》同《隋志》。《颜氏家训·书证篇》："《列女传》，刘向所造，其子歆又作《颂》，终于赵悼后。"宋王固《列女传·序》曰："《颂》，如《诗》之四言。世所向书并《颂》为十五卷，通题向撰，题其颂曰'向子歆撰'。"姚振宗《汉志拾补》录有刘歆《列女传颂》一卷，但也未必尽同意其为刘歆所撰，或为刘歆所撰之别书。姚氏云："按：《汉志》注云'《列女传颂图》'，是《颂》亦刘向撰。《隋志》别出刘歆《颂》一卷与日本国书目所载，同《文选·思玄赋》注引刘歆《列女传颂》曰'才女修身，广观善恶'，今本无此文，知别为一书，已久亡矣。"

刘歆又有《七略》，班固采之以作《汉志》："诏光禄大夫刘向校经传诸子诗赋，步兵校尉任宏校兵书，太史令尹咸校数术，侍医李柱国校方技。每一书已，向辄条其篇目，撮其指意，录而奏之。会向卒，哀帝复使向子侍中奉车都尉歆卒父业。歆于是总群书而奏其《七略》，故有《辑略》，有《六艺略》，有《诸子略》，有《诗赋略》，有《兵书略》，有《术数略》，有《方技略》。今删其要，以备篇辑。"《汉书·刘歆传·赞》亦云："《七略》剖判艺文，总百家之绪。"《隋志》著录有《七略别录》二十卷，刘向撰。又别有《七略》七卷，刘歆撰。两《唐志》并同。从《隋志》《旧唐志》的载录名称来看，似《七略》与《七略别录》有重复之处。按：《上山海经表》题刘歆撰，其体例与《别录》同，据本传及《汉志》，刘歆有续作刘向之事。于此，章太炎《七略别录佚文征序》总结道："此则《别录》先成，《七略》后叙之明文也。然《歆传》言河平中，受诏与父向领校秘书，其后卒业，则《山海经》之录，亦署臣秀。向时虽未著《七略》，其与任宏、尹咸、李柱国分职校书，业有萌芽，故《隋志》已称《七略别录》。《隋志》史部《簿录篇》有《七略别录》二十卷，署刘向撰又有《七略》七卷，署刘歆撰。此非二书，盖除去《叙录》奏上之文，即专称《七略》耳。"《七略》宋人书目及《宋志》不见载，当亡于宋。洪颐煊《经典集林》辑有刘歆《七略》一卷，严可均《全汉文》卷四十一有刘歆《七略》，顾观光《古书逸文》、王仁俊《玉函山房辑佚书续编》、姚振宗《快阁师石山房丛书》均有刘歆《七略》辑本。

刘歆文集。《隋志》："汉太中大夫《刘歆集》五卷。"两《唐志》并载五卷，与《隋志》同。明张溥《汉魏六朝百三名家集》辑有《汉刘子骏集》一卷，《增订汉魏六朝别解》有《刘子骏集》，严可均《全汉文》卷四〇有刘歆文。

刘歆其人，后儒一般将其归为古学家，但细考其学，未必尽然，不能简单将其划分为某一派。如刘歆《易》说。《系辞》云："大衍之数五十，其用四十有九。"《汉书·律历志》说："是故元始有象一也，春秋二也，三统三也，四时四也，合而为十，成五体。以五乘十，大衍之数也，而道居其一，其余四十九，所当用也。"刘歆说用数学表示就是 $(1+2+3+4) \times 5 = 50$。孔颖达《正义》又引其他诸家说法，如京房云："五十者，谓十日、十二辰、二十八宿也，凡五十。其一不用者，天之生气，将欲以虚来实，故用四十九焉。"马（融）季长云："易有太极，谓北辰也。太极生两仪，两仪生日月，日月生四时，四时生五行，五行生十二月，十二月生二十四气。北辰居位不动，其余四十九转运而用也。"荀爽云："卦各有六爻，六八四十八，加乾、坤二用，凡有五十。《乾》初九'潜龙勿用'，故用四十九也。"郑（玄）康成云："天地之数五十有五，以五行气通。凡五行减五，大衍又减一，故四十九也。"姚信、董遇云："天地之数五十有五者，其六以象六画之数，故减之而用四十九。"孔氏最后说："但五十之数，义有多家，各有其说，未知孰是。"按：诸家异说纷纭，何来今古之别？

又考刘歆赋作，多今古经义兼采。如《甘泉宫赋》云："翡翠孔雀，飞而翱翔，凤皇止而集栖。甘醴涌于中庭兮，激清流之泠泠，黄龙游而蜿蟺兮，神龟沉于玉泥。"（《类聚》卷二六，《初学记》卷二四引）按：此用今文家瑞应说。又，《遂初赋》："惟太阶之俗阔兮，机衡为之难运。惧魁杓之前后兮，遂隆集于河滨。"按：《春秋斗运枢》："第一至第四为魁，第五至第七为杓。"赋又云："执孙蒯于屯留兮，救王师于途吾。"（《类聚》卷二七）按："途吾"又作"余吾""徐吾"，此句兼用《左传》《公羊》义。《春秋》成公元年曰："秋，王师败绩于茅戎。"《左传》："元年春，晋侯使瑕嘉平戎于王，单襄公如晋拜成。刘康公徼戎，将遂伐之。叔服曰：'背盟而欺大国，此必败。背盟，不祥；欺大国，不义；神人弗助，将何以胜？'不听，遂伐茅戎。三月癸未，败绩于徐吾氏。"《左传》全录史实，王师大败。《公羊》云："秋，王师败绩于贸戎。孰败之？盖晋败之，或曰贸戎败之。然则曷为不言晋败之？王者无敌，莫敢当也。"《公羊》不录途吾史实，但为王师讳言，故刘歆赋中之义乃是取《左传》史实而用《公羊》尊王之经义。

贾护

贾护，字季君，黎阳人，受《左传》于胡常，见《汉书·儒林传》，其他事迹不详。《汉书·儒林传》言："由是言《左氏》者本之贾护、刘歆。"此二人为《左传》行于两汉之巨擘。刘歆一脉，传郑兴、郑众父子及贾徽、贾逵父子，至东汉建初八年（83），"乃诏诸儒各选高才生，受《左氏》《穀梁春秋》《古文尚书》《毛诗》，由是四经遂行于世"（《后汉书·贾逵列传》）。《后汉书·郑兴列传》云："世言《左氏》者多祖于兴，而贾逵自传其父业，故有郑、贾之学。"此传承序列为两汉《左传》私学。贾护一脉，传陈钦、王莽，王莽于平帝世"诸学皆立"，此脉乃是《左传》官学，莽败，《左传》官学亦废。

陈钦

陈钦，字子佚，受《左传》于贾护，授王莽，为将军，见《汉书·儒林传》。陈钦是东汉陈元之父，《左传》名家，自名《陈氏春秋》（见《后汉书·陈元列传》及李贤注）①。莽篡位，以为厌难将军，奉德侯，后去官，天凤二年（15）下狱，自杀。《汉书·王莽传》天凤二年："单于咸既和亲，求其子登尸，莽欲遣使送致，恐咸怨恨害使者，乃收前言当诛侍子者故将军陈钦，以他罪系狱。钦曰：'是欲以我为说于匈奴也。'遂自杀。"陈钦《汉书》无本传，其事迹见《汉书·王莽传》始建国二年（10）："厌难将军陈钦、震狄将军王巡出云中。"始建国四年（12），厌难将军陈钦言："捕

---

① 《后汉书·陈元列传》："陈元字长孙，苍梧广信人也。父钦，习《左氏春秋》，事黎阳贾护，与刘歆同时而别名家。"李贤注："元父钦，字子佚。以《左氏》授王莽，自名《陈氏春秋》，故曰别也。贾护字季君。并见《前书》也。"

虏生口,虏犯边者,皆孝单于咸子角所为。"陈钦厌难将军不见封于何时。

《陈氏春秋》今已不传,许慎《五经异义》有引奉德侯陈钦说,认为"麟,西方毛虫。孔子作《春秋》,有立言,西方兑,兑为口,故麟来"①。

又,据上"贾护"条,陈钦疑为王莽世《左传》首位博士,时为平帝元始四年(4)。何则?一者陈钦授《左传》于王莽,乃是《左传》官学,和刘歆、郑兴一系私学比较,被立于学官的可能性较大。二者,从《陈氏春秋》遗文"麟,西方毛虫。孔子作《春秋》,有立言,西方兑,兑为口,故麟来"来看,主旨在于言瑞应。此说不但杂有今文说(哀公十四年,《公羊传》与此说同),且杂有谶纬说,从王莽时推隆符命的风气判断,此说或为王莽时《左传》官说。

王莽

王莽,字巨君,生于元帝初元四年(前45),《汉书·五行志中》云:"后王莽篡位,自说之曰:'初元四年,莽生之岁也。'"王莽地皇四年(23)为商人杜吴所杀,事见《汉书·王莽传》。

王莽为元帝王皇后之侄,居摄即真,国号为"新",后败。王莽《汉书》卷九十九有传,据《汉书·王莽传》及他篇,得其主要事迹如下。

(1)成帝阳朔三年(前22)为黄门郎。《汉书·王莽传》:"凤且死,以托太后及帝,拜为黄门郎,迁射声校尉。"《汉书·成帝纪》阳朔三年:"秋八月丁巳,大司马、大将军王凤薨。"

(2)永始元年(前16)为新都侯。《汉书·王莽传》:"久之,叔父成都侯商上书,愿分户邑以封莽,及长乐少府戴崇、侍中金涉、胡骑校尉箕闳、上谷都尉阳并、中郎陈汤,皆当世名士,咸为莽言,上由是贤莽。永始元年,封莽为新都侯,国南阳新野之都乡,千五百户。迁骑都尉、光禄大夫、侍中。"

(3)绥和元年(前8)为大司马,辅政。《汉书·王莽传》:"(王)根因乞骸骨,荐莽自代,上遂擢为大司马。是岁,绥和元年也,年三十八矣。"

(4)哀帝即位,王莽继续辅政,因阻止哀帝为母及祖母上尊号,于建平二年(前5),免官归国,终哀帝世。《汉书·王莽传》:"后二岁,傅太

---

① 陈寿祺撰,曹建墩点校:《五经异义疏证》,上海古籍出版社2012年版,第221页。陈钦说又见于《左传》哀公十四年疏。

后、丁姬皆称尊号，丞相朱博奏：'莽前不广尊尊之义，抑贬尊号，亏损孝道，当伏显戮，幸蒙赦令，不宜有爵土，请免为庶人。'上曰：'以莽与太皇太后有属，勿免，遣就国。'"《汉书·哀帝纪》建平二年："夏四月，诏曰：'汉家之制，推亲亲以显尊尊。定陶恭皇之号不宜复称定陶。尊恭皇太后曰帝太太后，称永信宫；恭皇后曰帝太后，称中安宫。立恭皇庙于京师。赦天下徒。'"辅政期间，王莽荐刘歆，见《汉书·刘歆传》。

（5）平帝即位，王莽秉政。王莽秉政期间（1—5），今古文皆立于学官，定婚礼，治明堂、辟雍，又立《乐经》及讲学大夫，事俱见《汉书·平帝纪》《汉书·王莽传》《汉书·儒林传·赞》。

（6）公元6—8年，立孺子刘婴，王莽居摄。王莽居摄时，行大射礼于明堂，养三老五更，事见《汉书·王莽传》。

（7）公元9年，王莽建国，国号"新"。王莽始建国，乃托古改制，据《周礼》设井田，十一而税；据《王制》，置三公、二十七大夫、八十一元士；又据新五德终始，言汉家火德而尽，土德当代，颁符命于天下；又据古礼，置太子师友，六经祭酒；又据《易》改祭礼，以为"六宗"乃是乾坤六子。事俱见《汉书·平帝纪》《汉书·王莽传》《汉书·郊祀志》等。

（8）地皇四年（23），更始入长安，王莽为商人杜吴所杀。事见《汉书·王莽传》。

王莽之学。王莽受《左传》于陈钦，见《汉书·儒林传》，又见于《后汉书·陈元列传》；受《易》于徐宣，见《后汉书·徐防列传》；受《礼》于沛郡陈参，见《汉书·王莽传》。

王莽《左传》学。本传云："（建国）五年二月，文母皇太后崩，葬渭陵，与元帝合而沟绝之。"《左传》定公元年记季孙将沟公氏，以恶昭公故，欲沟绝其兆域，不使与先君同也，以荣驾鹅谏而止。杨树达言："今莽沟绝元后于元帝，师季孙之意也。"可发明王莽之《左传》学。

王莽时"诸学皆立"，但是他的《春秋》学实际上是三传兼修的。如《汉书·平帝纪》元始二年（2）："诏曰：'皇帝二名，通于器物，今更名，合于古制。'"杨树达《汉书窥管》云："树达案：二名谓以二字为名。定公六年《公羊传》云：'季孙斯仲孙忌帅师围运。此仲孙何忌也，曷为谓之仲孙忌？讥二名。二名，非礼也。'又见哀公十三年《公羊传》。桓公六年《左传》申繻说命名云：'不以器币，以器币则废礼。'按诏文兼本《公羊》《左氏》两传言之。"《汉书·王莽传》又云："太后临前殿，亲封拜，安汉公拜前，二子拜后，如周公故事。"《公羊》文公十三年："周公拜乎前，鲁公拜乎后。"《汉书·王莽传》又云："《春秋》之义，君亲毋将，将而诛焉。"见《公羊》庄公三十二年、昭公元年。这是引《公羊》为说。又：《公羊》襄公三十年："葬宋共姬。称谥何？贤也。"《公羊》僖公二年："哀姜者何？庄公夫人也。"据《公羊》夫人有谥，则王莽褒元后、王莽母及己夫人皆从《公羊》义。《汉书·王莽传》云："《穀梁》曰天子之宰通于四海。"见《穀梁传》僖公九年及三十年。这是引《穀梁》为说。

王莽推崇古学，最著名的是依《周礼》改制。如《汉书·王莽传》曰："莽以《周官》《王制》之文，置卒正、连率、大尹，职如太守。"《汉书·食货志》："莽乃下诏曰：'夫《周礼》有赊、贷，《乐语》有五均，传记各有斡焉。今开赊贷，张五均，设诸斡者，所以齐众庶，抑并兼也。'""又以《周官》税民：凡田不耕为不殖，出三夫之税。"

实际上，王莽也不拒绝今文说。如《汉书·王莽传》言"博士李充为奔走，谏大夫赵襄为先后，中郎将廉丹为御侮，是为四友"。《玉海·官制》引《尚书大传》云："文王以闳夭、太公望、南宫括、散宜生为四友。"这是引今文《尚书》为说。又如王莽改制定三公司马、司徒和司空，依据何在？《书钞》五〇引《五经异义》："今《尚书》夏侯、欧阳说，天子三公，一曰司徒，二曰司马，三曰司空，九卿，二十七大夫，八十一元士，凡百二十。"又《韩诗外传》卷八："三公者何？曰司空、司马、司徒也。司马主天，司空主土，司徒主人。"据此，可考见王莽改制理论依据之多元化①。

刘伯玉

刘伯玉，字伯玉，刘歆兄子（或刘伋或刘赐之子），通《左传》，桓谭《新论·识通》云："刘子政、子骏、子骏兄弟子伯玉三人，俱是通人，尤珍重《左氏》，教授子孙，下至妇女，无不读诵者，此亦蔽也。"《新论·祛蔽》："余与刘子骏言养性无益，其兄子伯玉曰：'天生杀人药，必有生人药也。'"

金子严

金子严，西汉末人，为博士，授《左传》于郑兴，其余事迹不详。《后

---

① 杨天宇《论王莽与今古文经学》（载《文史》第53辑）认为王莽改制今古文兼采，内容详博，立论可靠。此外，周予同《王莽改制与经学中的今古文学问题》、汤志均等《西汉经学与政治》均有详细论述。

《汉书·郑兴列传》:"郑兴字少赣,河南开封人也。少学《公羊春秋》,晚善《左氏传》,遂积精深思,通达其旨,同学者皆师之。天凤中,将门人从刘歆讲正大义,歆美兴才,使撰条例、章句、传诂,及校《三统历》。"李贤注引《东观汉纪》曰:"兴从博士金子严为《左氏春秋》。"郑兴从金子严受《左传》,天凤中已与刘歆分庭抗礼。

第四节 家法不详之《春秋》群儒考

西汉习《春秋》而典籍不载具体家法的学者有文翁、张叔、朱买臣、隽不疑、路温舒、于定国、冯奉世、冯立、胥君安、息夫躬、徐子盛十一人,按大致生平时间排序,考论如下。

文翁

文翁,庐江人。《汉书·循吏传·文翁传》言其"少好学,通《春秋》,以郡县吏察举。景帝末,为蜀郡守,仁爱好教化"。按:本传言文翁乃景帝时人,彼时《穀梁》《左传》未显,则其所通之《春秋》疑为《公羊春秋》。

关于文翁为蜀郡守的时间,《汉书·文翁传》言为景帝时,《华阳国志·蜀志》认为是文帝时:"孝文帝末年,以庐江文翁为蜀守。"而《汉书·地理志》则言"景武间文翁为郡守"。按:受学博士,广开弟子员,在元朔五年诏后,《汉书·地理志》说较确①。

文翁的主要事迹是在蜀地兴教化。本传言其选高才子弟诣京师受学博士,学成后委以职,又修起学官,数年,蜀地大化。《隋志》史部有《蜀文翁学堂题相记》二卷,其内容大约是文翁及其弟子像的题记。由此也可以推测,文翁可能是世人对他大兴教化的尊称,并非其人实际姓名。除兴教化外,《史记·司马相如列传》司马贞《索隐》云文翁曾赠送司马相如七经。

文翁事迹又见于《录异传》(《御览》卷七四引)、殷芸《小说》(《御

---

① 荀悦《汉纪》亦载有文翁任蜀地郡守开学校兴教化之事,不过将此事系于建元五年(前136),也即武帝听董仲舒之言立五经博士之年,细核经学史,恐不确。

览》引)、《抱朴子·道意》《水经注》及《隶释》卷一(载《文翁题记碑》),欧阳修《集古录上》有《文翁石柱记》。因文翁于蜀地行教化,后人因感恩言文翁事迹时往往有神异之述。如《水经注》:"南岸道东有文学,始文翁为蜀守,立讲堂,作石室于南城。永初后,学堂遇火,后守更增二石室。后州夺郡学,移夷星桥南岸道东。道西城,故锦官也。""蜀有回复水,江神尝溺杀人,文翁为守,祠之,劝酒不尽,拔剑击之,遂不为害。""江北则左对繁田,文翁又穿湔涘以溉灌繁田千七百顷。"又如《录异传》曰:"文翁者,庐江人,为儿童时,乃有神异,及长,当起历下陂以作田,文翁昼日斫伐薪以为陂塘,其夜忽有数百头野猪以鼻戴土著柴中,比晓成塘。"

张叔

蜀人,受文翁派遣,受业博士。《汉书·循吏传·文翁传》言文翁"乃选郡县小吏开敏有材者张叔等十余人……遣诣京师,受业博士,或学律令"。《华阳国志·蜀志》比《汉书》之文较详:"(文翁)遣隽士张叔等十八人东诣博士,受七经,还以教授。学徒鳞萃,蜀学比于齐鲁。巴、汉亦立文学。孝景帝嘉之,令天下郡、国皆立文学。……孝武帝皆征入叔(等)为博士。叔明天文□异,始作《春秋章句》。官至侍中,扬州刺史。"自注引《华阳先贤志》则云"张宽,字叔文",余同《华阳国志》前所言。干宝《搜神记》亦载有其事迹,云"蜀郡张宽,字叔文,汉武帝时为侍中"。《御览》卷六一二《学部·博学》引《益部耆旧传》曰:"蜀郡张宽,汉武帝时为侍中,从祀甘泉。"其人姓名均作"张宽,字叔文",今两存。

张叔等十八人诣京师受学博士的时间,当在武帝元朔五年(前124)公孙弘请为博士置弟子员诏发布以后。诏见于《汉书·武帝纪》及《汉书·儒林传》。

张叔又著有《春秋章句》。《华阳国志·先贤士女总赞》云张宽"作《春秋章句》十五万言"。姚振宗《汉志拾补》据此著录有张宽《春秋章句》。姚氏云:"按:《汉(书)·儒林传》无张宽,其学不知主何家。考景、武之际,京师博士业唯《春秋公羊》一家,若《左氏》,唯河间王国始立博士,《穀梁》至宣帝时始立。由是推寻,大抵主《公羊》家。"

朱买臣

朱买臣，会稽人，通《春秋》，《汉书》卷六十四有传。本传云："朱买臣字翁子，吴人也。家贫，好读书，不治产业，常艾薪樵，卖以给食，担束薪，行且诵书。"又云："会邑子严助贵幸，荐买臣。召见，说《春秋》，言《楚词》，帝甚说之，拜买臣为中大夫，与严助俱侍中。"关于其人卒年，本传云："买臣见汤，坐床上弗为礼。买臣深怨，常欲死之。后遂告汤阴事，汤自杀，上亦诛买臣。"张汤卒于武帝元鼎二年（前115）。《汉书·武帝纪》元鼎"二年冬十一月，御史大夫张汤有罪，自杀"。按：张汤自杀已是冬十一月，即便朱买臣即时下狱，又冬不行刑，武帝诛杀朱买臣的时间当定为次年为宜。

《汉志》又载："朱买臣赋三篇。"今佚。

隽不疑

隽不疑，字曼倩，勃海人，《汉书》卷七十一有传。《汉书·隽不疑传》云不疑"治《春秋》，为郡文学，进退必以礼，名闻州郡"，后暴胜之荐其诣公车，拜青州刺史，昭帝始元元年（前86），首告燕王刘泽谋反，被拔擢为京兆尹。《汉书·昭帝纪》始元元年："八月，齐孝王孙刘泽谋反，欲杀青州刺史隽不疑，发觉，皆伏诛。迁不疑为京兆尹，赐钱百万。"本传载有隽不疑事迹著名者，言始元五年（前82），某男子诈称卫太子，众人惊慌失措，"京兆尹不疑后到，叱从吏收缚。或曰：'是非未可知，且安之。'不疑曰：'诸君何患于卫太子！昔蒯聩违命出奔，辄距而不纳，《春秋》是之……'遂送诏狱。"关于其终，本传言隽不疑"（为京兆尹）久之，以病免，终于家"。《汉书·百官表》昭帝始元元年："青州刺史隽不疑为京兆尹，五年病免。"其卒年不可考，大约卒于昭帝末。

按：卫蒯聩得罪于灵公而出奔晋，后返卫，卫辄嗣位，拒纳其父，而晋赵鞅纳蒯聩于戚，欲求入卫。鲁哀公三年春，齐国夏、卫石曼姑帅师围戚。《公羊》曰："曼姑受命于灵公而立辄，曼姑之义固可以距蒯聩也。辄之义可以立乎？曰可。奈何不以父命辞王父命也。"《穀梁传》同。此为隽不疑引《春秋》立说之根据。

路温舒

路温舒，字长君，巨鹿东里人，《汉书》卷五十一有传，《史记》立于《循吏列传》。《汉书·路温舒传》言"(温舒)又受《春秋》，通大义"，"宣帝即位，内史举文学高第"。《汉书》本传载其上书宣帝言"宜尚德缓刑"，开口即称"臣闻齐有无知之祸，而桓公以兴；晋有骊姬之难，而文公用伯"，事见《左传》。又言"臣闻《春秋》正即位，大一统而慎始也"，此用《公羊》义。

于定国

于定国，东海郯人（《说苑·贵德》言定国"下邳人"），宣帝甘露中，代黄霸为丞相，封西平侯。《汉书·外戚恩泽侯表》："西平安侯于定国，甘露三年五月甲子封，十一年薨。""永光四年，倾侯永嗣。"于定国卒于永光四年（前40），《汉书·于定国传》又言定国"七十余薨"，则定国当生于武帝元封元年（前110）之前不久。

于定国《汉书》卷七十一有传。《汉书·于定国传》云"定国乃迎师学《春秋》，身执经，背面备弟子礼"，但具体《春秋》家法不明。

冯奉世

冯奉世，字子明，上党人，元帝昭仪冯媛之父，历任左、右将军，屯边击匈奴，立有边功，《汉书》卷七十九有传。《汉书·冯奉世传》言："昭帝时……（冯奉世）年三十余矣，乃学《春秋》涉大义。"关于其卒年，本传言："永光二年秋……明年二月，奉世还京师……后岁余，奉世病卒。"则冯奉世卒于永光五年（前39），生年不详。

冯立

冯立，冯奉世之子，传附其父奉世后，《汉书·冯奉世传》云："（冯）立字圣卿，通《春秋》。"治行有善名，生卒年不详。

胥君安

胥君安，巴郡人，《华阳国志·巴郡士女传·赞》云："《春秋穀梁传》首叙曰：'成帝时，议立三传博士，巴郡胥君安独驳《左传》不祖圣人。'……巴郡胥君安，以儒学典雅称于孝成。"按：议立《左传》博士事在哀帝即位时，成帝时并未议立三传博士，此处恐系误记。如桥玄平帝时为大鸿胪，《后汉书》则记为成帝时。但胥君安其人当为西汉儒者。

息夫躬

姓息夫[①]，名躬。《汉书》卷四十五有传，本传言躬"少为博士弟子，受《春秋》，通览记书"[②]。哀帝时为人告祝诅朝廷，下狱死。有《绝命辞》传于后世。

息夫躬著述。《隋志》："汉光禄大夫《息夫躬集》一卷。"两《唐志》并载《息夫躬集》五卷，宋人书目不见载，已佚。冯惟讷《古诗纪》辑有其诗，严可均《全汉文》辑有其文。

徐子盛

徐子盛，习《春秋》。《后汉书·承宫列传》云："（承宫）少孤，年八岁为人牧豕。乡里徐子盛者，以《春秋经》授诸生数百人，宫过息庐下，乐其业，因就听经，遂请留门下，为诸生拾薪。"《类聚》卷二十一引《东观汉纪》云："承宫遭王莽篡位，天下扰攘，盗贼并起，宫遂避世汉中。建武四年，将妻子之华阴山谷，耕种禾黍，临熟，人就认之，宫悉推与而去，由是显名。"按：承宫八岁从徐子盛听经，且承氏壮年遭遇王莽之乱，则徐子盛当为西汉之《春秋》学者，故列于此。

[①] 陈直《汉书新证》："《汉印文字征》第十、第十六页，有'息夫隆'印，息夫为复姓，与本文正合。"见《汉书新证》，天津人民出版社1979年版，第282页。

[②] 《御览》卷三八九引《汉书》云："息夫躬，河漳婶人也。少受《春秋》，通览《诗》《书》，容貌壮丽，为众所异。"其文与今本《汉书》不同，盖见别本，亦可补记息夫躬之学。

第六章　西汉《乐经》儒者考

"五经""六经"的区别在于是否有《乐经》。汉代人的观念里，应该是有《乐经》的，理由有二：其一，经纬相配，有乐纬（如《动声仪》）必有《乐经》；其二，《汉志·六艺略》有乐，其中著录《乐记》二十三篇、《王禹记》二十四篇、《雅歌诗》四篇、《雅琴赵氏》七篇、《雅琴师氏》八篇、《雅琴龙氏》九十九篇，"凡《乐》六家，百六十五篇"。这些篇章不会是乐谱，当是论乐之文，可以统称为"《乐记》"，可见，六艺之中当有乐。但是，先秦大约是没有《乐经》的，其一《汉志》未录，其二也未见先秦、秦汉人所引。汉儒所见的《乐经》乃是王莽改制时慕古所造，事见《汉书·王莽传》："立《乐经》，益博士员，经各五人。"扬雄《剧秦美新》亦赞美王莽"制成六经，洪业也"。《汉书·王莽传》始建国三年(11)立六经祭酒时云"崔发为讲《乐》祭酒"，明与其余五经并列。今考史传之文，作《乐经》者有阳成子长，作《乐记》者有王禹、赵氏、师氏、龙氏，俱见上文引《汉志》。诸人之中，阳成子长为核心，考述如下。

阳成子长

阳成子长，作《乐经》。《隋志》有《乐经》四卷，不题撰作者。阳成子长作《乐经》事见《论衡·超奇》："阳成子长作《乐经》……造于眇思，极睿冥之深。"又见于《对作》："有阳成子张作《乐》。"其人姓名，《御览》卷八一五引桓谭《新论》："阳城子张名衡，蜀郡人，王翁与吾俱为讲乐祭酒，及寝疾，预买棺椁，多下锦绣，立被发冢。"《风俗通·姓氏篇》："阳成氏，阳成胥渠，晋隐士也，汉有谏议大夫阳成公衡。"史籍所载此人或名衡，或名公衡，或字子长，或字子张。

阳成子长作《乐经》的时间在平帝元始四年(4)。《汉书·王莽传》："是岁，莽奏起明堂、辟雍、灵台，为学者筑舍万区，作市、常满仓，制度甚盛。立《乐经》，益博士员，经各五人。"

《乐经》今佚，后世有马国翰辑本、清张澍《蜀典》辑本《阳城衡乐经》，王谟《汉魏丛书》辑本《乐经》，题阳城子长撰。

  阳成子长又续作《史记》。《后汉书·班彪列传》："后好事者颇或缀集时事，然多鄙俗，不足以踵继其书。"李贤注："好事者谓杨雄、刘歆、阳城衡、褚少孙、史孝山之徒也。"《史通·古今正史》作"卫衡"，实为同一人。按：《华阳国志·序志》："司马相如、严君平、杨子云、阳成子玄、郑伯邑、尹彭城、谯常侍、任给事等各集传记，以作《本纪》，略举其隅。"此"阳成子玄"与"阳成子长"为同一人，所谓续《史记》事或为作《蜀王本纪》事。

第七章　西汉《论语》群儒考

　　《论语》在汉代已为经。《汉志》六艺略有《论语》，其中又有《议奏》十八篇。班固注云："石渠论。"明评五经异同时有述及《论语》。此外，纬书有《论语谶》，经纬相配，可见汉人将《论语》视作经。例如《后汉书·张纯列传》言张纯"案七经谶"，李贤注："'七经'谓《诗》《书》《礼》《乐》《易》《春秋》及《论语》也。"又，刘桢《鲁都赋》："崇七经之旨义，删百氏之乖违。"其中必有《论语》《孝经》。汉石经中有《论语》，见于《隶释》及《后汉书·蔡邕列传》李贤注引陆机《洛阳记》。今考史传文所载，除去重复者，西汉《论语》专家有扶卿、龚奋、宋畸、王卿四人，俱考述如下。

扶卿[①]

　　扶卿，鲁人，传习《鲁论语》。《汉志》云汉兴"传《鲁论语》者，常山都尉龚奋、长信少府夏侯胜、丞相韦贤、鲁扶卿、前将军萧望之、安昌侯张禹，皆名家"。《论衡·正说》篇云："孔子孙孔安国以教鲁人扶卿，官至荆州刺史，始曰《论语》。"据《论衡》，则扶卿《论语》受之孔安国，且官至荆州刺史，但《汉志》未曾述及此人官职，《论衡》说不可信。扶卿其余事迹不详，《汉志》也未载录其人《论语》著述。

龚奋

　　龚奋，传习《鲁论语》，见上面"扶卿"条引《汉志》。龚奋其余事迹不详，《汉志》也未著录其人关于《论语》的著述。

---

　　① 按：《序录》述及汉代传《鲁论语》者有鲁扶卿，陆德明自注："郑（玄）云扶先，或说先先生。"

宋畸

宋畸,官至少府,习《齐论语》。《汉志》:"汉兴,有齐、鲁之说。传《齐论》者,昌邑中尉王吉、少府宋畸、御史大夫贡禹、尚书令五鹿充宗、胶东庸生,唯王阳名家。"《隋志》述及汉代《论语》的传习时作"宗畸",当是字误。宋畸为少府事见《汉书·百官表》宣帝本始四年(前70):"宋畸为少府。"宋畸其余事迹不详,《汉志》也不载其关于《论语》的著述。

王卿

王卿,传习《齐论语》,但《汉志》不载,其事见于刘歆《七略》:"《论语》家,近琅邪王卿,不审名,及胶东庸生皆以教。"(《文选》刘子骏《移让太常博士书》注引)何晏《论语集解序》曰:"《齐论语》二十二篇,琅邪王卿及胶东庸生、昌邑中尉王吉皆以教授。"大约因袭《七略》之文。《序录》述及汉代传《齐论语》者,有王卿,但《隋志》无。

王卿事迹又见于《汉书·百官表》武帝天汉元年(前100):"济南太守琅邪王卿为御史大夫,二年有罪自杀。"又,《汉书·武帝纪》:"(天汉)三年春二月,御史大夫王卿有罪,自杀。"则王卿卒于武帝天汉三年(前98),生年不详。

第八章 西汉经属不明群儒考

西汉五经诸儒，又有不见载于《史记》《汉书》两儒林传者，今人考其学略，只知习经而不知习何经。通检典籍，西汉不知经属儒者约六十人，考论于下。

孔鲋

孔鲋，孔子七世孙，曾做陈胜博士。《史记·孔子世家》云："子慎生鲋，年五十七，为陈王涉博士，死于陈下。"《史记》《汉书》两儒林传述及此人时作"孔甲"。如《汉书·儒林传》云："陈涉之王也，鲁诸儒持孔氏礼器往归之，于是孔甲为涉博士，卒与俱死。"及《史记·儒林列传》："陈涉之王也，而鲁诸儒持孔氏之礼器往归陈王。于是孔甲为陈涉博士，卒与涉俱死。"《集解》引徐广曰："孔子八世孙，名鲋字甲也。"如此，则孔鲋，字甲。孔继汾《阙里文献考》云："鲋，一名鲋甲，字子鱼，或谓之子鲋，或称孔甲。为博士，凡六旬，言既不用，托目疾，老于陈，年五十七。"又与上文小异。

孔鲋著述。《册府元龟·学校部》载："汉孔鲋为陈胜博士，撰《论语义疏》三卷。"但《阙里文献考》不载孔鲋撰述，或许撰作之事不甚可靠。姚振宗《汉志拾补》据此著录孔鲋《论语义疏》三卷。

《隋志》经部论语类录有"《孔丛》七卷，陈胜博士孔鲋撰"，两《唐志》并同，此后均题孔鲋撰。自宋人开始，对其作者有所怀疑。如晁公武《郡斋读书志》云："《孔丛子》即《汉志》孔甲《盘盂》书而亡六篇，《连丛》即《汉志》孔臧书，而其子孙或续之也。"陈振孙《直斋书录解题》则认为"孔氏子孙杂记其先世系言行之书也"。顾实、罗根泽诸人认为该书为王肃伪造。近年来，有学者根据出土文献认为此书作者虽非孔鲋，但也不是伪书，而是孔门子弟累积而成。①

侍其生

汉初博士，姓侍其②，不知治何经。《史记正义》引《七录》："古经出鲁淹中，后博士侍其生得十七篇，今之《仪礼》是也。"《汉志》言："礼古经者，出于鲁淹中及孔氏，与十七篇文相似，多三十九篇。"所谓出鲁淹中，乃是自淹中献书于朝廷，礼古经现于天日谓之出。惠帝三年（前192）除挟书律，则博士侍其生约为惠帝、文帝世人，其人得《仪礼》，未必自身为《礼》学博士。

周生

周生，《史记·项羽本纪》："太史公曰：吾闻之周生曰。"张守节《正义》引孔文祥云："周生，汉时儒者，姓周也。"李炳海认为此周生即为周霸，说见其执笔、袁行霈主编《中国文学史》第二编第三章"司马迁与《史记》"。

司马迁既闻之周生，其人年岁当早于司马迁。舜重瞳子乃汉儒所谓圣人异像之说，《白虎通·圣人》篇云："舜重瞳子，是谓滋凉，上应摄提，以象三光。"《类聚》引《春秋演孔图》曰："苍颉四目，是谓并明。舜重瞳子，是谓重明。"《五行大义》引《春秋纬·元命苞》："舜重瞳子，是谓滋凉，上应摄提，以象三光。"引《文耀钩》，文同。按：诸文皆来自《尚书大传·略说》："尧八眉，舜四瞳子，禹其跳，汤扁，文王四乳。"（《御览》卷三六三人事部引）《史记·儒林列传》言周霸习《尚书》（见"周霸"条），与此文合。

孔臧

孔臧，孔子后人，通经学。孔臧袭父爵为蓼侯，武帝时官至太常。《汉

---

① 详见李学勤《竹简〈家语〉与汉魏孔氏家学》，载《孔子研究》1987年第2期；李存山《〈孔丛子〉中的"孔子诗论"》，载《孔子研究》2003年第3期。

② 侍其为复姓，《世说新语·言语》篇注引伏滔《论青楚人物》云东汉青州有侍其元矩。1973年12月江苏省连云港市海州出土汉墓，墓主人姓侍其。

书·高惠高后文功臣表》："孝文九年，侯臧嗣，四十五年，元朔三年，坐为太常衣冠道桥坏不得度，免。"孔臧卒年不详。其习经事见于《连丛子》："（孔）臧历位九卿，迁御史大夫。辞曰：'臣世以经学为家，乞为太常，与安国记纲古训。'武帝难违其意，遂拜太常，礼赐如三公，著书十篇。"《文选·两都赋序》李善注引《孔臧集》曰："臧，仲尼之后，少以才博知名，稍迁御史大夫，辞曰：'臣代以经学为家，乞为太常，专修家业。'武帝遂用之。"文与《连丛子》同。

《汉志》："太常蓼侯孔臧赋二十篇。"班固自注："父聚，高祖时以功臣封，臧嗣爵。"孔臧作赋之事见于班固《两都赋序》："而公卿大臣，御史大夫兒宽、太常孔臧、太中大夫董仲舒、宗正刘德、太子太傅萧望之等，时时间作。"《孔丛子·连丛子》亦云："（孔臧）在官数年，著书十篇而卒。先时尝为赋二十四篇，四篇别不在集，似其幼时之作也。"《隋志》集部云："梁有孔臧集二卷，亡。"两《唐志》复载二卷。严可均《全汉文》卷十三辑有孔臧文。

博士平

博士，名平，失姓，元朔五年（前124）与公孙弘、孔臧上书欲为博士广益弟子员，见《汉书·儒林传》："弘为学官，悼道之郁滞，乃请曰：'……太常议，予博士弟子，崇乡里之化，以厉贤材焉。'谨与太常臧、博士平等议。"事又见于《史记·儒林列传》。

博士赐

博士，名赐，失姓，与兒宽议武帝封禅礼，见《汉书·礼乐志》："宽与博士赐等议。"赐具体治何经失考。

博士贤

贤，博士。《汉志》子部杂家类有《博士臣贤对》一篇，班固自注："汉世，难韩子、商君。"此篇排列于《淮南外》《东方朔》之后，当为武帝后世人，应为专经博士，但经属失考。

博士将行

将行，博士。《汉书·武帝纪》元狩六年（前117）："夏四月乙巳，庙立皇子闳为齐王，旦为燕王，胥为广陵王。"《史记·三王世家》载有丞相庄青翟、御史大夫张汤、太子少傅任安及博士安、博士将行、博士庆议立刘闳等为王事。

博士安

博士，元狩五年（前118）议立刘闳等宜封为王，见上"博士将行"条。

博士庆

博士，元狩五年议立刘闳等宜封为王，见上"博士将行"条。

鲍敞

鲍敞，武帝时人，曾问学董仲舒，事见《西京杂记》："元光元年七月京师雨雹，鲍敞问董仲舒曰：'雹何物也？何气而生之？'仲舒曰：'阴气胁阳气。天地之气，阴阳相半，和气周回，朝夕不息。阳德用事，则和气皆阳。'"董仲舒引阴阳相生相克而为说，敞或为董仲舒之弟子。

程雅

程雅，曾问学董仲舒，事见崔豹《古今注·问答释义第八》："程雅问董仲舒曰：'自古何谓称三皇五帝？'对曰：'三皇，三才也。五帝，五常也。三王，三明也。五霸，五岳也。'""程雅问曰：'凡传者何也？'答曰：'凡传皆以木为之，长五寸，书符信于上。又以一板封之，皆封以御史印章，所以为信也。如今之过所也。'""程雅问曰：'尧设诽谤之木何也？'答曰：'今之华表木也，以横木交柱头状若花也，形似桔槔，大路交衢悉施焉。或谓之表木，以表王者纳谏也，亦以表识衢路也。秦乃除之，汉始复修焉。今西京谓之交午也。"两人问答的内容皆涉及经义，程雅为儒生无疑，大约也是董仲舒弟子。

牛亨

牛亨问学事见崔豹《古今注·问答释义第八》："牛亨问曰：'冕旒以繁露何也？'答曰：'缀珠垂下重如繁露也。'""牛亨问曰：'籍者何也？'答曰：'籍者尺二竹牒，记人之年名字物色，县之宫门，案省相应，乃得入也。'"牛亨大约也是董仲舒弟子。董仲舒解"繁露"名义乃所自言，不仅较宋程大昌《演繁露》为早，其义也较确。

孙兴公

孙兴公问学事见崔豹《古今注·问答释义第八》："孙兴公问曰：'世称黄帝炼丹于凿砚山，乃得仙，乘龙上天。群臣援龙须，须坠而生草，曰龙须，有之乎？'答曰：'无也。有龙须草，一名缙云草，故世人为之妄传。至如今有虎须草，江东亦织以为席，号曰西王母席。可复是西王母乘虎而堕其须也。'"孙兴公也疑为董仲舒弟子。

按：此三人问答内容也见于五代马缟《中华古今注》，且并无董仲舒之答，孙兴公即为孙绰。《中华古今注·孙兴公称皇帝龙须草》云："孙绰，字兴公也，作《天台赋》，掷地作金声。孙兴公问曰：'世称皇帝凿岘山得仙，乘龙上天，群臣援龙须，须坠地而生草，世名曰龙须，有之乎？'答曰：'非也。有龙须草，一名缙云草，故世人为之传，非也。今草有龙须者，江东亦织为席，曰西皇母席，可复是西王母骑虎而堕其须乎？'"则三人或为晋人托名汉人。但孙绰为东晋人，在崔豹之后，所以《古今注》中之孙兴公与字兴公的孙绰当不是一人。又，牛亨，马书作"牛亭"。

狄山

狄山，博士。《史记·酷吏列传》："匈奴求和亲，群臣议上前，博士狄山曰：和亲便。"御史大夫张汤斥狄山为"愚儒"，武帝袒护张汤，遣山守边，为匈奴所杀。钱穆云："山为博士在张汤为御史大夫时，汤以元狩三年为御史大夫，元鼎二年自杀。"[①] 将此事定于武帝元狩三年至元鼎二年（前

[①] 钱穆：《两汉博士家法考》，见《两汉今古文平议》，商务印书馆2001年版，第177页。

120—前115）张汤为御史大夫官时，失之太宽。考《汉书·匈奴传》载该事云："初，汉两将（按：卫青、霍去病）大出围单于，所杀虏八九万，而汉士物故者亦万数，汉马死者十余万匹。匈奴虽病，远去，而汉马亦少，无以复往。单于用赵信计，遣使好辞请和亲。天子下其议，或言和亲，或言遂臣之。丞相长史任敞曰：'匈奴新困，宜使为外臣，朝请于边。'汉使敞使于单于。单于闻敞计，大怒，留之不遣。先是，汉亦有所降匈奴使者，单于亦辄留汉使相当。汉方复收士马，会票骑将军去病死，于是汉久不北击胡。"考《汉书·武帝纪》及《汉书·卫青霍去病传》，两将军出击匈奴，大围单于事在元狩四年（前119），而霍去病卒于元狩六年（前117），则匈奴求和亲事当在武帝元狩五年（前118）为宜。如此，则狄山也当卒于此年。

《新唐书·宰相世系表》又载其世系云："狄氏出自姬姓。周成王母弟孝伯封于狄城，因以为氏。孔子弟子狄黑裔孙汉博士山，世居天水。"

终军

终军，武帝时为博士弟子，《史记》《汉书》有本传。《汉书·终军传》云："终军字子云，济南人也。少好学，以辩博能属文闻于郡中。年十八，选为博士弟子。"本传又言终军使南越："越相吕嘉不欲内属，发兵攻杀其王及汉使者，皆死。……军死时年二十余，故世谓之'终童'。"考《汉书·武帝纪》元鼎五年（前112）："夏四月，南越王相吕嘉反，杀汉使者及其王、王太后。赦天下。"终军卒于元鼎五年，依《汉书》本传"军死时年二十余"之说，则终军约生于景帝后元三年至武帝元光三年（前141—前132）之间。

据《汉书》本传，对武帝获白麟事，终军以其为瑞应，于是武帝改元元狩，时在元狩元年（前122）[①]。本传又载元鼎中终军以《公羊春秋》"王者无外"义诘徐偃矫制专外，偃下狱死。此外，世又传终军辨豹鼠事，此事《史记》《汉书》不载，见于郭璞《尔雅序》："《尔雅》者，盖兴于中古，隆于汉氏，豹鼠既辨，其业亦显。"《尔雅·释兽》："豹文鼮鼠。"郭璞注："鼠文彩如豹者。汉武帝时得此鼠，孝廉郎终军知之，赐绢百匹。"按：

[①] 元狩元年，距终军卒元鼎五年（前112）仅十年，若终军死时二十出头如二十二岁，则元狩元年军为十二岁，于本传言"年十八，选为博士弟子"不合，则元狩元年终军为选博士弟子，年十八。如此，终军卒时年二十八，仍合《汉书》言"二十余"之说。

《御览》卷二一五引华峤《后汉书》云："窦攸笃学退居,举孝廉为郎。世祖会百寮于灵台,得鼠如豹文,问群臣。攸曰:'鼮鼠。'诏曰:'何以知?'曰:'见《尔雅》。'诏书如攸言,赐帛三百,更敕诸王子从攸受《尔雅》。"以为辨豹鼠者为东汉初年之窦攸,与郭璞说不同,疑郭璞误记。周天游《八家后汉书辑注》云:"史、汉二书均不载此事。又《水经注》卷一六谷水注亦言光武得鼮鼠于灵台,不及终军事。若终军早已言之,且为佳谈,于光武时不当群臣皆不晓,而惟攸言之。疑郭注误。"

终军之学,《史记》《汉书》不言所受何经。考《汉书》本传,终军诘徐偃用《公羊》义,元狩元年对武帝用今文经学瑞应说,但具体经属失考,或为公羊《春秋》。

《汉志》子部儒家类有《终军》八篇,但《隋志》、两《唐志》不见载。严可均《全汉文》卷二七、马国翰《玉函山房辑佚书》并辑有《终军书》。

龚遂

龚遂,字少卿,山阳南平阳人,以明经为昌邑王刘贺郎中令。《汉书》将其传列入《循吏传》。刘贺废,龚遂因忠谏而减死罪为城旦,宣帝时选为勃海太守,后官至水衡都尉,卒年不详。龚遂之学,《汉书·龚遂传》载有遂引诗谏昌邑王事:"陛下之《诗》不云乎?'营营青蝇,至于藩;恺悌君子,毋信谗言。'陛下左侧逸人众多,如是青蝇恶矣。"所引诗见《小雅·青蝇》,家法不详。龚遂谏昌邑王刘贺事又见《汉书·武五子传》《汉书·五行志》《论衡·遭虎》。

郑弘

郑弘,字稚卿,明经,元帝时为御史大夫。《汉书》有传。《汉书·郑弘传》云:"郑弘字稚卿,泰山刚人也。……弘为南阳太守,皆著治迹,条教法度,为后所述。……迁淮阳相,以高第入为右扶风,京师称之。代韦玄成为御史大夫。六岁,坐与京房论议免,语在《房传》。"《汉书·京房传》云:"时,部刺史奏事京师,上召见诸刺史,令房晓以课事,刺史复以为不可行。唯御史大夫郑弘、光禄大夫周堪初言不可,后善之。""初,房见道幽、厉事,出为御史大夫郑弘言之。房、博皆弃市,弘坐免为庶人。"《史记·汉兴以来将相名臣年表》:"永光二年二月丁酉,右扶风郑弘为御史大夫。建昭二年六月，弘免。"三者皆云郑弘于建昭二年（前37）免官，而《汉书·百官表》则云："永光二年二月丁酉，右扶风郑弘为御史大夫，五年有罪自杀。"以京房、周堪、张猛等人命运考之，郑弘自杀的可能性较大。

郑弘为御史大夫事又见于《敦煌悬泉置汉简》："永光五年五月庚申，守御史李忠随当祀祠孝文庙。……御史大夫弘谓长安长，以次为驾，当舍传舍，如律令。永光五年六月癸酉朔乙亥，御史大夫弘移丞相、车骑将军、将军、中二千石、二千石、郡太守、诸侯相。"

郑昌

郑昌，郑弘之兄，明经，宣帝时为太原、涿郡太守，谏大夫，事迹见《汉书·郑弘传》及《汉书·盖宽饶传》。《汉书·郑弘传》曰："郑弘字稚卿，泰山刚人也。兄昌字次卿，亦好学，皆明经，通法律政事。次卿为太原、涿郡太守……次卿用刑罚深，不如弘平。"

王丙曦《郑康成先生年谱稿》据《山左郑氏族谱》，云郑玄十二世祖"（郑）昌，字次卿，初为吴令，项羽使为韩王，见《史记》。汉举明经，太原、涿郡太守"。王利器先生云："按汉有两郑昌，一为项羽所封之韩王，当秦、楚之际；一为汉太原、涿郡太守，当宣帝之世，附见《汉书·郑弘传》。相去约一百五十年，其为两人决矣。"① 王先生的意见是对的。《汉书·盖宽饶传》云宽饶因引《韩氏易传》而获罪，"谏大夫郑昌愍伤宽饶忠直忧国"，上书请勿治宽饶罪，宣帝不听，宽饶终自杀。盖宽饶自杀于宣帝神爵二年（前60），与项羽所封郑昌显为两人。如此，则郑昌为郑玄先人亦不足据。

诸葛丰

诸葛丰，字少季，琅琊人，以明经为郡文学，《汉书》卷七十七有传。《汉书·诸葛丰传》云诸葛丰元帝世免官"终于家"，卒年无考。本传载其上书有曰："臣闻：伯奇孝而弃于亲，子胥忠而诛于君，隐公慈而杀于弟，叔武贤而杀于兄。"《韩诗外传》曰："《传》曰：'伯奇孝而弃于亲，隐公慈而杀于弟，叔武贤而杀于兄，比干忠而诛于君。'"为其所本。如此，则

---

① 王利器：《郑康成年谱》，齐鲁书社1983年版，第5页。

诸葛丰或习韩《诗》。

张吉

张吉，张敞之子，见《汉书·杜邺传》："（杜邺）从张吉学，吉子竦又幼孤，从邺问学，亦著于世，尤长小学。"则张吉乃是张敞家学，从学术源流来看，吉当明《春秋》及小学。

匡咸

匡咸，匡衡之子，明经，见《汉书·匡衡传》："（匡衡）子咸亦明经，历位九卿。家世多为博士者。"但《汉书·百官表》不载匡咸为九卿何官，疑《汉书》误记，其他事迹不详。

惠庄

惠庄，儒生。《西京杂记》云："长安有儒生曰惠庄，闻朱云折五鹿充宗之角，乃叹息曰：'栗犊反能尔邪，吾终耻溺死沟中。'遂裹粮从云。云与言，庄不能对，逡巡而去，拊心谓人曰：'吾口不能剧谈，此中多有。'"

驷胜

驷胜，博士。《汉书·元后传》云成帝即位，封王凤等诸舅为列侯，"其夏，黄雾四塞终日，天子以问谏大夫杨兴、博士驷胜等，对皆以为'阴盛侵阳之气也。高祖之约也，非功臣不侯，今太后诸弟皆以无功为侯，非高祖之约，外戚未曾有也，故天为见异'。言事者多以为然"。所谓"阴盛侵阳""天为见异"皆西汉宣元之后今文经学灾异说，于《易》则京氏，于《书》则夏侯，于《诗》则齐，于《春秋》则公羊，具体哪一家不可考。

杜参

杜参，博士弟子，与刘向同校书，《汉志》辞赋类有"博士弟子杜参赋二篇"。师古注曰："刘向《别录》云'臣向谨与长社尉杜参校中秘书'。刘歆又云'参，杜陵人，以阳朔元年病死，死时年二十余'。"杜参卒于阳朔元年（前24），"死时年二十余"，则参约生于宣帝甘露元年至元帝初元五年（前53—前44）之间。

杜参与刘向校书事可佐证于刘向《晏子叙录》："护左都水使者光禄大夫臣向言，所校中书《晏子》十一篇，臣向谨与长社尉臣参校雠。"《列子书录》："所校中书《列子》五篇，臣向谨与长社尉臣参校雠。"

金涉

金涉，金敞之子，传附《汉书·金日䃅传》，云："敞三子，涉、参、饶。涉明经俭节，诸儒称之。成帝时为侍中、骑都尉，领三辅胡、越骑。哀帝即位，为奉车都尉，至长信少府。而参使匈奴，匈奴中郎将、越骑校尉、关内都尉，安定、东海太守。"卒年不详。

成公

成公，明经之隐士。皇甫谧《高士传》："成公，成帝时人。自隐姓名，常诵经，不交世利，时人号曰成公。"成公能诵经，显然不是一般隐士，当为儒生。

解光

解光明经事见于《汉书·李寻传》："哀帝初立，司隶校尉解光亦以明经通灾异得幸，白贺良等所挟忠可书。"于是解光劝哀帝改年号为太初元年，哀帝自号为"陈圣刘太平皇帝"，后改年号事行不通，解光与李寻"减死一等，徙敦煌郡"，卒年无考。解光事迹又见《汉书·外戚传·孝成赵后传》："后数月，司隶解光奏言：'……鲁严公夫人杀世子，齐桓召而诛焉，《春秋》予之。'"解光所引经说见《公羊》僖公元年。

郑崇

郑崇，字子游，高密大族，《后汉书·郑玄列传》："八世祖崇，哀帝时尚书仆射。"《礼记·曲礼》孔疏："郑氏者，姓郑名玄，字康成，北海高密县人，前汉仆射郑崇八世之孙也。"《汉书》有传。《汉书·郑崇传》言：

"崇少为郡文学史①,至丞相大车属。弟立与高武侯傅喜同门学,相友善。喜为大司马,荐崇,哀帝擢为尚书仆射。数求见谏争,上初纳用之。"因谏止哀帝封傅太后从弟商及对董贤贵宠过度,为哀帝所不喜。后尚书令赵昌媚主害崇,崇于是"死狱中"。按:《汉书·哀帝纪》及《汉书·外戚恩泽侯表》载傅商封汝昌侯,董贤封高安侯,事俱在建平四年(前3),则郑崇约卒于哀帝元寿元年(前2)。

郑崇经学家法不可考,唯有谏哀帝时有言:"臣闻师曰:'逆阳者厥极弱,逆阴者厥极凶短折,犯人者有乱亡之患,犯神者有疾夭之祸。'故周公著戒曰:'惟王不知艰难,唯耽乐是从,时亦罔有克寿。'故衰世之君夭折蚤没,此皆犯阴之害也。"从郑崇所引师说来看,于《易》则京氏,若书则推《洪范》,近于大夏侯。

王嘉

王嘉,字公仲,平陵人,《汉书》卷八十六有传。王嘉卒年,据本传,王嘉哀帝建平三年(前4)代平当为丞相,元寿元年(前2)下狱死,生年不详。王嘉经学,本传言嘉"以明经射策甲科为郎",但治何经,本传不载。考《王嘉传》,嘉上哀帝书中引经称说唯见《尚书》《论语》和《孝经》,则疑嘉治《尚书》,但其家法不可考。

王嘉事迹除本传外,又见于《后汉书·梁统列传》。梁统言:"至哀、平继体,而即位日浅,听断尚寡,丞相王嘉轻为穿凿,亏除先帝旧约成律,数年之间,百有余事,或不便于理,或不厌民心。"但王嘉此"亏除先帝旧约成律"事不见载于《汉书》本传及《汉书·刑法志》,具体细目不可考。

金钦

金钦,明经,见《汉书·金日磾传》:"而(金)涉之从父弟钦举明经,为太子门大夫,哀帝即位,为太中大夫给事中,钦从父弟迁为尚书令,兄弟用事。帝祖母傅太后崩,钦使护作,职办,擢为泰山、弘农太守,著威名。平帝即位,征为大司马司直、京兆尹。帝年幼,选置师友,大司徒孔光以明经高行为孔氏师,京兆尹金钦以家世忠孝为金氏友。徙光禄大夫、

---

① 《汉书·西域传》:"诸大夫郎为文学者。"师古注:"为文学,谓学经书之人也。"王利器《文学古义今案》也认为汉代文学乃是通经者之称。王文载《传统文化与现代化》1995年第2期。

侍中，秩中二千石，封都成侯。"平帝元始三年（3），因议论不当，为甄邯所弹劾，自杀，见《汉书·金日䃅传》。

杨宣

杨宣，字君纬，平帝时为讲学大夫。《华阳国志·广汉士女·赞》："杨宣，字君纬，什邡人也。少受学于楚国王子张，天文图纬于河内郑子侯，师（事）杨公叔，能畅鸟言，长于灾异。教授弟子以百数。成帝征拜谏大夫……上言宜封周公、孔子后，帝从之……又荐辽东王纲、琅邪徐吉、太原郭越、楚国龚胜等宜赞隆时雍。平帝时，命持节为讲学大夫，与刘歆共校书。居摄（6—8）中卒。门生河南李吉，广汉严象、赵翘等皆作大儒。"杨宣事又见于《汉书·五行志》："杨宣对曰：'五侯封日，天气赤黄，丁、傅复然。此殆爵土过制，伤乱土气之祥也。'"可发明杨君纬天文图纬之学。将受学与受天文图纬分列，其人当通经，而非仅为术士。

孟嘉

孟嘉，博士。《汉书·成帝纪》河平四年（前25）："遣光禄大夫博士嘉等十一人行举濒河之郡水所毁伤困乏不能自存者，财振贷。"《汉书·成帝纪》永始"三年春正月己卯晦，日有蚀之。诏曰：'天灾仍重，朕甚惧焉。惟民之失职，临遣太中大夫嘉等循行天下，存问耆老，民所疾苦。其与部刺史举惇朴逊让有行义者各一人。'"。这两个名"嘉"者恐怕是同一人，但《汉书》不载其姓。此人姓氏见于《汉纪》成帝河平四年："遣光禄大夫博士孟嘉等行次河所，伤败不能自存者，赈贷收葬之。"

刘根

刘根，通五经，事见葛洪《神仙传》："刘根，字君安，长安人也。少时明五经，以汉孝成皇帝绥和二年举孝廉，除郎中，后弃世道。"刘根事迹也见于干宝《搜神记》及张华《博物志》。

召信臣

召信臣，明经，事迹见于《汉书》卷八十九《循吏传》："召信臣字翁卿，九江寿春人也。以明经甲科为郎，出补谷阳长。"其卒年，本传云："竟宁中，征为少府……年老以官卒。元始四年，诏书祀百辟卿士有益于民者，蜀郡以文翁，九江以召父应诏书。岁时郡二千石率官属行礼，奉祠信臣冢，而南阳亦为立祠。"按：平帝元始四年（4）既然为其立祀，明召信臣已死。

翟宣

翟宣，翟方进之子，明经，《汉书》无本传。《汉书·翟方进传》："（翟方进自杀）长子宣嗣。宣字少伯，亦明经笃行，君子人也。及方进在，为关都尉、南郡太守。"其余事迹不详。

丁隆

丁隆，刘歆弟子，死于王莽始建国二年（10）。《汉书·王莽传》载王莽始建国二年王莽收捕李寻："（李）寻随方士入华山，岁余捕得，辞连国师公歆子侍中东通灵将……及歆门人侍中骑都尉丁隆等，牵引公卿党亲列侯以下，死者数百人。"

平晏

平晏，平当之子，《汉书·平当传》云："（平当）子晏以明经历位大司徒，封防乡侯。"不云治何经。唐晏《两汉三国学案》认为平晏乃是家学，将其列为《尚书》小夏侯派。关于平晏卒年，《汉书·王莽传》天凤元年（14）云："公卿入宫吏有常数，太傅平晏从吏过例……莽大怒，使执法发车骑数百围太傅府，捕吏，即时死。"平晏《汉书》无本传，其人事迹散见他篇，略有：

(1) 哀帝建平三年（前4）为长乐少府，与孔光、王莽、左咸、刘歆等76人议礼，以为当复南北郊礼。事见《汉书·郊祀志》。

(2) 平帝元始三年（3），由长乐少府兼任尚书令，与少府宗伯凤等纳采，卜定王莽女配平帝。事见《汉书·外戚传》及《汉书·王莽传》。

(3) 平帝元始五年（5）封防乡侯，为大司徒。《汉书·外戚恩泽侯表》："防乡侯平晏，以长乐少府与刘歆、孔永、孙迁四人使治明堂辟雍得万国欢心功侯，各千户。"《汉书·百官表》元始五年："十二月丙午，长乐少府平晏为大司徒。"

（4）王莽始建国元年（9），由防乡侯改封就德侯，为太傅，就新公。事见《汉书·王莽传》。

（5）王莽始建国二年（10），王莽依周公故事立二伯，以平晏为左伯。事见《汉书·王莽传》。

薛顺

薛顺，博士，参与议复南北郊礼。《汉书·郊祀志》："平帝元始五年，大司马王莽奏言：'……臣谨与太师孔光、长乐少府平晏、大司农左咸、中垒校尉刘歆、太中大夫朱阳、博士薛顺、议郎国由等六十七人议，皆曰宜如建始时丞相衡等议，复长安南北郊如故。'"薛顺经属失考。

公孙光

公孙光，儒者，《汉书·王嘉传》载王嘉于哀帝建平初"荐儒者公孙光、满昌及能吏萧咸等"，将公孙光与齐《诗》学者满昌并称，可知光亦是西汉经师。

郭威

郭威，《西京杂记》云："郭威，字文伟，茂陵人也。好读书，以谓《尔雅》周公所制，而《尔雅》有张仲孝友。张仲，宣王时人，非周公之制明矣。"

王咸

王咸，博士弟子，济南人，事迹见于《汉书·鲍宣传》："（鲍宣）没入其（丞相孔光）车马，摧辱宰相。……大不敬，不道，下廷尉狱。博士弟子济南王咸举幡太学下，曰：'欲救鲍司隶者会此下。'诸生会者千余人。"又见于《汉书·王莽传》："莽选儒生能颛对者济南王咸为大使，五威将琅邪伏黯等为帅，使送登厂。"

郭路

郭路，博士弟子，事迹见《论衡·效力》篇："王莽之时，省《五经》章句皆为二十万，博士弟子郭路夜定旧说，死于烛下，精思不任，绝脉气灭也。"

师氏

师氏，崔篆母，通经及诸子。《后汉书·崔骃列传》云："舒小子篆，王莽时为郡文学，以明经征诣公车。……时篆兄发以佞巧幸于莽，位至大司空。母师氏能通经学、百家之言，莽宠以殊礼，赐号义成夫人，金印紫绶，文轩丹毂，显于新世。"如此，则崔篆之学当其母传之。

李充

李充，博士，见《汉书·王莽传》始建国三年（11）："为太子置师友各四人，秩以大夫。……故尚书令唐林为胥附，博士李充为奔走，谏大夫赵襄为先后，中郎将廉丹为御侮，是为四友。"

袁圣

袁圣，博士，见《汉书·王莽传》始建国三年："为太子置师友各四人，秩以大夫。以故大司徒马宫为师疑，故少府宗伯凤为傅丞，博士袁圣为阿辅，京兆尹王嘉为保拂，是为四师。"

申咸

申咸，博士。《汉书·师丹传》云哀帝时，廷尉弹劾师丹大不敬，给事中博士申咸与炔卿上书言丹无大过，哀帝不悦，"上贬咸、钦秩各二等"。其他事迹不详。

薛方

西汉末年明经名士。《汉书·鲍宣传》云:"自成帝至王莽时,清名之士……齐则薛方子容……皆以明经饬行显名于世。……方居家以经教授,喜属文,著诗赋数十篇。……世祖即位,征薛方,道病卒。"光武帝刘秀即位于公元25年,则薛方也当卒于此年,生年不详。

薛方其人,马国翰以为是东汉薛汉之父。马国翰《薛君韩诗章句辑本序》云:"案:薛汉父方,字子容,附见《汉书·鲍宣传》。又《唐宰相世系表》云:薛夫子名方,字夫子,广德曾孙。"按:马说不妥。《后汉书·儒林列传》云:"薛汉字公子,淮阳人也。世习《韩诗》,父子以章句著名。"《新唐书·宰相世系表》:"(薛)广德生饶,长沙太守。饶生愿,为淮阳太守,因徙居焉。生方邱,字夫子。邱生汉,字公子,后汉千乘太守。"两相对照,《汉书》言薛方字子容,而《新唐书》言薛汉父名方邱字夫子,名姓不同;《汉书》载薛方乃齐人,《新唐书》载薛夫子为淮阳人,地籍不同,恐为二人。

按:据《汉书·鲍宣传》,西汉末年的名儒除薛方外,还有琅琊人纪逡(字王思),太原人郇越(字臣仲)、郇相(字稚宾)、郭钦,杜陵人蒋诩(字元卿),齐人栗融(字客卿),北海人禽庆(字子夏)、苏章(字游卿),山阳人曹竟(字子期),一并附录。

秦近

秦近,为讲学大夫且通古文字,见许慎《说文解字序》:"讲学大夫秦近,亦能言之。"① 讲学大夫,平帝时王莽置。段玉裁注:"秦近,或曰即桓谭《新论》云'秦近君'。"按:段说欠妥。桓谭《新论》之秦近君乃是小夏侯建弟子秦延君(名恭)字讹,因《新论》明言秦近(延)君增师法百万之言,正与秦恭行状同。秦恭延君为宣、元、成帝世人,与此秦近君年岁不合,当为两人。②

---

① 《北史·江式传》亦云:"孝宣时,召通《仓颉》读者,独张敞从受之。凉州刺史杜业、沛人爰礼、讲学大夫秦近亦能言之。"

② 姚振宗《汉志拾补》亦以为秦恭字近君,与秦近为同一人,曰:"(秦恭)即其人也。盖恭后仕王莽为讲学大夫,或改名近字近君。《儒林传》附见其人但书其故官本名欤?"

王史

王史，字威长，西汉世人，号为醇儒，经属失考，事迹见张华《博物志》卷七《异闻》："汉西都时，南宫寝殿内有醇儒王史威长死，葬铭曰：'明明哲士，知存知亡。崇陇原亶，非宁非康。不封不树，作灵乘光。厥铭何依，王史威长。'"

蒋满

蒋满，上党太守，宣帝时人，明经，见《全汉文·宣帝·蒋满父子同拜诏》："上党太守满，经行笃著，信行山东。其以满为淮阳王相，诲导东蕃；弘农股肱部，其以万为弘农太守。"（《御览》二六〇引《汉杂事》）但蒋满明何经不得知。

第八矫

第八矫，王莽时讲学大夫。《风俗通·姓氏篇》云："第八氏，亦齐诸田之后，田广弟田英，为第八门，因氏焉。王莽时有讲学大夫第八矫。"（《通志·氏族略》引）按：姓第八之由来也有另外一种说法。《后汉书·第五伦列传》云："第五伦字伯鱼，京兆长陵人也。其先齐诸田，诸田徙园陵者多，故以次第为氏。"

公孙昌

公孙昌，郭丹之师。《御览》卷七〇九引《东观汉纪》云："郭丹师事公孙昌，敬重，常持蒲编席，人异之。"其余事迹不详。按：《后汉书·郭丹列传》云郭丹"既至京师，常为都讲，诸儒咸敬重之"。郭丹既为大儒，又是西汉末年人，则其师公孙昌当为西汉之儒。

桓生

桓生，名儒鲍宣岳父，鲍宣曾从其受学。《后汉书·列女传》云："勃海鲍宣妻者，桓氏之女也，字少君。宣尝就少君父学，父奇其清苦，故以女妻之，装送资贿甚盛。"《书钞》卷一二九引《东观汉纪》文同。

景卢

景卢，哀帝时博士弟子。《三国志·魏书·乌丸鲜卑东夷传》裴松之注引《魏略·西戎传》曰："天竺又有神人，名沙律。昔汉哀帝元寿元年，博士弟子景卢受大月氏王使伊存口受《浮屠经》曰：复立者其人也。"

李守

李守，东汉李通之父，刘歆弟子。见《后汉书·李通列传》："李通，字次元，南阳宛人也。世以货殖著姓。父守，身长九尺，容貌绝异，为人严毅，居家如官廷。初事刘歆，好星历谶记，为王莽宗卿师。"

王光

王光，王莽之侄，习经，事见《汉书·王莽传》："莽兄永为诸曹，蚤死，有子光，莽使学博士门下。"

夏侯常

夏侯常，哀帝时为博士，见于《汉书·龚胜传》："博士夏侯常见（龚）胜应禄不和，起至胜前谓曰：'宜如奏所言。'胜以手推常曰：'去！'后数日，复会议可复孝惠、孝景庙不，议者皆曰宜复。胜曰：'当如礼。'常复谓胜：'礼有变。'胜疾言曰：'去！是时之变。'常恚，谓胜曰：'我视君何若，君欲小与众异，外以采名，君乃申徒狄属耳！'"

朱岑

朱岑，习经。朱穆曾祖父，与光武同学。《后汉书》卷四十三《朱晖列传》："朱晖字文季，南阳宛人也。……初，光武与晖父岑俱学长安，有旧故。及即位，求问岑，时已卒。"按：光武帝刘秀习欧阳《尚书》，想必朱岑亦是。且光武即位，朱岑已经离世，其当为西汉之儒。

第九章　西汉五经通儒考

所谓通儒，《风俗通》曰："儒者，区也。言其区别古今，居则玩圣哲之词，动则行典籍之道，稽先王之制，立当时之事，此通儒也。"应劭说的通儒和两汉儒林的通儒是有区别的。如《后汉书·儒林列传》先按照《易》《书》《诗》《礼》《春秋》五经次第（每经之内各按家法）为相关学者作传，这一点和《汉书·儒林传》的撰写体例相同。但该篇在最后又列许慎、蔡玄二人，谓之五经通儒。《后汉书·儒林列传》言许慎："少博学经籍，马融常推敬之，时人为之语曰：'五经无双许叔重。'""慎以五经传说臧否不同，于是撰为《五经异义》，又作《说文解字》十四篇。"又言蔡玄"学通五经，门徒常千人，其著录者万六千人。……讲论五经异同"。据其所述，所谓五经通儒，乃是遍习五经间或旁及诸子者。较之东汉，西汉以专经取士，家法尚严，所以《汉书·儒林传》未专列五经通儒。但家法汇融和五经通习绝非东汉专有，以《后汉书·儒林列传》的著录标准，西汉如董仲舒、夏侯始昌、王吉、萧望之、刘向、刘歆、司马相如、扬雄、谷永、杜邺、杜钦、张竦、李弘等人皆可谓之通儒。董仲舒等六人已列于《汉书·儒林传》将其所系专经之下，不予复载，其余七人则专列"五经通儒"一目，以彰明学风渐变之义，俱考论如下。

司马相如

司马相如，字长卿，《史记》《汉书》都有本传。关于司马相如卒年，《汉书·司马相如传》云："相如既卒五岁，上始祭后土。八年而遂礼中岳，封于泰山，至梁甫，禅肃然。"武帝元鼎四年（前113）"立后土祠于汾阴脽上"（《汉书·武帝纪》），元封元年（前110）封泰山，改元元封。核之相如《汉书》本传，则司马相如卒于武帝元狩五年（前118），生年不详①。

---

① 司马相如生年有多种说法，详见刘南平《司马相如生平及作品系年考》，见《中国典籍与文化论丛》（第三辑），中华书局1995年版。

《史记》《汉书》本传均将相如视为文人,未言司马相如之儒学及其师承。但《史记·司马相如列传》司马贞《索隐》引秦宓云"文翁遣相如受七经"。司马贞说见《三国志·蜀书·秦宓传》:"秦宓曰:'文翁遣司马相如东受七经,还教吏民。'"按:《汉书·循吏传》云文翁选张叔等赴京师受业博士,不云相如,《史记》及《汉书》也未载相如诣京师受学事,所以此事从疑。后儒视司马相如为通儒又见于《隋书·刘炫传》:"(炫)自为赞曰:'通人司马相如、扬子云、马季长、郑康成等,皆自叙风徽,传芳来叶。'"《汉书·地理志》:"文翁倡其教,相如为之师。"《铁桥漫稿》云:"蜀地经师,长卿为鼻祖而《史》《汉》叙《儒林》授受不一及之,以辞赋掩其名耳。"

司马相如虽无经著,但其赋文中间尚可寻绎一二他通经的线索。如《上林赋》:

于是历吉日以斋戒,袭朝服,乘法驾,建华旗,鸣玉鸾,游于六艺之囿,驰骛乎仁义之涂。览观《春秋》之林,射《狸首》,兼《驺虞》。弋玄鹤,舞干戚。戴云罕,掩群雅。悲《伐檀》,乐乐胥。修容乎《礼》园,翱翔乎《书》圃。述《易》道,放怪兽。登明堂,坐清庙。恣群臣,奏得失。四海之内,靡不受获。于斯之时,天下大说,乡风而听,随流而化,卉然兴道而迁义,刑错而不用,德隆于三皇,而功羡于五帝。若此,故猎乃可喜也。

此段"览观《春秋》之林"是指《春秋》以年系事,意为《春秋》林林总总二百四十二年之事。"射《狸首》",见《仪礼·大射仪》:"奏《狸首》以射。""兼《驺虞》"见《诗·召南·驺虞》:"彼茁者葭,壹发五豝,于嗟乎驺虞!彼茁者蓬,壹发五豵,于嗟乎驺虞!"驺虞之义,毛《诗》与其他三家有别。《周礼·钟师》疏引《五经异义》云:"今《诗》韩鲁说,驺虞,天子掌鸟兽官。古《毛诗》说,驺虞,义兽,白虎黑文,食自死之肉,不食生物,人君有至信之德则应之。"此段赋文,司马相如从天子角度铺叙游六艺之盛,当用三家《诗》说。"弋玄鹤,舞干戚",《文选》李善注引《尚书大传》曰:"舜乐歌曰和伯之乐,舞玄鹤。"引《公羊》曰:"朱干玉戚,以舞大夏。""悲《伐檀》",《毛诗序》云:"《伐檀》,刺贪也。在位贪鄙,无功而受禄,君子不得进仕尔。"《文选》李善注引张揖曰:"其诗刺贤者不遇明王也。"用毛《诗》义。《汉书·王吉传》言王吉上书宣帝云:"今使俗吏得任子弟,率多骄骜,不通古今,至于积功治人,亡益于民,此《伐檀》所为作也。"王吉习韩《诗》,观王吉此说,与毛《诗》义同,皆刺贤者在野不得仕进。《御览》卷五七八引蔡邕《琴操》云:"又曰:《伐檀操》者,魏国女之所作也。伤贤者隐弊,素餐在位,闵伤怨旷,失其嘉会。夫圣主之制,能治人者食于人,不能治人者食于田。今贤者隐退伐木,小人在位食禄,悬珍琦,积百谷,并包有土,德泽不加。百姓伤痛,上之不知,王道之不施。仰天长叹,援琴而鼓之。"两下相较,则司马相如似较鲁《诗》为近。"修容乎《礼》园",指研修于西汉初之礼容派。"翱翔乎《书》圃",李善注引郭璞曰"《尚书》,所以疏通知远者,故游涉之",是指研习虞夏商周四世帝王文献,游心久远之意。"述《易》道",李善注引郭璞曰:"修洁静精微之术。"《礼记·经解》:"洁净精微,《易》教也。《易》之失贼。其为人也,洁净精微而不贼,则深于《易》者也。"

又考司马相如《子虚赋》《上林赋》等赋,诸篇所绘山水草兽多用《尔雅》《诗经》。如《子虚赋》:"其山则盘纡茀郁,隆崇嵂崒。岑崟参差,日月蔽亏。"《尔雅·释山》:"宛中,隆;崒者,崔嵬。""参差"见《诗经·关雎》:"参差荇菜。"其例甚多,不胜枚举。又,《汉书》本传载相如《封禅书》言改正朔、易服色,与贾谊、董仲舒同意。此外,《封禅书》云:"《书》曰'元首明哉,股肱良哉'。"今见伪古文《尚书·益稷》,实则从今文《皋陶谟》分出。"然后囿驺虞之珍群",用鲁《诗》说。《文选·魏都赋》:"迈梁驺之所著。"张载注:"《鲁诗传》曰:'古有梁驺,梁驺者,天子猎之田也。'""嘉谷六穗,我穑曷蓄",用《尚书》今文说,见《尚书大传》:"成王之时,有三苗贯桑叶而生,同为一穗,其大盈车,长几充箱。民得而上诸成王。"(《尚书·归禾》序正义引)《御览》卷八七三引孙柔之《瑞应图》曰:"嘉禾,五谷之长,盛德之精也。文者则一本而同秀,质者则异本而同秀。此夏殷时之嘉禾也。周时嘉禾三本同穗,贯桑而生,其穗盈箱,生于唐叔之国,以献周公曰:此嘉禾也,大和气所生焉。此文王之德,乃献文王之庙。""般般之兽,乐我君囿;白质黑章,其仪可喜。"《索隐》引胡广曰:"谓驺虞也。"此用毛《诗》说。以上数则均可间证相如通经。

此外本传还言相如有《草木书篇》。该书今佚,推其内容,当类似于《尔雅·释草》。《汉志》云:"武帝时,司马相如作《凡将篇》。"《汉志》载有《凡将》一卷,《隋志》不载,两《唐志》并载一卷。清任大椿《小学钩沉》、黄奭《汉学堂丛书》、马国翰《玉函山房辑佚书》、龙璋《小学蒐佚》并有辑本。

《汉志》子部杂家有《荆轲论》五篇,不题作者。王应麟《汉志考证》

引《文章缘起》云:"司马相如作《荆轲赞》。"《文心雕龙》云:"相如属词,始赞荆轲。"

或又作《蜀王本纪》。《华阳国志·序志》:"司马相如、严君平、杨子云、阳成子玄、郑伯邑、尹彭城、谯常侍、任给事等各集传记,以作《本纪》,略举其隅。"

司马相如赋作。《汉志》:"司马相如赋二十九篇。"严可均《铁桥漫稿·司马长卿集辑本序》曰:"《汉志》长卿赋二十九篇。今存《子虚》《上林》《哀秦二世》《大人》《长门》《美人》六赋。遍索群书,惟得《魏都赋》张载注引《梨赋》一句,《北堂书钞》引《鱼葅赋》,有题无文,余二十一赋莫考。"

司马相如文集。《隋志》:"汉孝文园令《司马相如集》一卷。"以后史志书目不见载。严可均《全汉文》卷二十一辑有其文。此外,《汉魏六朝百三名家集》辑有《司马文园集》一卷。明冯惟讷《诗纪》及丁福保《全汉诗》辑有司马相如诗,明张燮《七十二家集》辑有《司马文园集》二卷。

杜钦

杜钦,杜周之孙,传附杜周之后。《汉书·杜钦传》云:"钦字子夏,少好经书,家富而目偏盲,故不好为吏。茂陵杜邺与钦同姓字,俱以材能称京师……由是京师更谓钦为'小冠杜子夏',而邺为'大冠杜子夏'云。"本传言杜钦"优游不仕,以寿终",卒年无考。

据《汉书》,杜钦事迹著名者有:上疏追讼冯奉世诛莎车之功,见《汉书·冯奉世传》;与谷永俱谏止匈奴使伊邪莫演受降,见《汉书·匈奴传》;说王凤讨夜郎王兴,见《汉书·西南夷传》;谏遣使者送西域,见《汉书·西域传》;说王凤遣杨焉与王延世等治河,见《汉书·沟洫志》;说王凤尊成帝后父许嘉,见《汉书·外戚传》。

杜钦之学,《汉书》言杜钦、杜邺和谷永"于经书泛为疏达"(《汉书·谷永传》),观《汉书》所载杜钦上疏,近是。如杜钦上疏有:"近观其所为,远观其所主。"按:《孟子·万章上》云:"吾闻观近臣以其所为主,观远臣以其所主。"此是杜钦语所本。杜钦五经俱修,不拘家法,考略如下。

杜钦于《春秋》学,当《公羊》《左传》兼修。《汉书·杜钦传》云:"自上为太子时,以好色闻,及即位,皇太后诏采良家女。钦因是说大将军凤曰:'礼一娶九女,所以极阳数,广嗣重祖也。'"此议杜钦乃取《公羊》

说。《白虎通·嫁娶》篇："天子诸侯一娶九女何？重国广继嗣也。"《后汉书·刘瑜列传》："古者天子一娶九女，娣侄有序，河图授嗣，正在九房。"李贤注："《公羊传》：'诸侯一娶三女，天子一娶九女，此夏殷制也。'"《白虎通·嫁娶》篇又云："或曰：天子娶十二女，法天有十二月，万物必生也。"此说列在"九女"说之后，或为《穀梁》说。按：《列女传·贤明篇》："宋鲍女宗云：'夫礼，天子十二，诸侯九，大夫三，士二。'"《列女传》言天子十二女当用《穀梁》说。杜钦于王凤书中又云："是以晋献被纳谗之谤，申生蒙无罪之辜。"事见《左传》。

杜钦于《诗》学，亦不主一家。王先谦《诗三家义集疏·序例》云："《毛诗》之在西汉，自杜钦（钦说《小弁》用《毛诗》，盖亦言不纯师者）、贾捐之外，鲜肄业及之者。"王先谦所论见于《汉书》本传载杜钦于王凤书中言："将军辅政，宜因始初之隆，建九女之制，详择有行义之家，求淑女之质，毋必有声色音技能，为万世大法。夫少，戒之在色，《小卞》之作，可为寒心。"按：此诗汉三家义同，俱认为是尹吉甫之子伯奇所作。《汉书·武五子传》："壶关三老茂上书曰：'……孝己被谤，伯奇放流，骨肉至亲，父子相疑，何者？积毁之所生也。'"《焦氏易林》"讼之大有""中孚之井""家人之谦"："尹氏伯齐，父子生离。无罪被辜，长舌所为。"刘向《说苑》同。《毛诗》《小弁序》云："刺幽王也。太子之傅作焉。"杜钦上书王凤，正是谏言善辅佐之义，当用《毛诗》义为正，王先谦说不误。

《汉书·杜钦传》又云："（王）凤白之太后，太后以为故事无有。钦复重言：'……祸败曷常不由女德？是以佩玉晏鸣，《关雎》叹之，知好色之伐性短年，离制度之生无厌，天下将蒙化，陵夷而成俗也。故咏淑女，几以配上，忠孝之笃，仁厚之作也。'"杜钦用诗《关雎》义，师古注引臣瓒曰："此鲁《诗》也。"考汉籍言《关雎》义，《史记·十二诸侯年表》："周道阙，诗人本之衽席，《关雎》作。"刘向《列女传·魏曲沃负传》："周之康王夫人晏出朝，关雎豫见，思得淑女以配君子。"扬雄《法言·孝至篇》："周康之时，颂声作乎下，关雎作乎上，习治也。故习治则伤始乱也。"应劭《风俗通义》："昔康王一朝晏起，诗人以为深刺。天子当夜寝早作，身省万机。"《汉书·儒林传序》："周室衰而《关雎》作。"《后汉书·明帝纪》："昔应门失守，《关雎》刺世。"李贤注引薛君《韩诗章句》曰："诗人言雎鸠贞洁慎匹，以声相求，隐蔽于无人之处。故人君退朝，入于私宫，后妃御见有度，应门击柝，鼓人上堂，退反宴处，体安志明。今时大人内倾于色，贤人见其萌，故咏《关雎》，说淑女，正容仪，以刺时。"大体三家皆同，则《关雎》杜钦从三家《诗》说。如此，则杜钦于《诗》诸家皆修。

杜钦之《尚书》学家法不详，大抵主今文家。本传载杜钦上王凤书中所引"《书》云'或四三年'，言失欲之生害也"。钦所引《书》见《周书·无逸》："自时厥后，罔或克寿，或十年，或七八年，或五六年，或四三年。"此处只是引经为说，具体家法不可考。

杜钦之《易》学，当为京氏《易》。《汉书·五行志》云："成帝建始三年十二月戊申朔，日有食之，其夜未央殿中地震。谷永对曰：'日食婺女九度，占在皇后。地震萧墙之内，咎在贵妾。二者俱发，明同事异人，共掩制阳，将害继嗣也。亶日食，则妾不见；亶地震，则后不见。异日而发，则似殊事；亡故动变，则恐不知。是月，后、妾当有失节之邮，故天因此两见其变。若曰，违失妇道，隔远众妾，妨绝继嗣者，此二人也。'杜钦对亦曰：'日以戊申食，时加未。戊未，土也，中宫之部。其夜殿中地震，此必適妾将有争宠相害而为患者。人事失于下，变象见于上。能应之以德，则咎异消；忽而不戒，则祸败至。应之，非诚不立，非信不行。'"二人所对义近，杜钦当习京氏《易》，与谷永同。

清黄奭《黄氏逸书考》从《汉上易传》采得杜钦《易》说一则，辑为《杜钦易义》一卷。

谷永

谷永，字子云，遍习五经，《汉书》卷八十五有传。关于谷永卒年，本传云："（永）征入为大司农。岁余，永病，三月，有司奏请免。故事，公卿病，辄赐告，至永独即时免。数月，卒于家。"《汉书·百官表》成帝元延四年（前9）："北地太守谷永为大司农，一年免。"则谷永卒于成帝绥和二年（前7），生年不可考。

谷永事迹较多，系年如下：

（1）元帝建昭中（约前36）繁延寿举谷永。本传云："建昭中，御史大夫繁延寿闻其有茂材，除补属，举为太常丞，数上疏言得失。"

（2）成帝建始三年（前30），谷永待诏公车对灾异。本传："建始三年冬，日食、地震同日俱发，诏举方正直言极谏之士，太常阳城侯刘庆忌举永待诏公车。（永）对曰……"

（3）河平元年（前28）为光禄大夫。本传："永既阴为大将军凤说矣，能实最高，由是擢为光禄大夫。"此为谷永首次为光禄大夫，但本传未言具体年份，考《汉书·匈奴传》："河平元年，单于遣右皋林王伊邪莫演奉献朝正月。……议者或言宜如故事，受其降。光禄大夫谷永、议郎杜钦以为……"则谷永当在河平元年为光禄大夫。

（4）成帝河平三年（前26）改名为永。本传言："（永）本名并，以尉氏樊并反，更名永云。"《汉书·成帝纪》河平三年："十一月，尉氏男子樊并等十三人谋反。"

（5）约阳朔元年（前24）为安定太守。本传："数年，出为安定太守。时，上诸舅皆修经书，任政事。平阿侯谭年次当继大将军凤辅政，尤与永善。阳朔中，凤薨。凤病困，荐从弟御史大夫音以自代。……由是谭、音相与不平。永远为郡吏，恐为音所危，病满三月免。音奏请永补营军司马，永数谢罪自陈，得转为长史。"《汉书·百官表》成帝阳朔三年（前22）："八月丁巳，大司马凤薨。九月甲子，御史大夫王音为大司马车骑将军。"从本传可知，谷永为光禄大夫数年之后为安定太守，为太守数年王凤薨，王音辅政，谷永与王谭交善，于是托病自免，转为长史。考究履历，系于阳朔元年较为合理。

（6）阳朔三年为长史。考见上。为长史，奏言薛宣应补御史大夫缺，见《汉书·薛宣传》及《汉书·王骏传》；阳朔中戒段会宗老远出，见《汉书·段会宗传》。

（7）永始二年（前15）为凉州刺史。本传："音薨，成都侯商代为大司马卫将军，永乃迁为凉州刺史。"《汉书·百官表》永始二年："正月乙巳，大司马音薨。二月丁酉，特进成都侯王商为大司马卫将军。"

（8）永始三年（前14）为太中大夫，再为光禄大夫。本传："明年，征永为太中大夫，迁光禄大夫给事中。"为太中大夫，宣布梁王立淫乱事，见《汉书·文三王传》；上书讼陈汤，见《汉书·陈汤传》；救刘辅，见《汉书·刘辅传》。

（9）成帝元延元年（前12）为北地太守。《汉书·谷永传》："元延元年，为北地太守。"

（10）成帝元延四年（前9）为大司农。《汉书·谷永传》："永所居任职，为北地太守岁余，卫将军商薨，曲阳侯根为票骑将军，荐永，征入为大司农。"《汉书·百官表》成帝元延四年："北地太守谷永为大司农，一年免。"

谷永之学，本传言："永于经书，泛为疏达，与杜钦、杜邺略等，不能洽浃如刘向父子及扬雄也。"谷永又善上书言事，《汉书·游侠传》云："长安号曰：谷子云笔札。"《论衡·效力》篇亦云："谷子云、唐子高（唐林）章奏百上，笔有余力，极言不讳，文不折乏。"《汉书》本传及他篇载其多次上书，可考其学略。

谷永《易》学。谷永习京氏《易》学，本传云"其于天官、京氏《易》最密"。见于史籍者，如《汉书·五行志》："永始元年九月丁巳晦，日有食之。谷永以《京房易占》对曰。"《汉书·五行志》："永始二年二月乙酉晦，日有食之。谷永以《京房易占》对曰。"《汉书·五行志》："成帝元延元年正月，长安章城门门牡自亡，函谷关次门牡亦自亡。《京房易传》曰：'饥而不损兹谓泰，厥灾水，厥咎牡亡。'《妖辞》曰：'关动牡飞，辟为亡道臣为非，厥咎乱臣谋篡。'故谷永对曰：'章城门通路寝之路，函谷关距山东之险，城门关守国之固，固将去焉，故牡飞也。'"观谷永所对，大抵因阴阳灾变以戒上。又《汉书·谷永传》载谷永上疏有言"遭《无妄》之卦运"，《京房易传》以为"大旱之卦。百谷草木，成就枯槁，万物皆死，无所复望"。两者义同。清黄奭《黄氏逸书考》将《汉书》本传谷永《易》说采为《谷永易义》一卷。

谷永《尚书》学。谷永《尚书》说，皆今文家法。如《汉书·儒林传》载郑宽中死，谷永上书云："臣闻圣王尊师傅，褒贤俊，显有功，生则致其爵禄，死则异其礼谥。昔周公薨，成王葬以变礼，而当天心。"返风禾偃之应，事见《金縢》。今文家以为周公死，成王欲葬之于成周。天乃雷雨大风，树木拔出，禾麦尽倒。国人大恐。于是成王改葬周公于毕，示不敢以周公为臣。事见《尚书大传》。而古文家以为周公居摄，成王听信管蔡流言而疑周公，周公奔楚，于是天为之变，说见《论衡·感类》篇。谷永用今文《尚书》说。又，《汉书·谷永传》："永对曰：'《经》曰三载考绩，三考黜陟幽明。'"《仪礼集注》引《尚书大传》曰："《书》曰：'三载考绩，黜陟幽明。'"《汉书·李寻传》："《经》曰：'三载考绩，三考黜陟。'"两者绝句不同。李寻师小夏侯建，用夏侯《尚书》经，谷永与《尚书大传》断句同，恐是用欧阳经。《汉志》书类有："经二十九卷。"班固注："大小夏侯二家。《欧阳经》三十二卷。"则两经不同。本传又载谷永建始三年（前30）冬对成帝引有："经曰：'皇极，皇建其有极。'传曰：'皇之不极，是谓不建，时则有日月乱行。'"所谓经传乃是《洪范》及《洪范五行传论》，则谷永又习大夏侯《尚书》。

又，《汉书·五行志》云："成帝建始元年正月，有星孛于营室，青白色，长六七丈，广尺余。刘向、谷永以为营室为后宫怀任之象，彗星加之，将有害怀任绝继嗣者。""惠帝七年正月辛丑朔，日有食之，在危十三度。谷永以为岁首正月朔日，是为三朝，尊者恶之。"班固采众家五行传论成《汉书·五行志》篇，从上两段话推知，谷永似乎也有《洪范五行传论》。

谷永《诗》学。《汉书·儒林传》载谷永上疏云郑宽中"出则参冢宰之重职，功列施乎政事，退食自公，私门不开，散赐九族，田亩不益，德配周召，忠合《羔羊》"，师古注曰："'退食自公'，《召南·羔羊》诗之辞，言贬退所食之禄，而从至公之道也。"《汉书补注》引朱一新曰："颜注盖取毛诗郑笺义。"郑笺用韩《诗》说。薛汉《韩诗章句》云："诗人贤仕为大夫者，言其德能称，有洁白之性，屈柔之行，进退有度数也。"与谷永疏义同。本传载建始三年冬谷永上疏有言"阎妻骄扇，日以不臧"，师古注以为谷永乃用《鲁诗·小雅·十月之交》义。疏中又有"息白华之怨"，与班婕妤《自悼赋》"《绿衣》兮《白华》，自古兮有之"意同，皆为怨妇之词。班婕妤乃家学齐《诗》。如此，则谷永三家《诗》兼修。

谷永《春秋》学。《汉书·陈汤传》，谷永上疏讼汤："楚有子玉得臣，文公为之仄席。"事本《左传》。《汉书·五行志》载："谷永曰：'……昔虢公为无道，有神降曰"赐尔土田"，言将以庶人受土田也。'"事见《左传》庄公三十二年："有神降于莘，虢公使祝应、宗区、史嚚享焉。神赐之土田。史嚚曰：'虢其亡乎！'"本传载谷永云："垂三统，列三正，去无道，开有德，不私一姓，明天下乃天下人之天下，非一人之天下也。"《白虎通·三正》篇："王者所以存二王之后何？所以尊先王，通天下之三统也。明天下非一家之有，谨敬谦让之至也。"此为《尚书》今文家说，《五经异义》同。《左传》隐公元年"春，王正月"，《疏》引服虔注："孔子作春秋，于春每月书王，以统三王之正。"古文家兼收今文说，虽盛于东汉，实则自西汉谷永等已为之。又，《尚书大传》云："王者存二王之后，与己为三，所以通大三统。"《汉书·刘向传》："故圣贤之君，博观终始，穷极事情，而是非分明，王者必通三统，明天命所受者博，非独一姓也。"考谷永所言，既明于书传又暗合《终始五德传》，此所谓谷永经学"泛为疏达"之意。

谷永其他杂学。本传载谷永为北地太守，对云"涉三七之节纪"，据《汉书·路温舒传》，温舒从祖父受历数天文，以为汉厄三七之间，上封事以预戒，宣帝时已有此说。谷永疏又云"勤三纲之严，修后宫之政"，师古注："三纲，君臣父子夫妇也。"杨树达《汉书窥管》言："或以为始见于《白虎通》，其实西汉时永已先言之矣。"按：汉儒言三纲之义最早见于《春秋繁露·基义》云："阳兼于阴，阴兼于阳，夫兼于妻，妻兼于夫，父兼于子，子兼于父，君兼于臣，臣兼于君，君臣、父子、夫妇之义，皆取诸阴阳之道。"又见于严遵（君平）《老子指归》："智者见其经劾，则通乎天地之数、阴阳之纪、夫妇之配、父子之亲、君臣之仪，万物敷矣。"

又，《汉书·文三王传》载谷永曰："臣闻礼，天子外屏，不欲见外也。"见于《荀子·大略》："天子外屏，诸侯内屏。外屏，不欲见外也，内屏，不欲见内也。"《白虎通》云："所以设屏何？屏所以自障也。示不极臣下之敬也。天子德大，故外屏。诸侯德小，所照见近，故内屏。"（《御览》卷一八五引）《礼记·郊特牲》郑注："天子外屏，诸侯内屏。"孔氏正义认为是《礼纬》文。

又，《汉书·儒林传》载郑宽中死，谷永上书中云："公叔文子卒，卫侯加以美誉，著为后法。"事见《礼记·檀弓》下："公叔文子卒，其子成请谥于君，曰：'日月有时，将葬矣，请所以易其名者。'君曰：'昔者卫国凶饥，夫子为粥与国之饿者，是不亦惠乎？昔者卫国有难，夫子以其死卫寡人，不亦贞乎？夫子听卫国之政，修其班制，以与四邻交，卫国之社稷不辱，不亦文乎？故谓夫子贞惠文子。'"

如此，谷永之学转益多师，不拘一家。

谷永文集。《隋志》载有《谷永集》二卷，两《唐志》并载《谷永集》五卷。严可均《全汉文》卷四十五辑有谷永文。

杜邺

杜邺，字子夏，张敞外孙，东汉古文家杜林之父，《汉书》卷八十五有传，言："邺少孤，其母张敞女。邺壮，从敞子吉学问，得其家书。""初，邺从张吉学……邺子林，清静好古，亦有雅材，建武中历位列卿，至大司空。"

杜邺生卒年。本传云："元寿元年正月朔，上以皇后父孔乡侯傅晏为大司马卫将军，而帝舅阳安侯丁明为大司马票骑将军。临拜，日食，诏举方正直言。扶阳侯韦育举邺方正，邺对曰：……邺未拜，病卒。"则杜邺卒于哀帝元寿元年（前2），生年不详。

杜邺主要事迹。据《汉书》本传，杜邺成帝初年以孝廉为郎，王凤卒，王音与王商兄弟有隙，杜邺书谏王音，兄弟乃言和，于是甚敬重邺。后以病去郎。王商为大司马卫将军时，以邺为主簿，又举荐邺侍御史。哀帝即位，杜邺为凉州刺史，为官数年，病免，元寿元年卒。杜邺事迹又有临终作铭事，见《西京杂记》。

杜邺经学，如明《易》。《汉书·郊祀志》："杜邺说商曰'东邻杀牛，不如西邻之瀹祭'，言奉天之道，贵以诚质大得民心也。"本传载杜邺哀帝元寿元年日食对灾异曰："日食，明阳为阴所临，坤卦乘离，明夷之象也。

坤以法地，为土为母，以安静为德。震，大阴之效也。"从杜邺所对来看，邺似习京氏《易》。清黄奭《黄氏逸书考》从《汉书》本传采其《易》说，辑为《杜邺易义》一卷。

杜邺于《春秋》当三传皆修。《汉书·杜邺传》载邺上书讼莽冤云："三桓虽隆，鲁为作三军。"事见《左传》襄公十一年。钱穆云："邺得外家张氏书，故得见《左传》也。"《汉书·五行志》载杜邺对灾异云："皇甫、三桓，诗人所刺，《春秋》所讥，亡以甚此。"三桓作三军，事虽见于《左传》，但其义见于《公羊》《穀梁》。又，本传载大将军王音与成都侯王商兄弟不睦，杜邺予书谏之曰："邺闻人情，恩深者其养谨，爱至者其求详。夫戚而不见殊，孰能无怨？此《棠棣》《角弓》之诗所为作也。昔秦伯有千乘之国，而不能容其母弟，《春秋》亦书而讥焉。"《春秋》昭公元年："夏，秦伯之弟鍼出奔晋。"《公羊》："(秦)有千乘之国，而不能容其母弟，故君子谓之出奔也。"《穀梁》："诸侯之尊，弟兄不得以属通。其弟云者，亲之也。亲而奔之，恶也。"《左传》："书曰：'秦伯之弟鍼出奔晋。'罪秦伯也。"三传皆同。

杜邺之《诗》学，谏书有曰"此《棠棣》《角弓》之诗所为作也"。按：毛诗《小雅·棠棣序》曰："《棠棣》，燕兄弟也。闵管、蔡之失道，故作《棠棣》焉。"四家义同。《小雅·角弓序》曰："父兄刺幽王也。不亲九族，而好谗佞，骨肉相怨，故作是诗也。"与杜邺谏义同，王先谦曰："鲁说以此诗为幽厉之际。齐韩义未闻。"邺似习毛《诗》，其实不然。《角弓》云："民之无良，相怨一方。"此句毛《诗》无传。郑玄笺云："民之意不获，当反责之于身，思彼所以然者而怨之。无善心之人，则徙居一处，怨恚之。"据郑义，则刺荒政，言君不反思，民徒怨而不进贤，相怨双方为君民。《后汉书·章帝纪》云："(建初七年)冬十月癸丑，西巡狩，幸长安。……以中牢祠萧何、霍光。进幸槐里。岐山得铜器，形似酒樽，献之。又获白鹿。帝曰：'上无明天子，下无贤方伯。人之无良，相怨一方。'斯器亦曷为来哉？'""人之无良，相怨一方"，李贤注："《诗·小雅》也。良，善也。言王者所为无有善者，各相与于一方而怨之。义见《韩诗》。"《汉书·刘向传》载刘向元帝时上封事曰："下至幽、厉之际，朝廷不和，转相非怨，诗人疾而忧之曰：'民之无良，相怨一方。'"考两《汉书》所载此诗义，鲁《诗》言兄弟之亲，而韩《诗》则刺政教失序，两者不同。何则？《后汉书》载章帝献宗庙、祀萧何、霍光，又言天子方伯，皆君臣也，而周所封为九族之兄弟。刘向乃宗室，故《汉书·刘向传》屡载其上书苦谏，与此义正同。毛《诗》义则兼取两义，故毛序称亲九族，而诗句又刺政教，二者矛盾。盖因序乃后作，据三家义回改。如此，则杜邺当习鲁《诗》。

杜邺也通《仓颉篇》。许慎《说文解字序》云："孝宣时，召通《仓颉》读者，张敞从受之。凉州刺史杜邺、沛人爰礼、讲学大夫秦近亦能言之。"

又，因杜邺字子夏，后儒又有人将其视为《子夏易传》之作者。陈振孙《直斋书录解题》"《子夏易传》"条云："有孙坦者，为《周易析蕴》，言此汉杜子夏也，未知何据。使其果然，何为不见于《汉志》？其为依托明矣。"但杜钦、杜邺均字子夏，陈氏所言不明。马国翰《玉函山房辑佚书》有《子夏易传》辑本，其序云亦："孙坦《周易析蕴》以为杜邺。"

杜邺文集。《隋志》言梁有《杜邺集》二卷，亡。两《唐志》并载《杜邺集》五卷。严可均《全汉文》辑有杜邺文。

扬雄

扬雄，字子云，遍习五经，《汉书》卷八十七有传，宣帝甘露元年（前53）生，天凤五年（18）卒。本传言扬雄："年七十一，天凤五年卒。"刘歆《七略》："子云《家牒》言，以甘露元年生也。"（《文选·王文宪集序》注引）

扬雄的姓，习惯上多以"扬"为正字。但陈直《汉书新证》云："杨扬二字，在汉代金石刻辞中并无区别。钱大昭引《郑固碑》'有杨乌之才'是也。青海出土《赵宽碑》亦云：'虽杨贾班杜，弗或过也。'字并作杨，从木不从手。"

据《汉书》，扬雄主要事迹有：

（1）少时从严遵（君平）游学，见《汉书》卷七十二《王贡两龚鲍传》。

（2）约成帝阳朔元年（前24）作《反离骚》《广骚》《畔牢愁》等文。《汉书·扬雄传》："乃作书，往往摭《离骚》文而反之，自岷山投诸江流以吊屈原，名曰《反离骚》；又旁《离骚》作重一篇，名曰《广骚》；又旁《惜诵》以下至《怀沙》一卷，名曰《畔牢愁》。"《反离骚》云："汉十世之阳朔兮，招摇纪于周正，正皇天之清则兮，度后土之方贞。"则此数篇当作于成帝阳朔元年。

（3）成帝元延元年（前12），扬雄来长安。《汉书·扬雄传》又云："雄之自序云尔。初，雄年四十余，自蜀来至游京师，大司马车骑将军王音奇其文雅，召以为门下史，荐雄待诏，岁余，奏《羽猎赋》，除为郎，给事黄门，与王莽、刘歆并。"成帝永始四年（前13）扬雄年四十，则扬雄来京师必在永始四年之后。《汉书·百官表》永始二年（前15）："正月乙巳，大司马音薨。"按此，扬雄未至京师，王音已卒。《汉书·扬雄传》此段乃是班固据扬雄自序成文，当可信。如此，则《汉书·扬雄传》疑字误，"王音"当作"王商"。《汉书·百官表》成帝元延元年："正月壬戌，成都侯商复为大司马卫将军，十二月乙未迁为大司马大将军。"与扬雄来京师之年正合。

（4）成帝元延二年（前11）作《甘泉赋》《河东赋》《校猎赋》及《羽猎赋》，为黄门郎。《汉书·扬雄传》云："孝成帝时，客有荐雄文似相如者，上方郊祠甘泉泰畤、汾阴后土，以求继嗣，召雄待诏承明之庭。正月，从上甘泉，还奏《甘泉赋》以风。其辞曰：……其三月，将祭后土，上乃帅群臣横大河，凑汾阴。……雄以为，临川羡鱼不如归而结网，还，上《河东赋》以劝。其辞曰：……其十二月羽猎，雄从。……又恐后世复修前好，不折中以泉台，故聊因《校猎赋》以风，其辞曰……"按：《汉书·成帝纪》："（元延）二年春正月，行幸甘泉，郊泰畤。三月，行幸河东，祠后土。夏四月，立广陵孝王子守为王。冬，行幸长杨宫，从胡客大校猎。宿萯阳宫，赐从官。"与《汉书·扬雄传》时间正合。扬雄为黄门郎考见上。按：《文选·甘泉赋》注引刘歆《七略》云："《甘泉赋》，永始三年，待诏臣雄上。"又"《羽猎》，永始三年十二月上"（《文选·羽猎赋》注）。与《汉书·扬雄传》所载时间不同。

（5）成帝元延三年（前10）作《长杨赋》。《汉书·扬雄传》："明年，上将大夸胡人以多禽兽……载以槛车，输长杨射熊馆。……雄从至射熊馆，还，上《长杨赋》。"但刘歆《七略》云："《长杨赋》，绥和元年上。"（《文选·长杨赋》注）与《汉书·扬雄传》所述时间不同。

（6）成帝末作《太玄经》《解嘲》。《汉书·扬雄传》："哀帝时，丁、傅、董贤用事，诸附离之者或起家至二千石。时，雄方草《太玄》，有以自守，泊如也。或嘲雄以玄尚白，而雄解之，号曰《解嘲》。"《解嘲》有云："客嘲扬子曰：……顾而作《太玄》五千文，支叶扶疏，独说十余万言。"则可知成帝时扬雄《太玄经》已成，而且扬雄自作章句亦成。《太玄经》仅五千，所谓"独说十万余言"，乃是章句。

（7）哀帝建平二年（前5）与李寻以灾异对哀帝问，见于《汉书·五行志》。

（8）王莽天凤三年（16），刘歆子刘棻被王莽流放而死，扬雄校书天禄阁，刘棻从雄学古字，雄惧牵连，投阁欲死。见《汉书·扬雄传》《汉书·

王莽传》。

扬雄之学甚为博洽，群经遍习。《汉书》本传言："雄少而好学，不为章句，训诂通而已，博览无所不见。"今俱考论如下：

扬雄《易》学。扬雄于《易》学独撰《太玄经》十一篇，并自作《章句》。《汉书·扬雄传》言："以为经莫大于《易》，故作《太玄》……故有《首》《冲》《错》《测》《摛》《莹》《数》《文》《掜》《图》《告》十一篇，皆以解剥《玄》体，离散其文，章句尚不存焉。"《太玄经》《汉志》不载，《隋志》载《太玄经》九卷。阮孝绪《七录》称《太玄经》九卷，扬雄自作《章句》。《隋志》云："梁有《扬子太玄经》，扬雄自作章句，亡。"《解嘲》云："顾而作《太玄》五千文，支叶扶疏，独说十万余言。"王鸣盛言"独说十万余言"不可解，杨树达《汉书窥管》云："雄自为《太玄经章句》，见本传下文及阮孝绪《七录》《隋书·经籍志》，今其书已佚。此云十万余言，盖据《章句》言之，非为不可解之事也。"此外，扬雄他篇也可考见雄《易》学，如《法言·先知篇》："先知其几于神乎！敢问先知？曰：不知。知其道者其如视，忽、眇、绵、炳。先甲一日易，后甲一日难。"义见《易·蛊卦》。《蛊卦》曰："先甲三日，后甲三日。"《周易集解》引《子夏传》云："先甲三日者，辛、壬、癸也。后甲三日者，乙、丙、丁也。"《汉书·武帝纪》元鼎五年诏："望见泰一，修天文禅。辛卯夜，若景光十有二明。易曰：'先甲三日，后甲三日。'朕甚念年岁未咸登，饬躬斋戒，丁酉，拜况于郊。"师古注引应劭曰："先甲三日，辛也。后甲三日，丁也。言王者斋戒必自新，临事必自丁宁。"《续汉书·礼仪志上》："正月上丁，祠南郊。"刘昭注引《白虎通》曰："《春秋传》曰'以正月上辛'；《尚书》曰'丁巳，用牲于郊，牛二'。先甲三日，辛也，后甲三日，丁也，皆可接事昊天之日。"以为祭祀当用吉日。《集解》引马融曰："甲在东方，艮在东北，故云'先甲'。巽在东南，故云'后甲'。所以十日之中唯称甲者。甲为十日之首，蛊为造事之端，故举初而明事始也。言所以三日者，不令而诛谓之暴，故令先后各三日，欲使百姓遍习，行而不犯也。"以为凡举事必先宣布，教化行然后行事易。观扬雄《法言》文意，同于马融。按：马融习费氏《易》，则扬雄《易》学与费氏合。又如《解嘲》："且吾闻之也，炎炎者灭，隆隆者绝。观雷观火，为盈为实，天收其声，地藏其热。高明之家，鬼瞰其室。"此用《周易》丰卦卦相及爻辞成说。按：丰卦，☳震上☲离下，震为雷，离为火，故曰"观雷观火"；上六爻辞："丰其屋，蔀其家，窥其户，阒其无人，三岁不觌，凶。"故曰"高明之家，鬼瞰其室"。此外，如《尚书箴》："《易》称不密则失臣。"《太常箴》："东邻之牺牛，不如西邻之麦鱼。"皆用《周易》爻辞系辞。

然细核扬雄《易》学，多近于孟京氏。后儒论之者，如司马光《太玄经集注》："(《太玄》与孟氏《易》)皆当期以日。《易》卦气起《中孚》，陈震、离、兑、坎正四卦二十四爻主二十四气外，其余六十卦，每卦六日七分，凡得三百六十五日四分日之一。《中孚》初九，冬至之初也；颐上九，大雪之末也。周而复始。《玄》八十一首，每首九赞，凡七百二十九赞。每二赞合为一日，一赞为昼，一赞为夜，凡三百六十四日办。益以踦嬴二赞，成三百六十五日四分日之一。《中》初一，冬至之初也；中踦、嬴二赞，大寒之末也。"又，《朱子语类》卷六十七："扬雄也是学焦延寿推卦气。""今人说焦延寿卦气不好，是取《太玄》，不知《太玄》却是学他。"宋张行成《元包数总义》："杨子云《太玄》，其法本于《易纬》卦气图。"《郡斋读书志》："今欲论《玄》……有方、州、部、家，凡四重而为一首九赞，通七百二十九赞有奇，分主昼夜，以应三百六旬有六日之度。首准一卦，始于《中》准《中孚》，而终于《养》准《颐》。二十四气，七十二候，与夫二十八宿，错居其间，先后之序，盖不可得而少差也。夫《易》卦之直日，起于汉儒之学舍，四正卦取六十卦之爻三百六十，各直一日，此《玄》之所准者也。"皆言扬雄《太玄》仿自孟氏卦气说。惠栋《易汉学》云："案：冬至之卦复也。其实起于中孚，七日而后复应，故扬子云《太玄》准以为中，为六十四卦之首。《易纬·稽览图》亦云：甲子卦气起中孚也。"孟喜《易章句》曰："自冬至初中孚用事，一月之策，九六七八，是为三十，而卦以地六，候以天五，五六相乘，消息一变，十有二变而岁复初。"（一行《六卦议》引）易纬与孟喜说同，也即易纬用孟氏学。扬雄《核灵赋》云："太易之始，太初之先，冯冯沈沈，奋博无端。"用《易乾凿度》："乾坤安从生？故曰有太易，有太初，有太始，有太素。"《序录》载虞翻逸象，有震为宽仁。《太玄经》曰："三八为木，性仁情喜。震为春，春主仁。"《乐纬·稽耀嘉》曰："仁者有恻隐之心，本生于木。"《太玄经》又云："五行用事者王，王所生，相。故王废，胜王囚；王所胜，死。"用五行相胜说，见于《五行休王论》，载《白虎通·五行》。此为京氏《易》说。《蜀都赋》："下按地纪，则坤宫定位。"按：此用京氏《易》八宫卦说。

王仁俊《经籍佚文》将《意林》所引《太玄经》之文而不见今本者辑为《太玄佚文》一卷。

扬雄《尚书》学。唐晏《两汉三国学案》云："按扬雄《太玄经》五五土土为心藏，正与古文说合，足见古文自有书也。"以为扬雄治古文《尚书》。《困学纪闻》卷二云:"《法言》谓:《酒诰》之篇,'俄空焉'。愚按:《酒诰》古今文皆有之,岂扬子未之见欤?"按:扬雄不见《酒诰》脱文,可以推测他大概治今文《尚书》。然而本传言扬雄在天禄阁校书,按理不可能不见古文《尚书》,《颜氏家训·勉学》云:"校定书籍,亦何容易。自扬雄、刘向,方称此职耳。"将扬雄与刘向并列,明扬雄为校书家。《法言·问神》曰:"或问经之艰易。曰:存、亡。或人不谕。曰:其人存则易,亡则艰。延陵季子之于乐也,其庶矣乎;如乐弛,虽札末如之何矣。如周之礼乐、庶事之备也,每可以为不难矣;如秦之礼乐、庶事之不备也,每可以为难矣。"徐复观说:"我以为(上文)是暗指博士们不承认古文《尚书》、《逸礼》及《左氏传》,在文献上抱残守缺,所以章句再繁,也愈讲愈糊涂。"① 如此,则扬雄又当见古文《尚书》。今考扬雄所作文,大抵用今文《尚书》居多。如《州箴》用《禹贡》,《兖州箴》"成汤五徙,卒都于亳。盘庚北度,牧野是宅。丁感响雉,祖己伊忠。爰正厥事,遂绪高宗。厥后陵迟,颠覆汤绪。西伯戡黎,祖伊奔走。致天威命,不恐不震。妇言是用,牝鸡司晨",用《高宗肜日》《西伯戡黎》《牧誓》今文三篇,至于成汤、盘庚迁都事当用《史记》。《荆州箴》"战战栗栗,至桀荒溢。曰我在帝位,若天有日。不顺庶国,孰敢余夺。亦有成汤,果秉其钺。放之南巢,号之以桀",用今文《汤誓》,古文《仲虺之诰》。(今伪古文作:"成汤放桀于南巢,惟有惭德。")《豫州箴》亦作"至于季世,放于南巢",同上。《交州箴》"越裳是南,荒国之外。爰自开辟,不羁不绊。周公摄祚,白雉是献",用《尚书大传》越裳氏重译献周公白雉事。

扬雄《诗》学。扬雄当俱习汉四家《诗》。《法言·先知》篇云"昔在周公,征于东方,四国是皇;召伯述职,蔽芾甘棠",用《豳风·破斧》《召南·甘棠》诗义,四家皆同。又,《水经注》:"扬雄《琴清英》曰:尹吉甫子伯奇至孝,后母谮之,自投江中。衣苔带藻,忽梦见水仙赐其美药,思惟养亲,扬声悲歌。船人闻之而学之。吉甫闻船人之声,疑似伯奇,援琴作《子安之操》。"郦道元以为尹吉甫作,与武帝时壶关三老茂上书引《诗》同,是为今文三家说,毛《诗》则以为伯齐太傅作。臧庸《拜经日记》有"琴操多鲁诗说",认为扬雄习鲁《诗》,实则三家皆同,不必细分。扬雄《法言》曰:"周、康之时,《颂》声作乎下,《关雎》作乎上,习治也。"此用三家《诗》毕公刺康王晚起之义。《困学纪闻》论扬雄此言曰:

---

① 徐复观:《中国经学史的基础》,见《徐复观论经学史二种》,上海书店出版社 2006 年版,第 185 页。

"与《毛诗》大不类。"其中有同《韩诗》者,如《校猎赋》:"汉女水潜,怪物暗冥,不可殚形。"用《韩诗》郑交甫遇神女之传说。《法言》:"正考甫常晞尹吉甫矣,公子奚斯常晞正考甫矣。"《困学纪闻》卷十一:"扬雄《河东赋》:'羲和司日,颜伦奉舆。'注云:'伦,古善御者。'愚尝考《韩诗外传》:孔子云:'美哉!颜无父之御也。马知后有舆而轻之,知上有人而爱之。至于颜伦,少衰矣。马知后有舆而轻之,知上有人而敬之。'此颜伦善御之事也。"《困学纪闻》卷三:"《后汉·曹褒传》奚斯颂鲁,考甫咏殷,注引《韩诗》'新庙奕奕,奚斯所作'。《薛君传》云:'是诗,公子奚斯所作。'正考甫,孔子之先也,作《商颂》十二篇。《诗正义》云:'奚斯作新庙,而汉世文人班固、王延寿谓《鲁颂》奚斯作,谬矣。'然扬子之言,皆本《韩诗》,时《毛诗》未行也。"按:王应麟说不确,扬雄时《毛诗》已行于世,扬雄有用之。如扬雄《将作大匠箴》:"诗咏宣王,由俭改奢。"此用《小雅·斯干》义。《毛序》云:"宣王考室也。"郑玄笺云:"德行国富,人民殷众,而皆佼好,骨肉和亲,宣王于是筑宫庙群寝,既成而衅之,歌《斯干》之诗以落之。"《汉书·刘向传》载向上成帝疏云:"周德既衰而奢侈,宣王贤而中兴,更为俭宫室,小寝庙。诗人美之,《斯干》之诗是也,上章道宫室之如制,下章言子孙之众多也。"蔡邕《宗庙祝嘏词》:"昔周王德衰而斯干作,应运变通,自古有之。"考诸众家诗说,刘、蔡同义,以为诗美宣王由奢改俭,扬雄则取毛义,由俭改奢。

扬雄《春秋》学。扬雄当《春秋》三传皆习。如《方言》卷三引"筚路蓝缕"二语、《汉书·扬雄传》言"箴莫善于虞箴"、《宗正卿箴》"有仍二女"、《太常箴》"夔子不祀"、《博士箴》"原伯鲁"均见《左传》,故刘师培认为扬雄习《左传》。此外又如《青州箴》"五侯九伯,是讨是征。马殆其衔,御失其度。周室荒乱,小白以霸。诸侯金服,复尊京师",《扬州箴》"翩彼昭王,南征不旋",皆用《左传》者。有明用《公羊》《穀梁》实用《左传》者,如《太玄赋》:"屈子慕清,葬鱼腹兮。伯姬耀名,焚厥身兮。孤竹二子,饿首山兮。"伯姬殉火事见于《春秋》襄公三十年:"五月甲午,宋灾,宋伯姬卒。"《公羊》《穀梁》皆为赞美伯姬殉妇道。《公羊》云:"秋七月,叔弓如宋,葬宋共姬。外夫人不书葬,此何以书?隐之也。何隐尔?宋灾,伯姬卒焉。其称谥何?贤也。何贤尔?宋灾,伯姬存焉,有司复曰:'火至矣,请出。'伯姬曰:'不可。吾闻之也,妇人夜出,不见傅母下堂。傅至矣,母未至也。'逮乎火而死。"《穀梁》与《公羊》义同,云:"取卒之日,加之灾上者,见以灾卒也。其见以灾卒奈何?伯姬之舍失火,左右曰:'夫人少辟火乎?'伯姬曰:'妇人之义,傅母不在,宵不下堂。'左右又曰：'夫人少辟火乎？'伯姬曰：'妇人之义，保母不在，宵不下堂。'遂逮乎火而死。妇人以贞为行者也，伯姬之妇道尽矣。详其事，贤伯姬也。"而《左传》却对伯姬的行为持批评态度："甲午，宋大灾。宋伯姬卒，待姆也。君子谓：'宋共姬，女而不妇。女待人，妇义事也。'"左氏以君子曰认为伯姬不知变通：女子未嫁应守妇道，当待人而走；妇人已嫁，当便宜行事。扬雄将屈原、伯姬及伯夷叔齐并列，用意在于讽喻诸人的不知权变，与《左传》义正合。有用《公羊》《穀梁》二传者，如《太常箴》："楚师是虏，鲁人跻僖。臧文不悟，文隳太室。桓纳郜赂，宵降二宫，用诰不祧。"《春秋》文公二年鲁跻僖公逆祀、桓公二年鲁纳郜鼎，二传皆刺鲁。又《将作大匠箴》："《春秋》讥刺，书彼泉台。两观雉门，而鲁以不恢。"《公羊》文公十六年："毁泉台。泉台者何？郎台也。郎台则曷为谓之泉台？未成为郎台，既成为泉台。毁泉台何以书？讥。何讥尔？筑之讥，毁之讥。先祖为之，已毁之，不如勿居而已矣。"《穀梁》："毁泉台。丧不贰事，贰事，缓丧也。以文为多失道矣。自古为之，今毁之，不如勿处而已矣。"二传皆同，左氏无传。扬雄从《公羊》《穀梁》二传。有用《穀梁》不用《公羊》者，如《尚书箴》："《春秋》讥漏言。"《穀梁》文公六年："襄公已葬，其以累上之辞言之何也？君漏言也，上泄则下暗，下暗则上聋。且暗且聋，无以相通。"《公羊》："射姑杀则其称国以杀何？君漏言也。其漏言奈何？"余文载漏言之弑君之经过，为叙史实，并无讥言。《左传》则无漏言之文。扬雄从《穀梁》。有用《公羊》者，如《宗正卿箴》："鲁喜子同。"《公羊》桓公六年"九月丁卯，子同生，子同生者孰谓？谓庄公也。何言乎子同生？喜有正也。未有言喜有正者，此其言喜有正何？久无正也"，为喜子同出生之义。《穀梁》"疑故志之，时曰同乎人也"，以为讥刺，与《齐风·南山·序》同。《左传》纯记其事，无咎无誉。扬雄用《公羊》。

扬雄《乐》学。《汉志》子部儒家载："扬雄所序三十八篇。《太玄》十九，《法言》十三，《乐》四，《箴》二。"《水经注》《御览》等书引有扬雄《琴清英》，马国翰以为即为《汉志》所载《乐》四之一。此《琴清英》，马国翰《玉函山房辑佚书》、严可均《全汉文》卷五十四、王谟《汉魏遗书钞》、张澍《蜀典》有辑本。《宋书·历志上》引扬子云曰"声生于日，律生于辰，声以情质，律以和声，声律相协，而八音生。宫、商、角、徵、羽，谓之五声。金、石、匏、革、丝、竹、土、木，谓之八音。声和音谐，是谓五乐"，亦当为《汉志》所谓"《乐》四"中语。

扬雄小学。扬雄于小学，有《方言》，但本传不载其事，《汉志》不载此书,其事见于应劭《风俗通义·序》:"周、秦常以岁八月遣輶轩之使,求异代方言,还奏籍之,藏于秘室。及嬴氏之亡,遗脱漏弃,无见之者。蜀人严君平有千余言,林闾翁孺才有梗概之法,扬雄好之,天下孝廉卫卒交会,周章质问,以次注续,二十七年,尔乃治正,凡九千字,其所发明,犹未若尔雅之阂丽也;张竦以为悬诸日月不刊之书;予实顽闇,无能述演,岂敢比隆于斯人哉!顾惟述作之功,故聊光启之耳。"亦载于《西京杂记》:"扬子云好事,常怀铅提椠,从诸计吏访殊方绝域四方之语。以为裨补輶轩所载。"《华阳国志·先贤士女总赞》亦云扬雄:"典莫正于《尔雅》,故作《方言》。"又说从同郡林闾习之:"林闾,字公孺,临邛人也,善古学。古者,天子有輶车之使,自汉兴以来,刘向之徒但闻其官,不详其职,惟闾与严君平知之,曰:'此使考八方之风雅,通九州岛之异同,主海内之音韵,使人主居高堂知天下风俗也。'扬雄闻而师之,因此作《方言》。"

此书见于史志书目所录,《隋志》:"《方言》十三卷,汉扬雄撰,郭璞注。"《日本国见在书目录》:"《方言》十卷,汉扬雄撰,郭璞注。"《旧唐志》:"《别国方言》十三卷。"不题撰人。《新唐志》:"扬雄《别国方言》十三卷。"《郡斋读书志》作十三卷,《直斋书录解题》作十四卷,《宋志》:"扬雄《方言》十四卷。"《四库全书》同为十四卷。此书自宋人始怀疑为伪作,《四库全书总目》罗列各家之说,结语云:"反复推求,其真伪皆无显据。"按《汉志》:"《别字》十三篇。"因《方言》今本恰好十三篇,而《汉志》又失载,故钱大昕《三史拾遗》云:"即扬雄所撰《方言》十三卷也。本名《輶轩使者绝代语释别国方言》。或称《别字》,或称《方言》,皆省文。"钱氏说为臆测无据。

扬雄又作《训纂》《仓颉训纂》。本传云:"史篇莫善于《仓颉》,作《训纂》。"《汉志》六艺小学类有《训纂》一篇,班固自注扬雄作。又有扬雄《仓颉训纂》一篇。《汉志》云:"至元始中,征天下通小学者以百数,各令记字于廷中。扬雄取其有用者以作《训纂篇》,顺续《仓颉》,又易《仓颉》中重复之字,凡八十九章。"征天下小学者时为元始五年(5),则扬雄作《训纂》约在王莽居摄间(6—8)。但江式云:"元寿中作,为中卷。"(见《魏书·江式传》)因《汉志》有《训纂》及《仓颉训纂》二篇,而其书不传,后儒往往不分此二书。《文心雕龙·练字篇》云:"及宣成二帝征集小学,张敞以正读传业。扬雄以奇字纂训,并贯练雅颂,统阅音义。"姚振宗《汉志条理》:"此则扬雄取奇字为《训纂》以续《仓颉》,可知雄《本传》云'刘歆子棻从雄学奇字'即异字。《书断》云:'和帝时贾鲂又取异字为《傍熹篇》。'菜学奇字即指此《训纂》。训纂者，纂次成文即又为之训释与？"均以为扬雄作奇字时所作。《汉书·扬雄传》云："刘菜从雄学作奇字。"王应麟《汉志考证》："注：古文之异者。"其书早佚，《说文解字》引有扬雄说九则。黄奭《黄氏逸书考》辑有扬雄《仓颉训纂》一卷，马国翰《玉函山房辑佚书》辑有扬雄《训纂篇》一卷。

扬雄子学。扬雄又仿《论语》作《法言》。本传言："（雄）以为……传莫大于《论语》，作《法言》。""自雄之殁至今四十余年，其《法言》大行，而《玄》终不显，然篇籍俱存。"《后汉书·光武纪》："耿纯进曰：'天下士大夫捐亲戚，弃土壤，从大王于矢石之间者，其计固望其攀龙鳞，附凤翼，以成其所志耳。'"扬雄《法言》曰："攀龙鳞，附凤翼，巽以扬之。"本传言《法言》传于今，可于此发明《法言》行世之痕迹。《法言》今存，但偶有佚文，刘师培从《文选》李善注及《太平御览》各采得《法言》佚文二处，辑为《扬子法言勘补附》。

扬雄又注《孟子》。扬雄《孟子注》不见载于《汉志》及《隋志》《旧唐志》，而载于《宋志》："四注《孟子》十四卷，扬雄、韩愈、李翱、熙时子四家注。"《宋志》当袭自《中兴艺文志》（《文献通考》引），但此书晚出，当不可信。周予同云："汉代治《孟子》的，始于扬雄。雄注《孟子》，见于《中兴艺文志》，然致以浅近，当时已疑为依托。"① 但扬雄时有引《孟子》者，如《反离骚》云："昔仲尼之去鲁兮，斐斐迟迟而周迈。"用《孟子·万章下》："孔子之去齐，接淅而去。去鲁，曰：'迟迟吾行也，去父母国之道也。'"

扬雄又当精习《老子》。本传言严君善《老子》而扬雄从其学，其二《太玄》之作，明袭自《老子》。《困学纪闻》卷九云："桓谭《新论》曰：'老子谓之玄，杨子谓之太玄。'石林谓：《太玄》皆《老子》绪余。老氏道生一，一生二，二生三。三之为九，故九而九之为八十一章。《太玄》以一玄为三方，自是为九，而积之为八十一首。原注《金楼子》云：'扬雄有《太玄经》，杨泉有《太元经》。'"此为其证。

扬雄史学。扬雄于史学，一为续《史记》。刘知几《史通·古今正史》云："《史记》所书年止汉武太初，已后阙而不录。其后刘向、向子歆及诸好事者，若冯商、卫衡、扬雄、史岑、梁审、肆仁、晋冯、段肃、金丹、冯衍、韦融、萧奋、刘恂等，相继撰续，迄于哀平间，犹名《史记》。"《论衡》曰："扬子云录宣帝以至哀、平，陈平仲纪光武。"《汉书·扬雄传》首

---

① 周予同：《群经概论》，见《中国经学史论著选编》，复旦大学出版社2015年版，第243页。

叙扬氏渊源，杨树达先生认为此为扬雄续《史记》之证①，如此，则扬氏续作已被班固采入《汉书》。

此外，扬雄又作《蜀王本纪》。《华阳国志·序志》："司马相如、严君平、杨子云、阳成子玄、郑伯邑、尹彭城、谯常侍、任给事等各集传记，以作《本纪》，略举其隅。"《史通·因习》："案国之有伪，其来尚矣。如杜宇作帝，勾践称王，孙权建鼎峙之业，萧詧为附庸之主，而扬雄撰《蜀纪》，子贡著《越绝》，虞裁《江表传》，蔡述《后梁史》。考斯众作，咸是伪书，自可类聚相从，合成一部，何止取东晋一世十有六家而已乎？"又《史通·杂说》："扬雄《法言》，好论司马迁而不及左丘明，常称《左氏传》唯有'品藻'二言而已，是其鉴物有所不明者也。且雄哂子长爱奇多杂，又曰不依仲尼之笔，非书也，《自序》又云不读非圣之书。然其撰《甘泉赋》，则云'鞭宓妃'云云，刘勰《文心》已讥之矣。然则文章小道，无足致嗤。观其《蜀王本纪》，称杜魄化而为鹃，荆尸变而为鳖，其言如是，何其鄙哉！所谓非言之难而行之难也。"《隋志》、两《唐志》并载《蜀王本纪》一卷，题扬雄撰，宋以后书目不见载，当早佚。洪颐煊《经典集林》、严可均《全汉文》卷五三、王仁俊《玉函山房辑佚书补编》并有辑本。

扬雄艺文。《汉书·扬雄传·赞》言雄："箴莫善于《虞箴》，作《州箴》；赋莫深于《离骚》，反而广之；辞莫丽于相如，作四赋；皆斟酌其本，相与放依而驰骋云。"《汉志》："扬雄所序三十八篇。"班固自注："《太玄》十九，《法言》十三，《乐》四，《箴》二。"《汉志》辞赋类有扬雄赋十二篇。严可均《全汉文·扬子云文》曰："谨案：《汉志》：《扬雄赋》十二篇，今搜辑群书，得完篇九，残篇一。《广骚》《畔牢愁》仅存篇名。"十二篇中不包括《酒赋》（见《侠客传》）。严可均曰："又曰《酒赋》，《汉书》题作《酒箴》，《御览》引《汉书》作《酒赋》，各书亦作《酒赋》。《北堂书钞》作《都酒赋》。都酒者，酒器名也。验文当以都酒为长。"殷芸《小说》云："雄遂著《合组》之歌，《列锦》之赋。"此两篇不见诸类书所引。扬雄之文，除本传载其《骚》《赋》《解嘲》诸篇外，《后汉书·胡广列传》云："初，扬雄依《虞箴》作《十二州（箴）》《二十五官箴》。其九箴亡阙。"王谟《重订汉唐地理书钞》辑有扬雄《十二州箴》一卷，今《州箴》入《扬雄集》。扬雄文集，《隋志》、两《唐志》并载有《扬雄集》五卷，

---

① 杨树达：《汉书窥管》，上海古籍出版社1984年版，第679页。按：杨氏说似容商榷，此或《杨氏家牒》，或《自序》中语，未必是扬雄续《史记》中文字。

《宋志》载有《扬雄集》六卷,《郡斋读书志》载三卷,《直斋书录解题》载五卷。明张燮《七十二家集》有《扬侍郎集》五卷,张溥《汉魏六朝百三名家集》有《扬侍郎集》一卷,《增订汉魏六朝别集》有《扬侍郎集》,严可均《全汉文》卷五十一至五十四辑有扬雄文。

扬雄或又作有《自叙》。《隋书·刘炫传》:"(炫)自为赞曰:'通人司马相如、扬子云、马季长、郑康成等,皆自叙风徽,传芳来叶。'"《类聚·人部》引有其文曰"雄为人简易佚荡"云云,《文选·运命论》注亦有引文。按:其文见于《汉书·扬雄传》末赞曰云云,实则班固采为本传。

张竦

张竦,张敞之孙,字伯松,学于杜邺,善小学,《汉书》无本传。关于张竦学识,《汉书·张敞传》曰:"(竦)博学文雅过敞。"《汉书·王莽传》云:"竦者博通士。"《汉书·杜邺传》:"初,邺从张吉学,吉子竦又幼孤,从邺学问,亦著于世,尤长小学。"则张竦学承杜邺。王莽败时,为贼兵所杀,时为地皇四年(23),事见于《汉书·游侠传》。

张竦小学无考,其经学略见于《汉书·王莽传》元始三年(3)替陈崇捉刀颂莽,又为刘嘉作奏,均引经为说。

张竦之《春秋》学。奏中有云:"《传》曰:申包胥不受存楚之报,晏平仲不受辅齐之封,昔令尹子文朝不及夕,鲁公仪子不茹园葵。"事见《左传》。又言:"春秋晋悼公用魏绛之策,诸夏服从。郑伯献乐,悼公于是以半赐之。绛深辞让,魏绛于是有金石之乐,《春秋》善之。"事见《左传》襄公十一年。又言:"臣闻功亡原者赏不限,德亡首者褒不检。是故成王之于周公也,度百里之限,越九锡之检,开七百里之宇,兼商、奄之民,赐以附庸殷民六族,大路大旗,封父之繁弱,夏后之璜,祝宗卜史,备物典策,官司彝器,白牡之牲,郊望之礼。王曰:'叔父,建尔元子。'子父俱延拜而受之。可谓不检亡原者矣。非特止此,六子皆封。"事见《左传》定公四年。

张竦之《易》学。奏中言:"则必同忧,断金相翼。"实化用《易·系辞》:"二人同心,其利断金。"

张竦之《尚书》学。奏中言:"书曰'纳于大麓,列风雷雨不迷',公之谓矣。"此"大麓",古文家谓之山足,今文家以"麓"通"录",谓之典于机枢。《汉书·王莽传》载莽言:"予向在大麓。"《汉书·于定国传》载元帝报于定国书曰:"万方之事,大录于君。"王莽非舜之为政,试之于四野。则张竦此说当从今文《尚书》说。张竦又为刘嘉作奏云："臣闻：古者叛逆之国，既已诛讨，而潴其宫室以为污池，纳垢浊焉，名曰凶虚，虽生菜茹，而人不食。四墙其社，覆上栈下，示不得通。辨社诸侯，出门见之，著以为戒。"按：《类聚》卷八十二引《尚书大传》云"大夫有污猪之宫，杀君之地，虽有美菜，有义之士弗食"。此为张说所本。

张竦之《论语》学。《论衡·济世篇》曰："杨子云作《太玄》，造《法言》，张伯松不肯一观。"《法言》乃扬雄法《论语》而言，张竦之举明其精习《论语》。考其奏云："公（王莽）远独见之明……乘其未坚，厌其未发，震起机动，敌人摧折……是故董贤丧其魂魄，遂自绞杀。人不还踵，日不移晷，霍然四除，更为宁朝。……孔子曰'敏则有功'，公之谓矣。"按：《汉书·王莽传》"哀帝崩，无子，而傅太后、丁太后皆先薨，太皇太后即日驾之未央宫收取玺绶，遣使者驰召莽。诏尚书，诸发兵符节，百官奏事，中黄门、期门兵皆属莽"。孔子语见《论语·阳货》。考张竦意，"敏则有功"之"敏"释为迅速。何晏《论语集解》引孔安国注云"应事疾则多成功也"，与张竦意同，则张竦似习《古论语》。《公羊》僖公四年："遂伐楚，次于陉。其言次于陉何？有俟也。孰俟？俟屈完也。"何休注："生事有渐，故敏则有功。"按：何休意，"敏"释为明审、精明之意，则何休疑从齐《论》义，故与孔注不同。又，《汉书》卷四十六《万石（奋）卫（绾）直（不疑）周（仁）张（欧）传·赞》曰："仲尼有言'君子欲讷于言而敏于行'，其万石君、建陵侯、塞侯、张叔之谓欤？"核查诸人事迹，皆小心谨慎，伴君如伴虎，绝无敏捷之言行，如此，班固所谓"敏于行"之"敏"亦为明审、精明之意，与何休同。

李弘

李弘，习五经，《汉书》不载，其人事迹及学略见于《华阳国志·蜀志·士女传赞》引《华阳先贤志》。《华阳先贤志》云："李弘，字仲元，成都人。少读五经，不为章句。处陋巷，淬励金石之志。威仪容止，邦家师之。以德行为郡功曹，一月而去。子赘，以见辱杀人。太守曰：'贤者之子必不杀人。'放之。赘自以枉语家人。弘遣亡命，太守怒，让弘。弘对曰：'赘为杀人之贼，明府私弘枉法，君子不诱而诛也。石碏杀厚，《春秋》讥之。孔子称父子相隐，直在其中。弘实遣赘。'"李弘所引"石碏杀厚，

《春秋》讥之",见于《公羊》。李弘又见于扬雄《法言·渊骞篇》,雄赞其德云:"仲元,世之师也。见其貌者,肃如也;闻其言者,愀如也;观其行者,穆如也。郸闻以德诎人矣,未闻以德诎于人也。仲元,畏人也。"

附录

张氏《尚书》群儒考

西汉《尚书》学除古文及今文欧阳、大小夏侯三家外，尚有其他学派，如《尚书》张氏学，《汉书·儒林传》言：

> 世所传《百两篇》者，出东莱张霸，分析合二十九篇以为数十，又采《左氏传》《书叙》为作首尾，凡百二篇。篇或数简，文意浅陋。成帝时求其古文者，霸以能为《百两》征，以中书校之，非是。霸辞受父，父有弟子尉氏樊并。时，太中大夫平当、侍御史周敞劝上存之。后樊并谋反，乃黜其书。

之所以称其为《尚书》张氏学，是因为张霸从父所受之"辞"应该不仅仅是《尚书》原文，而且包含《尚书说》。尽管《汉书·儒林传》失载，但可推见，张霸之父的弟子应该是很多的，绝不仅限于张霸和樊并二人，而且张霸《百二篇》远影响至魏晋。东莱张氏之学，有《书》说，有师承，应该算一个学派。据《汉书》所载，传张氏《尚书》者三人，考于下。需要提醒的是，这个学派的人研习的不是张霸的《尚书百二篇》，伪造《尚书百二篇》只是张霸个人的行为。

张霸父

按《汉书·儒林传》所言，张父乃是《尚书》张氏学的创立者，但只知其人以《尚书》授子张霸及弟子樊并，其他事迹失考。

张霸

张霸，传父学，伪造《尚书百二篇》，事迹除见前引《汉书·儒林传》

外又见于《论衡·佚文》:"孝成皇帝读百篇《尚书》,博士、郎吏莫能晓知。征天下能为《尚书》者,东海(《汉书·儒林传》作东莱)张霸通《左氏春秋》,案百篇《序》,以《左氏》训诂造作《百二篇》,具成奏上,成帝出秘《尚书》以考校之(《序录》作刘向校之),无一字相应者……成帝奇霸之才,赦其辜,亦不灭其经,故《百二尚书》传在民间。"又见于《论衡·正说》及《论衡·谢短》,说法与《论衡·佚文》略同。其遗文也只有一条,见于《论衡·感类》:"伊尹死,大雾三日。"杨树达云:"此《百两篇》文之仅存者。"① 清人王仁俊《玉函山房辑佚书续编》将此条辑为一卷。《尚书百二篇》的具体内容已不可考,从唯一的这条佚文来看,和纬书很类似。

关于张霸《百二篇》的名称与形制,陈乔枞《今文尚书经说考》云:"《百二篇》者,并《叙》数之也。《叙》分上下,故曰《百二篇》。"② 按陈乔枞意,张霸书只有百篇,其中百篇《书序》分作两篇,但陆德明《释文·稟饫》末言:"马郑之徒,百篇之序,总为一卷。"则马融、郑玄所见百《书序》只有一篇。《书序》字本不多,无须分为两卷,且以出土残汉石经考之,《书序》总为一卷,放在最末。实际上,张霸《尚书百二篇》经文只有百篇,因为各种典籍论及此事均说"案百篇《书序》造",且孔子编百篇《尚书》并作书序是汉儒的普遍看法。至于《尚书纬》所载有"百篇"和"百二"二说③,前后不同,乃是《纬书》作者因《尚书百二篇》之名产生的误会④。

既然如此,现在的问题是《尚书百二篇》除百篇经文、一篇《书序》之外剩余的那一篇内容到底是什么。因《汉书·儒林传》言"采《左氏传》《书叙》为作首尾",所以有学者认为《尚书百二篇》有前后两序。如蒋善

---

① 杨树达:《汉书窥管》,上海古籍出版社1984年版,第692页。
② 〔清〕陈乔枞:《今文尚书经说考》,上海古籍出版社2002年版,续修四库全书第49册,第224页。
③ 前者如《史记·伯夷列传》索隐引《尚书纬》说:"孔子求得黄帝玄孙帝魁之书,迄秦穆公,凡三千三百三十篇,乃删一百篇为《尚书》,十八篇为《中候》。"而伪孔《书序》正义引《尚书纬》却说:"孔子求书,得黄帝玄孙帝魁之书,迄于秦穆公,凡三千二百四十篇。断远取近,定可以为世法者百二十篇,以百二篇为《尚书》,十八篇为《中候》。"
④ 《论衡·谢短》:"问《尚书》家曰:'今旦夕所授二十九篇,奇有百二篇,又有百篇。二十九篇何所起?百二篇何所造?秦焚诸书之时,《尚书》诸篇皆何在?汉兴,始录《尚书》者何帝?初受学者何人?'"正是对纬书《尚书》家的质疑。《伪书序》"凡百篇"孔颖达疏:"此云'凡百篇',据序而数故耳。或云百二篇者,误有所由。以前汉之时,有东莱张霸伪造《尚书》百两篇,而为纬者附之。"

国说:"《汉书·儒林传》说他采《左氏传》作前面一篇大序,又把百篇《书序》(即各篇小序)另列在全书末尾,分成上下两篇。叫做《百两篇》,实际仍是百篇正文。"① 按蒋先生的看法,序有两篇,一篇《书序》,一篇张霸的自序。但笔者细研味《论衡·佚文》所言"以《左氏》训诂造作《百二篇》"一语,认为那是一篇经文的《传》,很有可能是《诂训传》。所谓"以左氏训诂"乃是按照《左传》一样的情况作训诂,《汉书·儒林传》、刘歆《移让太常博士书》及许慎《说文解字序》都说"初,《左氏》多古言古字,学者(指贾谊)为其训诂"。张霸既上古文《尚书》,也必然先训诂作传,释古言古语,这和后来的上伪《古文尚书》同时也上《孔传》及《书序》是一个道理。因此,《汉书·儒林传》所言"采《左氏传》《书序》为作首尾",意为采用《左传》式训诂为篇首之《传》,采百篇《书序》为篇末。

但有学者认为张霸乃是辑佚的《左传》佚文成书②,实际上不是。《左传》引《夏书》共十四条,除一条见于今《皋陶谟》外,其余均是佚文,而且《左传》所载《夏训》《伯禽》《唐诰》等篇名也不见于百篇《书序》,此外,还有最直接的文献证据,即《尚书百二篇》唯一的那条遗文"伊尹死,大雾三日"并不在《左传》中,不仅如此,这句具有浓厚纬书色彩的话和《左传》根本不相类。这完全可以说明《汉书·儒林传》言"采《左传》"不是辑佚《左传》所载《尚书》佚文。张霸所伪造的手法就是按《汉书·儒林传》所述,"分析合二十九篇为数十",如分《太誓》《般庚》为三,所以"篇或数简"。但是"数十"还不足百篇,则继以当时流传的《书序》为内容提要③,自饰文而成百篇,然后作一篇《诂训传》及百篇《书序》辑为一篇奏上。因为不是参考真古文造书,所以用中古文一对比,

---

① 蒋善国:《尚书综述》,上海古籍出版社1988年版,第51页。
② 如程元敏《尚书学史》言:"《百两》采《左传》所引《尚书》文,串说为篇。"见《尚书学史》,华东师范大学出版社2013年版,第718页。吴涛2007年博士论文《论西汉的〈穀梁〉学——兼论〈穀梁〉与〈公羊〉之间的升降关系》附录二"西汉春秋学者小考":"证明《左传》是其伪造百二篇《尚书》的重要依据,可能是辑出了《左传》中所引之《尚书》文字。"
③ 刘起釪《尚书学史》则认为是张霸伪造了百篇《书序》:"张霸抄录了《史记》中这些关于《尚书》各篇写成情况的话,加上从《左传》采撷的话,假冒为孔子所作的《书序》。"刘先生此说值得商榷。百篇《书序》见于扬雄《法言·问神篇》:"昔之说书者序以百,而《酒诰》之篇俄空焉。""若《书序》虽孔子亦未知如之何矣。"又见于《汉志》:"故《书》之起远矣,至孔子纂焉,上断于尧,下讫于秦,凡百篇,而为之《序》,言其作意。"这说明从西汉末至东汉,百篇《书序》传于儒林不废,若两者俱伪造,岂有百篇《书序》得以流传而百篇经文于《汉志》《隋志》不见著录之理?此外,按刘先生意,张霸也是辑佚《左传》中之《尚书》遗文而成。刘说见《尚书学史》,中华书局1989年版,第109页。

也就露馅了。可以说张霸的《尚书百二篇》无论是从形制上还是从作伪手法上都和后来的伪孔《古文尚书》是一样的。

《尚书百二篇》虽不见载于《汉志》及《隋志》，但按《汉书·儒林传》"世所传"的意思及《论衡》所述，虽然成帝罢黜该书，但从班固作《汉书》直到东汉末王充引述，该书一直在民间流传不废。因为它的流传不废及与伪古文有诸多相似之处，所以今人蒋善国将其列为包括汲冢古书在内的今本伪孔《古文尚书》造假来源的十一种材料之一①，但是蒋先生并没有提供相应的文献依据，具体情况不可确知。实际上，张霸《尚书百二篇》的部分内容被皇甫谧采入《帝王世纪》确有文献依据。《史记·殷本纪》云："帝沃丁之时，伊尹卒。"张守节《正义》引《帝王世纪》："伊尹名挚，为汤相，号阿衡，年百岁卒，大雾三日，沃丁以天子礼葬之。"此条遗文还见于郦道元《水经注》卷二十五引皇甫谧言："伊尹年百余岁而卒，大雾三日，沃丁葬以天子之礼，亲自临丧，以报大德焉。"但细将《论衡》所引《尚书百二篇》遗文"伊尹死，大雾三日"与上述两者对比，可见王充是约文而成，其原文当与《水经注》同。此文不见于他书，唯见皇甫谧所言，此为皇甫谧采之入《帝王世纪》之证据。

关于《尚书百二篇》其他遗文，《后汉书·钟离意列传》载钟离意永平三年（60）上明帝疏中有云："昔成汤遭旱，以六事自责曰：'政不节邪？使人疾邪？宫室荣邪？女谒盛邪？苞苴行邪？谗夫昌邪？'"李贤注引《帝王世纪》曰："成汤大旱七年，斋戒剪发断爪，以己为牺牲，祷于桑林之社，以六事自责。"《后汉书·周举列传》载周举顺帝阳嘉二年（133）上疏中云："成汤遭灾，以六事克己。"李贤注也引《帝王世纪》曰："武王入殷，命召公释箕子之囚，表商容之闾，出倾宫之女于诸侯。"又曰："汤伐桀，后大旱七年，洛川竭，使人持三足鼎祝于山川曰：'政不节邪？使人疾邪？苞苴行邪？谗夫昌邪？宫室荣邪？女谒行邪？何不雨之极也！'"东汉《帝王世纪》未出，钟离意、周举所言不见他书，疑也是《尚书百二篇》中语。又：《小雅·十月之交》孔疏："《春秋纬》说汤遭大旱，以六事谢过，其一云'女谒行与'。"则张霸《尚书百二篇》不单为伪古文《尚书》之来源，恐怕也是纬书来源之一。

此外还有一说，如段玉裁《古文尚书撰异》认为汉人所引"逸书"，既不在今文二十八篇，也不在古文五十八篇之内者或为张霸《尚书百二篇》遗文。如《汉书·王莽传》载莽群臣奏言引逸《书·嘉禾篇》曰："周公奉

---

① 详见蒋善国《尚书综述》第三章第一节"伪孔传经传的来源"，上海古籍出版社1988年版。

邑，立于阼阶，延登，赞曰：'假王莅政，勤和天下。'"

关于张霸上《尚书百二篇》的时间，诸家《尚书》学者均未详考。从《汉书》的叙述来看，张霸是乘着成帝时访书于天下的便利而作伪的，但是没有具体记载张霸上书的时间。刘向校书及谒者陈农使求书在成帝河平三年（前26），《汉书·成帝纪》河平三年云："光禄大夫刘向校书秘中。谒者陈农使，使求遗书于天下。"而樊并谋反在成帝永始三年（前14），《汉书·成帝纪》永始三年云："十一月，尉氏男子樊并等十三人谋反，杀陈留太守，劫略吏民，自称将军。徒李谭等五人共格杀并等，皆封为列侯。"所以张霸献《尚书百二篇》必在此十二年间。刘汝霖将其定为河平四年（前25），刘先生考证云："《成帝纪》及《平当传》以河平元年议复太上皇寝庙园，后迁丞相司直。坐法，左迁朔方刺史，复征入太中大夫，给事中。其在河平元年以后，为时非短，考是时方诏求遗书于天下，则霸之进书，当在此时，故志于此。"① 考之太粗，须进一步考究。

按：《汉书·儒林传》言霸献书时平当为太中大夫，核《汉书·平当传》："顷之，使行流民幽州。举奏刺史二千石劳徕有意者，言勃海盐池可且勿禁，以救民急。所过见称，奉使者十一人，为最，迁丞相司直。坐法，左迁朔方刺史，复征入为太中大夫给事中，累迁长信少府、大鸿胪、光禄勋。"《汉书·成帝纪》阳朔二年（前23）："秋，关东大水，流民欲入函谷、天井、壶口、五阮关者，勿苛留。遣谏大夫博士分行视。""九月，奉使者不称。"《汉书·百官表》成帝永始二年（前15）："长信少府平当为大鸿胪，三年迁。"将《汉书·平当传》与《汉书·成帝纪》及《汉书·百官表》对照，可知平当于阳朔二年奉使最称上意，迁丞相司直，于永始二年由长信少府迁大鸿胪。则平当于阳朔二年至永始二年（前23—前15）这八年之间历经丞相司直、朔方刺史、太中大夫和长信少府四职。则张霸上书时间范围又缩小为从成帝阳朔二年至成帝永始元年（前23—前16）这七年之间（因为永始二年平当官为长信少府，所以这一年当不在计算之内）。推算而言，平当为太中大夫当在这个时段的后半段，即鸿嘉元年至永始元年（前20—前16）这四五年。

又考《汉书·翟方进传》言方进为丞相司直弹劾司隶校尉涓勋，有太中大夫给事中平当奏劾方进诋毁大臣事。《汉书·翟方进传》不言方进何时为丞相司直，但方进为丞相司直时曾弹劾司隶校尉涓勋，因涓勋奏举丞相薛宣。《汉书·翟方进传》曰："司隶校尉涓勋奏言：'……臣幸得奉

---

① 刘汝霖：《汉晋学术编年》，华东师范大学出版社2010年版，第183页。

使，以督察公卿以下为职，今丞相宣请遣掾史，以宰士督察天子奉使命大夫，甚悖逆顺之理。宣本不师受经术，因事以立奸威，案浩商所犯，一家之祸耳．'"涓勋奏言的"丞相宣"是指薛宣，考薛宣为丞相在鸿嘉元年（前20），《汉书·百官表》鸿嘉元年云："四月庚辰，御史大夫薛宣为丞相。"而鸿嘉三年（前18），翟方进就由丞相司直迁为京兆尹，《汉书·百官表》鸿嘉三年云："都尉丞相司直翟方进为京兆尹，三年迁。"所以，方进为丞相司直当在成帝鸿嘉元年至三年（前20—前18）间。《汉书·翟方进传》又言时太中大夫平当弹劾方进挟私恨而免司隶校尉，书上，成帝免方进为昌陵令，方进以司直治昌陵，有政声，为京兆尹。《汉书·翟方进传》曰："时，太中大夫平当给事中奏言：'方进国之司直，不自敕正以先群下，前亲犯令行驰道中，司隶庆平心举劾，方进不自责悔而内挟私恨……苟阿助大臣，欲必胜立威，宜抑绝其原。勋素行公直，奸人所恶，可少宽假，使遂其功名。'上以方进所举应科，不得用逆诈废正法，遂贬勋为昌陵令。……徙方进为京兆尹，搏击豪强，京师畏之。"方进从丞相司直免为昌陵令，治有声，再转迁京兆尹，此段仕履定有时日，所以平当劾翟方进当在鸿嘉二年（前19）较为合理。《汉书·翟方进传》所谓平当太中大夫"给事中"，正是《汉书·儒林传》所言劝谏成帝存《尚书百二篇》之时。综上所述，张霸上《尚书百二篇》也约在鸿嘉二年。

樊并

樊并，尉氏人，受《尚书》于张霸之父，后谋反被杀。《汉书·儒林传》言："霸辞受父，父有弟子尉氏樊并。"樊并谋反事又见载于《汉书·成帝纪》永始三年（前14）"十一月，尉氏男子樊并等十三人谋反，杀陈留太守，劫略吏民，自称将军。徒李谭等五人共格杀并等，皆封为列侯"。十三人竟敢谋反，当以《尚书》说动员其众。以臆推之，其学说大抵不外乎陈涉"帝王将相宁有种乎"。辕固于景帝前驳黄生之"汤武受命"，眭孟言《春秋》、盖宽饶言《韩氏易》之禅让说，所以陈直先生云："时人为忌讳。"《汉书·谷永传》言谷永"本名并，因樊并谋反，改名为永"正可证陈先生之言。

按：程元敏《尚书学史》据"徒李谭等五人共格杀并等，皆封为列侯"，而将李谭、称忠、钟祖、訾顺等五人视作樊并弟子，仔细研味，程先生说误。何则？此文中"徒"字不当作门徒之意解，当为服役之人，否则弟子五人攻杀其师如何能解得通？此外，《汉书·成帝纪》永始三年又云："十二月，山阳铁官徒苏令等二百二十八人攻杀长吏。"所谓"铁官徒"也即从事官方冶炼的工人。

参 考 文 献

[1] 王利器. 新语校注 [M]. 北京：中华书局，1986.
[2] 贾谊. 新书校注 [M]. 阎振益，钟夏，校注. 北京：中华书局，2000.
[3] 伏胜. 尚书大传 [M]. 郑玄，注. 北京：中华书局，1985.
[4] 苏舆. 春秋繁露义证 [M]. 钟哲，点校. 北京：中华书局，1992.
[5] 屈守元. 韩诗外传笺疏 [M]. 成都：巴蜀书社，1996.
[6] 司马相如. 司马相如集校注 [M]. 金国永，校注. 上海：上海古籍出版社，1993.
[7] 司马迁. 史记 [M]. 排印三家注本. 北京：中华书局，1959.
[8] 司马迁. 史记会注考证 [M]. 泷川资言，会注考证. 北京：新世界出版社，2009.
[9] 刘文典. 淮南鸿烈集解 [M]. 冯逸，乔华，点校. 北京：中华书局，1989.
[10] 桓宽. 盐铁论校注 [M]. 王利器，校注. 北京：中华书局，1992.
[11] 刘向. 列女传 [M]. 影印文渊阁四库全书本. 上海：上海古籍出版社，1989.
[12] 刘向. 列仙传 [M]. 影印文渊阁四库全书本. 上海：上海古籍出版社，1989.
[13] 刘向. 新序详注 [M]. 赵仲邑，注. 北京：中华书局，1997.
[14] 刘向. 说苑校证 [M]. 向宗鲁，校证. 北京：中华书局，1987.
[15] 焦延寿. 易林注 [M]. 石家庄：河北人民出版社，1989.
[16] 扬雄. 太玄集注 [M]. 司马光，集注. 刘韶军，点校. 2版. 北京：中华书局，2013.
[17] 汪荣宝. 法言义疏 [M]. 陈仲夫，点校. 北京：中华书局，1987.
[18] 扬雄. 扬雄集校注 [M]. 张震泽，校注. 上海：上海古籍出版社，1993.
[19] 班固. 汉书 [M]. 颜师古，注. 北京：中华书局，1962.

[20] 荀悦,袁宏.两汉纪[M].张烈,点校.北京:中华书局,2002.

[21] 应劭.风俗通义校释[M].吴树平,校释.天津:天津人民出版社,1980.

[22] 傅亚庶.孔丛子校释[M].北京:中华书局,2011.

[23] 常璩.华阳国志校注[M].刘琳,校注.成都:巴蜀书社,1984.

[24] 陆玑.毛诗草木鸟兽虫鱼疏[M].景印文渊阁四库全书本.台北:台湾商务印书馆股份有限公司,1986.

[25] 陈士珂.孔子家语疏证[M].上海:上海书店,1987.

[26] 陈寿.三国志[M].裴松之,注.北京:中华书局,2006.

[27] 刘歆.西京杂记校注[M].葛洪,集.向新阳,刘克任,校注.上海:上海古籍出版社,1991.

[28] 皇甫谧.高士传[M].上海:商务印书馆,1937.

[29] 袁宏.后汉记校注[M].周天游,校注.天津:天津古籍出版社,1987.

[30] 郦道元.合校水经注[M].王先谦,校.北京:中华书局,2009.

[31] 颜之推.颜氏家训集解[M].王利器,注.北京:中华书局,1993.

[32] 范晔.后汉书[M].李贤,等,注.北京:中华书局,1965.

[33] 萧统.文选[M].李善,注.上海:上海古籍出版社,1986.

[34] 沈约.宋书[M].北京:中华书局,1974.

[35] 成伯玛.毛诗指说[M].景印文渊阁四库全书本.台北:台湾商务印书馆股份有限公司,1986.

[36] 陆德明.经典释文[M].北京:中华书局,1983.

[37] 房玄龄,等.晋书[M].北京:中华书局,1974.

[38] 李延寿.北史[M].北京:中华书局,1974.

[39] 魏征,等.隋书[M].北京:中华书局,1973.

[40] 杜佑.通典[M].北京:中华书局,1988.

[41] 刘知几.史通通释[M].浦起龙,注.上海:上海古籍出版社,1978.

[42] 许敬宗.日藏弘仁本文馆词林校证[M].罗国威,整理.北京:中华书局,2001.

[43] 释道宣.广弘明集[M].上海:上海古籍出版社,1991.

[44] 徐坚,等.初学记[M].北京:中华书局,2004.

[45] 虞世南.北堂书钞[M].北京:学苑出版社,1998.

[46] 欧阳询.艺文类聚［M］.汪绍楹,校.上海:上海古籍出版社,1982.

[47] 白居易.白氏六帖事类集［M］.北京:文物出版社,1987.

[48] 马总.意林［M］.北京:线装书局,2012.

[49] 李泰,等.括地志辑校［M］.贺次君,辑校.北京:中华书局,1980.

[50] 林宝.元和姓纂:附四校记［M］.岑仲勉,校记.北京:中华书局,1994.

[51] 刘昫,等.旧唐书［M］.北京:中华书局,1975.

[52] 司马光.资治通鉴［M］.胡三省,音注.北京:中华书局,1956.

[53] 王益之.西汉年纪［M］.王根林,点校.北京:中华书局,2018.

[54] 李昉,等.太平御览［M］.北京:中华书局,1985.

[55] 章樵.古文苑［M］.景印文渊阁四库全书本.台北:台湾商务印书馆股份有限公司,1986.

[56] 王应麟.玉海艺文校证［M］.武秀成,赵庶洋,校证.南京:凤凰出版社,2013.

[57] 洪适.隶释;隶续［M］.北京:中华书局,1985.

[58] 程大昌.演繁露［M］//上海师范大学古籍整理研究所.全宋笔记:第四编:九.郑州:大象出版社,2008.

[59] 程大昌.程氏考古编［M］//上海师范大学古籍整理研究所.全宋笔记:第四编:十.郑州:大象出版社,2008.

[60] 王钦臣.王氏谈录［M］//上海师范大学古籍整理研究所.全宋笔记:第一编:十.郑州:大象出版社,2003.

[61] 王观国.学林［M］//上海师范大学古籍整理研究所.全宋笔记:第四编:一.郑州:大象出版社,2008.

[62] 洪迈.容斋随笔［M］.孔凡礼,点校.北京:中华书局,2005.

[63] 王应麟.困学纪闻:全校本［M］.翁元圻,等,注.栾保群,田松青,吕宗力,校点.上海:上海古籍出版社,2008.

[64] 欧阳修,宋祁.新唐书［M］.北京:中华书局,1975.

[65] 章如愚.山堂考索［M］.北京:中华书局,1992.

[66] 徐天麟.西汉会要［M］.上海:上海人民出版社,1977.

[67] 郑樵.通志［M］.北京:中华书局,1987.

[68] 陈振孙.直斋书录解题［M］.徐小蛮,顾美华,点校.上海:上海古籍出版社,1987.

[69] 晁公武.郡斋读书志校证[M].孙猛,校证.上海:上海古籍出版社,1990.

[70] 王尧臣,等.崇文总目:附补遗[M].钱东垣,等,辑释.上海:商务印书馆,1937.

[71] 王应麟.汉书艺文志考证[M]//二十五史刊行委员会.二十五史补编:第2册.北京:中华书局,1955.

[72] 马端临.文献通考[M].杭州:浙江古籍出版社,1988.

[73] 陈镐.阙里志[M]//北京图书馆古籍出版编辑组.北京图书馆古籍珍本丛刊:23.北京:书目文献出版社,1998.

[74] 朱睦㮮.授经图[M].景印文渊阁四库全书本.台北:台湾商务印书馆股份有限公司,1986.

[75] 阮元.十三经注疏:附校勘记[M].北京:中华书局,1980.

[76] 惠栋.易汉学[M].上海:商务印书馆,1937.

[77] 李道平.周易集解纂疏[M].潘雨廷,点校.北京:中华书局,1994.

[78] 陈乔枞.今文尚书经说考[M]//《续修四库全书》编纂委员会.续修四库全书.上海:上海古籍出版社,2002.

[79] 孙星衍.尚书今古文注疏[M].陈抗,盛冬铃,点校.北京:中华书局,1986.

[80] 皮锡瑞.今文尚书考证[M].盛冬铃,陈抗,点校.北京:中华书局,1989.

[81] 马瑞辰.毛诗传笺通释[M].陈金生,点校.北京:中华书局,1989.

[82] 胡承珙.毛诗后笺[M].郭全芝,校点.合肥:黄山书社,1999.

[83] 陈乔枞.齐诗翼氏学疏证[M]//《续修四库全书》编纂委员会.续修四库全书.上海:上海古籍出版社,2002.

[84] 冯登府.三家诗遗说[M]//《续修四库全书》编纂委员会.续修四库全书.上海:上海古籍出版社,2002.

[85] 陈乔枞.三家诗遗说考[M]//《续修四库全书》编纂委员会.续修四库全书.上海:上海古籍出版社,2002.

[86] 王先谦.诗三家义集疏[M].吴格,点校.北京:中华书局,1987.

[87] 魏源.诗古微[M]//《续修四库全书》编纂委员会.续修四库全书.上海:上海古籍出版社,2002.

[88] 胡培翚. 仪礼正义 [M]. 段熙仲, 点校. 南京: 江苏古籍出版社, 1993.

[89] 朱彬. 礼记训纂 [M]. 饶钦农, 点校. 北京: 中华书局, 1996.

[90] 孙希旦. 礼记集解 [M]. 沈啸寰, 王星贤, 点校. 北京: 中华书局, 1989.

[91] 陈立. 公羊义疏 [M] //《续修四库全书》编纂委员会. 续修四库全书. 上海: 上海古籍出版社, 2002.

[92] 廖平. 穀梁古义疏 [M]. 郜积意, 点校. 北京: 中华书局, 2012.

[93] 钟文烝. 春秋穀梁经传补注 [M]. 骈宇骞, 郝淑慧, 点校. 2 版. 北京: 中华书局, 2007.

[94] 刘文淇. 春秋左氏传旧注疏证 [M]. 北京: 科学出版社, 1959.

[95] 刘宝楠. 论语正义 [M]. 高流水, 点校. 北京: 中华书局, 1990.

[96] 焦循. 孟子正义 [M]. 沈文倬, 点校. 北京: 中华书局, 1987.

[97] 余萧客. 古经解钩沉 [M]. 景印文渊阁四库全书本. 台北: 台湾商务印书馆股份有限公司, 1986.

[98] 陈寿祺. 五经异义疏证 [M]. 曹建墩, 点校. 上海: 上海古籍出版社, 2012.

[99] 陈立. 白虎通疏证 [M]. 吴则虞, 点校. 北京: 中华书局, 1994.

[100] 万斯同. 儒林宗派 [M]. 景印文渊阁四库全书本. 台北: 台湾商务印书馆股份有限公司, 1986.

[101] 朱彝尊. 经义考 [M]. 北京: 中华书局, 1998.

[102] 毕沅. 传经表: 附通经表 [M]. 上海: 商务印书馆, 1937.

[103] 张金吾. 两汉五经博士考 [M]. 上海: 商务印书馆, 1937.

[104] 唐晏. 两汉三国学案 [M]. 吴东民, 点校. 北京: 中华书局, 1986.

[105] 王先谦. 汉书补注 [M]. 北京: 中华书局, 1983.

[106] 王先谦. 后汉书集解 [M]. 北京: 中华书局, 1984.

[107] 沈钦韩, 等. 汉书疏证: 外二种 [M]. 上海: 上海古籍出版社, 2006.

[108] 周寿昌. 汉书注校补 [M]. 上海: 商务印书馆, 1937.

[109] 钱大昭. 汉书辨疑 [M] //张舜徽. 二十五史三编. 长沙: 岳麓书社, 1994.

[110] 庄述祖. 历代载籍足征录 [M] //余嘉锡. 小勤有堂杂钞本. 北京: 国家图书馆出版社, 2009.

[111] 姚振宗.汉书艺文志条理［M］//二十五史刊行委员会.二十五史补编：第2册.北京：中华书局，1955.

[112] 姚振宗.汉书艺文志拾补［M］//二十五史刊行委员会.二十五史补编：第2册.北京：中华书局，1955.

[113] 刘光蕡.前汉书艺文志注［M］//二十五史刊行委员会.二十五史补编：第2册.北京：中华书局，1955.

[114] 章宗源.隋书经籍志考证［M］//二十五史刊行委员会.二十五史补编：第4册.北京：中华书局，1955.

[115] 阮元，陈昌齐，刘彬华，等.广东通志［M］.上海：上海古籍出版社，1990.

[116] 严可均.全上古三代秦汉三国六朝文［M］.北京：中华书局，1958.

[117] 永瑢，等.四库全书总目［M］.北京：中华书局，1965.

[118] 余嘉锡.四库提要辨证［M］.北京：中华书局，1980.

[119] 章学诚.文史通义校注［M］.叶瑛，校注.北京：中华书局，1994.

[120] 王鸣盛.十七史商榷［M］.上海：商务印书馆，1937.

[121] 钱大昕.廿二史考异［M］.上海：商务印书馆，1937.

[122] 赵翼.廿二史札记校证［M］.王树民，校证.北京：中华书局，2013.

[123] 王谟.汉魏遗书钞［M］.重庆：西南师范大学出版社，2011.

[124] 马国翰.玉函山房辑佚书［M］.上海：上海古籍出版社，1990.

[125] 王仁俊.玉函山房辑佚书续编［M］//《续修四库全书》编纂委员会.续修四库全书.上海：上海古籍出版社，2002.

[126] 黄奭.黄氏逸书考［M］.上海：上海古籍出版社，1996.

[127] 王昶.金石萃编［M］.北京：中国书店，1985.

[128] 顾炎武.日知录校注［M］.陈垣，校注.合肥：安徽大学出版社，2007.

[129] 钱大昕.十驾斋养新录［M］.上海：商务印书馆，1957.

[130] 赵翼.陔余丛考［M］.曹光甫，校点.上海：上海古籍出版社，2011.

[131] 陈澧.陈澧集［M］.上海：上海古籍出版社，2008.

[132] 何焯.义门读书记［M］.上海：上海古籍出版社，1992.

[133] 宋翔凤.过庭录［M］.梁运华，点校.北京：中华书局，1986.

[134] 皮锡瑞. 经学通论 [M]. 北京：中华书局，1954.

[135] 皮锡瑞. 经学历史 [M]. 周予同，注释. 北京：中华书局，2004.

[136] 康有为. 新学伪经考 [M]. 北京：北京联合出版公司，2014.

[137] 安居香山，中村璋八. 纬书集成 [M]. 石家庄：河北人民出版社，1994.

[138] 兴膳宏，川合康三. 隋书经籍志详考 [M]. 东京：汲古书院，1995.

[139] 吴承仕. 经典释文序录疏证 [M]. 秦青，点校. 北京：中华书局，1984.

[140] 胡玉缙. 四库全书总目提要补正 [M]. 王欣夫，辑. 上海：上海书店出版社，1998.

[141] 王国维. 观堂集林 [M] // 王国维遗书. 上海：上海古籍书店，1983.

[142] 章太炎. 章太炎全集 [M]. 上海：上海人民出版社，1985.

[143] 刘师培. 刘申叔遗书 [M]. 南京：江苏古籍出版社，1997.

[144] 江竹虚. 五经源流变迁考；孔子事迹考 [M]. 江宏，整理. 上海：上海古籍出版社，2008.

[145] 胡朴安. 胡朴安学术论著 [M]. 雪克，编校. 杭州：浙江人民出版社，1998.

[146] 黄侃. 黄侃论学杂著 [M]. 北京：中华书局，1964.

[147] 蒙文通. 经学抉原 [M]. 上海：商务印书馆，1933.

[148] 钱穆. 两汉经学今古文平议 [M]. 北京：商务印书馆，2001.

[149] 顾颉刚. 汉代学术史略 [M]. 北京：东方出版社，1996.

[150] 顾颉刚. 古史辨 [M]. 上海：上海古籍出版社，1982.

[151] 杨树达. 汉书窥管 [M]. 上海：上海古籍出版社，1984.

[152] 马宗霍. 中国经学史 [M]. 上海：上海书店，1984.

[153] 徐复观. 徐复观论经学史二种 [M]. 上海：上海书店出版社，2006.

[154] 周予同. 中国经学史论著选编 [M]. 邓秉元，编. 上海：复旦大学出版社，2015.

[155] 任铭善. 无受室文存 [M]. 杭州：浙江大学出版社，2005.

[156] 沈文倬. 宗周礼乐文明考论 [M]. 杭州：浙江大学出版社，1999.

[157] 李学勤. 十三经注疏 [M]. 北京：北京大学出版社，1999.

[158] 潘雨廷.读易提要[M].上海：上海古籍出版社，2003.

[159] 陈良运.焦氏易林诗学阐释[M].南昌：百花洲文艺出版社，2000.

[160] 高怀民.两汉易学史[M].桂林：广西师范大学出版社，2007.

[161] 张涛.秦汉易学思想研究[M].北京：中华书局，2005.

[162] 卢央.京房评传[M].南京：南京大学出版社，1998.

[163] 郭彧.《京氏易传》导读[M].济南：齐鲁书社，2002.

[164] 郭彧.京氏易源流[M].北京：华夏出版社，2007.

[165] 马雍.《尚书》史话[M].北京：中华书局，1982.

[166] 蒋善国.尚书综述[M].上海：上海古籍出版社，1988.

[167] 刘起釪.尚书学史[M].北京：中华书局，1989.

[168] 陈梦家.尚书通论：外二种[M].石家庄：河北教育出版社，2000.

[169] 张岩.审核古文《尚书》案[M].北京：中华书局，2006.

[170] 程元敏.尚书学史[M].上海：华东师范大学出版社，2013.

[171] 夏传才.《诗经》研究史概要[M].郑州：中州书画社，1982.

[172] 林叶连.中国历代诗经学[M].台北：台湾学生书局，1993.

[173] 滕志贤.《诗经》引论[M].南京：江苏教育出版社，1996.

[174] 林耀潾.西汉三家诗学研究[M].台北：台湾文津出版社，1997.

[175] 赵茂林.两汉三家诗研究[M].成都：巴蜀书社，2006.

[176] 袁长江.先秦两汉诗经研究论稿[M].北京：学苑出版社，1999.

[177] 尹海江.《汉书·艺文志》辑论[M].成都：西南交通大学出版社，2013.

[178] 洪湛侯.诗经学史[M].北京：中华书局，2002.

[179] 刘立志.汉代《诗经》学史论[M].北京：中华书局，2007.

[180] 谭德兴.汉代诗学研究[M].贵阳：贵州人民出版社，2003.

[181] 刘毓庆.历代诗经著述考[M].北京：中华书局，2002.

[182] 林庆彰.诗经研究论集：一[M].台北：台湾学生书局，1992.

[183] 人民文学出版社编辑部.诗经研究论文集[M].北京：人民文学出版社，1959.

[184] 于茀.金石简帛诗经研究[M].北京：北京大学出版社，2004.

[185] 胡平生，韩自强.阜阳汉简诗经研究[M].上海：上海古籍出版

社，1988.

[186] 彭林.《周礼》主体思想与成书年代研究［M］.北京：中国社会科学出版社，1991.

[187] 杨天宇.郑玄三礼注研究［M］.天津：天津人民出版社，2007.

[188] 钱玄，钱兴奇.三礼辞典［M］.南京：江苏古籍出版社，1998.

[189] 钱玄.三礼通论［M］.南京：南京师范大学出版社，1996.

[190] 王锷.《礼记》成书考［M］.北京：中华书局，2007.

[191] 华友根.西汉礼学新论［M］.上海：上海社会科学院出版社，1998.

[192] 杨伯峻.春秋左传注［M］.北京：中华书局，1981.

[193] 徐仁甫.左传疏证［M］.成都：四川人民出版社，1981.

[194] 蒋庆.公羊学引论：儒家的政治智慧与历史信仰［M］.修订本.福州：福建教育出版社，2014.

[195] 段熙仲.春秋公羊学讲疏［M］.鲁同群，等，点校.南京：南京师范大学出版社，2002.

[196] 文廷海.清代春秋穀梁学研究［M］.成都：巴蜀书社，2006.

[197] 沈玉成，刘宁.春秋左传学史稿［M］.南京：江苏古籍出版社，1992.

[198] 赵生群.《春秋》经传研究［M］.上海：上海古籍出版社，2000.

[199] 马勇.汉代春秋学研究［M］.成都：四川人民出版社，1992.

[200] 赵伯雄.春秋学史［M］.济南：山东教育出版社，2004.

[201] 陈苏镇.汉代政治与《春秋》学［M］.北京：中国广播电视出版社，2001.

[202] 陈直.汉书新证［M］.2版.天津：天津人民出版社，1979.

[203] 周天游.八家后汉书辑注［M］.上海：上海古籍出版社，1986.

[204]《二十五史补编》编委会.二十五史补编［M］.北京：北京图书馆出版社，2005.

[205] 江苏省地方志编纂委员会办公室.江苏省通志稿［M］.南京：江苏古籍出版社，1993.

[206] 安徽通志馆.安徽通志稿［M］.台北：成文出版社，1985.

[207] 陈国庆.汉书艺文志注释汇编［M］.北京：中华书局，1983.

[208] 班固.汉书艺文志讲疏［M］.顾实，讲疏.上海：上海古籍出版社，1987.

［209］张舜徽.汉书艺文志通释［M］.武汉：湖北教育出版社，1990.

［210］崔富章.四库提要补正［M］.杭州：杭州大学出版社，1990.

［211］中国科学院图书馆.续修四库全书总目提要：经部［M］.北京：中华书局，1993.

［212］孙启治，陈建华.中国古佚书辑本目录解题［M］.上海：上海古籍出版社，2017.

［213］徐德明.清人学术笔记提要［M］.北京：学苑出版社，2004.

［214］万国鼎.中国历史纪年表［M］.万斯年，陈梦家，补订.北京：中华书局，2007.

［215］诸子集成［M］.杭州：浙江古籍出版社，1999.

［216］逯钦立.先秦汉魏晋南北朝诗［M］.北京：中华书局，1983.

［217］费振刚，仇仲谦，刘南平.全汉赋校注［M］.广州：广东教育出版社，2005.

［218］王根林，黄益元，曹光甫.汉魏六朝笔记小说大观［M］.上海：上海古籍出版社，1999.

［219］高文.汉碑集释［M］.修订本.开封：河南大学出版社，1997.

［220］马衡.汉石经集存［M］.北京：科学出版社，1957.

［221］马衡.凡将斋金石丛稿［M］.北京：中华书局，1977.

［222］国家文物局古文献研究室.马王堆汉墓帛书：一［M］.北京：文物出版社，1980.

［223］廖名春.马王堆帛书周易经传释文［M］∥杨世文，李勇先，吴雨时.易学集成.成都：四川大学出版社，1998.

［224］荆门市博物馆.郭店楚墓竹简［M］.北京：文物出版社，1998.

［225］李零.郭店楚简校读记［M］.北京：北京大学出版社，2002.

［226］郭沂.郭店竹简与先秦学术思想［M］.上海：上海教育出版社，2001.

［227］连云港市博物馆，中国文物研究所.尹湾汉墓简牍综论［M］.北京：科学出版社，1999.

［228］马承源.上海博物馆藏战国楚竹书：一［M］.上海：上海古籍出版社，2001.

［229］上海大学古代文明研究中心，清华大学思想文化研究所.上博馆藏战国楚竹书研究［M］.上海：上海书店出版社，2002.

［230］中国科学院考古研究所，甘肃省博物馆.武威汉简［M］.北京：文物出版社，1964.

［231］黄锡全.汗简注释［M］.武汉：武汉大学出版社，1990.

［232］李学勤.简帛佚籍与学术史［M］.南昌：江西教育出版社，2001.

［233］杨权.新五德理论与两汉政治："尧后火德"说考论［M］.北京：中华书局，2006.

［234］许抗生，聂保平，聂清.中国儒学史：两汉卷［M］.北京：北京大学出版社，2011.

［235］张立文，周桂钿，李祥俊.中国学术通史：秦汉卷［M］.北京：人民出版社，2004.

［236］许道勋，徐洪兴.中国经学史［M］.上海：上海人民出版社，2006.

［237］朱维铮.中国经学史十讲［M］.上海：复旦大学出版社，2002.

［238］李威熊.中国经学发展史论［M］.台北：文史哲出版社，1988.

［239］甘鹏云.经学源流考［M］.台北：台湾广文书局，1977.

［240］章权才.两汉经学史［M］.广州：广东人民出版社，1990.

［241］王铁.汉代学术史［M］.上海：华东师范大学出版社，1995.

［242］王利器.郑康成年谱［M］.济南：齐鲁书社，1983.

［243］陈桐生.《史记》与今古文经学［M］.西安：陕西人民教育出版社，1995.

［244］王葆玹.今古文经学新论［M］.北京：中国社会科学出版社，1997.

［245］金德建.经今古文字考［M］.济南：齐鲁书社，1986.

［246］金德建.司马迁所见书考［M］.上海：上海人民出版社，1963.

［247］徐刚.古文源流考［M］.北京：北京大学出版社，2008.

［248］金春峰.汉代思想史［M］.北京：中国社会科学出版社，1987.

［249］祝瑞开.两汉思想史［M］.上海：上海古籍出版社，1989.

［250］林剑鸣.秦汉史［M］.上海：上海人民出版社，1989.

［251］庞天佑.秦汉历史哲学思想研究［M］.北京：中国社会科学出版社，2002.

［252］汤志钧，华友根，承载，等.西汉经学与政治［M］.上海：上海古籍出版社，1994.

［253］田汉云.中国近代经学史［M］.西安：三秦出版社，1996.

［254］张涛.经学与汉代社会［M］.石家庄：河北人民出版社，2001.

［255］晋文.以经治国与汉代社会［M］.广州：广州出版社，2001.

[256] 刘松来. 两汉经学与中国文学 [M]. 南昌：百花洲文艺出版社，2001.

[257] 彭林. 经学研究论文选 [M]. 上海：上海书店出版社，2002.

[258] 钟肇鹏. 谶纬论略 [M]. 沈阳：辽宁教育出版社，1991.

[259] 周裕锴. 中国古代阐释学研究 [M]. 上海：上海人民出版社，2003.

[260] 刘汝霖. 汉晋学术编年 [M]. 上海：华东师范大学出版社，2010.

[261] 梅新林，俞樟华. 中国学术编年 [M]. 上海：华东师范大学出版社，2013.

[262] 陈文新，石观海. 中国文学编年史：汉魏卷 [M]. 长沙：湖南人民出版社，2006.

[263] 刘跃进. 秦汉文学编年史 [M]. 北京：商务印书馆，2006.